인간은 왜
외로움을
느끼는가

사회신경과학으로 본
인간 본성과 사회의 탄생

존 카치오포·윌리엄 패트릭
이원기 옮김

# 인간은 왜 외로움을 느끼는가

민음사

LONELINESS:

**Human Nature and the Need for Social Connection**

by John T. Cacioppo and William Patrick

Copyright © 2008 by John T. Cacioppo and William Patrick
Drawings Copyright © 2008 by Alan Witschonke Illustration
All rights reserved.

Korean Translation Copyright © 2013 by Minumsa

This Korean edition is published by arrangement with
John T. Cacioppo and William Patrick c/o The Garamond Agency, Inc.
through Duran Kim Agency.

이 책의 한국어 판 저작권은 듀란킴 에이전시를 통해
The Garamond Agency, Inc.와 독점 계약한 (주)민음사에 있습니다.

저작권법에 의해 한국 내에서 보호를 받는 저작물이므로
무단 전재와 무단 복제를 금합니다.

차례

## 1부 외로운 사람
1. 군중 속의 고독　11
2. 유전자 vs. 환경　33
3. 자기 조절력의 상실　54
4. 이기적 유전자 vs. 사회적 동물　75
5. 보편성과 특수성　103
6. 외로움이 심신을 마모시킨다　129

## 2부 이기적 유전자에서 사회적 존재로
7. 교감의 실　155
8. 홀로 살 수 없는 유기체　174
9. 다른 사람들 사이에서 너 자신을 알라　197
10. 외로움에 대한 두려움이 주는 부작용　228
11. 경쟁을 넘어 협동으로　246

## 3부 유대감의 의미
12. 외로움과 진화의 관계　269
13. 사회적 유대감을 회복하는 기술　296
14. 사회적 유대감이 주는 놀라운 혜택　330

감사의 말　361
주(註)　367

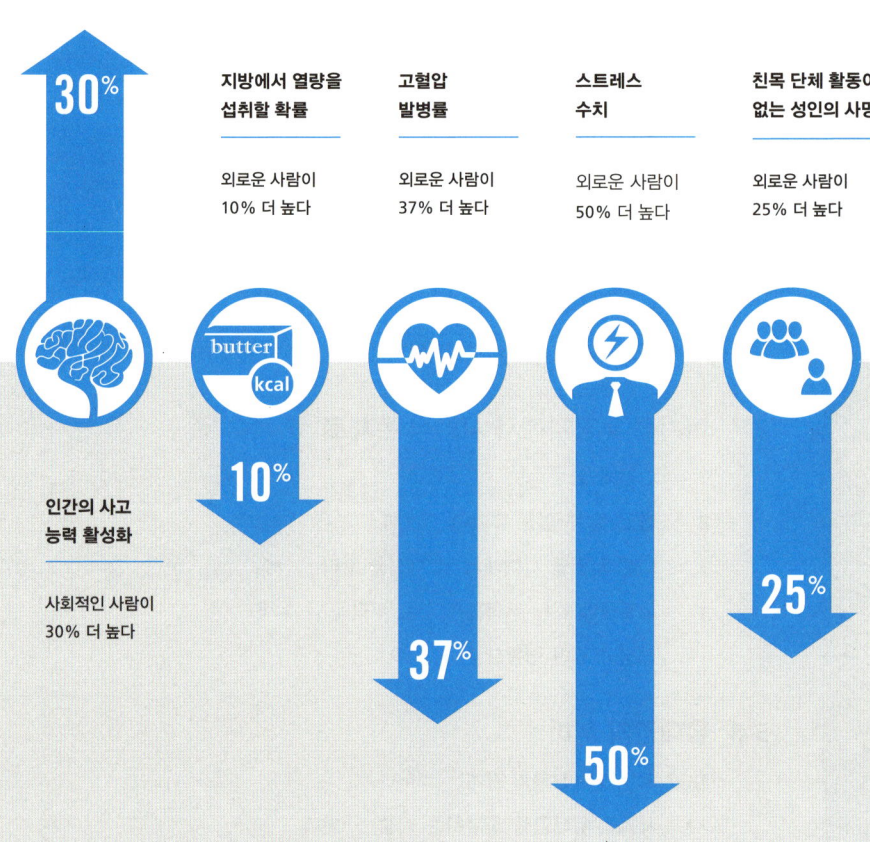

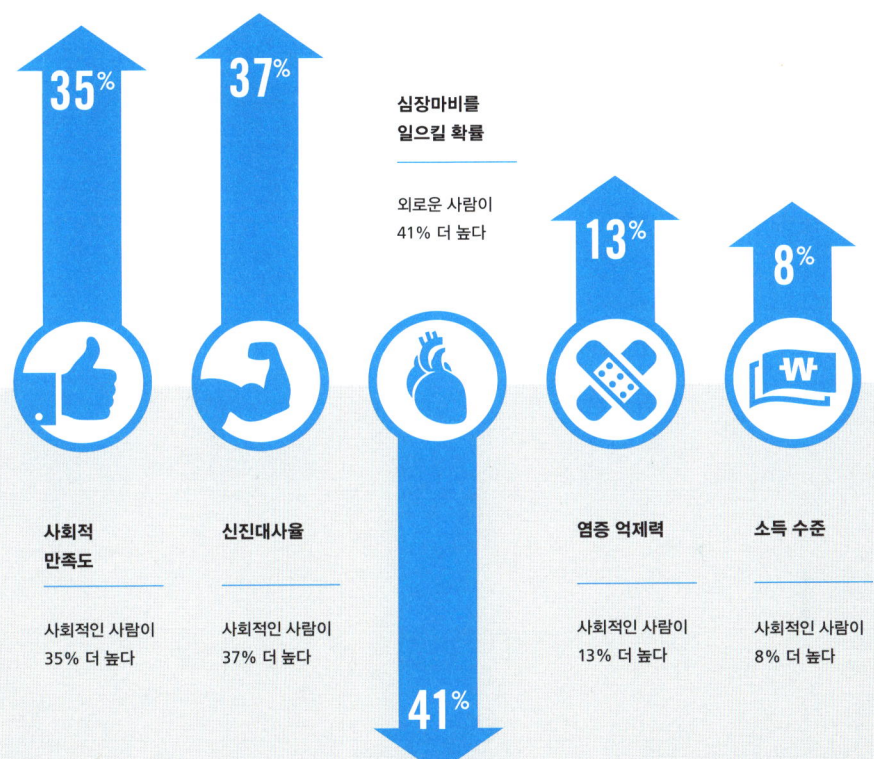

만약 네가 빨리 가고 싶다면 혼자 가라.
하지만 멀리 가고 싶다면 함께 가라.

아프리카 격언

**1부**

**외로운 사람**

저는 올해 쉰여섯 살로 수년 전에 이혼했어요. 저는 늘 외로움을 느껴요. 이혼하기 전 주변 사람들에게 제가 외롭다고 말하면 그들은 늘 "결혼했는데 왜 그러세요?"라는 반응을 보였어요. 저도 그렇겠거니 하고 생각했죠. 하지만 이혼하고 나니 혼자인 상태와 외로움은 별개의 문제임을 깨달았어요. 수많은 사람 속에 섞여 있을 때나 직장에서나, 심지어 친척이나 가족과 함께 있어도 늘 외로움을 타요. 때로는 정말 견디기 힘들어요. 의사들은 우울증이라고 하지만 우울증과는 다른 것 같아요. 예전에 인간은 혼자 태어나 혼자 죽는다는 글을 읽은 적이 있어요. 하지만 출생과 사망 사이의 그 무수한 나날을 어떻게 지낼까요? 자신이 실제로 다른 사람과 완전히 하나가 된 듯 느낄 수 있을까요? 언제나 저 혼자라는 느낌을 지울 방법이 없을까요? 쇼핑을 해도, 맛있는 음식을 먹어도 그러한 느낌이 사라지지 않아요. 상대를 가리지 않고 남자들과 동침해도 해결되지 않아요. 어떻게라도 해결할 방법이 있으면 제발 좀 알려 주세요.

― 외로움에 관한 연구 논문을 읽고
한 여성이 어느 잡지에 보낸 편지에서

# 1

## 군중 속의 고독

케이티 비숍(가명)은 숙모와 삼촌, 할아버지와 할머니, 그리고 사촌들에 둘러싸여 자랐다. 서로가 서로에게 깊숙이 관여하고 아껴 주고 챙겨 주는 작은 동네였다. 집안 행사나 교회 행사가 있을 때나 스포츠 경기나 음악회를 보러 갈 때도 언제나 똑같은 다정한 사람들 사이에서 어린 시절을 보냈다. 그러나 한편으로는 똘똘 뭉친 분위기에 짓눌려 숨쉬기조차 힘들다는 생각이 들기 시작했다. 잠시라도 그곳을 벗어나고 싶었다. 이러한 단란하고 돈독한 관계 속에서도 케이티는 늘 외로웠다. 고등학교를 졸업할 때쯤 그곳을 벗어나야겠다는 생각이 굳어졌다. 그러나 경제 사정이 허락하지 않아 집에서 멀리 떨어진 대학에는 진학할 수 없었다. 그래서 4년 동안 집에서 대학을 다닌 뒤 졸업하자마자 가능한 한 집에서 멀리 떨어진 도시의 소프트웨어 회사에 취직했다.

케이티는 몇 주 동안이나 이 도시 저 도시로 출장을 다녀야 했다. 그동안에도 어머니와 동생과는 일주일에 한두 차례씩 이야기를 했다. 하지만 직접 얼굴을 보지 않고 하는 휴대 전화나 컴퓨터 또는 주방에 설치된 유선 전화기를 통한 대화였다. 이렇게 전과는 아주 다른 생활을 6개월 정도 하고 난 뒤 케이티는 숙면을 취하지 못한다는 사실을 알았다. 몸이 정상이 아니었다. 주변에 감기나 독감에 걸린 사람이 있으면 곧바로 옮을 정도로 면역력도 현저하게 떨어졌다. 출장을 가지 않거나 야근을 하지 않거나, 등과 목의 통증 때문에 요가 강습소에 가지 않을 때는 아이스크림을 통째로 먹으며 텔레비전 앞에서 시간을 보냈다.

이렇게 혼자 지내는 6개월 동안 케이티 비숍은 몸무게가 7킬로그램이나 늘었다. 자신이 비참하다는 생각을 떨칠 수 없었다. 단지 몸이 불었다는 느낌이 아니라 완전히 추하다고까지 느껴졌다. 직장 동료와 언쟁이 잦아지고 이웃과 말다툼까지 하고 나자 케이티는 어렸을 때 그토록 갑갑하게 느꼈던 작은 마을 밖에서는 자신이 도저히 사회적으로 적응할 수 없는 사람이라는 생각마저 들었다.

케이티 비숍이 외로움을 탄다는 사실은 심리학자가 아니라도 누구나 알 수 있다. 그러나 케이티의 외로움은 대중가요나 잡지에서 다루는 가볍고 얕은 고독보다 훨씬 더 무겁고 깊었다. 사실 케이티는 사회적 환경만이 아니라 자신의 생리에 깊이 뿌리박혀 있는 심각한 문제와 씨름하고 있었다. 그 문제는 사회적 유대감의 수준을 아주 높게 설정한 유전적 경향에서 비롯되었다. 외로움을 연구하는 우리는 그런 상태를 뒤집어 말해 사회적 유대감의 부재에 지나치게 민감하다고 표현한다. 물론 사회적 유대감의 수준이 높게 설정된 것이 나쁜 것은 결코 아니다. 그러나 그런 강한 생리적 욕구가 충족되지 않는 상황 때문에 케이티의 지각과 행동이 왜곡되기 시작한 것이다. 또 그것이 일련의 세포 반응까지 일으켜 건강을 심각하게 위협할 지경에 이르렀다.

케이티는 너무도 촘촘하고 친밀하게 서로 연결된 좁은 공동체에서 성장하는 동안 사회적 유대감에 대해서는 크게 신경 쓰지 않았다. 어렸을 때는 누구나 그렇듯 때로는 심통도 부렸고 말을 잘 듣지 않을 때도 많았다. 때로는 의기소침하다는 말을 듣기도 했다. 케이티의 담당 영문학 교수는 그녀를 "소외감이 큰 학생이었다."라고 평했다. 하지만 좀 더 정확히 말하자면 케이티는 어려서부터 가족과 지극히 다정한 이웃에 둘러싸여 자랐는 데도 늘 사회적 고립을 주관적으로 느꼈다. 케이티의 내적인 자아가 사회적 유대감이 허약하고 주변 사람들과 소원한 듯했다. 그녀는 정확히 무엇이 자신을 괴롭히는지 알지 못했다. 그러나 자신의 문제를 파악한 순간 환경을 완전히 바꾸어 보기로 했다. 그 이전에는 완전히 혼자 사는 게 필요하다고 스스로 판단했다. 사실 그녀에게 필요한 것은 사회적 유대감이 느슨한 환경이 아니라 좀 더 의미 있는 유대감이었다. 유전적으로 높이 설정된 수준에 적합한 유대감을 말한다.

사람은 누구나 외로움을 느끼기 마련이다. 예를 들어 또래 친구들이 놀이에 잘 끼워 주지 않을 때처럼 잠깐 동안이라도 외로움을 피상적으로 느낄 수도 있다. 하지만 배우자나 절친한 친구가 세상을 떠났을 때처럼 외로움이 통렬하고 오래갈 수도 있다. 일시적인 외로움은 너무도 흔한 현상이다. 그래서 우리는 잠깐 동안의 외로움을 대개 삶의 일부로 간주한다. 인간은 원래 사회적 동물이다. 사람들은 어떤 것에서 가장 행복하다고 느끼느냐는 질문을 받으면 절대 다수가 재산이나 명예, 심지어 건강보다도 사랑과 친밀함, 그리고 사회적 소속감을 먼저 꼽는다.[1] 이처럼 인간에게는 사회적 유대감이 중요하기 때문에 어느 시점에서든 평균적으로 말해 인구의 약 20퍼센트(미국만 해도 6000만 명)가 다른 사람들에게 고립감을 느끼며, 그런 감정이 자신의 삶에서 불행의 주원인이라고들 말한다.[2] 따라서 외로움은 인간에게 매우 심각한 문제가 아닐 수 없다.

사회적 고립감은 건강도 해친다. 고혈압이나 운동 부족, 비만이나 흡연에 버금갈 정도로 건강에 해롭다.[3] 약 10년에 걸쳐 진행된 우리의 연구에 따르면 대부분의 경우 그런 암울한 통계치를 만들어 낸 주범이 말 그대로 '혼자 있는 것'이 아니라 '외로움'으로 알려진 주관적인 체험이다. 가족과 함께 있든, 똑똑하고 멋진 젊은이들이 가득한 직장에서 일하든, 디즈니랜드에 놀러 가든, 우중충한 뒷골목의 싸구려 여인숙에 혼자 투숙하든 간에, 자신이 사회에서 고립되었다고 만성적으로 느끼는 상태는 일련의 생리적 반응을 일으켜 노화 과정을 가속화한다. 외로움은 행동을 바람직하지 않게 바꿔 놓을 뿐 아니라 스트레스 호르몬, 면역 기능, 심혈관 기능에도 나쁜 영향을 끼친다. 생리 기능의 이런 변화가 오래 지속되면 생명에도 치명적일 수 있다.

외로움을 느끼는 수준을 측정하는 도구로 'UCLA 외로움 측정 기준'이라는 심리학적 테스트가 있다. 정답도 오답도 없는 질문 스무 가지로 구성된 설문서(표 1 참조)다. 구체적인 정보가 아니라 아주 흔한 인간의 감정에 근거한 질문이다. 이 책에서 어떤 사람이 외롭다거나 "외로움이 심하다."라고 말할 때는 객관적인 상황을 불문하고 이 테스트에서 점수가 높게 나왔다는 뜻이다.

**UCLA 외로움 측정 기준(3차 개정본)**

1* 주변 사람들과 '유대감'을 얼마나 자주 느끼는가? \_\_\_\_

2 자신이 동료 의식이 없다고 얼마나 자주 느끼는가? \_\_\_\_

3 어려울 때 도움을 청할 사람이 주변에 없다고 얼마나 자주 느끼는가? \_\_\_\_

4 자기 혼자뿐이라고 얼마나 자주 느끼는가? \_\_\_\_

5* 자신이 친구들의 일원이라고 얼마나 자주 느끼는가? \_\_\_\_

6* 자신이 주변 사람들과 공통점이 많다고 얼마나 자주 느끼는가? \_\_\_\_

7 주변 사람이 자신을 더 이상 알아주지 않는다고 얼마나 자주 느끼는가? \_\_\_\_

8 자신의 관심사와 의견을 다른 사람들이 인정하지 않는다고 얼마나 자주 느끼는가? \_\_\_\_

9* 자신이 외향적이고 친절하다고 얼마나 자주 느끼는가? \_\_\_\_

10* 자신이 사람들과 가깝다고 얼마나 자주 느끼는가? \_\_\_\_

11 자신이 따돌림을 당한다고 얼마나 자주 느끼는가? \_\_\_\_

12 다른 사람들과의 관계가 의미가 없다고 얼마나 자주 느끼는가? \_\_\_\_

13 자신을 진정으로 알아주는 사람이 주변에 없다고 얼마나 자주 느끼는가? \_\_\_\_

14 자신이 다른 사람들과 고립되어 있다고 얼마나 자주 느끼는가? \_\_\_\_

15* 필요할 때 같이 있어 줄 사람을 찾을 수 있다고 얼마나 자주 느끼는가? \_\_\_\_

16* 자신을 진정으로 이해해 주는 사람이 주변에 있다고 얼마나 자주 느끼는가? \_\_\_\_

17 다른 사람들 앞에 나서기가 꺼려진다고 얼마나 자주 느끼는가? \_\_\_\_

18 주변에 친구들은 있지만 마음이 통하는 사람은 없다고 얼마나 자주 느끼는가? \_\_\_\_

19* 대화가 되는 사람이 있다고 얼마나 자주 느끼는가? \_\_\_\_

20* 어려울 때 도움을 청할 사람이 주변에 있다고 얼마나 자주 느끼는가? \_\_\_\_

표 1  UCLA 외로움 측정 기준(UCLA Loneliness Scale, version 3) Daniel W. Russell, "UCLA Loneliness Scale(version 3): Reliability, validity, and factor structure," *Journal of Personality Assessment* 66(1996)

자신을 직접 테스트하고 싶은 독자를 위해 어떻게 점수를 매기는지 표를 보며 설명하겠다.[4]

그러나 사람이라면 누구나 늘 외로움에 빠져들었다가 곧바로 빠져나오곤 한다. 인간이라면 특정 순간에 외로움을 느끼는 게 당연하다. 실제로 이 책의 상당 부분은 의미 있는 사회적 유대감의 필요성과 그런 유대감이 사라질 때 느끼는 고통이 인간 고유의 특성이라는 점을 보여 주는 데 할애할 것이다. 따라서 외로움이 심각한 문제가 되는 것은 고독감이 너무 오래 지속되어 자가발전으로 부정적인 사고와 감각, 그리고 행동을 더욱 심화시키는 악순환으로 이어지는 경우에 한한다.

마찬가지로 소외감을 느끼는 것이 진정한 자기 부정은 아니라는 사실도 명심해야 한다. 외로움을 느끼는 지각은 우리가 인간으로서 생존하는 데 필요하기 때문에 발달한 것이다. 애착 이론(attachment theory, 어머니와 아기 사이의 유대 관계를 설명하는 이론)의 선구자인 발달 심리학자 존 볼비는 이렇게 말했다. "자기 무리에서 소외된다는 것, 특히 어린 시절에 보호자와 멀어진다는 것은 매우 큰 위험을 초래한다. 따라서 모든 동물이 고립을 피하고 서로 밀접한 관계를 유지하려는 본능을 갖는 것은 당연하다."[5]

인간은 육체적 고통 때문에 육체적 위험을 피한다. 사회적 고통, 다시 말해 외로움을 느끼는 지각도 비슷한 이유에서 발달했다. 그런 심적인 고통 때문에 우리는 고립의 위험을 피하도록 진화했다. 인류의 조상은 서로 간의 사회적 유대감에 의지해 안정을 도모했고, 그 결과 대대손손 자신의 유전자를 전파할 수 있었다. 그런 보호망이 손상되거나 사라졌을 때를 빨리 알 수 있도록 해 준 것이 '외롭다.'라는 느낌이었다.

우리는 육체적 고통 때문에 행동이나 습관을 고친다. 예컨대 살갗이 타는 듯한 고통을 알기에 우리는 프라이팬에 직접 손을 대지 않는다. 마찬가지로 외로움은 사회적 유대감에 신경을 쓰고, 다른 사람들에게 손을 내뻗고, 끊어진 관계를 복원하라고 촉구하는 자극제로서 발달했다. 그러나 그 고통 때문에 우리는 직접적인 개인의 욕구를 어느 정도 희생하는 행동을 하게 되었다. 그 결과 우리는 우리 자신을 뛰어넘고 단기적인 시간도 초월하는 행동을 하도록 진화했다.

영어에 '고통(pain)'과 '갈망(thirst)'을 의미하는 단어는 있지만 그 반대를 의미하는 단일 단어는 없다. 그러한 고통 없는 상태를 부차적으로 설명할 뿐이다. 그런 고통 없는 상황이 정상으로 간주되기 때문이다. 마찬가지로 우리의 연구 결과에 따르면 '외롭지 않음'이 '목마르지 않음'이나 '고통스럽지 않음'처럼 정상적인 상태를 의미한다. 인간의 건강과 정신적 웰빙은 무엇보다 다른 사람과 유대감을 갖는 데서 얻어진다. 사회적 유대감 외에는 적절한 표현을 찾기 힘든 '외롭지 않음'의 상태를 말한다.

외로움을 사회적 고통으로 파악하는 것은 단순한 은유가 아니다. 기능 자기 공명 영상(fMRI) 장치로 뇌를 촬영하면 다른 사람으로부터 거부당할 때 활성화하는 감정 영역의 뇌 부위가 신체적 고통에 감정적 반응을 나타내는 부위와 일치한다. 즉 배측 전두대 피질(dorsal anterior cingulate cortex)(그림 1 참조)이다.

사회적 배척(고립)의 느낌과 신체적 고통의 반응이 똑같은 하드웨어를 공유한다는 사실은 외로움이 오래 지속되면 "자신의 굴레에서 벗어난다."고 해서 문제가 해결되지 않음을 설명해 준다. 예컨대 체중을

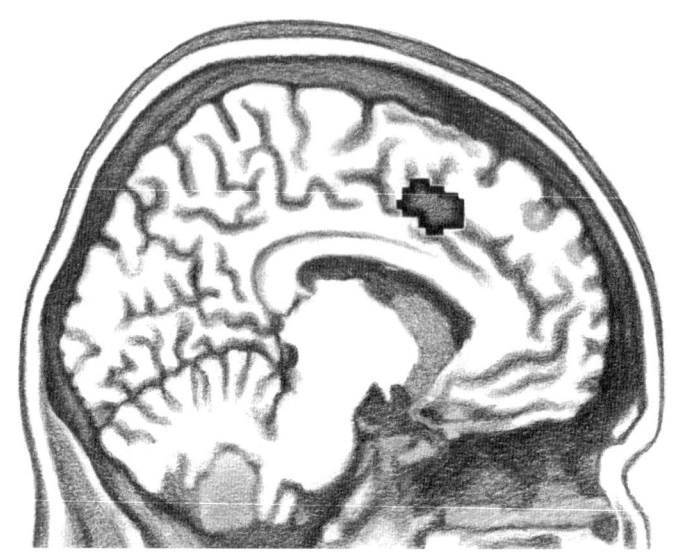

그림 1  사회적 고통에 반응하는 인간의 뇌. 뇌의 위쪽 검은 사각형 점이 사회적 거부에 대한 반응으로 배측 전두대 피질이 활성화되었음을 보여 준다. 인간의 뇌는 신체적 고통에도 이와 유사하게 반응한다. N. I. Eisenberger, M. Lieberman & K. D. Williams, "Does rejection hurt? An fMRI study of social exclusion," *Science* 302(10 October, 2003), 290-292쪽.

감량하고, 패션에 변화를 주고, 이상적인 배필을 만난다 해도 해결되지 않는다는 뜻이다. 외로움의 고통은 파괴력이 아주 강하다. 그런 생리적, 행동적 파괴 현상은 유대감을 상실했다는 느낌을 만성적인 상태로 만든다. 이러한 상태를 개선하려면 먼저 외로움이 우리의 생리와 진화에서 맡는 복잡다단한 역할을 정확하게 이해해야 한다. 케이티 비숍처럼 기름진 음식을 먹고 TV 드라마 재방송을 보는 것으로 기분을 전환하려고 해 봤자 상황만 악화될 뿐이다.

### 단편적 사실을 모아 큰 그림을 그린다

나는 인간의 뇌와 몸이 사회적 반응과 어떻게 서로 얽혀 있는지 밝히는 작업을 30년 이상 하고 있다. 시카고 대학에서 심리학을 가르치며, 그곳의 인지 사회 신경과학 센터를 운영하고 있으며, 이 연구의 광범위한 파트너 네트워크의 일원이다. 그 네트워크에는 시카고 대학과 오하이오 주립대학의 전현직 교수들과 심리학자, 정신병학자, 사회학자, 생물 통계학자, 심장학자, 내분비학자, 행동 유전학자, 신경과학자들의 모임인 맥아서재단의 심신 통합 네트워크, 그와 비슷하게 다양한 학자로 구성된 맥아더 노화학 네트워크, 그리고 신경학자에서 신학자까지, 생물 통계학자에서 철학자에 이르는 회원들이 인간의 생리학적 반응과 사회적, 영적 어려움 사이의 관계를 연구하고 있는 템플턴-시카고 대학 연구 네트워크가 포함되어 있다.

이처럼 다양한 분야의 연구자들과 함께 일하면 그림 맞추기의 각각의 조각을 좀 더 자세히 살펴볼 수 있을뿐더러 한걸음 뒤로 물러서서 전체를 아울러 큰 그림을 생각해 볼 수 있다. 일부 동료 연구자들은 뇌 촬영 영상을 통해 고통을 느끼는 작용을 뛰어넘어 공감(empathy, 감정이입)과 관련된 뇌 부위도 확인했다.[6] fMRI에 의존한 다른 연구들은 우리 인간이 다른 인간을 볼 때, 또는 인간의 사진을 볼 때 우리의 뇌가 다른 물질을 볼 때와 달리 반응한다는 점을 보여 준다.[7] 흥미롭게도 애완동물을 너무도 사랑하는 사람들은 개나 고양이 사진이나 그림을 볼 때도 똑같이 뇌가 반응한다. 무표정한 사람의 사진보다 강렬한 감정을 표현한 사람의 사진이 더 강도 높게 뇌가 반응을 일으킨다.[8]

'다른 사람'이 우리의 신경 체계에 특별히 중요하게 반영되듯이 세계 어느 곳이든 인간 사회의 가장 기본적인 의식은 사회적 맥락의 중요성을 반영한다. 인간이 흔적을 남긴 한 그 증거는 삶에서 감정적으로 가장 민감한 경험이 결혼, 출생, 죽음이라는 사실을 보여 준다. 사람과 사람의 만남의 시작, 그리고 끝과 관련한 사건들이다. 이런 연결이 삶을 지탱하는 구심력이다. 이런 유대감이 제공하는 더없는 위안과 다른 사람에게 거부당했을 때의 통렬한 고통 때문에 인간은 사회적 평가에 그처럼 예민하게 반응한다. 우리는 다른 사람이 우리를 어떻게 생각하는지 크게 신경 쓴다. 치료가 필요한 가장 흔한 공포증 열 가지 중에서 세 가지가 사회적 불안감과 관련이 있는 이유도 거기서 찾아진다. 많은 사람 앞에서 이야기하는 것에 대한 공포, 사람이 많이 모이는 것에 대한 공포, 새로운 사람을 만나는 것에 대한 공포를 말한다.[9]

일부 과학자들은 인간 사회에서 사회적 유대감과 상호 작용의 대단한 위력을 이해하기 위해 사회적 충동의 뿌리를 찾아 문어의 은둔성과 열대어의 외향성까지 연구했다. 사회성이 강한 곤충을 연구하는 과학자들은 그 곤충의 유대감이 너무도 강해 벌집이나 개미집을 거대한 단일 유기체로 생각해도 무방하다는 사실을 발견했다.

우리와 비슷한 사회적 유대감을 포유동물에서도 찾아볼 수 있다. 늑대는 떼를 지어 먹잇감을 사냥하며, 사냥을 시작할 때와 사냥한 직후에 함께 울부짖는다. 또 이 사나운 육식 동물은 거동할 수 없거나 새끼를 돌보는 동료에게 먹이를 가져다준다. 프레리도그(마멋의 일종)도 이타적인 희생을 마다하지 않는다. 맹금이 공격하면 그중 한 마리가 신호를 보낸다. 그 신호 때문에 공격의 주된 표적이 되는 데도 말이다. 원숭이 사회에서도 인간의 사회처럼 사회 질서를 위반하면 사회적으로 배척당하는 처벌을 받는다. 오스트라시즘(ostracism)을 말한다. 의도적으로 사회적 추방이라는 고통을 가한다. 유인원이 인간으로 진화하면서, 또 집단이 부족이 되고, 왕국을 이루면서 왕이나 세력가가 내리는 추방의 고통은 고문이나 처형 다음으로 가장 심한 처벌이었다.[10] 지금도 교도소에서 행해지는 가장 심한 처벌이 독방 감금이라는 사실도 이런 맥락에서 보면 너무도 당연하다.

사회적 유대감을 갈망하는 인간의 욕구는 그 뿌리가 너무도 깊기 때문에 고립감을 느끼면 사고의 능력도 손상을 받는다. 사회적 유대감이 우리의 지능을 형성하는 데 중요한 역할을 한다는 점을 감안하면 당연한 결과다. 신경과학자들은, 인간 뇌의 대뇌 피질이 확장되고 그 속에서 신경 회로의 상호 연결이 더 많아진 것은 점점 더 복잡해지는 사회적 신호를 서로 주고받고 해석하고 전달할 필요성 때문이었다고 보았다. 다시 말해 현재 우리 인간의 대부분을 만든 것이 다른 사람들과의 관계를 맺을 필요성이 있었다는 뜻이다.[11]

그렇다면 사회적 유대감을 가지면 우리의 생리적, 감정적 평형을 조절하는 데 도움이 된다는 결론에 이른다. 사회적 환경은 우리 행동을 지배하는 신경과 호르몬의 신호에 영향을 준다. 그리고 우리의 행동은 반대로 우리의 신경과 호르몬 작용에 영향을 주는 사회적 환경을 바꿔 놓는다. 영장류인 수컷 붉은털원숭이는 테스토스테론(남성 호르몬) 수치가 높으면 교미 행위가 활발해진다. 그러나 그 테스토스테론 수치는 사회적 환경에서 교미를 받아들이는 암컷이 있느냐에 영향을 받는다.[12] 달리기는 보통 뇌의 건강에 도움이 된다. 그러나 실험실 쥐를 대상으로 한 연구에 따르면 달리기는 사회적 고립을 당한 쥐의 뇌에는 도움이 되지 않았다.[13] 인간에게 외로움은 알츠하이머병을 악화시켰다.[14] 그리고 우리 팀의 최근 연구 중 하나에 따르면 외로움이 면역세포에서 DNA전사(轉寫, transcription)를 변화시킬 수 있는 힘을 갖고 있었다.[15]

이외에도 여러 상황에서 사회적 유대감과 단절감은 우리의 행동만이 아니라 우리의 몸 자체에도 커다란 영향을 끼친다. 인간은 나이가 들면 신체적으로 쇠약해지기 마련이다. 그러나 외로움이 그 쇠락을 가속화시킬 수 있다. 거꾸로 건강한 유대감은 그 쇠락을 완화할 수 있다. 일단 '사회적 웰빙의 높은 수준'으로 올라가면 더 건강하게 더 오래 살 수 있게 해 주는 긍정적인 효과가 나타난다.

### 누가 외로움을 느끼나?

다른 학교로 전학을 가거나 배우자 또는 친한 친구와 사별하면 의미 있는 유대감을 갖기가 당연히 힘들다. 객관적 상황이 중요하기 때문이다. 예를 들어 결혼은 혼자라는 느낌을 완화해 주는 효과가 있다. 평균적으로 결혼한 사람은 미혼인 사람보다 외로움을 덜 탄다. 그러나 결혼이 외로움을 반드시 해소시켜 주지는 않는다. 결혼의 굴레 속에서 느끼는 비참한 외로움은 귀스타브 플로베르의 소설 『마담 보바리』부터 마피아를 다룬 TV 드라마 「소프라노스」까지 문학과 드라마의 단골 소재로 등장한다. 또 결혼의 굴레에 갇히면 때로는 다른 애정 관계를 맺기가 어렵다. 정신적 사랑을 일컫는 '플라토닉 러브'조차도 불가능할 수도 있다. 사실 재능, 금전적 성공, 명예, 존경 중 어느 하나도 주관적인 고독감을 막아 주지는 못한다. 1960년대의 전설적인 여성 록 가수 재니스 조플린은 무대 위에서는 다른 사람들과 강한 유대감을 느꼈지만 무대 밖에서는 너무도 외로웠다. 그녀는 약물 과다 복용으로 사망하기 전 다음과 같은 노랫말의 곡을 만들었다고 한다. "나는 2만 5000명과 불타는 사랑을 나눴지만 늘 혼자 집으로 간다." 20세기 여성 중 최고 우상이었던 주디 갈랜드, 메릴린 먼로, 다이애나 영국 왕세자비는 외로운 사람으로 유명했다. 말런 브랜도 등 남자 스타들도 마찬가지였다.

그러나 혼자 있는 것이 반드시 외로운 것은 아니다. 정신과 의사 앤서니 스토는 저서 『고독의 위로(Solitude)』에서 혼자 있는 것의 즐거움을 탐구하고 때로는 혼자 있어 보라고 권한다. 열대 우림에서 연구하는 과학자, 장시간에 걸쳐 연습에 연습을 거듭하는 피아니스트, 산악 지대에서 훈련하는 사이클 선수를 생각해 보라. 학문과 저술만이 아니라 기도와 명상에도 장기간의 고독한 생활이 필요하다. 예술이나 과학도 마찬가지다. 요즘의 힘든 결혼 생활에서는 맞벌이를 하든, 한쪽이 야근을 밥 먹듯 하고 한쪽이 전업주부 역할을 맡든 간에 '자신만을 위한 시간'이 없다는 점이 가장 큰 불만이다. 또 타당성 여부를 떠나 고독을 참지 못하는 사람들은 늘 보호가 필요하거나 노이로제 환자로 간주되는 경우가 많다.

따라서 외로움에 관한 한 이렇다고 아니면 저렇다고 쉽게 판단할 일은 아니다. 1998년 러셀 웨스턴 주니어라는 정신병 환자가 미국 연방 의사당에 총을 들고 난입한 사건이 있었는데, 시사 주간지《뉴스위크)는 표지에 그의 사진을 싣고 '고독한 자(The Loner)'라는 제목을 달았다. 언론은 '유나바머(Unabomber)' 테드 카진스키(1978년부터 17년간 대학과 항공사에 폭발물을 보내 스물여섯 명의 사상자를 냈다.), 레이건 대통령 암살을 시도한 존 힝클리, 버지니아 공대에서 총기를 난사한 조승희 등 사회적으로 소외된 사람들을 '고독한 자'라는 모호한 용어로 불렀다.

그러나 다양한 그룹의 건장한 젊은이들을 대상으로 한 우리의 연구는 극심한 외로움을 느끼는 사람이라고 해서 언론의 머리기사를 장식하는 위험한 정신 이상자가 되지는 않는다는 점을 보여 준다. 그 둘 사이에는 상관관계가 없다는 뜻이다. 어느 인구 집단에서나 극단적인 사람들은 있게 마련이다. 그러나 평균적으로 볼 때 적어도 젊은 층에서는 외로움을 느끼는 사람들이 그렇지 않은 사람들에 비해 혼자 지내는 시간이 결코 많지 않다. 그들은 평균보다 신체적으로 더 매력적이지도 덜 매력적이지도 않다. 또 평균적으로 말해 키, 몸무게, 나이, 학력, 지능에서도 차이가 나지 않는다. 가장 중요한 점은 극단적인 사례보다는 폭넓은 스펙트럼으로 볼 때 외로움을 느끼는 사람들은 다른 어떤 사람만큼이나 사회적으로 잘 어울릴 수 있는 능력을 지녔다는 사실이다. 외로움을 탄다는 것이 사교성의 부족을 의미하지는 않는다.[16] 다만 외로움은 원래 가진 사교성을 억누를 때 문제가 생긴다.

### 세 가지 요인에서 일어나는 문제

외로움의 위력적인 효과는 세 가지 복잡한 요인의 상호 작용에서 비롯된다.

    핫소스를 좋아하는 사람들은 모든 음식에 핫소스를 뿌려 먹는다. 그러나 고추가 약간이라도 들어간 음식을 먹으면 얼음물부터 찾는 사람도 있다. 이처럼 인간의 사회적 유대감에 대한 갈망도 다양하다. 다른 사람과 함께하고 싶은 욕구나 소외에 대한 민감도가 상당히 떨어져 친구나 가족과 헤어져도 별 고통 없이 견뎌 내는 사람도 있다. 반면 안정을 느끼기 위해서는 아주 긴밀한 사회적 접촉을 끊임없이 필요로 하는 사람도 있다. 이는 유전자와 환경의 영향 때문이다. 쉽게 외로움을

**1 사회적 단절에 대한 취약성 수준**
우리 각자가 부모에게서 기본적인 신체나 기초 지능을 물려받듯이 사회적 유대감에 대한 욕구의 수준(사회적 배제의 고통에 대한 '민감도'로도 일컫는다.)도 물려받는다. 물론 각각의 경우 유전적 유산에 환경이 끼치는 영향도 매우 중요하다. 이런 개인적이고, 유전적으로 깊이 각인된 성향은 마치 온도계처럼 작동한다. 그래서 사회적 유대감의 필요성이 충족되느냐 되지 않느냐에 따라 고통을 느끼는 스위치를 껐다 켰다 한다.

**2 고립된 느낌과 관련 감정을 조절할 수 있는 능력**
감정을 스스로 조절한다는 것은 외면적만이 아니라 내면적으로도 평온을 유지하면서 도전에 잘 적응한다는 의미다. 외로운 감정이 복받치고 지속되면 그런 능력이 손상되기 시작한다. 그러면 세포 차원에서 우리 몸은 다양한 스트레스 인자에 더욱 취약해지며, 수면 같은 진정과 치유 기능을 수행하기가 어려워진다.

**3 다른 사람에 대한 심적 표상(mental representation: 사물이나 일의 상태에 대한 지식이 마음에 저장되는 방식)과 기대, 그리고 추리**
우리 각자는 지각을 통해 경험을 구체화한다. 다시 말해 어느 정도는 우리가 각자 나름대로의 사회적 세계를 건설한다는 의미다. 나와 상대방의 상호 작용에 대한 이해를 사회 인지(social cognition)라고 한다. 외로움이 찾아와 깊이 뿌리를 내리게 되면, 불행과 위협을 느끼는 감정과 스스로 조절하는 능력이 손상을 받아 우리가 자신과 다른 사람을 보는 방식이나 다른 사람들에게 기대하는 반응이 크게 영향을 받는다.

타는 사람의 경우 자기 조절과 사회 인지 사이의 상호 작용이 그다음에 일어날 일을 결정한다. 유대를 맺을 수 있는 다음 기회가 올 때까지 외로움을 잘 견뎌 내는 사람이 있는 반면 자멸적인 늪에 빠져 끔찍한 생각만이 아니라 행동까지 서슴지 않는 사람도 있다. 그러면 몸 안에서 장기적으로 파멸적인 세포 반응을 자극한다.

우리의 개인적인 감수성이 어떠하든 간에 특정한 유대감에 대한 욕구가 충족되지 않으면 우리의 삶은 손상받기 마련이다. 초기 인류는 함께 무리를 이룰 때 생존할 가능성이 가장 높았다. 따라서 함께 있을 때 즐거움을 느끼고 본의 아니게 외톨이가 될 때는 불안감을 일으키는 유전자가 진화를 통해 살아남으면서 인간은 강한 유대감을 선호하는 성향을 지니게 되었다. 더구나 인간은 유대감이 충족될 때 기분이 좋을 뿐 아니라 안전하게 느끼도록 진화했다. 이것이 이 책의 핵심 주제다. 무엇보다도 중요한 필연적 결과는 인간은 고립에 처하면 기분이 나빠질뿐더러 신체적인 위협을 당했을 때처럼 불안감도 느끼도록 진화했다는 사실이다. 이러한 감정이 일어나면 사회 인지가 손상된다.

혼자 있는 데서 고통이나 심지어 두려움을 잘 느끼는 사람은 어떠한 사회적 환경에서든 위협을 느낀다. 외로운 사회 인지의 렌즈를 통해 보면 다른 사람들이 더욱 비판적이고 경쟁심이 강하며 자신을 헐뜯거나 아니면 싫어하는 것처럼 보인다. 이런 해석은 곧바로 방어 기저를 부른다. 그래서 외로움 때문에 부정적인 인상에 대한 정상적인 두려움이 공격을 물리치려는 준비 태세로 바뀐다.

그러면서 사태가 복잡하게 꼬이기 시작한다. 두려움은 우리를 방어적으로 만들 수 있으며 한편으로는 자기 조절 능력의 일부를 손상시킬 수도 있다. 외로움이 장기화되면 왜곡된 사회 인지와 함께 손상된 자기 조절 기능 때문에 우리는 다른 사람의 시각을 인정할 가능성이 줄어든다. 그러면 다른 사람의 의도를 평가할 능력이 부족해지며, 이는 결국 사회성이 부족해지는 동시에 흑심을 품은 사람에게 조종당하기 쉬운 상태가 된다. 동시에 공격을 당할 수 있다는 두려움은 다른 사람을 먼저 탓하는 경향을 만들어 낸다. 이런 두려움이 때로는 공격성을 부추기고, 때로는 상대방의 마음에 들려고 지나치게 애쓰게 만들며, 때로는 우리에게 피해자 역할을 하도록 강요한다.

서글픈 아이러니는 두려움이 불러오는 이런 행동이 종종 우리가 가장 두려워하는 바로 그 거부 반응을 다른 사람에게 일으키게 된다는 점이다. 더욱 당혹스러운 것은 외로움에 수반되는 불안감이 오랫동안 쌓이면 우리가 가진 모든 사회적 관계를 믿지 않게 되거나 실망을 느끼기 쉽다는 점이다. 젊은 아내가 한번은 남편이 젤리를 잘못 사 왔다고 책망했다. 남편이 마트를 다녀와 냉장고를 채워 놓았다는 사실은 아무런 점수를 얻지 못했다. "난 포도 젤리를 싫어해요."라고 아내는 남편에게 말했다. 사실 잼과 젤리가 필요하다는 말은 나오지도 않았다. 남편은 새 동네에 마련한 새 집을 좀 더 편안하게 만들려고 좋은 일을 한다고 생각했다. 그러나 아내는 남편이 자신의 취향을 의도적으로 무시한다고 생각했다. 그녀는 마음의 상처를 지우지 못해 울면서 폭언을 퍼부었다. 여기서 우리는 아내의 진짜 문제가 젤리가 아니라 결혼에 대한 회의와 두려움이라고 추론할 수 있다. 바로 그런 두려움이 소외감을 낳고 우리가 외로움이라고 부르는 위협에 노출시키게 만든다.

우리는 고립감을 느끼면 객관적인 증거를 불문하고 우리와 맺고 있는 관계를 유지하려고 모든 것을 바친다고 생각한다. 예를 들어 외로움에 겨운 룸메이트가 저녁 내내 욕설을 퍼붓는다. 다른 사람들이 그녀에게 왜 욕을 하느냐고 물으면 "너희들은 항상 나를 못 잡아먹어서 안달이야!"라고 말한다. 그래서 말다툼이 벌어지면 그녀가 먼저 목청을 높인다. 다른 사람들도 그녀의 말을 따지려고 좀 더 목소리를 높이면 그녀는 "내게 왜 소리를 지르는 거야!"라고 내뱉는다. 사방에 적이 있다고 느끼는 사람이나 그런 인식으로 자기 조절 능력을 잃은 사람들이 보이기 쉬운 반응이다.

그런 뒤틀린 판단이 부부나 애인처럼 친밀한 관계에 영향을 끼치면서 수년 동안 지속될 수 있다. 파트너 중 한 명은 상대방이 현재 충족시켜 주고 있거나 충족시켜 줄 수 있는 유대감보다 더 높은 차원의 유대감을 원한다. 어쩌면 그 상대방이 냉담하거나 자아도취적일 수 있지만 어떻게 보면 그의 유전자와 인생 체험 때문에 욕구의 수준이 다를 수 있다. 다시 말해 욕구의 수준이 낮을 수 있다는 뜻이다. 요점은 서로 상대방을 탓하기보다는 성격 차이가 있다는 사실을 인정하는 것이다. 그러나 불행하게도 욕구가 충족되지 않는 파트너는 상대방이 '까다롭다'거나 '요구가 지나치다'거나 '뭔가가 부족한 사람'이라고 생각하도록 행동을 하게 된다. 그러면 파트너에게서 더욱 멀어져 이미 외로움을 느끼는 파트너는 더욱더 무시당한다고 느끼며 소외된다. 악순환이 반복되면서 불행의 심연으로 계속 빠져드는 것이다. 이런 흔한 역학 관계를 외로움의 렌즈 또는 유전적으로 각기 다른 유대감 욕구의 렌즈를 통해 보면 무엇이 문제인지 정확히 파악해 더 깊은 차원에서 해결책을 찾을 수 있다.

누구나 가끔씩 외로움을 느끼듯이 우리 모두는 사회적 불안감을 촉발하고 자기 보호적인 생각이나 행동을 유발하는 실수를 얼마든지 저지를 수 있다. 학교나 직장 또는 가정에서 우리는 비난을 받거나 공격을 받거나 배신을 당할 여지가 얼마든지 있다. 핵심적인 차이는 외로움 때문에 중립적이거나 이로운 상황을 지레 위협이리라 판단하고 방어적으로 인식할 수 있다는 점이다. 이런 부정적인 기대를 가질수록 실제로 그렇게 되는 경향이 있다.

그러나 이처럼 대인 관계가 참담해 보인다 해도 오히려 외로움 때문에 우리가 의도치 않게 그런 관계에 기여할 수도 있다. 문제를 증폭시키는 사회 인지가 서로에게 다가갈 수 있는 발판을 제공하기도 하기 때문이다. 우리는 우리 자신의 생각을 통해 현실을 인식한다. 따라서 노력하면 그 인식을 바꿀 수 있다. 우리가 무의식적으로 자가 증폭시키는 위기의식은 노력하면 얼마든지 줄일 수 있다.

### 주도권 잡기

저명한 인물 중에는 늘 외로워 보이는 사람이 있다. 예컨대 찰스 영국 왕세자 같은 사람이다. 한편 언제나 따뜻하고 개인적으로 매력이 있어 보이는 사람도 있다. 예를 들면 방송인 오프라 윈프리 같은 사람이다. 마찬가지로 개인 생활에서도 사교성을 타고난 듯이 보이는 사람이 있다. 그런 사람은 사람을 쉽게 사귀고 모두가 그와 함께 있고 싶어 하게 만드는 재주가 있다. 그런 사람은 '반드시'라고는 말할 수 없지만 대개는 행복한 결혼 생활을 영위하고 사회적 지능과 정서적 지능이 높다.

그러나 이런 운 좋은 사람이 성자이거나 TV 스타이거나 인기 정치인이거나 화려한 저명인사인 경우는 거의 없다. 그런 사람의 특이한 자질은 화려한 파티를 주도하거나 대중을 좌지우지하는 능력이 아니라 다른 사람을 끌어들이는 따뜻하고 열린 마음과 관대함이다. 그런 사람은 파파라치에게 둘러싸여 벨벳 로프를 황급히 지나가기보다는 자녀의 학교에서 자원봉사를 하고 직장에서 열심히 노력하는 모습을 보인다. 가장 중요한 사실은 이런 운 좋은 사람도 타고난 능력에서는 우리 같은 사람과 별로 차이가 나지 않는다는 점이다.

사회적 유대감과 만족감을 얻는 비결은 자신의 심리적인 인식의 방해를 받지 않는 것이다. 특히 위협을 느끼는 데서 비롯되는 현실 왜곡의 영향을 크게 받지 않는다. 사회적 유대감을 느끼면 사회적 고통과 위기의식이 사라져 진정으로 다른 사람과 한데 어울릴 수 있다. 이처럼 부정적인 자극이 없으면 우리는 진정한 유대감을 만들어 낼 수 있다. 유대감이 사회 인지를 편향시키기는 하지만 이 경우는 자신을 고양시키는 동시에 다른 사람들까지 함께 도와주는 긍정적이고 관대한 방향으로 경도된다. 사회적으로 만족감을 느낀다고 해서 반드시 파티의 스타가 되는 것은 아니다. 다만 그런 관대하고 낙관적인 영향력 때문에 다른 사람이 더 즐겁고 재미있다고 느끼게 된다.

사회적으로 만족을 느끼는 문제에 관한 우리의 연구 결과 중 가장 흥미로운 사실은 사회적 고통과 그 고통이 야기하는 왜곡된 사회 인지가 전혀 없는 이런 성향이 우리를 아주 안정되고 건전한 상태로 유지해 준다는 점이다. 우리가 사회적 유대감을 느낄 때는 외로움을 느낄 때보다 동요도 덜하고 스트레스도 적게 받는다. 일반적으로 말해 유대감을 느끼면 적대감도 적게 느끼고 우울증도 적어진다. 이 모든 것이 우리 건강에 매우 긍정적인 영향을 끼친다.

사회적 유대감이 우리의 전반적인 신체 기관을 더욱 유연하게 작동하도록 만들 듯이, 균형을 잡으려는 우리의 정신적, 생리적 노력의 총체인 자기 조절 능력도 다른 사람들에게 전이된다. 자기 조절이 뛰어나고 사회적 만족감이 큰 사람은 주변 환경과 조화를 잘 이루는 사회적 신호를 내보낸다. 당연히 그런 사람이 주변 사람들로부터 되받는 감정적 신호도 훨씬 조화롭다. 사람들 간에 이런 파장이 오가면 각자의 자기 조절 능력도 당연히 높아진다. 이것을 공동 조절(co-regulation)이라고 한다.[17]

이제부터 자기 조절과 공동 조절을 비롯해 사회적 존재로서 우리의 경험에 영향을 주는 유전학적, 환경학적 요인을 좀 더 깊이 고찰하고자 한다. 사회적 유대감의 이점과 그 절박성을 잘 이해하기 위해 사회적 고통과 사회적 만족감의 구체적인 결과를 과학적인 근거를 통해 살펴보겠다. 생명체의 한 종으로서 우리가 과연 어떤 존재인지를 파악하는 새로운 수단으로 외로움이 작용하는 방식을 여러 가지 측면에서 살펴볼 계획이다. 우리 문화는 모든 것의 잣대로서 고립된 개인에 초점을 맞춘다. 나는 최근의 연구 결과를 진화론적인 틀에 넣어 인간 본성에 대한 이런 우리 문화의 편향된 시각을 바꾸려고 노력할 생각이다. 그러나 그보다 좀 더 시급히 달성해야 할 나의 목표는 사회적인 만족감을 느끼는 사람이 더욱 큰 보람을 느낄 수 있도록 돕는 동시에 외로운 사람이 자기 삶의 제어력을 되찾도록 해 주는 것이다. 약간의 격려만 있으면 거의 모든 사람이 왜곡된 사회 인지의 감옥에서 해방되어 자멸적인 상호 작용을 수정하는 법을 터득할 수 있다고 나는 믿는다. 다시 말해 독방 감금처럼 느끼는 것이 평생토록 지속될 필요가 전혀 없다는 이야기다.

# 2

## 유전자 vs. 환경

그레그라는 한 젊은이가 있었다. 대학을 마치고 대학원 진학 전에 잠시 직장을 잡아 뉴욕 시로 거처를 옮겼다. 하지만 그때까지도 그는 인생의 목적을 찾지 못한 상태였다. 1장에서 사례로 든 케이티 비숍처럼 그 역시 미국 중서부의 소도시 출신이었다. 첫 몇 달간은 '빅 애플'이라는 별명을 가진 대도시 뉴욕에서 지내는 것만으로도 행복했다. 퇴근 후 어느 누구의 간섭도 받지 않고 혼자 지하철을 타고 맨해튼의 이곳저곳을 둘러보기도 하고 거리를 걷기도 하면서 새로운 풍광과 거리의 소리를 들으며 즐겼다. 직장은 상당히 따분한 편이었다. 그래도 그는 자신에게 잘 어울리는 곳에 살고 있다고 생각했다. 마침내 모든 속박에서 벗어나 자신이 진정으로 원하는 삶을 찾기 시작했다고 느꼈다.

그러던 중 대학 졸업반 때 잠시 사귄 여자 친구 진이 뉴욕에 왔다.

진은 머물 곳이 필요했다. 그레그는 깊이 생각해 보지도 않고 지낼 곳을 찾을 때까지 자기 아파트에서 지내도 좋다고 말했다. 그러나 이런 충동적인 제안은 결국 원치 않는 생활 방식으로 이어졌다. 혼자서 너무도 행복하게 잘 지내다가 갑자기 룸메이트가 생기니 여러모로 불편했다. 물론 진은 멋진 여자였고 그레그도 진을 진심으로 좋아했다. 그러나 곧 그는 진과 함께 지내는 생활을 정서적으로 감당하기 어렵다는 사실을 깨달았다. 더구나 진은 그레그만큼 뉴욕 생활을 즐기지 못했다. 진은 그레그가 자신의 친절한 안내자가 되어 복잡한 대도시 생활에 필요한 모든 일을 대신해 주기를 기대했다. 갈수록 진의 요구 사항이 늘어났다. 그의 시간만 할애해 달라는 게 아니라 아예 자신을 책임져 주기를 원했다.

몇 주가 지나자 아파트에 침대 시트와 식기류, 주방 기구가 새로 들어오기 시작했다. 다시 또 몇 주가 지나자 진은 결혼을 들먹이기 시작했다. 두 사람 사이의 관계에서 서로가 원하고 기대하는 것이 너무도 달랐다. 더는 견디기 어렵다고 판단한 그레그는 함께 지내자고 제안한 게 실수였다고 털어놓았다. 그러자 진은 울고 불며 난리를 치며 그레그에게 천박하고 미숙한 남자라고 퍼부었다. 그레그는 앞뒤를 가리지 않고 무모함을 탓하는 진에게 변명할 여지가 없었다. 그는 진의 비난에 죄책감을 느꼈다. 그녀의 혹독한 말에 자신이 너무도 부끄러웠다. 그러고는 진은 그레그를 너무도 사랑한다고 말했다. 뉴욕에는 친구 하나 없고 아직 직장도 구하지 못했으며, 그냥 고향으로 돌아가기에는 자존심이 도저히 허락하지 않는다고 하소연했다. 진은 계속 그레그와 함께 지내기를 원했다.

그레그는 당혹스럽고 혼란스러웠다. 아무리 고심해도 바람직한 대안이 생각나지 않았다. 그래서 그냥 잠자코 있었다. 몇 주 동안 직장에서도 꿈속에서 일하는 것 같은 느낌이었다. 아파트에 돌아오면 할 말도 없었다. 그레그는 고뇌에 찼고 우울했다. 무엇보다도 견딜 수 없는 것은 엄습해 오는 깊은 외로움이었다. 자신의 느낌과 감정을 표현할 길이 없었다. 지난번 동거 제안이 실수였다고 큰마음먹고 솔직히 털어놓았다가 호되게 당한 뒤부터는 지금의 상황을 두고 더 이상 이야기하는 것이 무의미하다는 생각만 들었다. 부모님과는 원래 소원한 관계였고, 너무도 부끄럽다는 생각에 친구나 다른 누구에게도 자신이 처한 곤경을 털어놓지 못했다.

그러던 중 어느 날 밤 그레그는 그리니치빌리지의 한 극장에서 댄스 강습을 받고 나오는 진을 데리러 갔다. 극장 로비에서 진을 기다리는 동안 판유리 벽을 통해 맞은편 건물 계단에 모여든 노숙자들을 내려다보며 생각에 잠겼다. 그는 스스로 초래한 현실의 문제만이 아니라 심적 갈등의 부담도 느꼈다. 그 딜레마가 너무 커져 이제는 완전히 덫에 걸려 빠져나올 희망조차 없는 듯했다. 잠시 그는 유리에 비친 자신의 얼굴을 쳐다보았다. 슬프고 생기 없는 표정이 섬뜩해 보이기까지 했다. 그러다가 깨달았다. '저건 내 얼굴이 비친 게 아니야. 다른 사람이 밖에서 나를 들여다보는 거야.' 그레그가 너무도 낙담한 표정으로 멍하니 밖을 내다보자 누더기 차림에 면도도 하지 않은 한 노숙자가 그레그의 정신을 차리게 해 줄 요량으로 판유리 바깥 정면에 서서 뚫어지게 쳐다본 것이었다. 그레그가 처음에 자신이라고 생각했던 그 얼굴은 '불쌍해 보이고 자기 생각에만 빠진 젊은이'를 흉내 낸 노숙자의 얼굴이었다. 그 노숙자는 갑자기 뒤로 물러서더니 눈을 크게 뜨고 입을 벌리며 놀라는 제스처를 해 보였다. 그레그도 웃지 않을 수 없었다. 순식간에 이루어진 이 인간적 교감은 짧은 순간이나마 그레그의 침울함만이 아니라 스스로 자신에게 씌운 속박의 굴레도 꿰뚫었다. 그 일 이후 그레그는 다시 정신을 차리고 진과 자신의 관계에서 얽히고설킨 마음의 실타래를 서서히 풀어 가기 시작했다.

1장에서 사례로 든 케이티 비숍의 경우 사회적 유대감이 매일 최소한 어느 정도 필요했던 이유는 유전적으로 유대감에 대한 기대 수준이 원래 '높게' 설정되어 있었기 때문이다. 그녀는 성인기에 접어들면서 자신에게 다른 무엇이 필요하다는 사실을 알았다. 단지 그 '다른 무엇'이 어떤 것인지에 관해 잘못 생각했을 뿐이었다.

반면 그레그의 경우는 사회적 유대감의 유전적 기준이 그보다 훨씬 '낮게' 설정되어 있었다. 그는 실제로 혼자 지내기를 좋아했다. 그런데도 그 역시 한동안 외로움에 시달렸다. 환경이 크게 변해서가 아니라 친밀한 사회적 환경에서 상대방과의 부조화가 너무 컸기 때문이다.

진화생물학자 에드워드 윌슨에 따르면 유전자는 우리 행동을 제어하는 '규제 장치'를 제공한다. 하지만 그 규제는 탄력적이며 유연하다. 우리가 부모에게서 물려받은 유전자는 우리 행동에 특정한 제약을 가하지만 동시에 상당한 자유도 허용한다. 부모는 자녀가 음악이나 운동 또는 수학에 소질이 있다고 자랑할 때나 혹은 너무 장난이 심하다고 걱정할 때 두 가지 주된 영향력인 유전자와 주변 환경 중 어느 것이 더 중요한지 궁금해한다. 이 문제는 학계에서도 수십 년 동안 쟁점이 되어 왔다. 또 문제가 공공 정책에 중요한 영향을 끼치기 때문에 사회에서도 그에 관한 논쟁이 끊이지 않는다. 캐나다의 심리학자 도널드 헵은 "유전자(선천적 영향)와 환경(후천적 영향) 중 어느 것이 성격 형성에 더 많이 기여하는가?"라는 질문을 "직사각형에서 길이와 넓이 중 어느 것이 전체 면적에 더 많이 기여하느냐?"라는 질문에 견주었다. 정답은 '둘 중 어느 하나'가 아니다. 그렇다고 '둘 다'도 아니다. 개인 성격의 가장 기본적인 면을 결정하는 것은 단순히 환경에 추가된 유전자가 아니라 환경과 상호 작용하는 유전자다. 외로움에서 유전자의 영향이란 무엇을 말할까? 특정 개인이 부모에게서 물려받은 유전자 때문에 다른 사람보다 사회적 유대감을 더 많이 필요로 하거나 그런 유대감이 없는 상황에 더 민감하게 반응한다는 의미일 뿐이다. 실제로 한 사람이 한순간이든 평생이든 외로움을 느끼느냐 그렇지 않느냐는 문제는 그 개인이 처한 사회적 환경에 좌우된다. 또 역으로 그 환경은 그 사람의 생각과 행동을 포함해 수많은 요인의 영향을 받는다.

유전자의 영향을 진정으로 이해하려면 유전자가 중요한 역할을 한다는 사실을 우리가 어떻게 아는지부터 살펴봐야 한다. 우리가 확실하다고 간주하는 전제 한 가지는 자연(환경)이 다양성을 추구한다는 사실이다. 자연에서는 어떤 조건도 완전히 고정되어 있지 않다. 따라서 유전자는 여러 가지 다른 대안이 있다. 우리 사회에 친밀한 인간관계의 욕구가 별로 없는 사람과 늘 친밀한 인간관계를 유지해야 직성이 풀린다는 사람이 골고루 존재하는 이유도 이로써 설명된다. 자연이 다양성을 추구한다는 사실을 고려하면 개인적 차원에서 볼 때 한 가지 성향이 다른 성향보다 나을 것도 나쁠 것도 없다. 고립감을 쉽게 느끼는 사람도 사회적으로 만족할 수 있는 반면 혼자 있기를 좋아하는 사람도 외로울 수 있다는 뜻이다. 다만 자신이 원하는 사회적 유대감의 수준과 환경이 제공하는 수준 사이에 차이가 날 때 문제가 생긴다.

### 유전자의 조절 장치

친밀한 인간관계의 욕구가 강한지 약한지는 개인의 성격 특성에 속한다. 이러한 개성을 형성하는 데 영향을 주는 환경적 요소와 유전적 요소를 구분하는 가장 좋은 방법은 쌍둥이를 장기간에 걸쳐 연구하는 것이다. 여성의 같은 월경 주기에서 두 개의 난자가 수정되어 자궁 속에서 함께 성장하면 이란성 쌍생아가 태어난다. 난자가 서로 다르기 때문에 이란성 쌍생아는 형제나 자매만큼이나 유전적으로 다르다. 이란성 쌍생아의 경우 서로 일치하는 유전자는 평균 50퍼센트 정도다.

반면 하나의 난자가 수정된 뒤 두 개로 나뉘어 분화하면 일란성 쌍생아가 태어난다. 예외가 있기는 하지만 일반적으로 일란성 쌍생아는 유전자가 거의 100퍼센트 일치한다.

암스테르담 자유 대학의 도레트 붐스마는 1991년부터 2003년까지 네덜란드 쌍둥이 등록 기구의 협조로 일란성 쌍생아 수천 명을 선정해 몇 가지 제시문을 주고 그 문장이 자신들의 삶을 얼마나 정확하게 묘사하는지를 조사했다. 이 제시문 중 두 가지가 직접적으로 외로움과 관련이 있었다. '아무도 나를 사랑하지 않아.'와 '나는 외롭다.'라는 제시문이었다. 우리는 이런 제시문에 대한 쌍둥이의 반응이 12년 동안 어떻게 달라졌는지 조사했다. 그 결과 연구 초기에 외로움을 느낀다고 말한 사람은 2년, 6년, 심지어 10년 뒤에도 똑같이 대답한 경우가 많았다. 연구 초기에 대인 관계에서 만족하는 사람들도 거의 비슷한 수준으로 만족도를 유지했다. 그러나 일란성 쌍생아 중 한쪽이 외롭다고 말할 때 다른 쪽도 외로울 것이라는 우리의 예측이 옳은 경우는 48퍼센트 정도였다.

48퍼센트란 대단한 수치다. 그 예측 능력의 중요성은 이런 식으로 생각해 보면 잘 드러난다. 어느 누가 외로울지 외롭지 않을지 알아맞힐 확률은 50 대 50이다. 동전 던지기와 같다는 뜻이다. 그러나 위에서 말한 48퍼센트라는 예측의 정확도는 동전을 한 번 던져 나온 결과에 기초한 게 아니다. 수천 쌍의 쌍둥이 전체에서 외로움을 느끼는지 여부를 48퍼센트 정확하게 예측했다는 뜻이다. 50 대 50인 명제가 수천 건 연속될 때 그중 절반을 맞출 가능성은 거의 없다. 따라서 쌍둥이에 대한 우리의 예측 능력은 일란성 쌍생아의 유전자는 서로 똑같다는 사실을 아는 데서 비롯되었다. 그렇다면 외로움 외에 노이로제, 상냥함, 근심 등 유전자의 영향을 받는 주요 성격 특징의 경우도 우리의 예측 정확도는 약 48퍼센트라고 말할 수 있다.

진화생물학자 에드워드 윌슨이 말한 '규제 장치'가 의미하는 바는 인간 행동에서 유전자가 중요한 역할을 하지만 그게 전부 다는 아니라는 것이다. 다시 말해 이동 경로는 유전자가 정하지만 최종 목적지를 선정하는 문제에서는 환경이 강한 영향을 준다는 이야기다. 눈동자 색 같은 순전히 신체적인 특징의 경우 유전자의 영향은 일반적으로 100퍼센트다. 헌팅턴병(뇌의 신경 세포가 퇴화되면서 발생하는 선천성 중추 신경계 질병) 같은 특정 질병도 마찬가지다. 이런 경우 유전자는 실제로 '숙명'이다. 환경이 그 결과를 바꿀 수 없다는 의미다. 그러나 유대감의 욕구가 유전적으로 강하게 설정되어 있는 경우는 유전자의 기여도가 48퍼센트에 불과하기 때문에 나머지 52퍼센트는 우리가 만나는 주변 환경에 의해 영향을 받는다.

유전자와 환경 사이를 중재하는 것이 유기체다. 즉 여러분과 나 같은 사람을 말한다. 바로 여기서 우리의 주관적인 인식인 '사회 인지'가 결정적인 역할을 한다.

### 수용성과 복원성

몇 년 전 스페인 그라나다에서 열린 한 과학 학술 대회에 강사로 초청받아 간 적이 있었다. 너무도 바쁜 시기였다. 그래도 내가 하는 일을 좋아했고, 낙관적으로 생각했다. 특히 오래전부터 꼭 참석하고 싶은 학술 대회였다. 그래서 또 출장을 가야 하고 강연을 준비해야 하는 불편함을 감수하고 비서에게 항공편 예약을 부탁했다. 그때는 우리의 생각 자체가 사회적 유대감과 그 혜택의 문지기 역할을 한다는 사실을 나 자신이 직접 입증하는 상황을 맞으리라고는 꿈도 꾸지 못했다.

스페인으로 떠나야 할 날이 왔다. 이 일 저 일로 정신없이 바빴던 나는 그날도 허둥대며 사무실을 나서면서 비행기 표를 집어 들었다. 공항에 도착해 비행기 표를 살펴보니 일단 마이애미로 갔다가 그곳에서 다른 비행기로 갈아타도록 되어 있었다. 뭔가 잘못되었다는 생각이 들었다. 그래서 항공사 카운터로 다가가 물었다. "이 표가 그라나다행이 맞나요?" "예, 맞는데요."라고 항공사 직원이 대답했다. "한 시간 후 출발합니다."

시카고에서 유럽을 여러 번 가 본 적이 있지만 한 번도 마이애미를 경유한 적이 없었다. 하지만 채점해야 할 학생들의 시험 답안지가 한 팔 가득했기 때문에 더는 그 문제를 생각하지 않았다. 나는 대합실에 앉아 답안지를 꺼내어 채점을 하기 시작했다. '마지막 탑승 안내' 방송을 듣고서야 황급히 가방을 챙겨 게이트로 향했다.

네 시간 뒤에 마이애미에 도착했다. 이동하는 승객들을 따라 다른 비행기로 옮겨 타고는 기내 복도를 따라 걸어 들어가 내 좌석을 찾았다. 내가 본 대서양 횡단 비행기치고는 너무 작다는 생각이 들었다. 그래서 승무원 곁을 지나치면서 "그라나다로 가는 비행기 맞죠?"라고 물었다. 그 여승무원은 환한 미소를 지으며 고개를 끄덕였다. "새벽 1시에 도착한다고 돼 있는데 맞나요?"라고 나는 계속 물었다. "밤새도록 가야 도착할 거라고 생각했는데요." "아뇨, 그렇게 멀지 않아요."라고 승무원이 대답했다. "고마워요, 잘 알았어요." 무엇인가 대단히 잘못되어 간다고 느꼈다. 하지만 대형 항공사를 의심할 마음이 없었다. 게다가 나는 학생들 답안지 채점을 계속해야 했다.

그러나 일단 좌석에 앉아 안전벨트를 하자 답안지 한두 단락만 읽고는 바로 잠이 들었다. 눈을 뜨니 착륙한다는 안내 방송이 나오면서 내 좌석 아래서 비행기 바퀴가 활주로에 닿는 소리가 들렸다. 활주로를 달려 게이트에 도착하자 승무원들이 비행기 문을 열었다. 나는 랩톱 컴퓨터와 채점하던 답안지를 손가방에 넣고는 비행기에서 내렸다. 사위는 어두웠고 정신은 약간 몽롱했다. 하지만 경치는 스페인 남부 같았다. 그런데도 무엇인가 이상했다. 어렴풋이 이전에 본 풍경이라는 느낌이 들었다.

입국 수속을 마치고 나와 택시를 탔다. 기사에게 "사라이 호텔, 포르 파보르."(por favor, 스페인어로 '부탁해요.'라는 뜻이다.)라고 말했다. 그러자 기사가 대답했다. "뭐라고요?(you say what mon?)" 어투가 독특했다. 하지만 분명히 스페인어는 아니었다.

20여 년 전 세인트조지스에서 휴가를 보낸 적이 있었다. 서인도 제도 동쪽에 있는 나라인 그레나다의 수도였다. 모든 게 어렴풋이 본 듯한 이유가 바로 그 때문이라는 생각이 들자 갑자기 하늘이 노래졌다. 나는 침을 꿀꺽 삼키면서 물었다. "여기가 그레나이다인가요?" 기사가 말했다. "그래요, 당연하죠. 여기가 다른 덴 줄 아셨어요?"

시카고에서 마이애미로 갔다가 그다음 갈아탄 소형 통근 비행기는 스페인 그라나다로 가는 연결 편이 아니었다. 나는 엉뚱하게도 카리브 해에 도착했다. 엉뚱한 나라만이 아니라 지구의 정반대편으로 날아갔다.

그래서 택시를 돌려 곧장 공항 터미널로 돌아갔다. 아침까지 유럽으로 가는 항공편이 없을 게 뻔했지만 혹시나 하는 마음이었다. 마이애미로 돌아가는 비행기가 카리브 해 시간으로 아침 6시에 있었다. 미국으로 돌아가서 강연 시간에 맞춰 스페인으로 곧장 날아갈 방법이 없었다.

아무리 머리를 굴려도 마찬가지였다. 고통스러운 순간이었다. 어쩔 수 없이 카운터 뒤에 있는 여직원의 동정 어린 눈을 빤히 쳐다보며 한숨을 쉬었다. "제발 시카고로 돌아갈 수 있게만 해 주세요."

나는 지칠 대로 지쳤고 완전히 바보 같다는 생각이 들었다. 그동안 살아오면서 어리석은 짓을 수없이 저질렀지만 학술 대회에 강연차 가다가 완전히 다른 곳에 도착한 일은 난생처음이었다. 항공사 직원들은 아주 친절했다. 이런 일을 처음 겪는 게 아닌 듯했다. 그들은 마이애미로 가는 아침 6시 비행기를 예약해 주면서 그곳에서 밤을 편히 지내도록 호텔도 잡아 주었다.

어둡고 조용한 세인트조지스의 거리를 지나 호텔로 향하면서 행사에 참석하는 동료에게 연락을 해서 참석이 어렵겠다고 통보해야겠다고 생각했다. 최소한 나의 의무였다. 호텔에 도착해 방에 들어서자마자 전화기를 들고 스페인에 전화를 걸려고 했다. 하지만 새벽 2시가 넘은 시간이라 국제 전화 교환대가 업무를 마친 상태였다.

엉뚱한 나라에 가지를 않나, 중요한 학술 대회에 아무런 설명도 없이 무책임하게 불참하지를 않나, 게다가 어떻게 해 볼 방도도 없었다. 최악의 상황이었다. 관자놀이에 맥이 뛰는 소리가 '쾅쾅' 하고 들렸다.

그러다 곧 마음이 편안해졌다. 세상의 종말이 아니라는 사실을 새삼 느꼈다. 생사가 걸린 문제도 아니었다. 내 동료들은 이미 이전에 나의 강연을 들은 적이 있었다. 내가 준비한 파워포인트 차트와 그래프를 한 번 더 볼 기회를 갖지 못했다고 해서 그들이 당장 어떻게 되는 것은 아니었다. 그렇게 생각하자 기분이 좋아지기 시작했다. 그래도 곧바로 잠을 청하기에는 신경이 너무 곤두선 상태였다. 그래서 호텔 바로 내려가 한잔하면서 학생들 답안지를 좀 더 채점하다가 잠을 청하기로 했다.

카리브 해는 휴양지인지라 항공사에서 리조트 호텔을 잡아 주었다. 처음 도착했을 때는 스페인으로 가고 싶은 마음에 어떤 호텔인지 눈에 들어오지도 않았다. 자정이 훨씬 넘은 시간이었지만 호텔 바는 활기차고 떠들썩했다. 놀랍다는 생각이 들면서도 기분이 좋았다. 특히 남녀 열두 명 정도 되는 한 그룹이 서로 격의 없는 농담을 주고받으며 즐거운 시간을 보내고 있었다. 나는 그들에게서 몇 테이블 떨어진 자리에 앉아 채점을 시작했다. 조금 지나자 그들 중 한 명이 나에게 다가와서는 무엇을 하고 있느냐고 물었다. 휴양지 리조트 호텔 바의 분위기에 내가 얼마나 어울리지 않았는지 끔찍하다는 생각이 들었다. 섬에 온 공부 벌레 왕초 같은 기분이었다. 이야기 끝에 내가 스페인행 비행기를 타지 못하고 엉뚱하게 세인트조지스의 호텔 바에 있게 된 연유를 설명까지 하게 되었다. 일행과 나는 모두 배꼽을 잡고 웃었다. 알고 보니 그들은 영국의 축구 선수들로 가족과 함께 카리브 해를 여행하는 중이었다. 나도 고등학교와 대학에서 축구를 했다. 물론 썩 잘하는 편은 아니었지만 경기 자체를 너무도 즐겼다. 그래서 우리는 스포츠부터 시작해 많은 이야기를 나눴다. 그렇게 이야기하고 웃다 보니 어느새 날이 어렴풋이 밝아 왔다. 곧 공항으로 가서 비행기를 타야 할 시간이 되었다.

이 이야기의 최대 아이러니는 내가 하고 있는 일, 그리고 그라나다에서 내가 발표하려던 주제가 바로 '삶의 스트레스를 치유해 주는 사회적 유대감'이었다는 것이다. 그 스트레스에는 목표로 하던 지점에서 완전히 동떨어진 곳에서 오도 가도 못하는 신세가 된 경우도 물론 포함된다. 하지만 이 이야기의 핵심은 사회적 유대감의 치유력이 그 힘을 아무런 장애 없이 수용할 수 있는 수신기의 존재 여부에 달려 있다는 것이다.

얼마나 외로움을 쉽게 타느냐의 문제는 부분적으로 유전자의 재량권이다. 그러나 환경이 유전자의 요구를 억제하려고 갖은 수단을 동원할 때는 우리의 사회 인지 수신기를 잡음이 없도록 깨끗이 유지해 주는 자기 조절이 어려워진다. 그러나 우리의 생각은 우리가 직접 다룰 수 있는 영역이다. 우리가 사회적 경험에 대한 조절력을 되찾으려고 할 때 사회 인지를 지렛대로 사용할 수 있는 것도 바로 그 때문이다. 사회적 환경을 어떻게 생각하느냐에 따라 많은 것이 달라진다. 긍정적인 경우 치유의 효과가 있고, 부정적인 경우 완전히 냉소적인 효과가 있다.

외로움은 사회적 유대감을 회복하는 데 필요한 자극제 역할을 한다. 따라서 외로움은 사회적 신호를 받아들이는 우리 수신기의 감도를 높여 준다. 하지만 동시에 외로움은 그것이 상징하는 뿌리 깊은 두려움 때문에 수신된 사회적 신호가 처리되는 과정을 방해한다. 그래서 실제로 전달되는 메시지의 정확도를 떨어뜨린다. 외로움이 오랫동안 계속되면 '높은 감도'와 '메시지의 부정확성'이라는 이중 효과 때문에 우리는 사회적 신호를 오해하게 된다. 다른 사람은 감지하지도 않고, 감지한다 해도 달리 해석하는 신호를 곡해하게 된다.

사회적 신호를 읽고 해석하는 일은 어느 때든 누구에게든 어렵고 복잡한 과정을 거친다. 그래서 우리 뇌는 그 작업을 단순하게 만들어 주는 지름길이라면 언제든 환영한다. 일반적으로 우리는 감정적 기대를 먼저 형성한다. 그다음 우리가 가진 추리력을 이용해 그 기대를 확인한다. 사람이나 환경에 대한 첫인상과 정치적인 견해 등 우리의 선호도 중 많은 것이 형성될 때 바로 그런 과정을 밟는다.[1]

우리는 모두 인식의 지름길을 택한다. 그러나 우리가 외로울 때는 사회적 기대도 비관적이고 우리가 내리는 성급한 판단도 대부분 비관적이다. 우리는 그것을 이용해 부정적 평가와 외로움의 두려운 속성 때문에 기대하게 되는 사회적 고립감에 대한 방호벽을 쌓는다.

대부분의 사람들은 자신이 사회적으로 연결되어 있다고 생각한다. 그런 경우 성공하면 자신이 잘한 결과라고 생각하고 실패하면 운이 나

빴다고 생각한다. 반면 사회적 고립감을 느끼고 낙담하면 그 반대가 되기 쉽다. 그래서 자그마한 실수라도 적어도 우리 마음속으로는 대재앙이라고 생각한다. 또한 우리는 똑같은 인식의 지름길을 이용해 우리의 실수에 대한 비난과 책임으로부터 안전할 수 있는 방벽을 쌓으려고 한다. 결국 우리가 계속 외로움에서 헤어나지 못하면 이 복잡한 행동 패턴 때문에 우리는 더욱더 고립된다.

우리 모두에게 욕구와 만족도 사이의 균형은 계속 달라질 수 있고, 감정을 조절하는 우리의 능력에 미치는 압력도 변할 수 있다. 나는 아주 외롭다고 느낄 때가 상당히 많았다. 하지만 다행히도 내가 목적지 스페인의 그라나다가 아니라 엉뚱하게도 카리브 해의 그레나다에 도착하는 실수를 했을 당시에는 평소 기분도 좋았고 사회적 유대감을 느끼던 상태였다. 그래서 나의 스페인 학술 대회 불참을 동료 학자들이 매우 불쾌하게 생각할 수도 있겠지만 나 자신은 그런 실수로 내가 학계에서 완전히 따돌림을 당하리라고는 생각하지 않았다.

만약 그런 실수가 내가 한참 힘들었을 시기에 일어났다면, 다시 말해 개인으로서나 직장에서 고립감을 느끼던 시점이었다면 내 반응은 상당히 달랐을 것이다. 그런 마음 상태에서는 내가 처한 어리석고 부끄러운 상황을 받아들이지 못하고 거기에 적응하지도 못했을 듯하다. 그래서 그레나다의 그 멋진 리조트 호텔 방에서 분노와 치욕을 되새기며 밤새도록 잠을 설쳤을 게 뻔하다. 또 아침에 전화 교환대가 업무를 시작하자마자 사무실로 전화를 걸어 비서를 꾸짖으며 모든 일을 그녀의 탓으로 돌렸을지도 모른다. 그러면서 비행기 표에서 도착지의 철자를 자세히 살펴보지 않은 실수와 무엇인가 잘못되고 있는 예감을 무시한 실수 등 나 자신의 엄청난 부주의는 완전히 부인했을 가능성이 크다. 아니면 술을 퍼마시며 괴로움에 겨워 호텔 바에 갔을 수도 있다. 낯선 사람들과 즐겁게 대화를 나누기보다는 "뭐라고요? 그런 바보짓을 했단 말예요!!??"라고 조롱당하고 배척당할까 두려워 대화를 회피했을지도 모른다.

사실 그날 밤 그 호텔 바에 있던 모든 손님은 주변 상황에 전혀 신경 쓰지 않고 그라나다가 아니라 그레나다에 도착한 얼빠진 교수를 보며 마음껏 웃었다. 그러나 내가 느끼는 사회적 유대감이 너무도 좋은 시점이었기 때문에 나 자신도 그 상황이 상당히 재미있다고 느낄 수 있었다. 아울러 내가 그런 경험에도 전혀 의기소침하지 않았던 이유도 바로 그 느긋한 마음 상태와 인식 때문이었다.

### 외로움의 대가

계획에도 없던 카리브 해 여행을 마치고 돌아온 나는 비서와 함께 그 터무니없는 실수를 웃어넘겼다. 그리고 내가 일에만 몰두해서 여정을 제대로 챙기지 않는 경우가 잦기 때문에 적어도 완전히 다른 지역에 출장 가는 일은 없도록 하자고 비서와 약속도 했다. 회식 자리에서 농담거리 외에는 그 일을 다시는 거론하지 않았다.

그와 대조적으로 외로움을 느끼면, 일상생활의 정상적인 혼란과 좌절은 물론이고 실수조차 극복하기 어려울 수 있다. 그런 일을 쉽게 떨쳐 버리지 못하면 사회적으로만이 아니라 심리적으로도 문제가 생긴다. 외로움은 심혈관계에 지속적인 영향을 주어 나중에 심각한 장애를 일으킬 수 있다. 게다가 외로움은 오랫동안 지속될 수 있기 때문에 사소하다 해도 건강에 부정적인 영향이 계속 남아 있을 수 있다.[2]

젊은이들이 외로움 때문에 건강을 과도하게 해치는 행동을 하는 경우는 드물다. 대개 갓 성인이 된 젊은이들을 보면 외로운 사람들보다 사회적으로 만족하는 사람들이 사교적인 자리의 음주가 잦아 건강을 더 해친다. 그러나 중년이 되면 외로움을 느끼는 사람들은 그렇게 느끼지 않는 사람들보다 술은 더 많이 마시는 반면 운동은 더 적게 한다.[3] 또한 기름진 음식을 즐겨 먹는다. 수면 시간은 별 차이가 없지만 수면의 질이 낮고 효율적이지 않아 회복력이 떨어진다. 그래서 낮에 피로를 호소하는 경우가 잦아진다.[4]

외로움을 느끼는 젊은이들은 객관적 판단으로 볼 때 자신들의 상황이 사회적으로 만족하는 사람들보다 스트레스가 더 많지 않은 데도 스스로 더 힘들다고 느낀다. 이처럼 힘들다는 주관적인 인식이 가져오는 스트레스가 오랜 기간 쌓이면 신체 기관 전체가 손상될 수 있다. 그러다 중년이 되면 만성적으로 외로움을 느끼는 사람들은 사회적으로 만족하는 사람들보다 객관적인 스트레스 요인에 실제로 더 많이 노출된다. 외로운 중년은 그렇지 않은 사람들보다 이혼율이 높고, 이웃과 다툼이 잦으며, 가족 불화도 더 많이 겪는다. 젊었을 때부터 자신이 겪고 있다고 주관적으로 인식했던 어려운 상황이 중년이 되면서 현실로 굳어진다.[5]

다시 한 번 강조하지만 만성적으로 외로움을 느끼는 사람이 무엇인가를 잘못했다는 이야기는 절대 아니다. 우리 모두는 외로움을 탄다. 배고픔이나 통증을 느끼는 것과 마찬가지로 자연스러운 일이다.

외로움을 형성하는 유전적 요인과 생활 환경 사이의 상호 관계는 일반적으로 우리의 통제 영역에서 벗어나 있다. 그러나 외로움이 일으키는 방어적 사고, 즉 외로운 사회 인지는 일단 촉발되면 사소한 일도 하늘이 무너진 듯 받아들이도록 만든다. 우리가 외로울 때는 부정적 상황에 더욱 예민하게 반응할 뿐 아니라 긍정적 상황에서 위안을 충분히 얻지도 못한다. 외로움을 느끼는 사람은 친구나 사랑하는 사람에게서 위안을 얻을 때도 그런 위안이 기대했던 것보다 만족스럽지 않다고 느끼는 경향이 있다.

무리나 동료와 섞여 있을 때 안전하다고 느끼고, 의도치 않게 혼자 있을 때 위험하다고 느끼도록 진화된 생명체의 경우 고립감과 위협 인식이 서로 상승 작용을 일으켜 경계심을 고조시킨다. 자연은 우리가 신체적 위협에 당면했을 때 거기에 효과적으로 대응하도록 '투쟁 도주 반응(fight-or-flight response, 자극을 받았을 때 투쟁할지 도주할지 판단하는 본능적 반응)'이라는 일련의 생리적 반응과 함께 고도로 민감한 경계 능력을 부여했다. 그러나 오늘날 우리가 의존하는 신경학적인 프로그램은 수백만 년 전 우리의 선조가 직면했던 '치고 달아나는(hit-and-run) 스트레스 요인'에 대한 반응으로 진화한 것이다. 그 결과 우리의 스트레스 반응(투쟁이냐 도주냐?)은 심혈관계의 저항력을 높여 주고 신체의 활동성을 강화하는 호르몬의 분비를 촉진한다. 사나운 들개의 공격을 받을 때는 그런 호르몬이 우리의 목숨을 구하는 데 도움이 될 수 있다. 그러나 스트레스 요인이 소외감이나 외로움일 경우에는 그런 흥분성 호르몬이 지속적으로 분비되면서 우리 몸의 노화 현상이 가속화할 가능성이 크다.

다행히도 만성 외로움이 가져다주는 스트레스의 고통은 우리가 하려는 이야기의 일부분에 불과하다. 우리는 '투쟁 도주 반응'에 반대되는 매우 중요한 시스템인 '쉼과 소화(rest-and-digest)의 생리학'을 포함해 다양한 사회학적, 심리학적, 생물학적 현상을 연구했다. 우리 몸의 세포와 기관은 스트레스에 장기간 노출되면 손상되지만, 숙면 같은 회복 촉진 행위를 통해 보수되고 유지되기도 한다. 지금까지 우리가 살펴본 바로 미루어 짐작할 수 있겠지만 인간의 몸과 마음에서 이런 보수 유지 기능은 사회적 세계에 의해 큰 영향을 받는다.

## 융통성 있는 속박

과거 분자생물학자들은 인간의 DNA에는 유전자가 약 10만 개 정도 있다고 추정했다. 우리의 생리학, 우리의 복잡한 신경계, 우리 행동의 복잡 미묘한 차이 등을 처리하는 수많은 세포 작용을 감안하면 충분히 일리 있는 생각이었다. 그러나 태아가 완전한 인간으로 성장할 수 있도록 해 주는 모든 유전자 암호를 해독해 인간 게놈의 전체 지도가 완성되고 나자 그 추정이 잘못되었음이 밝혀졌다. 인간은 기생충의 일종인 예쁜꼬마선충(Caenorhabditis elegans)보다는 유전자가 약간 많지만, 재배된 벼(Oryza sativa)에 비하면 유전자 수가 절반 정도밖에 되지 않는 것으로 밝혀졌다. 그래서 인간 게놈의 유전자 수는 약 3만 개에 불과하다고 수정되었다.[6] 최근에는 그 수가 더욱 줄어 2만 개에서 2만 5000개 사이일 것으로 재수정되었다.[7] 다시 말해 우리를 인간으로 만들어 주는 그 복잡한 특질은 유전자 수가 아니라 그 유전자가 상호 간에, 그리고 유전자와 그 유전자가 제어하는 감각이나 통합, 그리고 운동 시스템을 통해 주변 환경이 상호 작용하는 방식에 달려 있다는 뜻이다. 상호 간의 사회적 유대감에 전적으로 의존하고, 새로운 환경에 적응하는 기술이 뛰어난 인간에게 매우 적합한 구조인 것이다.

몸 크기에 비해 인간 두뇌의 회백질 전체나 심지어 자기 조절 등 사고력을 담당하고 전략을 세우는 전전두엽 피질의 크기는 인간의 사촌뻘인 유인원보다 약간 클 뿐이다.[8] 인간은 다른 포유류보다 몸 크기에 비해 대뇌 피질 신경 세포가 많기는 하지만 고래와 코끼리보다 약간 더 많을 뿐이다.[9] 인지적 측면에서 인간의 장점은 인간과 가장 가까운 동물인 침팬지나 보노보에게 이미 존재하는 기능을 똑같이 갖고 그것들을 효율적으로 조합하고 개선시킬 수 있는 능력에 있다. 지능이 높을수록 몸집이 큰 포유류의 적응력은 높아진다. 식량을 구하고 위험을 피하며 넓은 곳을 돌아다니는 일을 용이하게 해 주기 때문이다. 그러나 그런 일은 대인 관계로 구성되는 사회적 삶의 복잡성에 비하면 아무것도 아니다. 집단생활에서는 다른 사람의 정신 상태를 인식하는 능력이 매우 중요하다. 그 능력을 전문적 용어로 '마음 이론(theory of mind)'이라고 한다. 그러나 마음 이론은 사회 인지의 한 형태에 불과하다. 다시 말해 외로움으로 인해 쉽게 왜곡될 수 있다는 뜻이다.

**도사린 모순**

독립성이 비교적 강한 그레그 같은 성격이든 아니면 친밀한 유대감을 반드시 느껴야 하는 케이티 비숍 같은 성격이든 간에 외로움의 고통을 느끼고 싶어 하는 사람은 없다. 또 대단히 큰 잘못을 해서 외로움에 사로잡히는 것도 아니다. 외로움에서 특히 고약한 점은 외로움 그 자체에 모순이 있기 때문이다. 외로움에서 벗어나려면 적어도 다른 한 사람의 협조가 필요하지만 외로움이 만성적일수록 다른 사람의 협조를 얻어 내기가 더 힘들다는 모순을 말한다.

굶주림이나 통증 같은 불편한 상태에 처하면 우리 스스로 더 나은 조건을 만들려고 노력한다. 따라서 그런 문제는 독자적인 행동으로도 간단히 해결 가능하다. 예를 들어 배가 고프면 음식을 먹으면 되고, 발에 가시가 박혀 아프면 가시를 빼내면 된다.

그러나 그 불편한 상태가 외로움이라면 거기서 벗어나는 가장 좋은 방법은 다른 사람과 관계를 맺는 것이다. 그러기 위해서는 서로가 상대방과 유대를 맺고 싶어 해야 한다. 이러한 유대를 맺기 위해서는 자유가 있어야 하고, 어느 정도는 같은 시간표에 동의해야 한다. 그러나 이런 조건이 맞지 않으면 좌절감 때문에 적개심이나 우울증 혹은 절망에 빠질 수 있으며, 사교술만이 아니라 자제력까지도 잃을 수 있다. 그럴 경우 손쉽게 얻을 수 있는 쾌락으로 고통을 덮어 버리려는 욕구가 자제력을 억눌러 난잡한 성생활이나 폭음과 폭식으로 이어질 가능성도 있다. 이런 부정적인 행동이 생활 속에 자리 잡으면 자기방어적인 행동이나 냉담함 또는 도발적인 행위가 겉으로 드러나기 때문에 다른 사람에게 좋은 인상을 주지 못한다. 그 결과 사회를 비관적으로 보려는 생각이 굳어져 다른 사람들로부터 실제로 따돌림을 당하게 된다. 이렇게 마음에 상처를 입은 데다 따돌림으로 모욕까지 당하는 악순환이 반복되면서 상황은 더욱더 극단으로 치닫는다.

그러나 그보다 더 심각하고 위험한 사실은 이렇게 외부에서 관계가 허물어져 버리면, 우리의 몸 안 깊숙한 곳의 생리 과정에도 혼란이 생긴다는 점이다. 따라서 만성적인 외로움은 사회적 고립감을 심화시킬 뿐 아니라 노화도 가속화시킨다. 결국 외로움은 우리를 심리적으로 비참하게 만드는 데 그치지 않고 몸마저 병들게 한다.

# 3
## 자기 조절력의 상실

　인간에게, 행복하고 건강한 삶을 위해서는 뇌의 전두엽에서 나오는 통합 지능이 필요하다. 신경과학자와 심리학자들은 이것을 실행 제어(executive control)라고 일컫는다. 자기 이름을 기억하거나 간단한 셈을 하는 데는 이런 지적인 조절이나 통합이 필요하지 않다. 또 모국어로 씌어진 책을 읽는다든지 간단한 곡을 피아노로 연주하는 행동 같은 경우도 일단 숙달되고 나면 실행 조절 능력 없이도 얼마든지 가능하다. 그러나 복잡한 사회적 행동을 포함해 좀 더 복잡한 인식 기능은 평생 동안 자기 조절이 필요하다. 인간이 유대감과 소속감에 손상을 받으면 바로 사회 인지와 사회적 행동에 고장이 난다.

　1990년대 오하이오 주립대학에서 교수로 지내면서 우리는 외로움이 주의력 집중과 유지 능력에 끼치는 효과를 측정했다. 우리는

'UCLA 외로움 측정 기준'을 사용해 학부생 자원자를 대상으로 외로움을 심하게 느끼는 집단, 전혀 외로움을 느끼지 않는 집단, 중간에 있는 집단 등 세 그룹으로 분류했다. 그다음 이 세 그룹을 대상으로 '이음이원 청각실험(dichotic listening, 양쪽 귀에 서로 다른 소리를 들려주고 어떤 것을 기억하는지 알아보는 실험)'을 실시했다.

우리는 인간의 뇌가 좌반구와 우반구로 나뉘어 서로 일을 분담한다는 사실을 바탕으로 이 실험을 진행했다. 전문 용어로는 편재화(lateralization)라고 한다. 특정 기능을 조절할 때 뇌의 어느 한쪽이 주도권을 잡는 상황을 말한다. 예를 들면, 우리가 말하거나 글을 쓰고 이해하는 행위의 대부분은 뇌의 좌반구가 관장한다. 반면 공간적 추리를 할 때와 말할 때의 어조나 억양, 고저의 변화를 주는 문제는 대개 뇌의 우반구가 담당한다. 아울러 희한하게도 감각 인지와 운동 기능의 경우 좌반구가 우리 몸의 오른쪽을 통제하고, 우반구가 왼쪽을 담당한다. 대다수 사람들은 좌반구가 약간 더 우세한 경향을 보인다. 몸의 오른쪽이 더 강하고 민첩하다는 뜻이다. 마찬가지로 언어 기능은 좌반구 담당이기 때문에 대다수 사람들은 오른쪽 귀로 들리는 소리의 미묘한 차이를 더 잘 감지한다. 그러나 우리가 실험 대상자들에게 왼쪽 귀에 들리는 소리에 집중하라고 요구하면 오른쪽 귀의 장점이 사라지는 경향을 보인다. 전두엽이 행사하는 통합 지능인 실행 조절 능력을 대폭 강화하면 오른쪽 귀가 담당하는 자연적인 편재화 현상은 대개 무시될 수 있다는 뜻이다.

우리는 외로움이 이음이원 청각실험에 어떤 영향을 끼치는지를 연구하면서 일관성을 유지하려는 목적으로 세 그룹, 즉 외로움을 심하게 느끼는 집단, 전혀 외로움을 느끼지 않는 집단, 중간에 있는 집단 등에서 오른손잡이(뇌의 좌반구가 우반구보다 우세한 사람들)만 선별했다. 그들에게 양쪽 귀에 서로 다른 소리를 들려주는 헤드세트를 착용케 했다. 다른 쪽 귀로 무관한 소리를 들으면서 한쪽 귀에 들리는 특별한 소리(자음과 모음이 결합한 '우'나 '하' 같은 소리)를 찾아내는 일이었다. 어느 한쪽 귀에 집중하라는 지시가 없었을 때는 학생들은 대개 오른쪽 귀에 들리는 소리를 더 정확하게 식별했다. 한편 오른쪽 귀에 주의를 집중하라고 지시했을 때 소리를 식별하는 정확도는 세 그룹 모두 똑같이 높았다. 다시 왼쪽 귀에 집중하라는 지시를 했을 때(오른쪽 귀가 유리한 정상적인 소리 처리 능력을 의식적으로 무시하라는 뜻이었다.)는 중간에 있는 집단과 전혀 외로움을 느끼지 않는 집단은 상당히 정확도가 높았다. 그러나 외로움을 심하게 느끼는 집단은 의식적인 통제가 잘 먹혀들지 않았다. 그들은 왼쪽 귀에 들리는 소리에 집중하기 위해 오른쪽 귀에 들리는 소리를 무시하는 능력에서는 다른 집단에 비해 정확도가 떨어졌다. 그들은 다른 문제에서는 몰라도 비교적 어려운 과제인 이음이원 청각 실험에서만큼은 외로움 때문에 주의력 결핍 현상을 보였다.[1]

**주의력 집중과 혼란**

당뇨병이 혈액의 '내부 환경'에서 당 수치의 자기 조절 능력을 손상시키듯이 외로움은 외부의 사회적 환경에서 자기 조절 능력을 훼손한다. 앞으로 수많은 사례에서 보게 되겠지만 상관없는 문제에 관심을 갖지 않고 필요한 일에 정신을 집중하기 위해 자기 조절 기능을 사용할 수 없다면 대인 관계에 문제가 생기게 된다. 외로움 때문에 생기는 자기 조절 기능의 혼란은 알코올과 마약의 남용, 신경성 식욕 항진, 심지어 자살로까지 이어질 수 있다.[2] 더구나 외로움이 가져오는 자기 조절 능력의 손상은 이런 심각한 건강 문제를 일으키기 훨씬 전에 스스로 자신을 더욱 외롭게 만드는 행동을 취하게 만든다.

술집이나 댄스 클럽을 찾는다는 것은 취하거나 즐길 상대를 만나고 싶어서라고 생각하기 쉽다. 그러나 실제로는 깊은 유대감을 다른 곳에서 찾지 못해 그런 곳을 기웃거리는 사람들이 많다. 따라서 시끄러운 음악 소리와 목청을 높이는 대화 속에서 진정한 유대감을 찾지 못할 가능성은 당연히 클 수밖에 없다. 그 결과 술집이나 댄스 클럽에서 자신의 통제력에서 벗어난 행동을 하기가 더 쉬운 것이다.

감정과 행동을 스스로 조절할 수 있는 능력은 인간의 특성 중 중요한 부분이다. 우리는 사회의 책임 있는 일원이 되려고 실행 조절 능력에 전적으로 의존해야 한다. 따라서 뇌졸중이나 병원균에 감염되었거나 부상당했을 때 그런 기능을 담당하는 뇌 부위가 손상되면 비극이 더 커진다. 전형적인 예가 피니어스 게이지의 경우다. 1848년 미국 버몬트 주의 철도 공사장에서 다이너마이트 폭발 사고로 길이 약 1미터의 쇠막대가 그의 뇌를 관통(그림 2 참조)한 것이다. 사고 후 한 시간이 지나자 그는 사고 경위를 이야기할 정도로 멀쩡해 보였다. 약 2개월 만에 그는 외상에서 회복했다. 그러나 사고 전에는 책임감 있고 다정한 젊은이였고, 진지하고 양심적인 간부였던 그가 사고 후에 완전히 달라졌다. 입버릇이 거칠고 고집불통으로 돌변해 직장 생활에도 적응하지 못하고 미래를 계획하기도 어려워졌다. 그를 치료한 의사는 이렇게 말했다.

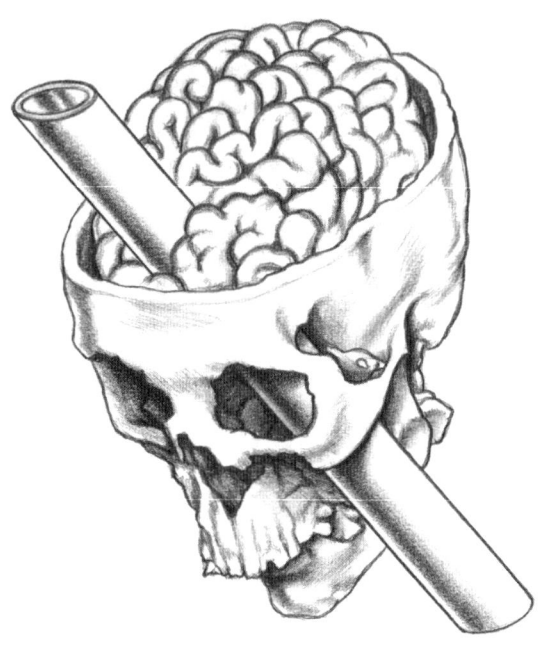

그림 2 쇠막대가 피니어스 게이지의 두개골과 눈을 통과하면서 뇌의 안와 전두 피질(orbitofrontal cortex)과 복내측 전전두 피질(ventromedial prefrontal cortex)을 손상시켰다. 이 부위는 감정과 사고를 종합해 감정을 통제하고 판단과 결정을 내린다. H. Damasio, T. Grabowski, R. Frank, A. M. Galaburda, & A. R. Damasio, "The return of Phineas Gage: Clues about the brain from the skull of a famous patient," Science 264, no. 5162 (May 20, 1994), 1102–1105쪽.

"그는 변덕스럽고 불손하며 때로는 입에 담기조차 힘든 욕설을 한다. 전에는 그러지 않던 사람이었다. 동료를 존중할 줄 모르고 자신이 원하는 바와 다를 때는 참지 못한다. 때로는 고집불통에다 변덕이 죽 끓듯 하다. 지적인 능력과 표현에서는 어린아이에 불과하지만 동물적 욕정에서는 강건한 성인이다."[3]

게이지의 주의력, 인식, 기억, 언어, 지능 등의 육체적 능력과 일반적인 추리력은 멀쩡했다. 그러나 그는 현명한 선택을 할 수 없었다. 사회적인 교류에서 사회 규약과 윤리 개념을 수용할 수 없었기 때문에 그의 결정은 다른 사람들의 관심사를 도외시했고, 결과적으로 그의 결정은 자신이나 어느 누구의 장기적인 이익에도 도움이 되지 않았다.[4]

### 실행 조절 능력의 손상

피니어스 게이지는 사고 후 12년 만에 무일푼 상태로 사망했다. 물론 그런 극적인 성격 파괴가 전적으로 외로움 때문이라고 단정하기는 어려울지 모른다. 그러나 심리학자 로이 바우마이스터와 진 트웬지는 사회적 소외감이 우리가 가장 소중히 여기는 인간적 특성을 망가뜨릴 수 있다는 점을 보여 주었다. 그들은 중학교를 다닌 사람이라면 누구나 생각할 수 있는 문제, 즉 소외감이 뇌의 실행 기능을 약화시켜 정신 활동이 손상될 수 있다는 증거를 실험을 통해 보여 주었다.

바우마이스터가 이끄는 팀은 사회적 단절이 뇌의 실행 조절 능력에 끼치는 영향을 연구할 목적으로 대학생 자원자들에게 설문지 두 가지에 답변을 적어 제출하도록 했다. 내향성·외향성 테스트와 성격 특성 항목표(행동과 태도에 관한 많은 질문을 통해 성격을 파악하는 인성 검사 방법)였다. 그들은 자원자들에게 내향성·외향성 테스트의 결과를 정확히 알려 주었다. 그로써 자원자들의 신뢰를 얻은 다음 성격 특성 항목표 검사의 결과는 완전히 허위로 알려 주었다.

사회 과학의 연구는 때로는 방심하는 사람들을 우스꽝스럽고 가학적인 상황에 빠뜨려 몰래카메라로 그들의 반응을 포착하는 리얼리티 쇼처럼 보인다. 바우마이스터 팀은 자원자 한 그룹에게는 개인별로 이렇게 똑같이 말했다. "당신은 운이 좋다. 평생 보람 있고 가치 있는 대인 관계를 맺을 성격이다. 많은 사람이 늘 당신을 사랑하고 우정도 오래가며 결혼 생활도 길고 행복할 가능성이 아주 크다."

하지만 다른 그룹에게는 심리적인 폭탄이라고 할 만한 충격적인 소식을 의도적으로 전했다. "이런 말을 하기는 정말 싫지만 검사 결과에 따르면 당신은 외톨이가 될 성격이다. 지금은 친구도 있고 애인도 있겠지만 20대 중반이 되면 그들 대다수가 당신 곁을 떠나고 없을 가능성이 크다. 결혼은 할지 모른다. 사실 여러 차례 결혼을 할지도 모르지만 전부 실패할 가능성이 크다. 30대까지 지속되지 못할 듯하다. 친밀한 관계가 모두 짧게 끝나리라 예상된다. 당신은 오래 살수록 혼자가 될 가능성이 크다."

세 번째 그룹에게는 인성 검사 결과를 의도적으로 완전히 엉뚱하게 이야기해 주었다. "당신은 원래 사고를 당하기 쉽다. 그런 경향이 지금까지는 나타나지 않았다고 해도 팔이나 다리에 골절상을 자주 입을 수 있다. 노인이 되면 자동차 사고도 빈번히 당할지 모른다." 이런 불길한 소식을 의도적으로 전한 이유는 심리학자들이 말하는 '불행 조절 조건 (misfortune control condition)'을 조성할 목적이었기 때문이다. 일반적인 나쁜 소식과 사회적 유대감에 관한 나쁜 소식의 효과를 구분할 필요가 있기 때문이었다.

물론 이런 실험이 끝나면 연구자들은 자원자들이 좋지 않은 심리적 효과 때문에 낙담하지 않도록 모든 세부 사항을 자세히 설명해 주었다.

이 실험의 요점은 심리적 조작에서 오는 뒤틀린 쾌락을 느끼려는 게 아니라 자원자들을 '미래의 외로움'과 '미래의 친밀한 관계', 그리고 '불행 조절'이라는 세 가지 그룹으로 분류하기 위해서였다. 그다음에 진짜 실험이 시작되었다.

연구팀은 자원자들에게 현재의 기분을 설명해 보라고 했다. 그다음 경영 대학원 입학 시험인 GMAT(일반 지능 테스트)의 문제 일부를 풀어 보게 했다. 문제에는 수리 능력과 공간 능력, 언어 이해 및 추리 능력을 측정하는 항목이 포함되어 있다.

자신의 기분을 설명하라고 했을 때 장기적인 대인 관계에 관해 나쁜 소식을 들은 자원자 그룹('미래의 외로움')은 정서적인 고통의 조짐을 드러내지 않았다. 인지 능력의 감퇴가 단지 당혹스러움의 문제가 아니라는 뜻이었다. 그런데도 GMAT 시험에서 '미래의 외로움' 그룹은 '미래의 친밀한 관계' 그룹(앞으로 대인 관계가 아주 좋을 거라는 이야기를 들은 자원자들)보다 점수가 많이 낮았다. '미래의 외로움' 그룹은 속도와 정확도 모두에서 장애를 보였다.[5] 또 이 그룹은 '불행 조절' 그룹(대인 관계가 아니라 신체적 부상에 대한 불길한 이야기를 들은 자원자들)보다도 점수가 낮았다. 결론적으로 나쁜 소식 자체는 별 문제가 되지 않았지만 사회적 유대감에 관한 나쁜 소식은 지능에 나쁜 영향을 끼친다는 것이다.

미래가 외로울 것이라는 일시적인 느낌조차도 자기 조절의 어려움을 높여 주어 이 실험 자원자들처럼 사고력을 손상시킬 가능성이 크다. 친구의 파티에 초청받지 못했다는 사실이 수학 낙제의 핑계가 될 수는 없지만 타당한 설명은 충분히 될 수 있다. 물론 자녀에게 이런 이야기를 해 줄 수는 없지만 말이다.

바우마이스터 팀은 사회적 소외감에 취약한 인지 능력을 좀 더 자세히 알아보고자 했다. 이처럼 더욱 정교한 분석을 목적으로 그들은 약간 변형된 실험을 다시 실시했다.

그 실험 중 하나에서 연구팀은 자원자 세 그룹에게 기분을 묻는 설문지에 답하게 한 뒤 각 그룹에서 몇 명을 선정해 논리 추리 문제를 풀게 하고 나머지 자원자들에게는 기계적인 암기를 하게 했다. 단순한 능력인 기계적인 암기 시험에서 '미래의 외로움' 그룹은 다른 그룹에 뒤지지 않았다. 그러나 논리적 추리 시험에서는 '미래의 외로움' 그룹이 풀려고 시도한 문제가 가장 적었고, 풀려고 시도한 문제에서도 가장 많은 오답이 나왔다. 그들은 '미래의 친밀한 관계' 그룹이나 '불행 조절' 그룹보다 훨씬 못했다. 미래에 사회적으로 소외될지도 모른다는 생각은 기계적인 정신 능력에는 아무런 영향을 주지 않았지만 논리를 통합하고 조절하는 높은 단계의 정신 능력에는 부정적인 영향을 끼쳤다. 다른 연구에서도 같은 결과가 나왔다. 다소 어려운 수학 시험을 치른 학생들의 뇌를 촬영한 사진에서는 사회적 소외감을 가진 학생의 뇌에서 주의 집중을 관장하는 실행 조절 능력에 관련한 뇌 부위의 활동이 상대적으로 떨어졌음을 알 수 있었다.[6]

### 평생의 도전

우리는 수학 문제를 풀거나 청각 실험을 할 때만이 아니라 평생 동안 늘 조절력을 유지하는 문제와 씨름한다. 갓난아기 때는 즉각적인 만족과 이기적인 세계에서 산다. 그러나 시간이 흐르면서, 그리고 부모의 영향을 받으면서 또래 아이들과 같이 놀면서 장난감을 빼앗거나 동생을 때리거나 저녁 식사 20분 전에 과자 한 박스를 전부 먹어 치우는 행동이 옳지 않다는 것을 배워 나간다. 충동을 조절하는 능력은 나이를 먹어 가면서 크게 발달한다. 그러나 그런 조절력은 높은 차원의 통제가 필요하다. 특히 자제력을 발휘해야 할지 말아야 할지 결정해야 할 때가 그렇다. 돈을 써 버릴까, 저축을 할까? 건강에 좋든 좋지 않든 먹고 싶은 음식을 먹을까, 몸에 좋은 음식을 먹을까? 텔레비전을 볼까, 일을 할까? 이런 문제를 결정할 때를 말한다.

바우마이스터 팀은 외로운 미래를 맞을 가능성이 크다는 생각이 인지 능력에 부정적인 영향을 끼치듯 자기 조절에서 발휘되는 '자제력'에도 나쁜 영향을 끼치는지 알아보고자 했다. 한 가지 측정 지표는 장기적으로 이롭지만 당장은 아주 하기 싫은 일을 할 수 있는지 여부다. 연구자들은 지난번과 마찬가지로 소외감을 느끼도록 하는 허구적인 피드백을 통해 실험 참여자들을 '미래의 외로움', '미래의 친밀한 관계', '불행 조절' 그룹으로 나눴다. 그다음 각 참여자에게 특별히 제조한 음료수를 마시게 했다. 건강에 좋고 영양가는 높지만 맛이 불쾌한 음료였다. 참여자들에게 그런 사실과 함께 마시는 양에 따라 소액의 금전적 보상이 따른다고 충분히 설명했다. 그런 다음 마신 분량을 측정했다. 결과는 이전의 패턴과 거의 같았다. '미래의 외로움' 그룹이 마신 음료가 다른 그룹보다 훨씬 적었다. '미래의 친밀한 관계' 그룹은 보상의 대가로 약간의 불쾌함을 감수하는 데 훨씬 긍정적이었다.[7]

바우마이스터 팀은 그런 전제의 반대쪽을 테스트하려고 추가적인 실험을 했다. 기분은 좋지만 실제로는 자신에게 좋지 않은 행동을 얼마나 잘 억제하는지 알아보는 실험이었다. 연구팀은 새로운 자원자를 대상으로 그들에게 서로 좋아하고 존경하는 사람들로 구성되는 작은 그룹으로 나누겠다고 말했다. 참여자들은 모두와 함께 어울려 어느 정도 시간을 보낸 다음 각자가 같이 일하고 싶은 사람 두 명을 선정했다. 그 다음 연구팀은 각 참여자들과 면담을 거쳐 어떤 사람에게는 아무에게도 선택받지 못했다고 고의적인 거짓말을 했다. 그러고는 "하지만 괜찮아요. 다음 과제를 혼자 해도 됩니다."라고 말해 주었다. 반면 다른 참여자에게는 인기가 너무 좋아 모두가 같이 일하고 싶지만 그룹 인원이 너무 많아지면 곤란하기 때문에 그냥 혼자서 다음 과제를 해야 한다고 말했다. 다시 말해 한 그룹은 사회적인 고통을 받게 했고 다른 그룹은 즐거움을 느끼도록 했다.

그들에게 주어진 과제는 미각 테스트였다. 연구팀은 참여자 각각에게 한입에 먹을 만한 크기의 초콜릿 쿠키 서른다섯 개가 든 접시를 나눠 주고는 맛과 질감, 그리고 냄새를 정확히 판단하는 데 필요한 만큼 충분히 먹고 난 뒤 쿠키를 평가하라고 주문했다.(대조 표준을 확보하려고 같은 대학의 다른 학생들을 설문 조사했다. 그 결과 쿠키를 먹는 것은 건강에 해로운 나쁜 행동이라고 누구나 생각하는 것으로 나타났다.)

사회적 소외감으로 고통을 받도록 유도된 참여자들은 평균 아홉 개를 먹었다. 그러나 모두가 같이 일하고 싶어 한다는 이야기를 전해 들은 참여자들은 절반 정도만 먹었다. 사회적 단절감이 비만을 초래하는 음식에 대한 식욕을 돋우었다는 뜻이다. 그뿐 아니라 소외감은 쿠키의 맛도 더 좋게 느끼도록 했다. 따돌림을 당한다고 생각하도록 유도된 참여자 대다수는 사회적으로 인정받는다고 느낀 사람들보다 쿠키 맛을 더 좋게 평가했다. 그러나 자기 조절에 실패했다는 점을 보여 주기라도 하듯이, 그들은 특히 맛있다고 느끼지 못했을 때에도 상대적으로 많은 양의 쿠키를 먹었다. 쿠키를 가장 많이 먹은 '외톨이' 중 다수는 그 맛을 그냥 괜찮다는 정도로 평가했다.

우리가 이 세상에서 혼자인 듯 느끼며 방에 틀어박혀 있을 때 아이스크림 등 지방질이 많은 음식을 찾는 욕구는 지극히 정상적이다. 뇌의 쾌락 중추에 달콤하고 기름진 물질을 주입해서 우리가 느끼는 고통을 달래려는 것이 인간의 본능이기 때문이다. 적절한 자제력이 없으면 우리는 곧바로 그런 음식을 먹는다. 아울러 사랑하는 이에게 거부당했을 때 나중에 후회할 일을 하게 되는 경우가 많다. 이 역시 뇌의 실행 기능이 제대로 작동하지 않기 때문이다.

예를 들어 사회학자 로버트 와이즈가 상담한 사람들을 보자. 한 남자는 바로 몇 주 전에 도저히 같이 살지 못하겠다고 집을 뛰쳐나왔지만 자신도 모르게 자신의 집이 있는 쪽으로 계속 차를 몰고 가서는 그 집을 그냥 지나치곤 했다. 매번 그럴 때마다 마음이 진정되는 느낌이 들었다고 그는 말했다. 또 한 여자는 전남편에게 전화를 걸어 고통스러운 마음을 털어놓고 싶은 생각을 억누르기 힘들다고 말했다. 그 남편이 바로 그 고통을 준 장본인이며 다시는 그와 합칠 생각이 없는 데도 계속 연락을 취하고 싶은 충동을 느꼈다.[8] 이 두 가지 사례는 외로움으로 자제력을 잃은 사람이 한순간이라도 외로움을 떨치고 싶어 애쓰는 모습을 보여 준다.

실제로 약이나 음료수처럼 기분을 좋게 해 주는 행동이 있다. 만족스러운 사회적 유대감에 따르는 주된 이점은 부끄러움과 후회보다는 다른 사람과 공명할 수 있는 자제된 행동을 하게 해 준다는 것이다. 그런 행동은 우리를 어색하거나 위험한 상황에 밀어 넣지 않고, 궁극적으로 우리가 사회적 유대감에서 발견하는 만족감을 높여 준다.

로버트 와이즈는 사회학자로서 사회적 소외감이 새로운 친구를 사귀고, 낯선 사람에게 좋은 인상을 주고, 다른 사람과 협력하고, 다른 사람을 실제보다 더 호의적으로 볼 수 있도록 하는 동기 유발이 될 수 있다고 믿었다. 실제로 그렇다는 사실이 최근의 한 연구에서 확인된 바 있다.[9] 그러나 다른 사람들에게 받아들여지려는 욕구가 좌절될 때는 지속되는 사회적 소외감으로 인해 긍정적인 충동이 부정적인 충동으로 바뀐다. 한 실험에서 소외감을 느끼도록 인위적으로 유도된 참여자들은 다른 사람을 더욱 가혹하게 평가했고, 벌칙을 가하는 규칙이 있으면 다른 사람들에게 더 많은 벌칙(듣기에 고통스러운 소음 들려주기)을 가하려 했다.[10] 또 소외감을 느끼는 사람들은 자선 기금에 기부를 하지 않으려 했고, 실험의 일환으로 인위적으로 연출된 사고가 났을 때도 낯선 사람을 도와주기도 꺼렸다. 아울러 그들은 비합리적이고 자멸적인 위험을 무릅쓰며, 코앞에 닥친 시험을 준비하기보다는 재미있는 놀이에 탐닉하는 경향을 보였다.[11]

바우마이스터의 실험 대상자들은 인위적인 연출에 의해 일시적으로 소외감을 느끼도록 유도되었다. 실험이 끝난 뒤 그들은 앞으로 사회적 소외감을 느끼게 되리라고 예측한 평가가 아무런 근거가 없는 허위 설정이었다는 해명을 들었고, 실험에 참여한 대가로 소정의 금전적 보상을 받고 편안한 마음으로 집으로 돌아왔다. 하지만 이들과 달리 실제 삶에서 외로움을 지속적으로 느끼는 사람은 어떨까? 매일 계속되는 소외감이 실행 조절 능력에 어떤 영향을 끼칠까?

### 나이가 들어도 나아지지 않는 증상

2002년 시카고 대학의 우리 팀은 시카고 지역의 중년 이상 연령층에서 자원한 사람을 대상으로 장기 추적 데이터를 수집하기 시작했다. 우리는 그들에게 'UCLA 외로움 측정 기준'을 포함해 다양한 생리학, 심리학 검사를 받도록 했다. 이 장기 추적 연구를 통해 시간의 흐름에 따른 변화를 파악할 수 있었다. 또 이런 종류의 실험에는 주로 대학생들이 자원한다는 점을 감안해 중년 이상에 초점을 맞춰 젊고 건강한 연령층에만 제한된 데이터를 아주 폭넓게 확대했다. 우리가 중년 이상의 자원자를 모은 데는 다른 이유도 있었다. 신체 기능이 전반적으로 떨어지는 시기이기 때문에 외로움이 건강에 미치는 영향을 연구하는 데 안성맞춤이었다.

우리는 참여자들이 실생활에서 무엇을 먹는지 수주에서 수개월 동안 모은 자료를 분석했다. 물론 불필요한 요인은 배제시켰다. 그 결과는 바우마이스터가 한차례만 실시한 쿠키 미각 시험 결과와 맞아떨어졌다. 일시적으로 사회적 소외감을 느끼도록 유도된 젊은이들처럼 실제 생활에서 외로움을 느끼는 중년 이상의 참여자들도 지방이 많이 든 음식을 상당량 먹은 것으로 나왔다. 정확히 말해 'UCLA 외로움 측정 기준'에서 점수가 한 단계 높아질 때마다 그들이 섭취하는 지방의 칼로리가 2.56퍼센트씩 증가했다.[12]

또 다른 연구에서 바우마이스터는 대학 연령층의 참여자들에게 앞으로 사회적으로 따돌림을 당할 가능성이 있다고 말한 후 그들에게 기하학적 도형을 그려 보라고 했다. 종이에서 펜을 떼지 말고 선을 이중으로 긋지도 않고 도형을 그려야 한다는 조건이 붙었다. 겉보기에는 아주 흔한 공간 추리력 테스트 같지만 사실은 풀 수 없도록 조작된 문제였다. 진짜 테스트는 각 참여자가 당시에는 알지 못했지만 그 해결할 수 없는 과제를 얼마나 오랫동안 풀려고 애쓰는지 알아보는 것이었다.[13] 앞으로 의미 있는 대인 관계를 맺지 못할 가능성이 크다는 이야기를 들은 참여자들은 다른 사람들보다 훨씬 더 빨리 테스트를 포기했다. 우리가 쿡 카운티의 외로운 노인들에게 자기 조절력을 측정하는 심리 테스트 문제를 냈을 때에도 그들 역시 사회적 유대감 수준이 높은 동료들에 비해 어려운 문제를 물고 늘어질 능력이 현저하게 떨어진다는 점을 보여 주었다.

외로움 때문에 인내심이 바닥난 상태에서 외로움을 극복해야 한다면 너무도 가혹한 일이다. 또 실제 생활에서 외로운 사람들을 면담한 결과를 보면 그 고통이 너무도 잘 드러난다. 사소한 일과를 일부러 만들어 자기 조절을 하려고 애쓰는 사람도 있었다. "하루 중 외로운 시간은 해 질 무렵"이라고 한 여성이 말했다. "일부러 편지통에서 우편물을 가져오지 않고 있다가 해 질 무렵이면 나가서 우편물을 수거하고 쇼핑도 합니다. 그냥 집에서 나가고 싶기 때문입니다."[14]

그런 노력은 단순한 의례적 과제가 될 수 있다. 높은 수준의 실행 능력이 요구되지 않는 일을 말한다. 그러나 때로는 기분 좋은 소일거리가 바쁘기만 하고 성과가 없는 일로 굳어질 수 있다. 운 좋은 사람들은 그보다 깊이 있게 자기 행동을 조절할 수 있는 활동을 찾는다. 실제로 의미 있는 새로운 일과를 말한다. "달리 할 일이 없을 때는 다른 사람들을 위해 파이를 굽습니다. 예를 들면 손님을 치러야 한다고 말하는 이웃집에 주면 되니까요. 또 쿠키를 구워 다른 사람들에게 나눠 주기도 합니다. 쿠키를 갖다 줄 곳은 의외로 많습니다. 고아원도 있고…… 그러고 나서 집에 돌아오면 무엇인가 의미 있는 일을 했다는 느낌이 들거든요. 빈 공간을 스스로 채운다는 사실이 중요하니까요."[15]

이 여성은 다른 사람을 위해 무엇인가를 하려고 하면서 올바른 방향으로 한발을 내디딘 사례다. 그러나 외로움이 더욱 깊고 그 때문에 일상생활에 지장을 받는 사람들은 주변 세계를 보는 시각을 근본적으로 바꿀 필요가 있다.

### 자기 조절력을 회복하라

1990년대 초 심리학자 샐리 보이젠과 게리 번트슨은 숫자와 셈하기를 잘하는 침팬지의 자기 조절 능력을 최초로 연구했다. 보이젠은 '시바'라는 이름의 침팬지에게 아라비아 숫자를 이해하고 사용할 수 있도록 훈련시켰다. 1996년 나는 보이젠과 번트슨의 침팬지 선호도에 관한 연구에 참여해 시바의 기술을 직접 확인할 기회를 가졌더랬다.[16] 한 실험에서 우리는 시바에게 두 접시 중 하나를 선택하도록 했다. 각각의 접시는 캔디가 하나도 없는 것에서부터 최대 여섯 개가 담겨 있는 것까지 다양했다. 시바는 처음에 유리 칸막이 뒤(캔디를 마음대로 가져가지 못하도록 설치했다.)의 두 접시를 보자마자 즉시 더 많은 캔디가 담긴 접시를 선택했다. 인간처럼 시바도 캔디를 좋아하기 때문에 당연한 선택이었다. 그러나 우리가 의도한 게임의 이름은 '역(逆)우발성 (reverse contingency)'이었다. 그래서 선택한 접시를 제외하고 선택하지 않은 접시의 캔디를 가져가도록 하는 게임이었다. 다시 말해 캔디 여섯 개가 담긴 접시와 세 개가 담긴 접시 중에서 하나를 선택할 때 캔디를 여섯 개 가지려면 캔디가 세 개 든 접시를 선택해야 했다.

시바는 캔디가 많이 담겨 있는 접시를 선택하려는 욕구를 억누르기가 쉽지 않은 듯 보였다. 우리가 실험한 다른 침팬지들도 마찬가지였다. 결과를 종합하면 이렇다. 먹고 싶은 캔디가 바로 눈앞에서 애를 태울 때 그들은 그 게임의 규칙을 30퍼센트밖에 따르지 못했다. 70퍼센트의 경우에 그들은 더 많은 캔디가 담긴 접시를 선택해 더 작은 보상밖에 얻지 못했다.

그다음 우리는 똑같은 게임을 캔디 없이 숫자로 실험했다. 역우발성의 규칙은 똑같았다. 만약 시바가 숫자 6 대신 3을 선택하면 우리는 시바에게 캔디를 여섯 개 주기로 했다. 캔디가 보이지 않은 상태에서 상징적 기호인 숫자로만 실험을 했을 때 시바는 훨씬 더 잘했다. 다른 침팬지들도 마찬가지였다. 전체를 종합하자 침팬지들의 성공률이 이전의 두 배(67퍼센트)로 나타났다.

실제 캔디가 눈앞에 보이자 침팬지들은 이른바 심리학자들이 말하는 '간섭 효과(interference effect)' 때문에 좌절을 겪었다. 앞에서 설명한 이음이원 청각실험에서 청력이 약한 귀에 들리는 소리를 식별하는 과제에서는 청력이 우세한 귀에 들리는 소리가 간섭 효과를 일으켰다. 한편 침팬지의 경우 간섭은 눈앞에 보이는 캔디의 유혹이 매우 강한 간섭 효과를 일으켰다. 침팬지들은 숫자든 실제 캔디든 간에 주어진 과제를 잘 인지했다. 그들은 규칙을 숙지했고, 숫자 개념도 잘 알고 있었다. 다만 눈앞에 보이는 그 달콤한 캔디에 정신이 팔릴 수밖에 없었다.

우리의 실험에서도 참여자들은 이음이원 청각실험의 규칙을 잘 숙지했다. 단지 그들은 집중력을 분산시키는 간섭 효과를 극복하는 데 필요한 자기 조절 능력을 발휘할 수 없었을 뿐이었다. 마찬가지로 외로움을 느끼는 사람도 아이스크림을 통째로 먹거나, 동료들에게 짜증을 내거나, 상대를 가리지 않고 무분별하게 성행위를 하거나, 엉뚱한 젤리를 사 왔다고 신랑에게 소리를 지르는 일이 옳지 않다는 사실을 안다. 다만 우리 인간은 사회적 유대감이 있을 때보다 고립감을 느낄 때 이런 충동을 극복하기가 어려울 뿐이다.

또 다른 연구에서 과학자들은 참여자들에게 할당된 파트너에게 개인적인 문제를 털어놓거나, 파트너가 자신의 문제를 이야기할 때 들어주는 역할을 하도록 요구했다.[17] 외로운 사람은, 특히 파트너의 이야기를 들어주는 역할을 맡았을 때는 다른 사람들과 마찬가지로 이야기를 잘 들어줬다. 그들은 상대방의 이야기를 경청하고 도움이 되는 이야기를 해 주었다. 그렇다면 우리 인간은 외로움을 느낄 때도 사회성을 발휘할 수 있는 능력을 갖추고 있다는 뜻이다. 그러나 특정 역할을 부여받는 실험 조건이 아니라 실생활의 현실적인 조건에서는 외로움이 그러한 능력을 짓누른다. 거기에 자신감 결여와 부정적인 사고방식 때문에 문제가 더욱더 악화된다. 외로움을 느끼는 사람들은 실험에서는 사회성을 발휘하면서도 스스로의 평가에서는 자신이 다른 사람들보다 사회성이 부족하다고 판단했다.

앞의 침팬지 실험에서 얻을 수 있는 가장 유익한 교훈은 무엇일까?

자신이 아는 지식과 기술의 혜택을 충분히 얻는 데 필요한 자기 조절 능력을 회복하려면 자극을 바꿔야 한다는 사실이다. 침팬지 실험에서 우리가 실제 캔디 대신 숫자를 제시했을 때 욕구 통제력을 유지할 확률이 두 배였다는 결과가 그 근거다.

우리는 침팬지가 아니라 인간이기 때문에 자극을 바꿀 수 있는 뛰어난 능력이 머릿속에 잠재해 있다. 즉시 발휘 가능하기도 하지만 실행에 옮기기가 말처럼 쉽지 않을 수도 있다. 따라서 훈련이 필요하다. 가장 큰 어려움은 우리 뇌의 특이한 구조에서 비롯된다. 인간의 뇌는 침팬지보다 훨씬 복잡하다. 인간의 독특한 진화 과정에서 아주 늦게 나타난 새로운 능력이 추가되었기 때문이다. 이런 새로운 기능 덕분에 우리는 0에서 6까지가 아니라 훨씬 더 복잡한 숫자를 조작할 수 있다. 대뇌의 신피질이 관장하는 이 능력을 바탕으로 우리는 교향곡을 작곡할 수도 있고, 007 시리즈 영화 주인공 제임스 본드에 누가 적격이었는지 토론할 수도 있으며, 화성 여행을 꿈꿀 수도 있다. 그러나 인간을 그처럼 똑똑하게 만들어 주는 새롭고 복잡한 신경 회로 형성이 침팬지나 심지어 생쥐도 갖고 있는 원시적인 기능을 완전히 대체하지는 않았다. 우리 뇌의 새로운 시스템 아래서 옛 시스템이 여전히 작동하며, 옛 시스템이 새로운 시스템의 영향을 받지 않고 독립적으로 작동하는 경우도 숱하게 많다. 컴퓨터 전문 용어로 말하자면 이런 기능의 누적은 '내려받기(download)'나 '덮어쓰기(overwrite)'가 아니라 '계층화된 업그레이드(layered upgrade)'에 해당한다. 심리학에서는 '재표상(re-representation)'이라고 일컫는다. 이런 재표상은 척수와 뇌의 여러 다른 차원에서 광범위하게 나타난다. 실제로 '계층화된 업그레이드'는 무엇을 의미할까?

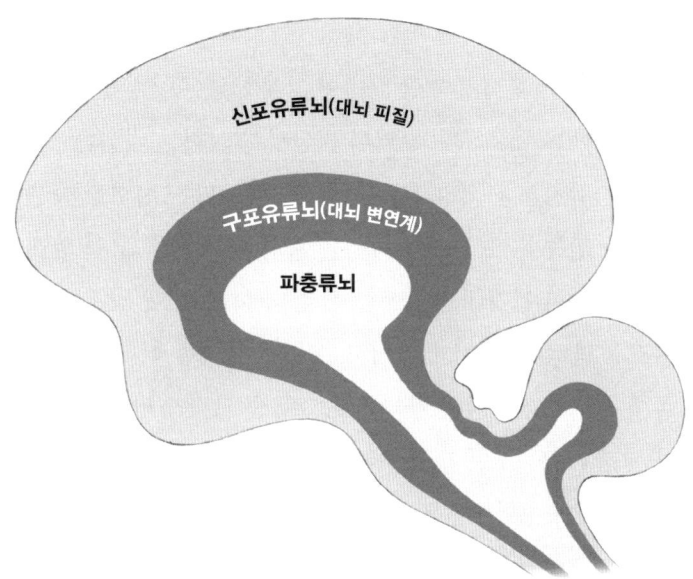

그림 3  1950년대 초 신경학자 폴 맥린이 뇌 구조의 진화를 설명하기 위해 제안한 '삼위일체' 모델. 맥린에 따르면 가장 오래된 부분인 파충류뇌는 척수에서 뻗어 나와 뇌의 가장 아랫부분을 차지한다. 뇌간, 수질, 뇌교, 소뇌로 구성되는 이 부분은 본능적인 생존 행동과 자율 기능(혈압, 호흡 등), 그리고 균형을 통제한다. 구포유류뇌 또는 변연계로 불리는 부분은 그다음 차례의 진화에 의해 만들어졌으며 시상 하부와 편도, 그리고 해마로 구성된다. 이 부분은 음식물 섭취, 투쟁, 도피, 생식 같은 기본적 욕구와 감정의 반응을 조절한다. 대뇌 피질로도 알려진 신포유류뇌는 대뇌, 피질, 신피질로 구성되며 최근에 진화했다. 사고, 추리 언어, 문제 해결, 감정 조절, 자제 등 높은 차원의 기능을 조절한다.

그 의미는 선박에 비유하자면, 신피질이 선원들의 도전을 전혀 받지 않는 '선장'은 아니라는 뜻이다. 신피질이 배의 함교에 올라 사면을 관측하고 상황을 이해하며 행동 계획을 세우고 결정을 내리지만 그 아래에는 언제나 불만이 가득한 선원들이 진을 치고 있다. 신피질이 등장하기 훨씬 전부터 그 배에 타고 있던 원시적이고 감정적인 계층을 말한다.

(그림 3 참조)

인간의 뇌가 사회적인 맥락에서 이런 복잡성에 어떻게 대처하는지는 나중에 알아보기로 하자. 그러나 지금까지 살펴본 내용만으로도 외로운 사람이 갑자기 사고방식을 바꾸기는 어렵다는 사실을 충분히 알 수 있으리라 믿는다. 실험에서 하나의 가설로 '사회적 고립 상태'라는 말을 들은 사람이 건강에 해로운 음식을 더 많이 먹고, 맛은 없지만 건강에 이로운 음료를 더 적게 마시고, 어려운 과제를 더 쉽게 포기하고, 당면 과제에 대한 집중력이 떨어졌다. 그들을 그렇게 만든 것은 의식적인 의사 결정도 아니고 우울한 기분도 아니었다. 그리고 반드시 자신의 미래가 암울하다는 이야기를 들었기 때문에 좌절하는 것도 아니다. 앞서 살펴본 연구에서 알 수 있듯이 사고와 행동 모두를 혼란시킬 정도로 자기 조절 능력을 떨어뜨릴 힘을 가진 것은 단 한가지다. 이 불길한 힘은 인류 역사 초기와 각 개인의 어린 시절에서 기인하는 두려움이다. 그 불가항력적인 두려움은 '속수무책으로 위태롭게 홀로 있다.'는 느낌이 자아내는 공포다.

# 4

## 이기적 유전자 vs. 사회적 동물

동물원 관리인에게 호모 사피엔스(Homo sapiens) 종에게 가장 적합한 거주 공간을 만들어 달라고 한다면 어떤 형태일지 가정해 보자. 그 거주 공간의 필수 조건이 무엇일까? 가장 명심해야 할 사항이 '반드시 서로 어울려 지내도록 해야 한다.'는 점이다. 인간은 개체별로 고립시켜 수용하면 절대로 안 된다는 뜻이다. 황제펭귄을 열대의 사막에서 지내도록 해서는 절대로 안 되는 것과 마찬가지다. 한마디로 생명체를 그 유전자가 감당하기 어려운 환경에 수용해서는 안 된다는 이야기다.

그런데도 서구 사회는 지난 5세기 이상 '반드시 서로 어울려 지내야 하는' 인간의 최우선 필수 조건을 부차적인 요소로 격하시켰다. 특히 지난 50년 동안 이러한 추세가 아주 빠른 속도로 가속화되었다. 최근의 통계를 보면 점점 더 많은 사람이 신체적으로, 그리고 정서적으로도 서로 고립된 삶을 살아간다는 사실이 극명히 드러난다. 다음의 사례를 살펴보자.

- 사회 과학 관련 조사에 따르면, 중요한 개인적 문제를 의논할 상대가 없다고 응답한 사람이 2004년의 경우 1985년보다 세 배 이상 증가했다.[1]
- 지난 20년 동안 미국 평균 가정의 규모는 약 10퍼센트 감소해 가구당 2.5명에 이르렀다.
- 1990년 열여덟 살 미만의 자녀를 둔 가정의 5분의 1 이상이 편친(부모가 한 명) 가정이었다. 지금은 편친 가정이 거의 3분의 1에 이른다.
- 2000년 미국의 나홀로 가구인은 2700만 명이었다. 그중 35퍼센트는 예순다섯 살 이상이었다. 미국 인구 조사국에 따르면, 2012년 현재 나홀로 가구인은 3270만 명이다. 1980년 이후 30퍼센트 이상 증가한 수치다. 그중 3분의 1가량이 예순다섯 살 이상일 것으로 추정된다.[2]

세계화된 자본주의가 직장, 주거, 도덕, 사회 정책을 좌우하면서, 세계 대부분의 지역이 만성적인 고립감을 부추기고 심화시키는 생활 방식을 강요당하고 있다. 그 결과 수많은 사람이 친구와 가족에 둘러싸여 있어도 외로움을 느낀다. 여기서 아이러니는 우리가 환경을 급진적으로 변화시켰으면서도 우리의 심리 상태는 하나도 달라지지 않았다는 것이다. 지금의 우리 사회가 아무리 풍요롭고 기술적으로 발전된 상태라고 해도 그 표면 아래에선 우리가 6만 년 전 폭풍우의 공포에 직면해 한곳에 모여들어 서로 위안을 구했던 바로 그 허약한 존재 그대로다.

### 사회적 단절로 가는 우회로

산업 혁명이 시작되면서 우리는 그동안 중요시했던 가족과 사회적 관계를 간과하기 시작했다. 그러나 이미 르네상스 후기에도 개인을 중시하는 새로운 문화적 경향이 생겨나면서 고립을 부채질했다. 그때는 남자와 여자, 심지어 어린이까지 고향을 떠나 공장으로 몰려들 수밖에 없었던 산업 혁명기 이전이었다. 이뿐 아니라 사업장 이전이나 공항에서 외로운 비즈니스맨들이 떼 지어 비행기를 기다리는 상황은 상상도 못하던 시절이었지만 그때부터도 그런 추세가 서서히 시작되었다. 그런 변화는 개신교 교리의 부상으로 더욱 심해졌다. 개신교는 영혼의 구원에서도 개인적 책임을 강조했다.

산업화 직전의 신세대 사상가들은 성직자나 아리스토텔레스 같은 고대 철학자 등의 구식 권위를 맹목적으로 따르기보다는 합리적 사고에 기초한 기본 원칙을 재확립하려고 했다. 17세기 '이성의 시대'에 영국의 정치 철학자 토머스 홉스는 당대가 선호한 순수 이성을 바탕으로 세계 질서를 유지하는 사회적, 정치적 구조의 근본을 추론했다. 그는 자연 상태의 인간은 오로지 쓰면 뱉고 달면 삼키는 충동의 지배만 받으며, 원하는 것을 얻으려고 이웃의 살해를 포함해 어떤 행위도 마다하지 않는다고 주장했다. 한마디로 인류는 전쟁이라는 미개한 상태에서 계속 살았다는 설명이다. 인류가 남을 살해해서라도 자신의 이익을 추구하려는 자연적인 성향에서 벗어나려면 권위 있는 국가가 사회적 규제를 강제로 시행해야 한다는 것이다.

통치력의 기원을 연구한 『리바이어선(Leviathan)』에서 토머스 홉스는, 인간이 '사회계약'에 도달하기 위해 걸어온 길을 탐구했다. 여기서 말하는 사회계약이란 인간이 본능에 따라 행동하지 않고 상대방을 예의 바르게 대한다는 암묵적 합의를 말한다. 홉스는 이 책에서 규제되지 않은 자연 상태의 삶은 "외롭고, 빈곤하며, 더럽고, 야만적이며, 짧다.(solitary, poor, nasty, brutish, and short.)"라고 했다.[3] 그가 자연적이라고 가정한 것은 그 후의 세대들이 '다윈적(Darwinian)'이라고 표현한 것과 흡사하다. 다윈적이란 지나치게 단순화된 표현으로 '치열한 경쟁이 펼쳐지는 자연(nature red in tooth and claw)'을 뜻한다.

인간 본성에 대한 이와 같은 홉스의 제한된 평가는 정확하든 부정확하든 간에 지금도 정치적, 경제적 담론에 많은 영향을 준다. 그러나 홉스의 비관주의는 과학적 연구가 아니라 자신만의 경험에서 얻은 가설에 기초한 듯하다. 그는 영국의 역사가 잔혹한 내전과 국왕의 참수 등 종교 투쟁과 박해로 점철되면서 삶이 극단적으로 황폐화한 시기에 평생을 살았다. 그가 태어난 1588년에는 스페인의 무적함대가 영국 침략을 시도했다. 홉스는 "두려움과 나는 쌍둥이였다."라고까지 말했다.[4]

지구촌은 지금도 내전과 종교 박해에 시달린다. 그러나 인류학과 진화생물학 분야의 최근 연구 결과는 초기 인류 사회가 홉스가 말한 '만인에 대한 만인의 투쟁'과는 상당히 달랐다는 점을 보여 준다. 그렇다고 초기 인류가 '고결한 미개인(noble savages)'이었다는 이야기는 아니다. 현대 인류가 모두 평화를 사랑하고 이타주의를 신봉하지 않는다는 사실과 마찬가지다. 초기 인류가 잔혹한 본성을 가졌을지 모른다는 주장은 정확할지 모른다. 그러나 그들의 삶을 외롭다고 묘사한 부분은 근거가 없다. 더 큰 착오는 그들의 삶이 전혀 규제되지 않았다는 가정이다.

치열한 경쟁, 시기, 증오, 잔혹성, 배반이 인간 본성을 구성하는 요소라는 점은 부인하기 어렵다. 실제로 이런 부정적인 요소가 인류 역사에서 숱하게 드러났다. 다만 홉스의 분석이 간과한 사안이 있다. 그런 냉혹함이 실제로 인간 본성의 결정적인 요소라면 인간은 진화를 통해 열대 우림이나 심지어 아프리카 동부의 초원에서도 벗어나기가 불가능했으리라는 점이다. '인간 본성'은 생물학적 측면에서부터 순전히 문화적 측면에 이르기까지 수많은 요인의 복합체다. 앞으로 좀 더 자세히 알아보겠지만 하나의 종으로서 인간의 발전을 이끈 힘은 자기 이익만 챙기려는 잔혹함이 아니라 사회적으로 협력하는 능력이었다.

홉스는 자연이 규제되지 않은 상태라고 가정했지만 자연의 모든 유기체가 갖는 일차적인 과제는 환경에 적응할 목적으로 스스로를 조절하고 규제하는 일이다. 사회적 동물의 경우 그 환경의 상당 부분이 '서로 간 관계와 상호 교류'다. 따라서 가족, 부족, 마을의 구성원은 개인으로 자신을 스스로 규제하고 조절하는 동시에 '공동 조절'을 통해 서로에게 영향을 주기도 한다. 이런 견제와 균형의 시스템은 행동만이 아니라 생리학에도 적용된다. 예를 들어 공동 조절은 발정기에 이른 암컷의 등장으로 수컷의 혈액 속 테스토스테론(남성 호르몬)의 수치가 높아질 때만이 아니라 침팬지들이 서로의 털을 다듬어 주면서 오랜 시간을 보낼 때도 나타난다. 침팬지는 전체 시간의 10퍼센트를 서로 털을 다듬어 주는 데 사용한다. 하지만 털을 깨끗이 해 주는 것이 주 목적은 결코 아니다. 더 중요한 목표는 무리 내부의 조화와 단결이다. 그리고 인간의 사회적 행동을 포함해 전체적인 삶을 지배하는 것은 자연선택을 통한 진화다. 진화는 자기 조절 및 규제, 공동 조절 및 규제의 최상위 과정이다.

찰스 다윈은 자서전 『나의 삶은 서서히 진화해왔다』(1887)에서 이러한 조절 과정을 아주 간결하게 표현했다. "세대가 계속 이어지면서 선호되는 변이는 보존되고 선호되지 않는 변이는 파괴되는 경향을 보인다."[5] 그러나 특정 동물에게서 나타나는, 사회적으로 관대하며 이타적인 행동에 관해서는 다윈조차도 이런 메커니즘(다양화와 환경이 주는 압력, 그리고 자연선택)이 어떻게 적용되는지 이해할 수 없었다. 예컨대 벌은 집단을 보호하기 위해 침입자에게 침을 쏜 뒤 자신은 죽는다. 또 개미집을 방어하려고 자기 몸을 마치 폭탄처럼 폭발시키는 개미도 있다. 또 자신을 희생해 살아 있는 바리케이드 역할을 하거나 개미집의 천장에 매달려 식품 저장 용기 역할을 기꺼이 떠맡는 개미도 있다. 일개미와 일벌은 번식 능력이 없다. 그렇다면 사회적 유대감과 사회적 선을 위한 극단적인 헌신이 어떻게 한 세대에서 다른 세대로 전달될 수 있을까? 다윈은 이를 자신의 가설에서 주요 장애물로 간주했다. 그는 이를 "해결이 불가능하고 나의 이론 전체에 치명적인" 역설이라고 표현했다.

다윈이 이런 고민을 한 지 약 100년 뒤 영국의 생물학자 윌리엄 D. 해밀턴은 자신을 희생하는 일벌부터 자손들에게 둘러싸여 흐뭇해하는 인간 조부모에 이르기까지 모든 사회적 유대감의 진화론적 기초를 밝혀냈다. 다윈 시대에는 존재하지 않았던 유전학의 정교한 지식 덕분이었다. 특히 자연선택은 개인이나 집단 차원이 아니라 유전자 차원에서 일어난다는 깨달음이 다윈의 기초 이론을 한 단계 더 발전시키는 데 결정적인 역할을 했다.

해밀턴도 다윈처럼 새나 프레리도그가 맹금의 접근을 알아챘을 때 자신이 먹이가 될 확률이 가장 높다는 사실을 잘 알면서도 동료 집단을 보호하기 위해 소리를 내어 위험을 경고하는 모습을 관찰했다. 그런 '이타적인' 행동을 진화론적으로 어떻게 설명할 수 있을까? 해밀턴은 집단을 위해 위험을 무릅쓰고 소리를 내어 경고하도록 하는 사회 친화적인 유전자나 유전자군이 그 사촌들을 포함해 가까운 친척 다수에게 공통으로 존재하기 때문이라고 생각했다. 따라서 경보를 울린 새나 프레리도그가 일찌감치 희생되더라도 그들 친척이 많기 때문에 그러한 유전자의 전달률이 높다는 이야기다. 오랜 시간이 흐르면서 그러한 유전자를 가진 개체가 생존하고 번식할 확률을 조금이라도 높여 주는 특성이 '해당 종의 대표적 특징'으로 굳어지게 된다는 것이다.

자신을 희생해서라도 같은 집단의 동료를 돕는 데 작용하는 유전자가 어떻게 대를 물려 후손에게 전달될 수 있었는지에 관한 해밀턴의 이론은 처음에는 '혈연 선택(kin selection)'으로 불리다가 지금은 '포괄적 적응성(inclusive fitness)'으로 알려져 있다. 이 이론은 더 넓은 개념인 '호혜적 이타주의(reciprocal altruism)'로 이어졌다. 인간은 혈연관계가 아닌 사람에게도 이타적인 행동을 한다. 이러한 행동은 해당 종의 대표적 특징이다. 이타주의가 사회적 유대감을 강화했고, 그 유대감과 그 이면에 있는 외로움에 대한 두려움이 융합되면서 초기 인류의 생존에 도움을 주었다.

진화생물학자 조지 윌리엄스는 『적응과 자연선택(Adaptation and Natural Selection)』(1966)에서 초기 인류가 끊임없는 투쟁의 삶을 살았다는 홉스의 가설을 정면으로 반박하면서 '호혜적 이타주의'를 이렇게 요약했다. "간단히 말해 우호적 정신을 극대화하고 적대감을 극소화하는 개인이 진화에서 유리하며, 자연선택은 대인 관계를 증진하는 특징을 선호한다."[6] 현재 지구상에는 산업화 이전, 농업화 이전 상태에서 생활하는 부족이 매우 드물지만 지금도 남아 있는 소수 민족을 연구한 결과가 이러한 이론을 뒷받침한다.

### 위태로운 삶

아프리카 보츠와나 서북부의 칼라하리 사막에는 쿵산(쿵족이라고도 한다.)이라고 불리는 수렵 채취 부족이 산다. 그 부족은 강한 사회적 유대감이 생존에 유리하다는 점을 입증하는, 살아 있는 증거로 간주된다. 미국 플로리다 주립대학의 심리학자 로이 바우마이스터는 이렇게 지적했다. "대다수 동물은 살아가는 데 필요한 것을 주변의 물리적인 환경에서 얻는다. 그러나 인간은 서로에게서, 그리고 자신들의 문화에서 필요한 것을 얻는다."[7] 쿵족이 사는 물리적 환경은 삭막하기 이를 데 없다. 따라서 그들은 생존하려면 서로 간의 삶에 깊이 간여해 유대를 다지지 않을 수 없다.[8]

쿵족의 마을로 들어가는 길은 먼지와 관목 덤불만으로 수킬로미터나 펼쳐져 있다. 도시인이 혼자 그곳으로 간다면, 탈수로 죽지 않으면

굶어 죽기 십상이다. 그러나 고고학적 발굴에 따르면 쿵족은 그곳에서 똑같은 방식으로 1만 1000년 이상을 살았다. 칼라하리 사막에는 비가 거의 내리지 않는다. 여름의 기온은 섭씨 43도를 넘나든다. 겨울의 기온은 빙점 아래로 내려간다. 사자들도 있다. 인간이 맹수의 '패스트푸드'가 될 만한 여건이다. 초기 인류는 그처럼 가혹한 환경에서 살아 내야 했기에 적어도 자신이 속한 집단의 동료에게 비열하거나 야비하게 행동할 입장이 아니었다.

쿵족은 끝이 보이지 않는 듯한 대지에 살고 있는 듯하지만 마을은 잘 정리된 좁은 공간에 옹기종기 모여 있는 대여섯 채의 오두막으로 구성되어 있다. 사생활을 즐기고 싶은 마음이야 굴뚝같겠지만 오두막의 모든 입구는 공동 구역을 향해 열려 있다. 그런 마을에서 하룻밤을 보낼 때 음식을 만들고 있는 모닥불 주변에서 조금만 벗어나 어둠 속에서 사자의 빛나는 눈빛을 본다면, 초기 인류에게 고립감이 왜 공포를 자아내는지 자연스럽게 이해가 가고도 남을 듯하다. 그 공포는 지금도 우리가 느끼는 외로움의 핵심에 그대로 존재한다.

칼라하리 사막의 고베 지역에 사는 쿵족의 존재가 외부에 알려진 것은 1963년이었다. 인류학자 어븐 디보어와 리처드 리가 처음 그곳을 방문했는데, 그로부터 6년 뒤 마저리 쇼스탁이라는 젊은 여성이 고베 지역에 와서 2년간 살았다. 그녀는 야생 생활에 전혀 훈련이 되어 있지 않았다. 단지 의사이자 인류학자인 남편 멜 코너와 함께 아프리카에 왔을 뿐이었다. 그런데도 그녀는 쿵족의 언어를 익히고 문화와 전문 분야의 장벽을 뛰어넘어 수렵 채취의 삶을 실천했다. 그 결과가 『니사: 쿵족 여성의 삶과 언어(Nisa: The Life and Words of a !Kung Woman)』다. 이 책에는 쿵족과 함께 사는 이야기에다가 니사라는 한 여성의 생생한 독백이 실려 있는데, 책이 나오자마자 문학계에 큰 반향을 불러일으켰다. 원시 인류 사회를 만인에 대한 만인의 투쟁이라거나 문명에 젖지 않은 천진난만한 원시인의 활인화(活人畵, 살아 있는 사람이 분장하여 정지된 모습으로 명화나 역사적 장면 등을 연출하는 것)로 묘사한 책이 아니었기 때문이다. 이 책은 고대 인류의 삶을 하나의 멜로드라마로 재현했다. 모든 면에 사회적인 연계가 강하게 작용하는 드라마 속의 삶과 다를 바 없었다.

마저리 쇼스탁은 서구 세계에서 사람들이 커피 한잔을 놓고 식탁에 앉아 잡담을 나누는 식으로 쿵족과 오랫동안 같이 생활했다. 그녀는 "그들의 삶은 너무도 서로 친숙하다."라고 결론 내렸다. "사적인 삶과 공적인 삶의 구분이 거의 의미가 없을 정도다." 그녀가 모은 이야기들과 독자적인 현지 조사로 드러난 이야기, 그리고 여러 쿵족 여성들과 나눈 이야기들은 음담패설, 특히 이 여자 저 여자들과 동침하는 남자들 이야기로 가득했다.

굶주린 맹수를 피해 다니면서 식량을 찾아야 하는 살벌한 현실 속에서도 쿵족의 남자와 여자들은 집단의 생존을 목표로 서로 헌신한다. 쿵족의 삶은 외롭기는커녕 배우자와 자녀, 늘 붙어 다니는 친척과 친구들, 적들, 그리고 경쟁자들과 서로 밀고 당기느라 바쁘다. 그러면서 서로의 생존에 도움을 주고 덤으로 애인까지 넘겨받는다.

이 책만이 아니라 과학적인 연구 결과도 쿵족 여성들이 먹을거리를 구하러 나가지 않거나 남자들이 사냥을 나가지 않을 때는 노래를 하거나 노래를 짓는 데 많은 시간을 할애한다는 점을 보여 준다. 악기를 연주하고, 몸치장용 목걸이를 만들고, 재미있는 이야기를 나누고, 놀이를 하고, 다른 집에 놀러 가거나 그냥 누워서 잡담을 즐긴다. 그들에게는 문자가 없다. 그러나 함께 모여 몇 시간 동안 같은 이야기를 반복해 나눈다. 그들에게는 달력 또한 없다. 그러나 집단생활을 하면서 터득한 사건으로 시간의 흐름을 파악한다. 아기가 처음 웃었다거나 말문을 열었다거나 나이가 들어 노망이 났다거나 죽었다는 사건이 시간의 흐름을 알려 주는 지표다.

이런 원시적인 인류 사회는 개미나 벌의 군생보다 훨씬 복잡 미묘한 자기 조절 시스템으로 이루어진다. 그러나 기본적으로는 개인의 모든 행동이 동료의 행동에 의해 규정되고 제약을 받는다는 원칙에 입각해 있다. 사회성 있는 곤충들은 화학 물질을 통한 의사소통으로 공동 조절을 한다. 반면 인간은 행동 반경이 아주 넓기 때문에 주로 문화에 의존한다. 그러나 인간이 어떻게 행동해야 하느냐에 관해 유전자 외의 정보를 가르치고 배울 수 있다는 사실이 몸에서 분비되는 화학 물질과는 전혀 상관이 없다는 뜻은 아니다.

쿵족의 경우, 아기를 출산해서 기르는 문제에서 서로 간의 친밀함과 공동 조절을 얼마나 중시하는지 극명하게 드러난다. 갓난아기는 적어도 3년간은 언제 어디서나 젖을 먹을 수 있다. 원하면 언제라도 안아 준다. 아기들은 밤에는 엄마 곁에서 자고 낮이면 걸대에 앉은 채 엄마와 살갗을 맞댄다. 평균적으로 엄마는 아이들을 1년에 2400킬로미터를 데리고 다닌다. 아이가 용기를 내서 또래 아이들과 놀려고 할 때야 비로소 부모와 떨어진다. 하지만 막내는 다섯 살이 지나서도 아기 노릇을 한다. 다른 아이들의 놀림을 받아야 드디어 엄마와 떨어져 또래와 논다. 그런 놀림이 사회적 조절의 자연스러운 형태다. 평균적으로 쿵족의 아이들이 엄마와 살갗을 맞대며 부모의 보호를 받는 기간은 44개월 정도다.

쿵족 아이들이 가장 먼저 배우는 말 중 하나가 '내게 줘!'다. 쿵족의 문화 규범에 따르면 서로 간 모든 사물의 관대하고 자유로운 교환이 필수적이다. 실제로 쿵족의 삶은 완벽한 평등주의로 이루어진다. 족장이 아예 없다. 농업 사회 이전의 삭막한 환경에 사는 거의 모든 부족에게 나타나는 공통적 현상이다. 모든 음식을 함께 나눠 먹으며, 경작도 집단으로 한다. 인색한 행위는 심각한 문제로 생각하여 사회적 따돌림으로 처벌받는다. 사냥에 뛰어난 사람들도 절대로 자신을 내세우지 못한다. 그들은 다른 사람들의 화살을 대신 갖고 다녀야 한다. 사냥한 동물은 화살 주인의 소유로 여긴다. 그래서 화살 주인이 사냥감의 배분을 감독한다. 그들에게는 선물 주기와 같은 이름 짓기 같은 의식이 있으며, 공동 조절을 위한 사회적 행동의 가장 중요한 의식으로 계절마다 전 부족이 한데 모여 무아경의 광적인 춤을 춘다.

그렇다고 쿵족의 삶이 누군가가 말했듯이 '미개척지의 에덴'은 아니다. 요즘 쿵족의 거주지는 농사짓는 마을에 둘러싸인 삭막한 산악 지대로 인간 진화 단계의 수렵 채취인 그대로라고는 말할 수 없다. 쿵족도 수렵 채취인의 흔적을 지닌 하나의 부족일 뿐이며 그들의 관습도 지난 4만 년 동안 많이 변했을 게 분명하다. 그동안 지구 환경에도 많은 변화가 있었으니 말이다. 그들의 사회생활이 대체로 평온하고 협동적이라고는 하지만 그런 평화도 폭력 형태를 띠는 공동 조절로 인해 깨질 수 있다. 멜 코너의 조사에 따르면 인구 1500명인 쿵족에서 50년 동안 스물두 차례의 살해 사건이 발생했다. 그 정도면 미국보다 살인율이 더

높은 것이다.[9]

그런데도 쿵족의 생활 방식은 오스트랄로피테쿠스 아파렌시스(Australopithecus afarensis)라는 작은 원인류에서 훨씬 똑똑하고 훨씬 협동적이며 심지어 이타주의적이기도 한 호모 사피엔스로 발전한 장기간의 진화 과정을 통해, 인류의 조상을 만들어 낸 사회적인 힘을 가장 잘 보여 주는 사례다. 우리가 아는 농경 이전의 사회 전부가 이런 똑같은 기본적 구조를 갖는다. 혹독한 환경에서 겨우 살아남았지만 그래도 그들이 살아남았다는 사실은 그들이 유지해 온 사회적 유대감과 호혜적 노력이 얼마나 중요한지 말해 준다. 이런 자연 상태에서는 원시적인 정부나 영국인 철학자가 사회적 유대감과 협동을 강압적으로 끌어낼 필요가 없다. 자연은 모든 사물이 연결된 관계다. 그 관계가 단절되면 조절 장치가 무너지고 막대한 피해가 발생한다. 사회적 차원에서만이 아니라 세포 차원에서도 엄청난 혼란이 일어난다.

### 맞대응

인류학은 본질상 관찰의 과학일 수밖에 없다. 이뿐 아니라 침팬지 사회나 원시생활을 하는 인간 사회를 아무리 세밀하게 관찰한다 해도 그런 관찰이 그 사회의 구조가 실제로 어떻게 진화했는지 확정적으로 보여 주는 과학적 실험이 될 수는 없다. 다행히도 관찰에서 놓칠 수 있는 부분을 컴퓨터가 시뮬레이션으로 보완해 줄 수 있다. 1980년대 초 미국의 정치학자 로버트 액설로드는 토머스 홉스가 이론적으로 생각해 내려 했던 바로 그 문제를 컴퓨터를 이용해 탐구하는 방법을 개발했다. 즉 우리의 참된 정치적, 경제적 삶에 기여할 뿐 아니라 생리적 기능에도 중요한 영향을 주는 사회적 협동심이 어떻게 생겨나는지 탐구하려는 노력이었다.

액설로드는 사회적 유대감과 협력이 도덕관에 입각한 추상적인 추론에서 비롯되는지, 아니면 상의하달식 강권에서 생겨나는지, 아니면 자연적 현상으로 발전할 수 있는지를 알아보려고 했다. 그는 전문가 열네 명을 선정해 '죄수의 딜레마(prisoner's dilemma)'라는 잘 알려진 수수께끼의 이상적인 해답을 찾는 컴퓨터 프로그램을 만들어 제출해 달라고 요청한 다음 그 프로그램들끼리 경쟁을 붙였다. 다원식 사이버 정글인 셈이었다. 액설로드는 그 경쟁에서 각 프로그램의 의사 결정 알고리즘이 어떤 결과로 이어지는지 지켜봤다.

죄수의 딜레마는 이렇게 진행된다. 사건 용의자 두 명이 체포되어 각각 서로 다른 방에서 심문을 받는다. 각 죄수에게는 똑같은 선택이 주어진다. 서로를 배신해 죄를 자백하거나, 묵비권을 행사해 신의를 지키거나 둘 중 하나였다. 한 죄수가 배신해서 자백을 하고 다른 죄수가 신의를 지켜 묵비권을 행사한다면 배신한 죄수는 풀려나고 신의를 지킨 죄수는 10년을 복역해야 한다. 둘 다 서로 신의를 지켜 자백하지 않는다면 둘 다 6개월만 복역한다. 만약 둘 다 서로를 배신해서 각각 자백한다면 둘 다 6년을 복역해야 한다.

죄수의 딜레마는 퀴즈쇼와 같다. 상품으로 주어지는 오븐 토스터와 건조기가 딸린 세탁기로 만족하느냐 아니면 세 번째 문 뒤에 무엇이 있는지 알아맞히려고 그 모든 것을 잃을 위험을 무릅쓰느냐의 문제다. 죄수들이 해야 할 선택은 예상치 못했던 함정, 즉 둘 다 상대방이 어떻게 할지 모른다는 전제가 없더라도 매우 골치 아픈 문제다.

이 문제를 비늘이나 털, 깃털로 포장하면 나무두더지와 도마뱀까지 거슬러 올라가는 진화의 시조가 직면한 바로 그 딜레마에 해당한다. 모든 삶은 '협력 대(對) 투쟁'의 비용 편익 비율을 알아내는 일이 대부분이다. 진화생물학자 마르틴 노박크는 이렇게 말했다. "진화의 가장 놀라운 면은 경쟁이 심한 세계에서 협력을 만들어 내는 능력인 듯하다."[10] 우리 인간이 먹이사슬의 맨 위에 오를 수 있었던 것은 관대하게 행동하면서도 경쟁을 통해 이득을 챙기는 데 가장 뛰어난 종이기 때문이다.

그보다 훨씬 안락한 상아탑이라는 무대에서는 자연선택이라고 해봤자 동료 학자들의 평가와 종신 재직권 따기에 국한된다. 이런 환경에서 액설로드는 컴퓨터 프로그램 두 개가 죄수의 역할을 하는 토너먼트를 열었다. 200가지 수로 구성된 게임이 다섯 번 진행되는 동안 각 죄수는 사전에 정해진 대로 꿋꿋이 신의를 지키는 것에서부터 반사적으로 배신하는 것까지 다양한 행동을 취했다. 1라운드가 끝난 뒤 액설로드는 다윈식 철학자 제왕의 역할을 맡았다. 다시 말해 그는 각 죄수의 '적응도' 점수를 매겼다. 각 '죄수'의 복역 기간이 짧을수록 높은 점수를 줘서 승자를 뽑았다. 그다음 결과를 발표한 뒤 다시 한차례의 토너먼트를 열었다. 이번에는 6개국에서 예순두 명이 참여했다. 컴퓨터가 취미인 사람, 진화생물학자, 물리학자, 컴퓨터 과학자 등이 프로그램을 만들어 제출했다.

2라운드에서도 1라운드와 마찬가지로 사회적 행동의 가장 이상적인 전략으로 우승한 프로그램은 '맞대응(Tit for Tat)'이었다. 뜻밖에도 그것은 코드가 다섯 줄에 불과한 가장 간단한 프로그램이었다. '맞대응'의 규칙은 이랬다. 다른 프로그램과 처음 대결할 때는 반드시 신의를 지키고 그다음부터는 첫 대결에서 나타난 상대방의 행동을 무조건 모방했다. 상대방이 신의를 지켰으면 자신도 신의를 지키고, 상대방이 배신을 했으면 자신도 배신을 했다. 만약 자기편이 될 만한 상대를 만나면 협력 관계를 맺어 함께 이득을 챙겼다. 배신자와 맞붙으면 그 상대가 생각을 고쳐먹고 배신을 하지 않을 때까지 계속 신의를 보이지 않음으로써 손해를 줄였다. 따라서 '맞대응'은 협동적인 유대감을 무조건 좋게 보는 편견을 가졌으면서도 절대 상대방에게 속거나 이용당하지 않았다. 또 선의를 계속 받아들임으로써 이기적이고 반사회적인 행동이 심화되는 것을 피했다.

액셀로드의 실험은 하나의 고전으로 남아 있다. 유기체가 의식적인 인지 없이 단지 전략의 우수한 장기적 효과 때문에 긍정적 사회 교류에 기초해 사회를 발전시킬 수 있다는 점을 보여 주기 때문이다. 도덕적 의식 때문에 이런 친절하고 협력적인 접근법이 나온 것이 아니었다. 자연은 '맞대응'이 잘 보여 주듯이 사회적 단결에 특별한 '가치'를 부여하지 않는다. 유대감을 선호하려는 강한 욕구가 생존에 유리한 결과를 가져올 뿐이다. 따라서 직접적인 경험을 통해 신의를 지키는 것이 어리석지 않다는 점이 입증되면 대다수 사회적 동물은 혈족 관계나 가까운 동료에게 각별한 신경을 쓴다. 그러나 인간은 특수한 경우에 해당한다. 인간의 진화는 다른 유인원의 진화와 달리 사회적 협력의 울타리를 더욱 넓혀 가고 그 협력의 역할을 더욱 중시하는 쪽으로 이루어졌다. 자연선택을 통해 그런 행동이 우리의 DNA에 각인되면서 사회적 유대감의 강도도 훨씬 높아졌다.

따라서 이 퍼즐에는 맞춰야 할 그림 조각이 하나 더 있다. '맞대응' 같은 컴퓨터 프로그램은 배신을 당하거나 사회적으로 소외될 때 자기 조절과 규제를 하지 못할 정도로 스트레스를 받지 않는다. 반면 인간은 그런 일을 당할 때 정신적으로나 정서적으로 큰 고통을 받는다. 인간은 적자생존의 법칙에 따라 서로 어울려 사는 생활이 필수적인 존재다. 인간은 생리적 신호와 감각의 복잡한 네트워크를 통해 서로 깊이 연결되어 있다. 이런 신호와 감각은 외부의 자극과 쾌락 및 고통, 그리고 행동을 서로 연결해 주었다. 생리적인 지각이 감정이다. 감정은 인간을 인간답게 만드는 상호 유대감을 훨씬 강하게 유지하는 역할을 담당한다.

### 유전자에서 행동으로

적대감과 사회적 파괴 행동('만인에 대한 만인의 투쟁')은 사회적 혼돈과 외로움만이 아니라 만성 질환과 조기 사망과도 연관성이 있다. 수렵 채취 생활을 한 우리 선조들이 살았던 극단의 가혹한 조건과 결부시켜 보자. 그 같은 조건에서는 개인이나 집단의 적응도를 떨어뜨리는 행동은 자연선택에 의해 혹독한 대가를 치를 수밖에 없었다. 오차는 거의 허용되지 않았다. 초기의 인류는 숲에서 나와 평지로 진출하는 과정에서 '진화적 적응'의 환경에서 살았다. 그때부터는 가장 어려운 도전이 주변의 동식물에서 기인하지 않았다. 오히려 인간 정서의 변덕과 발전을 거듭하는 지능에도 불구하고 서로의 마음을 읽고, 때로는 서로를 속이며, 다른 사람들과 잘 지내는 일이 관건이었다. 그래서 적응성이 떨어지는 유전자와 적응에 가장 유리한 유전자를 구분해서 솎아 내는 자연선택이 바로 그런 일을 통해 이루어졌다. 자신의 유전자가 후세에 전달될 수 있는지 여부를 결정하는 문제에서, 사자나 뱀에 물리기보다 사회 분위기를 파악하는 데 느린 것이 일반적인 위협이 되었다. 다른 사람의 생각과 감정을 정확히 파악해야 할 필요성 때문에 사회 인지만이 아니라 사회적 감정까지 포함하는 감각 운동적(sensorimotor) 접근법이 더욱더 중요해졌다.[11]

이런 '선택 압력(selective pressure)'은 수백만 년에 걸쳐 인류의 감정적 신호의 수용과 전달 시스템을 만들어 냈고, 그것이 오늘날 우리의 건강에도 영향을 준다. 아울러 그로 인해 우리의 생리 기능 전체에 그 시스템이 통합되었다. 거기에는 병원균의 침입이나 부상의 영향을 최소화해 주는 면역 체계, 그리고 혈중 호르몬의 네트워크를 통해 신체 기능을 조절하는 내분비 시스템이 포함된다. 그와 동시에 우리의 유전자가 환경과 상호 작용하면서 사회적 환경에서 직면하는 문제를 통해 우리의 인지 능력은 발전을 거듭했다.

물론 자기 조절의 불능화, 신뢰의 추락, 사회적으로 부적절한 행동, 탐욕, 배반, 살인 같은 문제는 과거에도 있었고 앞으로도 계속 나올 것이다. 그럼에도 불구하고 수많은 복잡한 관계를 파악할 수 있는 큰 뇌, 그리고 그런 관계를 유지함으로써 외로움의 고통을 피하려는 욕구가 생존을 더욱 유리하게 만들었다. 그 결과 사회 친화적인 인간의 특징이 소수를 제외한 다른 모든 사람에게 표준으로 자리 잡았다. 외로움을 견디기 어려워하고 다른 사람과 애착 관계를 맺으려는 욕구가 보편화되면서 '환경적으로 안정된 적응'이 생겨났다. 점점 더 많은 사람이 연합, 신의, 사회적 협력, 상호 보호, 관심에 의존하는 상태를 말한다. 적어도 인간 사회 내부에서는 그런 규칙을 따르는 것이 생존에 더 유리해졌다. 그러면서 사회적 소외감이 더욱 두렵고 파멸적인 효과를 가져왔다.

그 결과 최초의 인간 사회가 형성된 뒤 수만 년이 지나면서 인간은 혈연과 지연 등의 모든 방식으로 서로 연결되었다. 파라과이의 사람을 사냥하는 아체족, 야구팀 보스턴 레드삭스의 팬, 온라인 게임 동아리, 공상 과학 드라마「스타트렉」의 열성 팬, 영국 성공회 신자 등이 그 예다. 물론 우리는 가끔씩 혼자 있는 시간을 소중히 생각한다. 또 오랜 기간 행복한 고독을 즐기는 사람들도 있다. 그러나 수많은 집단을 이루는 수많은 사람은 이 세상에 자기 혼자라는 처절한 외로움의 고통을 결코 원치 않는다.

그럼에도 불구하고 현재에도 난폭한 개인이 무자비한 경쟁을 통해 곤경에서 벗어나려고 아우성친다는 토머스 홉스의 가설이 계속 지지를 받는다. 미국의 소설가이자 철학자인 에인 랜드가 말한 이기심의 미덕부터 1976년 노벨 경제학상을 받은 밀턴 프리드먼 전 미국 시카고 대학 교수가 찬양한 아무런 제약 없는 무한 경쟁의 시장에 이르기까지 그 예는 다양하다. 진화생물학자 리처드 도킨스의『이기적 유전자(The Selfish Gene)』(1976)가 100만 부 이상이 팔리면서 사실상 홉스의 가설에 더욱 힘을 실어 주었다. 도킨스는 그 책의 제목이 말해 주듯이 자연은 독자적인 개체의 생존에는 아무런 관심이 없다는 사실을 강조했다. 기능적인 측면에서 보면 자연선택은 특정 식물이나 동물 사이에서가 아니라 유전자 내에서 승자와 패자를 가려낸다고 볼 수 있다. 또 핵산(nucleic acid)의 입장에서 보면 각 개인은 주어진 환경에서 생존에 가장 유리한 특징을 만들어 내는 유전자를 가려내는 실험에 사용되는 미

천한 대상일 뿐이다. 따라서 인구 전체에 보편적으로 전파되는 '승자' 유전자는 반드시 특정 시점의 특정 개인에게 가장 유리해 보이는 유전자가 아니다. 유전자는 개인의 차원을 넘어 훨씬 광범위한 과정을 이끈다는 이야기다.

물론 옳은 이야기다. 그러나 도킨스가 말하는 '이기적 유전자'가 간과한 점이 있다. 각 개인이 '이기적인' DNA의 집합체에 불과하다는 사실을 인정하더라도 어느 수준을 넘어서는 진보는 유전자가 이기심을 극복해야 가능하다는 사실이다. 자신의 후손이 스스로 번식을 할 때까지 오래 살지 못한다면 번식은 이루어지지 않는다. 바다거북을 살펴보자. 바다거북이 생존하기 위해 따라야 하는 규칙은 상대적으로 간단하다. 해변에 수천 개의 알을 낳은 뒤 바다로 돌아가서는 모든 일이 잘 되기를 바라기만 하면 된다. 그러나 포유류는 한 번에 생산할 수 있는 새끼의 수가 바다거북보다 훨씬 적다. 따라서 포유류의 경우 새끼들의 생존을 위해서는 어미가 새끼를 충실히 보호하면서 상호 유대감을 유지해야 한다. 전략이 완전히 다를 수밖에 없다. 진화의 사다리를 올라갈수록 더욱 복잡한 문제 해결 방식을 만들어 내고 사회적 학습을 더 많이 해야 하고 반사적인 행동과 정해진 행동 패턴보다는 다양한 상황에 따른 고도의 판단에 의존해야 한다. 따라서 새끼 각각에 대한 어미의 관심과 보호가 절실하다.

영장류의 경우는 이보다 훨씬 더하다. 일반적으로 영장류는 한 번에 새끼 한 마리만 낳는다. 따라서 영장류에서 인간에 이르는 진화 단계에서 각 후손 개인에 대한 어미의 각별한 헌신이 필수적인 표준으로 자리 잡았다. 영장류 수컷의 경우 진화 사다리의 아래쪽에서는 이곳저

곳을 다니며 여러 암컷과 교미한 뒤 새끼의 양육을 암컷에게만 맡기는, 이른바 '안 되면 말고' 식의 전략이 통한다. 그러나 진화 사다리의 위쪽에서는 수컷에게도 더욱 친밀한 사회적 유대감과 새끼에 대한 헌신이 더 많이 요구된다. 사회적 유대감과 어린아이의 양육에 헌신하는 우리 원시 조상들의 행동은 그들이 후손 양육의 교육을 받아서가 아니다. 그들의 그러한 행동이 직계 후손만이 아니라 친척들도 그들 자신의 후손을 가질 수 있을 때까지 생존을 보장할 수 있는 확률을 높여 주기 때문이다. 출생-사망 주기의 다음 사이클을 이어 가는 데 성공해야만 자신의 DNA를 계속 후대에 전달할 수 있다.

### 나는 느낀다, 고로 존재한다

사회적 유대감을 갈망하고 그 유대감이 없으면 고통을 느끼는 유전적 경향은 인간의 다른 특징과 마찬가지로 우리 세포 내부의 유전자 정보를 통해 후세에 전달된다. 이 유전자 정보란 특정 단백질을 생산하라는 암호다. 이런 유전자가 발현하려면 실제든 상상이든 간에 환경적 상황과 맞아떨어져야 한다. 일부 단백질은 혈액을 통해 메시지를 전달하는 호르몬 형태를 취한다. 바로 이 메시지가 여러 신체 기관을 통합해 특정 행동 반응을 나타내도록 유도한다. 그 호르몬 중 하나가 우리를 공격적으로 만드는 '에피네프린'이다. 다른 하나는 수유와 마음의 진정, 그리고 서로 간의 친밀한 관계를 높여 주는 '옥시토신'이다. 그 외에 유전자의 지시로 만들어지는 단백질은 신경 전달 물질이다. 대표적인 신경 전달 물질이 '세로토닌'이다. 뇌 속의 세로토닌 농도에 따라 우리는 기분이 좋거나 우울해진다. 다시 말해 유전자는 우리의 행동을 조절하기 위해 화학적인 당근과 채찍을 동시에 제공한다. 하지만 그 유전자들이 실제로 환경과 상호 작용을 하려면 우리의 감각 시스템에 의존해야 한다. 우리의 감각 기관이 환경으로부터 받는 신호가 이런 호르몬과 신경 전달 물질의 농도와 흐름을 바꾼다. 이들 화학 물질이 특정 행동을 촉발하는 내부 메시지다. 그때서야 비로소 유전자의 지시가 근심과 친절함, 사회적 소외감의 민감성 차원에서 개인적 차이를 드러낸다.

역사적으로 환경에 잘 적응하지 못하는 행동 경향이 있는 사람은 생존에 문제가 있었다. 그들은 주변부에서 겨우 살아가거나 적응력이 뛰어난 사람만큼 후손을 많이 남기지 못했다. 반면 환경에 잘 적응하는 행동 경향이 있는 사람은 오래 살아남아 자손을 많이 낳았고, 그 후손들이 또다시 자손을 낳을 때까지 오래 살 수 있는 환경을 조성해 주었다. 그 결과 적응력이 뛰어난 특질을 만들어 내는 유전자가 넓게 퍼져 나갔다.

초기 인류에게는 좀 더 큰 집단에 소속되려는 욕구가 당연시되었지만 좀 더 깊이 들어가면 그 이유는 성별에 따라 다르다. 수렵 채취 생활을 하는 여성에게는 집단과 돈독한 유대 관계를 맺어야 생존에 유리하다. 집단에 소속되면 안전이 확보되기 때문이다. 하지만 다른 중요한 의미도 있었다. 집단생활을 하면 여성은 생존에 필수적인 다른 일을 하는 동안 자녀 양육을 다른 여성에게 맡길 수 있다. 야생 아프리카 원숭이의 경우 새끼를 둔 암컷이 다른 암컷과 친밀한 유대 관계를 형성할 수 있는 개인적 능력의 차이가 새끼의 생존율에 큰 영향을 끼친다. 그런 능력은 암컷이 얼마나 독자적인 생존력이 강한지, 어떤 집단에 소속되어 있는지, 또는 어떤 다른 환경 요소에 노출되어 있는지를 불문하고 그 새끼의 생존에 지속적인 영향을 주는 요인이다.[12]

반면 초기 인류의 남성은 무기라고는 날카로운 막대기뿐인 허약한 사냥꾼이었기 때문에 다른 남성과 친밀한 유대 관계를 형성하면 정치적으로 이점이 있었다. 또 정치적으로 우세할수록 교미할 기회가 더 많았다. 물론 수적으로 많아지면 안전을 확보하기가 더 쉬웠다. 그러나 사회적 유대 관계와 협력이 가져다준 가장 큰 이점은 사냥을 통해 고단백질 먹잇감을 대량으로 확보할 수 있다는 것이었다. 신체 구조로 볼 때 먹잇감을 공격하는 데는 사자가 인간보다 훨씬 더 우수하다. 그런 사자들도 자신들보다 몸집이 더 큰 먹잇감을 쓰러뜨리려고 고도로 발전한 팀워크에 의존한다.

그러나 환경에 적응하는 데서 얻어지는 이점은 근본적인 면에서 성별에 따라 다르다. 자연선택만이 아니라 또 다른 강력한 힘이 진화를 이끌기 때문이다. 그 두 번째 힘은 '성 선택(sexual selection)'이다. '자웅선택'으로 일컬어지는 이 요인은 생물의 암수가 상대를 선택할 때 색채나 행동, 울음소리 등 상대를 유혹하는 특징에 의존하는 것을 말한다. 성 선택은 두 가지 상호 보완적 요소로 구성된다. 수컷 사이의 경쟁과 암컷의 선택이다.

포유류의 경우 암컷은 수태를 하고 새끼를 돌보는 데 상당한 시간과 에너지를 투입해야 한다. 진화 사다리의 꼭대기 가까이에 있는 침팬지의 경우 암컷은 새끼가 다섯 살이 될 때까지 그 새끼를 등에 업고 먹이를 찾아다닌다. 대부분의 포유류 종에서 수컷은 생식 에너지를 단 몇 초만 투자한다. 그래서 언제든 어떤 암컷과도 교미를 하고는 나머지는 운에 맡겨 두는 전략을 사용한다. 그러나 암컷의 경우 생식에 많은 시간과 노력을 투자해야 하기 때문에 닥치는 대로 아무 수컷과 교미하는 행위가 용납되지 않는다. 암컷 침팬지는 교미할 시기가 되면 투자 가치가 가장 높은 수컷을 찾는다. 다른 종의 경우도 마찬가지다. 새끼들이 오래 살아남아 그들이 또 번식할 확률이 높아지도록 여건을 만들어 주려고 하는 선택이다. 진화생물학자 조지 윌리엄스는 『적응과 자연선택』에서 이렇게 설명했다. "적응력이 뛰어난 수컷이 적응력이 뛰어난 새끼를 갖는 경향이 있다. 따라서 암컷으로서는 적응력이 가장 뛰어난 수컷을 고르는 게 이득이다."[13]

진화 사다리의 아래쪽에서도 암컷이 교미 상대를 너무도 신중하게 판단하기 때문에 수컷들은 서로 경쟁을 벌인다. 화려한 꼬리 깃털이나 강한 근육 또는 황소개구리처럼 크게 지속되는 울음소리 등으로 자신의 적응력을 자랑함으로써 암컷을 유혹한다. 때로는 선물 공세도 경쟁의 일부다. 암컷은 번식을 위해 시간과 주의력만이 아니라 열량도 많이 소모하기 때문에 여러 종에서 수컷의 구애에는 영양분이 풍부한 '혼례 선물'이 포함된다. 동물의 배설물을 주식으로 하는 딱정벌레에게는 정성스럽게 굴려 크고 동그랗게 만든 코끼리 배설물이, 날파리에게는 죽은 곤충이 혼례 선물이다. 사마귀의 경우 '선물'은 수컷의 머리다. 암컷 사마귀는 교미 도중 수컷의 머리를 깨물어 먹어 치운다. 진화생물학자 로버트 트리버스는 이렇게 설명했다. "사실상 암컷과 수컷을 다른 종처럼 생각할 수도 있다. 상대의 성은 생존 가능성이 높은 새끼를 최대한 많이 생산하는 데 필요한 자원에 불과한 경우도 있다."[14]

조류의 경우 대부분의 종에서 암컷은 알을 낳는 데 그치지 않고, 그

알을 부화시키기 위해 따뜻하게 품어 주는 일과, 부화 후 새끼가 독립할 때까지 먹여 살리고 돌보는 일도 해야 한다. 그런 암컷은 단지 자랑거리를 뽐낸 뒤 마구잡이로 교미를 하고는 새끼의 생존을 운에 맡기는 수컷으로는 만족하지 못한다. 수컷이 먹이를 가져다주거나, 암컷이 먹이를 구하러 갔을 때 수컷이 대신 알을 품어 주지 않으면 알들은 부화가 되지 않거나 다른 포식 동물의 먹이가 될 수 있다. 따라서 수컷도 선물 공세와 단 한차례의 교미에 그치지 않고 새끼를 먹여 살리고 보호하겠다는 약속을 하기 시작했다. 화학적으로, 그리고 문화적으로 형성된 사회적 유대 관계를 통해 교미하는 쌍의 경우 수컷도 새끼 양육의 책임을 공유하는 특질을 갖도록 진화했다. 수컷의 양육 투자를 보여 주는 극치가 2005년 제작되어 큰 인기를 끈 다큐멘터리 영화「펭귄: 위대한 모험(March of the Penguins)」이다. 수컷 황제펭귄들이 상상을 초월하는 남극 겨울의 추위 속에 몇 달 동안 꼼짝하지도 않고 가만히 서서 자신의 따뜻한 배 아래에 자기 발을 받쳐 알을 품고 부화한 새끼를 보호하는 눈물겨운 희생 정신을 보고 수많은 사람이 감동을 받았다.

인간의 경우도 바로 그러한 배우자 간의 협력이 번식을 성공시키는 데 크게 기여했다. 이러한 협력을 '배우자 유대(pair bond)'라고 한다. 자녀의 양육과 보호에 남편의 시간과 노력이 투자되면 될수록, 아울러 배우자 간의 멋진 팀워크로 살아남은 자녀 수가 늘어났을 뿐 아니라 그 자녀들이 발육적 측면에서, 그리고 행동적 측면에서 복합적인 존재로 발전하게 되었다. 행동의 자유가 넓어지면서 사회가 더욱 다양해졌고, 혁신이 일어나면서 문화를 학습하는 속도도 빨라졌다.

그러나 그런 배우자 간의 유대와 남자의 자녀 양육 기여가 나타나기 전에도 영장류의 지능은 이미 높아진 상태였다. 점점 더 복잡해지는 사회 구조를 잘 관리해야 하기 때문이었다. 이른바 '사회적 두뇌'의 가설을 말하는데, 이는 인간의 대뇌 피질을 확장시켰다. 사회적 관찰을 통해 무엇인가를 배울 수 있는 인간이 유리하기 때문이었다. 친구와 적이 바뀐 것을 알아보는 일, 두 사람 이상 사이에 공동의 노력을 조정하는 일, 소통을 위해 언어에 의존하는 일, 배우자, 가족, 친구, 부족의 관계를 조정하는 일, 복잡한 계급 제도를 파악하고 사회적 기준을 따르고 문화적 발전을 흡수하는 일, 장기적 이익을 위해 개인의 이익을 가족이나 부족의 이익에 종속시키는 일, 집단의 기준을 지키지 않는 사람에게 제재를 가하는 일, 그리고 이 모든 일을 먼 과거부터 여러 가지 가능성이 있는 미래까지 펼쳐진 시간의 틀 안에서 해내는 능력 등을 말한다.[15] 이런 미묘한 정신적 능력은 전두엽의 실행 조절 능력을 필요로 한다. 이 능력은 사회적 고립감에 의해 쉽게 손상된다.

호모 사피엔스로 진화하는 과정에서 인간에게도 다른 중요한 혁신이 일어났다. 바로 직립 보행 능력과 나머지 네 손가락과 맞댈 수 있고 물건을 집는 데 필수적인 엄지손가락(opposable thumb), 그리고 창을 던지는 데 적합한 어깨 등을 말한다. 이러한 능력으로 우리의 선조들은 해낼 수 있는 일의 범위를 넓혀 나갔다. 이런 신체적 특징은 먼 거리에서 식별하고 행동할 수 있는 능력을 제공했다. 그러면서 생각하고, 계획을 세우고, 소통하는 일이 더 중요해졌다. 지능이 높아지려면 뇌가 커야 하고, 뇌가 크려면 머리가 커야 했다. 머리가 큰 아이를 낳으려면 여성들의 골반이 넓어야 했다. 그러나 직립 자세는 걷기가 용이하려면 골반이 상대적으로 좁아야 했다.

이런 상충되는 신체적 요구 사항을 해결하는 방법으로 자연선택은 뇌가 완전히 발달하기 전에 아기가 태어나도록 만들었다. 그래서 두개골의 용량은 출생 전에는 적절한 크기로 유지될 수 있었다. 그 대신 인지, 정서, 사회성의 발달은 태어난 뒤 첫 몇 달 또는 몇 년 동안 계속될 수밖에 없었다. 인간의 모든 아기는 어느 정도는 '설익은' 상태로 태어난다는 뜻이다. 따라서 인간은 태어나 상당한 기간 동안에는 완전히 무력한 존재다. 침팬지의 새끼는 태어나자마자 적어도 어미에게 매달릴 능력은 있다. 그러나 인간의 아기는 그런 능력조차 없다. 이렇듯 인간의 아기는 오랫동안 부모에게 완전히 의존해야 하기 때문에 어머니에게 큰 부담이 되었다. 농경 이전 시대에는 여성이 채취하는 풀뿌리나 딸기 등이 부족의 가장 중요한 음식이었다. 따라서 여성은 맹수를 피해야 하고 먹을거리를 찾으면서도 아기에게 젖을 먹이고 돌봐야 했다.

그에 따라 유대감과 부모의 투자가 더 중요해졌다. 자신의 먹을거리가 줄어들고 고생을 더 많이 한다고 해도, 자녀와 유대감을 느끼고 자녀를 돌보는 게 의무라고 생각한 사람들의 경우 살아남는 핏줄이 더 많아졌다. 그들은 그런 사회적 유대감의 유전자를 계속 대물림했다. 유전자가 사회적 유대감의 필요성에 편향되어도 그 개인적인 차이는 컸다. 예를 들어 10만 년 전에 살았던 고대 남성은 사회적 유대감의 기대 수준이 너무도 낮게 설정되어 부끄러움이나 죄책감, 심적 고통이 별로 없어 자기 먹을 것만 챙겼을지도 모른다. 또 사흘 일정으로 사냥을 나갔다가 야생 영양이 노는 곳을 발견하고는 집을 버리고 그곳에 정착했을지도 모른다. 가족이 곁에 없어도, 가족이 굶주려도 안중에 없었을지도 모른다. 외로움에 단련되고 오로지 자신만을 위해 사냥을 하면서 그는 마을로 음식을 가져가 공동 선을 위해 기여하는 사람들보다 더 잘 먹고 영양분도 더 많이 섭취했을지도 모른다. 그러나 그의 자녀들이 아버지가 가져다주는 음식이 없어나 아버지가 보호해 주지 않아서 출산할 나이까지 살아남지 못했다면 그의 유전자도 후세에 전달되지 않았을 것이다. 또 그가 충분한 기여를 하지 않아 부족이 살아남지 못했다면 자녀들도 살아남을 가능성이 희박했을 것이다. 그런 순전히 이기적인 유전자가 남아 있긴 했지만 번식의 감소와 함께 인구 전체에 대한 그런 유전자의 영향력은 크게 줄어들었다. 이제 개인의 성공은 이기심을 극복하고 다른 사람을 위해 행동하는 능력에 의해 이루어지는 상황이 만들어졌다. 얄궂지만 이기적 유전자가 결국 사회적 두뇌와 다른 종류의 사회적 동물을 만들어 냈다.

# 5

## 보편성과 특수성

핀란드 부부에 관한 우스갯소리가 하나 있다. 아내가 남편에게 왜 애정 표현을 하지 않느냐고 불평한다. 그러자 남편이 대경실색하며 대답한다. "결혼할 때 사랑한다고 말하지 않았소. 그 소릴 또다시 해야 한단 말이오?"

우리가 사는 이 시대는 문화적 고정관념을 공식적으로 인정하지 않는다. 하지만 각 나라마다 행동의 특징이 다르다는 사실은 대다수가 인정한다. 영국인들은 약간이라도 필요성이 생기면 질서정연하게 줄을 잘 선다. 하지만 이탈리아인들은 별로 그렇지 않다. 1919년 혁명 당시 베를린 시민들은 기관총 소사(掃射)를 받으면서도 "잔디밭에 들어가지 마시오."라는 표지판의 지시를 따랐다. 그러나 로마 시민들은 교통 신호등의 붉은색을 지시 사항이 아니라 하나의 제안으로 생각한다.

우리는 진화를 통해 인류로서 갖는 필수적인 요건 속에 강한 사회적 욕구를 갖게 되었다. 하지만 자연선택이 전부는 아니다. 개인적, 문화적 차이가 크기 때문이다. 사회성이 강한 곤충의 경우 벌집과 개미집을 하나의 거대한 유기체로 만드는 행동은 유전자의 지배를 받는다. 그러나 인간의 경우에는 행동이 유전자의 구속을 받는 동시에 개인적 기벽과 복잡 미묘한 특징에 의해 각각 특화된다.

사람마다 외로움을 경험하는 방식이 다른 것도 유전자와 후천적으로 생겨난 개성이 동시에 영향을 주기 때문이다. 우리는 각자 살아온 내력과 처한 상황에 따라 외로움을 달리 경험한다. 그러나 동시에 외로움은 보편적인 요소도 포함한다. 개성과 보편성 사이에서 문화적 특성도 영향을 끼친다.

문화는 가족, 마을, 부족, 국가 등에 의해 형성된다. 그러나 그것을 결정하는 요인이 무엇이든 문화는 사람들 사이의 관계에서 우리가 원하는 것을 얻는 데 도움을 준다. 궁극적으로는 우리를 만족시키는 역할을 한다. 핀란드의 문화 규범에서는 결혼을 하지 않았다고 해서 특이하다고 여겨지거나 따돌림을 당하지 않는다. 반면 이탈리아에서는 정반대다. 그러나 이탈리아의 문화가 결혼에 큰 중요성을 부여함에도 불구하고 실제로 위급한 상황에 처했을 때 배우자에게서 도움을 구하리라고 기대하는 이탈리아인은 다른 나라의 사람들에 비해 훨씬 적다.[1]

국가 정체성이 영향을 끼치는 또 다른 영역은 우정이다. 친구가 몇 명인지 물었을 때 독일인과 오스트리아인이 대답한 친구의 수가 가장 적었다. 그다음이 영국인과 이탈리아인이었다. 미국인이 대답한 친구 수가 가장 많았다.[2] 이 역시 미국인이 다른 문화권 사람들보다 친구의 개념을 더 넓고 가볍게 정의하기 때문일 것이다.

　문화 규범과 개인의 욕구 사이의 갈등 때문에 외로움의 경험은 더욱 복잡해지고 때로는 실제의 모습이 숨겨지기도 한다. 인터넷 문화에서는 내 개인 홈페이지에 '친구' 1000명의 방문이 최고의 목표일지 모른다. 그러나 다른 문화권에서는 박람회 등 업계 모임에 참석하는 모든 사람을 아는 것이나, 초특급 호텔에서 무료로 제공되는 바를 마음대로 이용하며 대형 칵테일 새우를 맛보는 자리에 초대받는 것이 최고의 목표가 될 수도 있다. 요즘의 미디어 문화에서는 개인적인 치부가 드러나는 한이 있어도 인터넷의 유튜브나 리얼리티 TV를 통해 '유명인'이 되는 게 최고라고 생각하는 사람도 있을 수 있다. 그러나 모든 문화 규범을 철저하게 지키는 사람도 여전히 '나는 왜 이렇게 비참하지?'라는 생각을 하는 경우가 너무도 허다하다. 그런 사람들은 문화적으로 보증되는 행위에도 불구하고 개인적 고립감을 완화해 주는 의미 있는 유대감이 부족하다는 생각을 다른 사람에게 털어놓지도 못하고, 그런 생각을 받아들이지도 못할 수 있다.

### '나는 특별한 사람'

　시카고에 사는 고령자들을 대상으로 실시한 우리 연구에서 특히 다이어맨타이즈가 돋보였다. 대인 사교술이 뛰어난 그는 긍정적 사고방식의 힘을 보여 주는 상징적인 인물처럼 보였다. 어떻게 지내느냐고 인사를 건네면 언제나 쾌활하게 큰소리로 "아주 좋아요. 당신은 어때요?"라고 대답했다. 날씬한 데다 활기에 넘치며, 옷까지 세련된 차림의 다이어맨타이즈는 평생을 소매업에 종사했다. "나는 사람들과 잘 통합니다."라고 그가 말했다. "대인 관계가 전혀 어렵지 않아요. 난 그리스 출신이거든요!" 심지어 그는 대학에서 1년 6개월 동안 심리학을 공부하기도 했다. "사람들을 더 잘 이해하기 위해서였어요."라고 덧붙였다. 사회적 유대감을 말할 때면 그는 자신의 삶을 묘사하며 이런 말을 자주 사용했다. "난 행운아입니다.", "난 축복 받았습니다.", "태도가 모든 걸 좌우합니다." 또 그는 유력 인사들도 많이 안다고 자랑했다. "고객 중에는 부자도 있어요. …… 하지만 손님들이 나를 잘 대해 주는 건 내가 그들을 진정으로 좋아하기 때문입니다. 난 사람들에게 자신이 중요한 사람이라는 느낌을 줍니다. 자신이 특별한 사람이라고 느끼도록 해 주고 있어요."

다이어맨타이즈는 어린 시절 특별한 정신적 충격을 받은 적이 없었다. 하지만 '빈민가 출신'이라거나 '수상하다'는 오명은 늘 따라다녔다. "우리 집안은 좀 떳떳하지 못한 구석이 있었어요."라고 그가 털어놓았다. "당시에는 사촌이 갑자기 멋진 시계를 갖고 오면 그게 도대체 어디서 났느냐고 묻지 않고 그냥 '한번 보자.'라고 말했어요." 하지만 "부모님은 나를 진짜 잘 대해 줬어요."라고 그가 말했다.

다이어맨타이즈는 종교는 있지만 교회에 꼬박꼬박 나가지는 않는다고 했다. 결혼도 했지만 오래가지 못하고 헤어져 20년 이상을 혼자 살았다고 했다. 자녀가 없지만 친척은 많다. "친척이 포함된 넓은 의미이지만 가족 안에서는 내가 밖에 나가서 잘못을 해도 다들 감싸 줍니다. 혈족은 진짜 대단한 상호 지원 체제입니다." 그런데도 그는 혼자 있는 시간을 즐긴다고 말했다. "내 일이라는 게 사람을 만나는 거라 너무

물렸어요. 그러니 집에 돌아가면 혼자 내가 원하는 일을 할 수 있다는 게 너무 좋아요."

가장 외로웠을 때가 언제냐고 묻자, 그는 40대에 부모가 돌아가신 순간이었다고 돌이켰다. "정말 고아라는 생각이 들었어요." 그러나 사회적 유대감으로 가장 좋았을 때가 언제였느냐고 묻자 난감해했다. "너무 많아서…… 하나를 집어 이야기하기가 어렵네요." 그래도 계속 집요하게 묻자 그는 두 가지를 이야기해 주었다. 오랜 고객이 유언으로 그에게 1000달러를 준다고 남겼던 일, 잘 알지도 못한 이웃을 한두 번 의사에게 데려갔을 뿐인데 그 이웃이 세상을 떠나면서 그에게 1만 달러를 준 일이었다고 회고했다. 그렇게 말하고는 자신이 진짜 행복했던 때를 기억해 냈다. 수년 전 그는 다른 한 사람과 함께 신생 업체의 '발기인 주식'에 투자했다. 각각 1만 달러씩이었다. 하지만 두 사람 사이에 계약서를 쓰지는 않았다. 몇 년이 흘렀다. 두 사람은 서로 연락이 끊어졌다. 그러던 중 다이어맨타이즈는 우편으로 5000달러짜리 수표를 받았다. 오래 기다렸던 투자 수익금이었다. "내 사촌은 계약서가 없으니 그 돈을 나 혼자 가져도 전혀 문제가 없다고 말했어요. 하지만 난 그럴 수 없었어요. 전화를 해 그 사람을 찾았습니다. 몇 주가 걸렸지요. 캘리포니아까지 전화를 했어요. 결국 연락이 닿자 그는 내 전화를 받으며 까무러칠 정도로 놀랐습니다. 우리는 그 5000달러의 수익금을 반으로 나눠 가졌습니다. 나는 그 돈을 100만 달러처럼 느꼈습니다. 그도 매우 놀랐어요. 나는 며칠 동안 구름 위에 떠 있는 기분이었어요. 그때가 가장 행복했던 순간이었습니다."

대화를 하면서 그는 자신의 일생에서 모든 게 너무 좋다고 확신했다. 그래서 '그에게는 외로움이 별로 없다.'라고 생각할 수밖에 없었다. 어쩌면 그를 흥미로운 예외라고 생각할 수도 있다. 직계 가족도, 친한 친구도 없고 '다른 사람과 개인적으로 자주 어울리지도 않는' 사람이지만 사회생활을 그토록 만족스럽게 하기 때문이었다. 그러나 막상 우리가 그의 속내를 들여다봤을 때는 이야기가 전혀 달랐다. 다이어맨타이즈는 우리의 요청으로 'UCLA 외로움 측정 기준' 테스트를 받았다. 그는 수면의 질과 혈압, 스트레스 호르몬인 코르티솔의 아침 수치 등의 측정에도 응했다. 심리적인 테스트 결과가 보여 주고 생리적인 측정 결과가 뒷받침해 준 사실은 이랬다. 다이어맨타이즈는 우리가 만나 본 사람 중에 외로움의 수준이 가장 높았다.

이런 명백한 모순의 단서는 그 자신의 이야기 속에 모두 들어 있다. 예를 들어 다이어맨타이즈가 등을 돌린 사람들을 도외시하기는 어렵다. 잘못된 길을 이야기한 사촌, 돈 문제로 논쟁을 벌인 그의 형 등 말이다. "나는 용서하기도 잊어버릴 수도 없습니다."라고 다이어맨타이즈가 말했다. "적개심이나 증오심은 없습니다. …… 단지 그들을 예전처럼 대할 수는 없었습니다." 나중에 알고 보니 다이어맨타이즈는 전처의 돈거래로 사기를 당한 적이 있었다. 그래서 그는 다시는 그렇게 어설픈 사람이 되지 않겠다고 결심하고 다른 사람들에게서 자신을 완전히 차단했다. 불행하게도 그는 수년 동안 그런 정서적인 고립 상태에 계속 머물러 있었다.

다이어맨타이즈가 직업상 만나는 사람이 수없이 많은 데도 불구하고 친구로 여기는 사람은 아무도 없었다. 그에게는 '진짜 대단한 상호 지원 체제'라고 말한 혈족 안에서도 친구가 없었다. 다이어맨타이즈는 친척들을 거의 만나지도, 연락하지도 않았다. 그리고 그가 가장 행복했다고 말한 순간은 전부 돈과 관련이 있었다.

이처럼 사람들은 고립감과 외로움의 고통을 스스로 조절하는 과정에서 인지력을 잘못 사용하기 쉽다. 그들은 자신이 외부 세계에 보이고 싶어 하는 방식으로 자기 삶을 꾸려 간다. 거짓 인격체를 만들어 낼 수 있다는 이야기다. '자기기만'을 말한다. 그런 쪽으로 열심히 노력하다 보면 때로는 스스로 이렇게 말하게 된다. "내가 그렇다면 그런 거야." 그러나 아무리 부인하더라도 결국 외로움의 생리적, 심리적 효과는 자신에게 큰 해를 끼치게 마련이다.

### 자신의 면면들

사회적 유대감에 자의적인 의미를 부여하는 태도는 삶의 다른 면에서 개인적인 의미를 의도적으로 부여하는 행위와 크게 다르지 않다. 예컨대 내 침실이나 사무실을 디자이너에게 의뢰해 비싼 기념품, 트로피, 액자, 그리고 전설적 록 가수 엘비스 프레슬리와 러시아 총리 블라디미르 푸틴의 자필 서명이 든 사진으로 꾸밀 수 있다. 그러면 방문객들이 나를 아주 대단한 사람이라고 생각할 것이다. 하지만 그 모든 장식품이 소품 가게에서 구입한 상품이라면 나 스스로도 무엇인가 이상하다고 느끼게 마련이다. 물론 일시적인 자기 만족은 느낄지 모른다. 그러나 오래가는 친숙함이나 만족감은 없다. 그런 기념품과 트로피에는 실질적인 의미가 없기 때문이다. 마찬가지로 사회적 명성이나 특정 그룹의 지위, 사업상의 관계에서 '괜찮은 친구들' 또는 돈 많고 머리 좋고 멋진 외모의 배우자를 만날 수는 있다. 그러나 깊이 있는 정서적 공명 없이는 그런 관계가 결코 유대감의 욕구를 충족시켜 주지 않으며, 외로움의 고통을 덜어 주지도 않는다.

물론 일상생활에서 우리가 외로움의 공식적 구조를 생각하지 않듯이 외로움의 주관적인 체험에 가해지는 문화적 제약도 의식하지 않는다. 외로움의 차원이 두 개인지 열두 개인지는 심리 과학자들이 따질 문제다. 그런데도 외로움의 보편적인 구조를 알면, 특히 사고방식과 습관을 바꾸고 싶을 때 많은 도움이 된다.

사람들은 대개 하나의 방을 상상해 보라고 하면 특정 기억이나 특정 색상, 냄새, 창밖의 전망 또는 가구나 벽에 걸린 그림을 떠올린다. 하지만 객관적 시각에서 엄밀히 양적으로 계산하고 어느 방이나 갖는 공통점을 주의 깊게 생각한다면 상상할 수 있는 방은 세 가지 기본적인 차원인 길이, 넓이, 높이를 갖는다는 사실을 인식하게 된다. 사람들은 하나의 방을 거대한 감각의 통합체, 즉 게슈탈트(Gestalt, 경험의 통일적 전체를 일컫는 심리학 용어)로 경험하지만 이 세 가지 기본 요소가 그 체험에 기여하기도 하고 제약을 주기도 한다. 그 방을 좀 더 쾌적하고 기능성 있게 다시 꾸미고 싶다면 이 세 가지 기본 요소를 반드시 고려해야 한다.

마찬가지로 우리가 사회적 만족도를 높여 자신을 좀 더 행복하고 건강하게 바꾸고 싶다면 보편적 요소를 이해하면 도움이 된다. 그 보편적 요소 중 하나가 바로 '자아'다.

심리학자 웬디 가드너와 메릴린 브루어는 '당신은 누구입니까?'라는 질문을 받았을 때 자신을 묘사하는 방식을 조사했다.[3] 그들은 자기 묘사가 다음의 세 가지 기본 집합체로 나눠진다는 결론을 도출했다.

> **1 개인적 또는 일신상의 자아**
> 다른 사람과 연관 짓지 않은 개인적 특성으로만 파악하는 자신을 말한다. 이 차원에는 키와 몸무게, 지능, 체육이나 음악 능력, 음악과 문학에 대한 취향, 예를 들면 타피오카(카사바 뿌리에서 채취한 녹말) 대신 타바스코(강한 매운맛을 내는 소스의 일종)를 좋아하는 것 같은 개인적 취향이 포함된다.
>
> **2 사회적 또는 상관적 자아**
> 배우자, 자녀, 친구, 이웃 등 자신과 가장 가까운 사람들과의 관계에서 바라보는 자신을 말한다. 사친회에 가면 나는 누구누구의 엄마 아니면 아빠다. 배우자가 다니는 회사의 파티에 초청받으면 나는 누구누구의 아내나 남편이다. 이 자아는 나의 삶에 다른 사람을 개입시키지 않고는 존재하지 않는다.
>
> **3 집단적 자아**
> 특정 민족의 일원, 특정 국가의 국민, 특정 직장이나 단체의 일원, 특정 스포츠 팀의 팬으로서 보는 자신을 말한다. 상관적 자아와 비슷하게 다른 사람 없이는 존재하지 않는다. 하지만 상관적 자아보다는 좀 더 폭이 넓다. 좀 더 큰 사회 그룹과 연결되어 개인적 일상 경험의 일부로 잘 인식되지 않는다.

사람들은 이 세 가지 차원에서 자신을 바라본다. 인간이 활동하는 곳에는 이 세 가지 면이 늘 존재하기 때문이다. 인간은 진화 초기 때부터 신체적, 성격적 특성과 호불호가 서로 다른 개인들이었다. 그러면서도 인간은 언제나 배우자, 그리고 자녀와 긴밀한 유대감으로 연결되어 왔다. 또 대가족에서부터 부족, 국가에 이르기까지 더 넓은 사회적 집단 속에서 살아왔다. 이 각각의 환경에서 '자아'는 조금씩 달리 행동한다. 자신을 한 그룹의 일원으로 규정하면('집단적 자아') 자신을 유일무이한 개인으로 생각할 때보다 다른 구성원과 좀 더 화합하려는 경향을 보인다. 심지어, 예를 들어 미국 프로 야구팀 시카고컵스의 팬들은 '올해 월드 시리즈는 당연히 컵스가 우승한다!'라는 다소 비합리적인 믿음이라도 똑같이 받아들이려고 한다.

브루어와 가드너는 바로 이런 효과를 입증해 냈다. 그들은 대학생들에게 자신을 특정 대학의 일원이라는 집단적 자아로 생각하도록 유도한 뒤, 같은 학교의 다른 학생이 한 말에 동의하거나 동의하지 않는 데 어느 정도의 시간이 걸리는지 측정했다. 예상한 대로 집단적 자아로 생각하는 학생들은 그렇게 유도하지 않은 학생들보다 동의하는 데 걸리는 시간은 더 빨랐고 동의하지 않는 데 걸린 시간은 더 느렸다.

개인적 자아의 차원에서 생각할 때는 다른 사람과 자신을 비교하고 중요한 문제에서 다른 사람이 더 잘하면 정신적 고통을 느끼거나 질투하는 게 인간의 본능이다. 나보다 뛰어난 사람이 친구나 가족이라면 전혀 모르는 사람보다 더 고통스러울 수 있다.[4] 그러나 자신을 가족이나 공동체에 소속된 자아로 본다면 자신과 가까운 사람의 성취를 마치 자신의 성취처럼 축하하기가 더 수월하다.

예컨대 프로 테니스계에서 미국의 흑인 자매로 세계 선수권 대회 우승을 목표로 서로 각축전을 벌인 세레나 윌리엄스와 비너스 윌리엄스의 경우를 보자. 세레나가 자신을 비너스의 동생으로 규정하면 비너스가 우승했을 때 마치 자신이 우승한 듯이 기뻐하기가 더 쉽다. 가족의 정체성과 가족의 자부심에 초점을 맞추면 이 자매 테니스 스타는 한 가족의 일부가 된다. 그러면 어느 한쪽의 성공이 다른 쪽의 성공으로 인식된다.

### 연결 관계의 세 가지 차원

우리 연구팀은 사람들이 다른 사람과의 관계를 생각하는 방식의 구조를 파악하는 데 필요한 방대한 데이터를 수집했다. 우리는 그 데이터를 기초로 인자 분석(factor analysis, 비교적 소수의 인자로 많은 변량 사이의 관계에서 간단한 패턴을 찾기 위해 고안된 통계적 분석 방법)을 실시했다. 인자 분석을 통해 방 1000개의 특징을 분석하면, 방을 방답게 만드는 기본 요소가 길이, 넓이, 높이라는 사실을 알게 된다. 모든 방이 지니고 있는 공통적 요소이기 때문이다. 그런 요소 없이는 방이 성립되지 않는다. 초라하다거나 통풍이 잘 안 된다거나 비좁다는 등의 다른 특성은 기본적인 차원을 초월한 변수들이다. 그런 요소는 방이 지니는 보편적인 성격을 말해 주지 않는 단일 특성이다.

우리는 바로 이런 수량적 분류 기법을 이용해 외로움의 보편적인 구조를 찾았다. 그 결과는 브루어와 가드너가 발견한 자아의 세 가지 차원과 맞아떨어졌다. 자아의 경우에 개인적, 상관적, 집단적이라는 세 가지 차원이 있다면 사회적 연결 관계, 다시 말해 유대감의 경우도 그와 일치하는 세 가지 차원이 있다. 바로 개인적 연결 관계와 상관적 연결 관계, 그리고 집단적인 연결 관계다.[5] 인간은 친밀하고 개인적 관계를 추구할 뿐 아니라 넓은 차원의 친구와 가족도 필요로 하며, 아울러 대학 동창회, 군대, 노조 또는 스포츠 클럽 등 다양한 특정 집단에 소속되기를 원한다.

따라서 외로움의 보편적 구조를 이루는 세 가지 차원도 당연히 서로 밀접한 관련이 있다. 한 차원(예컨대, 결혼)에서 행복하다면 다른 차원에서도 행복한 경향이 있다. 그러나 당면한 환경에 불안 요인이 생기면 모든 차원이 위태로워질 수 있다. 예를 들면 배우자가 갑자기 세상을 떠나거나 낯선 곳으로 이사를 가는 경우가 그렇다. 남편과 사별한 여성에게는 절친한 친구가 많을지도 모른다. 그러나 그 친구들이 그녀를 아무리 위로해도 대개는 평생의 동반자를 잃은 깊은 고통을 완전히 떨쳐 내지는 못한다. 내가 앉아 있는 나무 의자의 다리 셋(개인적, 상관적, 집단적 연결 관계) 중 하나가 부러지면 안정감이 없어져 안전하고 편안한 느낌을 가질 수 없다. 그럴 경우 항상 돈독한 유대감을 느끼는 사람도 외로움에 시달리게 된다.

그러나 우리는 사회적 고립감의 객관적, 환경적 지표와 주관적 경험 사이에는 뚜렷한 일대일의 상관관계가 없다는 사실도 알아냈다. 개인적 연결 관계를 가장 잘 나타내는 지표 가운데 하나가 결혼 여부다. 당연히 결혼을 하게 되면 혼자 사는 것보다 외로움을 덜 느끼는 경향이 있다. 그러나 모든 사람이 결혼을 자아 확인(self-affirmation)의 수단으로 생각하지는 않는다. 수녀, 탐험가, 예술가 또는 미혼의 정력적인 사업가들은 다른 곳에서 의미를 찾는다. 그리고 가족 간의 강한 유대감이 좋은 점도 있지만 나쁜 점도 있다. 주체할 수 없을 정도로 친구가 많은 사람의 경우도 마찬가지다. "설마!"라고 말할지 모르지만 멋진 파티에 초대하는 전화가 끊임없이 울리면 스트레스를 받는 사람도 있을 수 있다. 우리 중 일부는 많은 단체에 소속되기를 좋아하지만 아주 개인적인 사람이라면 단체 소속을 통한 유대감을 원치 않을 수도 있다. 세 가지 차원 각각에서 문제는 관계의 양이 아니라 질이다. 그 질은 우리 자신의 주관적인 욕구와 기호에 따라 결정된다.

자신을 '단체 소속감을 원하지 않는 사람'이라고 소개한 한 전직 교수는 퇴직하기 전까지는 집단적 연결 관계의 필요성을 전혀 느끼지 못했다고 했다. 퇴직한 후에 미국 중서부에 있는 가족 농장으로 돌아가서야 그녀는 명문 대학교와 자신이 속했던 학과의 일원이었다는 사실이 얼마나 중요한 의미를 가졌는지 깨달았다고 한다. 그러나 일단 귀향하고 나자 그녀는 그 욕구를 충족시키는 새로운 방법을 발견했다며, 이렇게 말했다.

여기서는 내가 아주 다른 그룹에 속한다. 이곳 사람들은 개척 시대부터 대대로 이곳에 살았고 그 지방의 고유한 역사에 관심이 매우 많다. 여기서 나는 진정한 의미의 친구가 없다. 그러나 그런 넓은 연결 관계 때문에 지나치게 외로움을 느끼지는 않는다. 부분적으로는 내가 이 시골에 속한 사람이라고 느끼는 게 그냥 편안하기 때문이다.

마찬가지로 우리는 보통 때는 사회적 유대감의 집단적 측면을 무시하는 경향이 있다. 그러다가 국가적 위기가 닥치거나 자신이 속한 집단의 자존심이 짓밟히면 갑자기 집단 정체성에 집착하게 된다. 2001년 9월 11일 뉴욕과 워싱턴을 표적으로 한 테러 공격이 발생했을 때 당시 미국인의 집단 정체성은 최고조였다. 마찬가지로 이슬람교 창시자 마호메트를 비하적으로 풍자한 만평이 덴마크 신문에 실리자 서양화된 이슬람교 신자들을 포함해 이슬람권 전체가 들고일어났다. 이민 문제는 또 어떤가? 어떤 사람은 이민자들의 권리를 요구하는 시위를 목격하고는 "이처럼 다양한 사회이지만 우리 모두 한 도시의 시민

이야."라고 생각하며 뿌듯해한다. 반면 그 시위를 보고는 "이곳은 이제 나의 도시가 아니야. …… 저 사람들은 도대체 누구지?"라고 생각하며 위협을 느끼는 사람도 있다. 우리는 이러한 사건을 보면서 우리 삶과 태도의 여러 다른 요인에 입각해 각기 다른 의미를 부여한다. 어떤 사람은 이민을 두고 아름다운 다양성을 찬미하고, 어떤 사람은 낮은 임금의 노동력이라고 생각하고, 또 어떤 사람은 말세라고 개탄한다. 그리고 우리 각자가 보편적인 테두리 안에서 특이함을 대표하듯이 각자의 그러한 '특이성'이 평생 똑같지도 않다.

심리학자 월터 미셸이 지난 40년간에 걸쳐 연구한 결과에 따르면 인간은 모든 상황에서 항상 똑같이 행동하지 않는다.[6] '유전자 결정론(genetic determinism, 인간의 행동은 유전자에 의해 결정된다는 이론)'을 뒤집는 결론이다. 물론 일관성이 없지는 않다. 그러나 그 일관성은 상황에 따라 다르며 일시적이다. 한 고등학생이 특정 상황(예를 들면, 학교 구내식당)에 처하면 늘 외로움을 느낄지 모른다고 가정해 보자. 하지만 다른 상황(예컨대, 악대부 캠프)에서는 늘 사회적인 만족감을 얻을지도 모른다. 외로움을 느끼기 쉬운 경향은 나이가 들어도 비교적 변동이 없을지 모른다. 그러나 어린 시절이나 사춘기에 외로움을 심하게 타도록 만든 상황은 갓 부모가 되었을 때나 장년이 되었을 때 극심한 외로움을 불러일으키는 상황과는 다를 가능성이 크다.

### 외로움과 우울증의 상관관계

외로움의 정확한 구조를 알아내는 데 그보다 더 큰 어려움은 외로움이 단독으로 나타나는 경우가 드물다는 사실에서 비롯된다. 심리학과 정신 의학의 초기 연구 대부분은 임상적 환경에서 여러 질병에 시달리는 개인을 대상으로 이루어졌다. 함께 나타나는 가장 흔한 증상이 극심한 외로움과 우울증이었다.[7] 그래서 외로움과 우울증은 종종 하나의 묶음으로 취급되는 경향을 보인다.[8] 예를 들면 미 국립정신보건연구소(NIMH)의 역학적 우울 척도(CES-D: Center for Epidemiologic Studies Depression Scale)에 나오는 지문 중에 하나가 '나는 외롭다.'다.[9]

그러나 인자 분석 결과는 외로움과 우울증이 사실상 완전히 다른 차원의 경험이라는 점을 말해 준다.[10] 실제 증상의 측면에서도 우울증은 외로움과 다르다. 우울증은 외로움이 일으키는 것과 똑같은 반응을 촉발하지 않는다. 외로움은 유대감을 가지려는 욕구를 일으키는 동시에 위협을 당한다는 느낌과 두려움도 유발한다. 그런 느낌이 강해지면 다른 사람을 비판적으로 대하는 태도로 이어진다. 외로움은 자신의 대인 관계에서 갖는 느낌을 반영한다. 반면 우울증은 자신의 느낌 그 자체만 반영할 뿐이다.

물론 외로움과 우울증은 둘 다 피하고 싶은 불편한 상태다. 그러나 외로움과 우울증은 여러 면에서 정반대다. 외로움은 배고픔과 마찬가지로 불편한 조건, 어쩌면 위험한 상황을 바꾸려고 무엇인가 조치를 취해야 한다는 경고의 메시지다. 반면 우울증은 우리 자신을 냉담하거나 무감각하게 만든다. 외로움은 우리를 분발하게 만드는 반면 우울증은 의욕을 꺾어 놓는다. 이러한 차이점에도 불구하고 외로움과 우울증의 공통점은 자기 조절력이 떨어진다는 사실이다. 그 결과 수동적인 반응을 일으킨다. 때문에 외로움은 그로 인해 발생하는 절박함과 고통에도 불구하고 반드시 효과적인 대응으로 이어지지 않는다. 실행 조절 능력의 상실은 의지력을 약화시킨다. 그에 따른 좌절은 심리학자 마틴 셀리그먼이 말하는 학습된 무력감(learned helplessness, 매일 반복되는 스트레스에 의해 아무것도 할 수 없는 상태가 되어 '어쩔 수 없어.'라는 식으로 기운이 다 소진된 상태)으로 이어진다.

스스로 조절하려는 과정에서 외로움과 우울증은 서로 밀접히 연결되어 서로 밀고 당긴다. 가장 원시적인 유기체는 전적으로 상반되는 한 쌍의 요인에 의지한다. 전진 기어와 후진 기어에 비유할 수 있다. 이런 메커니즘은 단순한 두 방향 사이의 결정, 즉 '접근이냐 후퇴냐?'의 결정을 용이하게 해 준다. 유기체가 모든 자극에 대응할 때 이런 결정이 끊임없이 반복된다. 유기체는 영양을 섭취하거나 교미를 하려고 접근하고 위험을 의미하는 부정적인 감각을 피하려고 뒤로 물러서서 몸을 옴츠린다. 인간을 포함한 모든 생물학적 시스템은 그와 비슷하게 상반된 쌍의 요인에 의해 유지된다.

외로움이 유전자에 각인된 하나의 경보 시스템이며 생존에 필수적이라는 사실을 염두에 두면 그 반대의 증상인 우울증도 마찬가지로 사회 적응에 필요한 역할이 있을 듯하다. 인류의 조상을 상상해 보자. 아프리카 평원에서 수렵 채취 생활을 하는 부족의 한 젊은이가 있다. 그는 사회적 고립감 때문에 다른 사람들에게 접근한다. 여자를 꾀려고 하거나 사냥을 떠나는 무리에 합류하려 하거나 정치적 동맹을 맺으려 한다. 그러나 어떤 이유든 퇴짜를 맞는다. 그런 상황에서 계속 노력하는 것은 시간과 에너지의 낭비다. 집단 따돌림으로 실행 조절 기능이 약화되었기 때문에 그런 노력은 오히려 역효과를 가져오고 신변까지 위태로워질 수 있다. 이런 초기 단계에서는 약간의 우울한 기분 또는 외로움이 유발하는 의욕의 결여가 오히려 유익하게 작용할 수 있다. 울적한 기분 때문에 계속 다른 사람에게 접근해서 유대를 형성하려는 욕구가 억제되면서 시간적 여유를 갖고 자신이 처한 상황을 분석할 수 있기 때문이다. "내가 너무 저돌적으로 들이댄 걸까?", "그들에게 잘 보이려면 선물부터 준비해야 할까?"[11]

동시에 울적한 기분이 가져다주는 수동성, 그리고 궁극적으로 외로움이 유발하는 소극적 반응은 그의 힘과 자원을 절약하게 해 준다.[12] 사회적 계급 체제 안에서는 어떤 일을 시도했다가 실패했을 때 한발 물러나 다시 생각하는 것만이 아니라 순종의 의사를 표하는 편이 이익이 된다.[13] 그런 미묘한 맥락에서는 우울한 기분을 갖는 편이 강아지가 드러누워 자신의 취약한 배를 드러내 보이는 행동과 마찬가지 효과가 있다. 아울러 우울증에서 느끼는 진정한 고통은 더 나은 사회생활을 하기 위한 술책도 될 수 있다. 아기의 울음과 마찬가지로 '도와줘!'라고 외치면서 주변 사람들의 관심과 동정을 구하는 수단이 되기 때문이다.[14] 따라서 자신의 몸을 낮추고 다른 사람에게 위협이 되지 않는다는 점을 알리려는 전략은, 특히 자신의 사회적 욕구에 비해 자신의 가치가 낮다고 판단될 때 대인 관계에서 위험을 최소화하는 방법이 될 수 있다.[15]

옛날에는 이런 식의 전진과 후퇴 시스템이 잘 통했다. 그러나 요즘 같은 세상에서는 그에 따르는 부정적인 결과가 돌이키기 불가능할 정도로 심각할 수 있다. 현대에 비해 정신적 번민이 적고 사회가 덜 복잡했던 원시 시대에는 '접근/실수/후퇴' 다음에 '재편/정상 활동의 재개'라는 순서에 따라 행동하기가 훨씬 쉬웠다. 그러나 현대의 복잡한 사회 환경에서는 인지적 정교함을 동원해야 하기 때문에 상당히 어렵고 시간도 오래 걸린다. 침팬지의 행동에서 유추해 보면 초기 인류가 직면한 위협 같은 대부분의 사회적 갈등은 그 결과가 좋든 나쁘든 간에 상당히 빠른 시간 안에 해결되었을 듯하다. 수렵 채취 생활을 하던 초기 인류의 경우 제한된 인지력과 각박한 환경 때문에 수동적 침울이나 주저, 그리고 내면 성찰을 오래할 여유가 없었다. 그러나 수천 년이 흐르는 동안 지능이 발달하고 심리가 복잡해지면서 '가다 멈추고 다시 가는' 단순한 사이클이 '주저하다가 따돌림당하고 그 상황을 내면적으로 따져 보다가 오도 가도 못하는 악순환'으로 발전했다. 다시 말해 외로움과 우울한 느낌이 부정적 피드백에 얽혀들어 서로 상태를 악화시키는 결과를 빚는 교착 상태를 말한다.

1장에서 예로 든 케이티 비숍이 처한 상황이 바로 그렇다. TV 앞에 앉아 아이스크림을 통째로 먹는 비숍 말이다. 만약 그녀가 데이트 커플을 대상으로 제작된 로맨틱 코미디 영화의 주인공이라면 다음 날 아침 스타벅스 커피 전문점으로 달려가 마음에 드는 남자의 옷에 일부러 라테를 쏟아 사랑을 얻고 결국 수많은 친구를 얻을지도 모른다. 그러나 현실의 삶은 결코 그렇지 않다. 너무도 우울한 나머지 베개를 뒤집어쓰고 다음 날 한낮까지 잠자리에서 일어나지 않을 가능성이 크다.

우리 연구팀은 사회적 고립감으로 병에 걸려 이른 죽음으로까지 이어지는 특정한 심리적 경로를 조사하면서 외로움과 우울증이 또다른 중요한 문제의 증상일지 모른다는 점도 고려해야 했다. 아울러 똑같은 상황에서 일어날 수 있는 수많은 다른 변수도 감안해야 했다. 그런 비참한 삶으로 끌어당기는 것이 실제로 외로움인지 아니면 이런 관련 요인 중 하나인지 어떻게 확인할 수 있을까?

그 상호 연관성을 확인하고 인과 관계를 파악할 수 있는 기본 방법은 세 가지다. 첫째는 횡단적 분석(cross-sectional study)이다. 여러 유형의 사람들을 끌어모은 뒤 단일 시점에서 다양한 변수를 측정하는 방법이다. 둘째는 종단적 분석(longitudinal study)이다. 특정 부류의 사람들을 대상으로 장기간의 조사로 특정 변수를 반복 측정하는 방법이다. 셋째는 임의 배정(random assignment)과 실험적 조작(experimental manipulation)이다. 대상을 무작위로 선정해 실험을 의도대로 이끌어 나가는 방법을 말한다.

횡단적 분석과 종단적 분석 모두 유용한 데이터를 많이 얻을 수 있다. 특히 종단적 분석은 횡단적 분석에서 만족스럽게 다뤄질 수 없는 수많은 추가적 요인의 효과적인 제어가 가능하다. 예를 들어 성인이 된 사람의 경우 유아 시절 어머니와 적절한 애착 관계를 가졌었는지 알기가 어렵다. (알 수 있다고 해도 신뢰성을 보장할 수 없다.) 그러나 종단적 분석을 실시하면 각 대상자는 자기 자신의 대조군 역할을 한다. 한 사람의 행적을 계속 추적하기 때문에 그 사람의 과거는 계속 똑같이 유지된다. 외로움과 그와 관련된 변수들이 오랜 시간에 걸쳐 어떻게 변화하는지에 초점을 맞추는 종단적 분석에서는 이런 변화를 유아 시절의 애착 정도처럼 시간이 흘러도 변하지 않는 것과 구분해서 평가할 수 있다.

그러나 이 두 가지 방법 중 어느 것도 직접적인 인과 관계를 말해 주지는 않는다. 종단적 분석에서 외로움과 다른 특정 요인 사이에 밀접한 연관성을 확인할 수 있다 해도, 그리고 알려진 모든 대안적 설명을 배제한다 해도, 과학적으로 설득력 있게 실제로 한 요인이 다른 요인의 원인이라고 말하기는 어렵다. 바로 여기서 실험적 조작이 유용한 방법으로 대두된다. 우리 연구팀은 외로움을 둘러싼 수많은 변수를 명확히 분류하고 어느 것이 어느 것의 가장 직접적인 원인인지 밝혀낼 목적으로 이 세 가지 방법을 모두 동원했다.

### 마음의 조작

먼저 횡단적 분석을 위해 이전에 우리가 실시한 이음이원 청각실험에 참여한 오하이오 주립대학 학부생들을 다시 동원했다. 우리는 그들 중 135명을 추려 냈다. 외로움 수준이 높은 학생 마흔네 명, 평균 수준인 학생 마흔여섯 명, 그리고 외로움을 잘 느끼지 않는 학생 마흔다섯 명이었다. 각 그룹 내의 남녀 성비도 똑같도록 했다.[16] 이 학생들은 오하이오 주립대학 대학 병원의 일반 임상 연구소에서 하루 낮과 밤 동안 여러 심리 테스트를 받았다. 그 결과를 바탕으로 우리는 외로움의 여러 수준과 관련이 있어 보이는 성격적 요인의 정확한 프로필을 만들었다. 이 연구는 정해진 외로움에 수반되는 심리 드라마의 완벽한 그림을 보여 주었다. 정해진 기간에 많은 사람의 일상생활에서 발견되는 심리적 특성을 말한다. 우리가 발견한 특성은 이미 예견한 것들이었다. 침울함, 수줍음, 자긍심의 저하, 불안, 적대감, 비관주의, 퉁명스러움, 신경과민, 내향성, 그리고 부정적 평가에 대한 두려움 등을 말한다.[17]

인간 내면의 복잡함을 감안하면 그다음의 어려운 과제는 그런 증상을 나타내는 데 외로움이 보조적 역할을 하는 게 아니라 주도적 역할을 한다는 점을 대조 실험을 통해 증명하는 것이었다. 대조 실험이란 특정 변수는 일정하게 유지하고 다른 변수들을 조작할 수 있는 상황에서 사람들을 연구하는 실험을 말한다. 그런 실험에서는 대상자들이 조작의 여러 수준에 임의로 배정되어야 한다.

인식되는 외로움의 수준을 조작할 목적으로 우리는 스탠퍼드 대학의 정신 과학자 데이비드 스피겔을 연구에 끌어들여 스탠퍼드 대학 학생 자원자들에게 최면을 걸어 달라고 부탁했다. 우리는 정확하게 작성된 대본을 사용해 최면에 걸린 학생들이 자신의 삶에서 깊은 외로움이나 친밀한 사회적 유대감을 불러일으킨 순간을 다시 경험하도록 유도했다. 어떤 학생들에게는 첫 번째 최면 상태에서 외로움을, 그다음 최면 상태에서는 사회적 유대감을 유도했고 다른 학생들에게는 그 반대 상태를 유도했다. 또 우리는 최면이 의도된 감정 상태를 제대로 유도했는지 확실히 하기 위해 각 최면의 전과 후에 'UCLA 외로움 측정 기준'으로 테스트를 했다.[18]

그 이전에 스피겔은 하버드 대학의 스티븐 코슬린과 함께 정평이 난 실험을 한 적이 있다. 최면이 암시, 강요, 응락의 극단적인 경우만이 아니라는 점을 입증한 실험이었다. 이 실험은 색의 인지에 초점을 맞추었다. 최면 상태에 있는 사람은 하나의 이미지가 컬러나 흑백이라는 말을 들은 뒤 그 이미지를 봤다. 이런 최면 암시는 때로는 실제 이미지와 일치했고 때로는 일치하지 않았다. 최면 상태에서 실시한 양전자 방사 단층 촬영(PET)의 결과에 따르면 이미지의 색이 실제와 다를 때도 실험 대상자의 뇌는 최면 암시에 따라 이미지를 컬러 또는 흑백으로 인식한다는 점을 보여 주었다. 뇌의 반응 측면에서 보면 유도된 경험은 거의 실제 경험과 마찬가지라는 뜻이다.[19]

우리는 스탠퍼드 대학 학부생들 각각에게 최면으로 외로움이나 사회적 유대감을 느끼도록 유도한 뒤 그 이전에 오하이오 주립대학 학부생들에게 했던 것과 똑같은 심리 테스트를 실시했다. 표 2에 나타난 대로 결과는 완전히 일치했다. 그래프를 나란히 두고 검토하는 일은 드라마「CSI」에서 과학 수사대원들이 지문을 일치시키는 모습을 보는 듯했다.

표 2의 위쪽 패널에서 두 개의 들쭉날쭉한 선은 오하이오 주립대학 학부생 자원자 중 외로움을 가장 심하게 느끼는 상위 20퍼센트의 테스트 결과(실선)와 가장 약하게 느끼는 하위 20퍼센트의 테스트 결과(점선)를 비교해 보여 준다. 외로움이 심한 학생들은 외로움 수준이 낮은 학생들보다 사회적 협력의 수준이 낮고, 수줍음의 수준이 높으며, 사교성이 낮고, 분노가 높으며, 불안이 높고, 자긍심이 낮으며, 부정적 평가에 대한 두려움이 높고, 낙천성이 낮으며, 긍정적 기분이 낮고, 부정적 기분이 높았다.

아래쪽 패널은 스탠퍼드 대학 학부생 자원자에게 최면으로 심한 외로움을 유도했을 때의 테스트 결과를, 같은 학생을 상대로 외로움을 별로 느끼지 않도록 유도되었을 때의 테스트 결과와 비교한 것이다. 기분, 낙관주의, 사교성 등 똑같은 열한 개 특질을 측정한 결과는 위쪽 패널과 거의 같은 패턴을 보였다.

우리는 외로움과 사회적 유대감의 수준을 단지 인위적으로 조작함으로써 외로움을 느끼는 과정의 모든 다른 요인이 그 수준에 따라 달라진다는 사실을 알 수 있었다. 따라서 외로움이 주연 역할을 하는 게 분명했다.

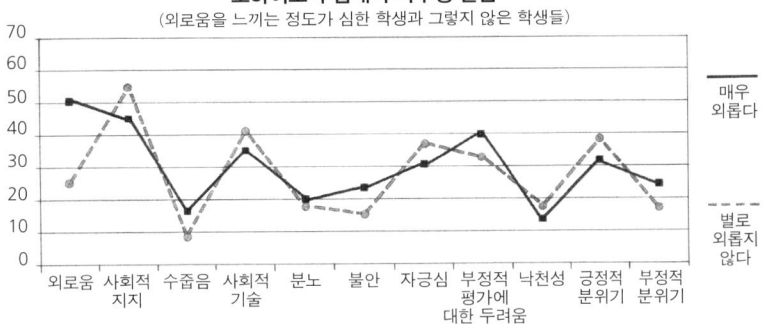

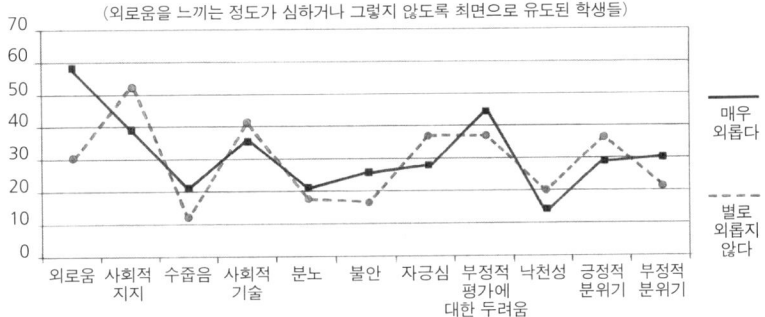

표 2  위쪽 패널: 외로움이 심한 사람이 느끼는 특질을 그렇지 않은 사람과 비교한 결과
아래쪽 패널: 최면 암시로 심한 외로움을 느끼도록 유도된 사람의 특질을 그렇지 않게 유도된 사람과 비교한 결과

　　더구나 우리는 외로운 사람이 따로 있는 게 아니라는 사실도 또다시 입증했다. 우리는 누구나 외로움에 빠질 수 있고 그와 함께 나타나는 모든 다른 증상을 나타낼 수 있다.

　　오하이오 주립대학 학부생들을 대상으로 한 테스트와 스탠퍼드 대학 학부생들의 최면에 의한 조작 실험 모두 외로움이 사고와 기분, 자기 조절만이 아니라 심지어 수줍음과 자긍심 같은 개인 특성에도 영향을 끼친다는 점을 보여 주었다. 하지만 이는 한 시점에 국한된 효과였다. 그렇다면 만성적인 외로움의 영향은 어떨까? 기분이 좋지 않고 건강에 해로운 상태로 실험 대상자들을 오랫동안 참여시키는 것은 지극히 비윤리적인 행위다. 그래서 우리는 최면 같은 조작을 통해 사회적 고립감을 지속적으로 유도할 수 없었다. 그 대안이 종단적 분석이다. 그래서 우리는 시카고 지역의 중장년층에 대한 종단적 분석을 실시했다.

### 전체 복구하기

우리는 만성적인 외로움, 그리고 시간의 흐름에 따른 외로움의 변화와 관련한 효과를 정확히 측정하기 위해 시카고 지역의 해당 인구 중에서 진정한 대표 표본으로 부분 집합을 만들었다. 언론이 선거 결과를 예측할 때 사용하는 바로 그 표본이었다. 우리는 쿼터 표본 추출 전략을 이용해 각 집합에 인종적으로 흑인계, 라틴계, 유럽계가 균등하게 분포되고 성비도 같도록 표본을 선정했다. 연령층은 쉰 살에서 예순일곱 살 사이였다.

우리는 UCLA 외로움 측정 기준과 역학 조사에서 흔히 사용되는 우울증 측정 기준을 이용해 각 대상자들을 조사했다. 이전의 오하이오 주립대학 학부생들도 비슷한 조사를 받았다. 우리가 오하이오 주립대학 학부생들을 대상으로 그 모든 항목에 대해 인자 분석을 실시한 결과 UCLA 외로움 측정 기준 테스트 결과는 개인적, 상관적, 집단적 연결 관계라는 외로움의 세 가지 차원과 일치했다. 우울증 측정 결과도 그 고유한 분류 차원에 맞아들었다. 시카고의 중장년층 표본에서 얻은 반응도 같은 기법으로 분석했을 때 외로움과 우울증 테스트 결과는 외로움과 우울증은 상호 관계가 있긴 하지만 서로 다른 현상이라는 사실을 재확인시켜 주었다.[20] 시카고 중장년층 표본에서 얻은 종단적 데이터를 분석한 결과는 조사 첫 해 한 개인의 외로움 수준이 그 사람의 향후 2년간 우울 증상의 변화를 정확히 예측해 준다는 점을 보여 주었다.[21] 첫 해에 외로움이 심할수록 이후 2년까지 겪은 우울증이 더 심하게 나타났다. 또 조사 첫 해의 우울증 수준은 그다음 2년 동안 느끼는 외로움에 어떤 변화가 있을지를 정확히 예견해 주었다. 우울한 사람들은 다른 사람들과 거리를 두어 시간이 갈수록 더욱더 외로움이 심해졌다. 따라서 여기서도 우리가 가정했던 외로움과 우울증의 '멈춤/전진' 메커니즘이 발견되었다. 그 두 가지가 서로 반대로 작용해 학습된 무력감과 수동적 대처의 악순환이 계속되었다.

가장 중요한 사실은 인과 관계를 탐구한 이 연구 결과가 외로움의 경험에 깊숙이 내재된 캐치 22(Catch-22, 서로 모순된 상황에 묶인 딜레마)를 극복할 수 있는 길을 제시했다는 점이다. 외로움의 자멸적 증상이 최면을 통한 기억과 느낌의 조작으로 유발될 수 있다면, 그리고 시간이 흐르면서 그 사람이 처한 현실의 사회적 환경에서 일어나는 변화에 의해 달라질 수 있다면, 외로움을 느끼는 사람이 그러한 인식과 인지, 감정을 스스로 조작하는 방법도 알고 있어야 마땅하기 때문이다.

그러나 그 가능성을 알아보기 전에 먼저 풀어야 할 수수께끼가 하나 더 있다. 모든 증거는 외로움이 적어도 그와 관련한 다른 열한 가지 감정적 특징을 하나의 범죄 현장에 불러 모으는 주모자라는 점을 말해 준다. 그 범죄는 참된 정서적 삶만이 아니라 신체적 건강까지 치명적으로 위협할 수 있다. 따라서 외로움이 그 현장에서 막강한 영향력을 발휘하는 게 분명하다. 그러나 외로움 그 자체가 실제 '범인'이라고 어떻게 확신할 수 있을까? 우리가 오랜 시간에 걸쳐 관찰한 신체적, 정신적 건강의 쇠퇴가 사회적 고립감이라는 주관적이고 막연한 개념에 의해 촉발되었다고 어떻게 단정할 수 있을까? 만약 외로움이 실제로 병을 일으킬 수 있는 힘이 있다면 그 범죄 수법은 무엇일까?

# 6

## 외로움이 심신을 마모시킨다

    진화유전학자 리처드 르원틴은 『3중 나선(*The Triple Helix*)』에서 유기체를 순전히 열역학적인 이유로 마모될 수밖에 없는 '전기 기계적 장치'라고 묘사했다. 르원틴에 따르면 이런 마모가 기능 전체의 쇠퇴를 가져오고 결국 죽음에 이르게 한다. 또 소설가 존 어빙은 이렇게 표현했다. "우리 모두는 말기 암 환자다."[1]

    우리는 이러한 불가피한 쇠락에 저항하려고 안간힘을 쓴다. 하지만 흔히들 병에 걸리지 않고 사고를 당하지 않는 게 건강을 유지하는 길이라고 생각한다. 그러나 1948년 세계 보건 기구(WHO)는 건강을 이렇게 규정했다. "질병의 부재만이 아니라 신체적, 정신적, 사회적 웰빙이 완벽한 상태를 말한다."[2] 그런데도 우리는 걸핏하면 눈에 띄는 신체적 이상이 있는지, 지난번 병원에 갔을 때의 검사 결과가 어땠는지를 바탕으로 건강 상태를 평가한다.

외로움에 대한 연구는 그런 초점을 좀 더 넓혀 엑스선 촬영이나 혈액 검사에 즉시 나타나지는 않지만 시간이 흐르면서 무시무시한 결과를 가져올 수 있는 사회적, 정서적 요인까지 포함시킨다.

1990년대 초 나는 오하이오 주립대학에서 사회적 요인이 건강과 생리 과정에 미치는 영향력을 연구하면서 맥아서재단의 심신 통합 네트워크 프로그램에 참여했다. 신경과학자, 내분비학자, 면역학자, 정신병학자, 심리학자, 수면 연구자 등으로 구성된 이 단체는 공동으로 마음과 몸의 상관관계를 탐구했다. 우리의 정신세계와 생물학적 과정이 어떻게 서로 연결되는지를 밝히려는 목적이었다.

특히 사회적 고립이 건강에 미치는 영향을 우리가 다루기에 적합한 문제로 선정했다. 그보다 12년 전 역학 연구자 리자 버크먼은 친구가 거의 없는 사람이 친구가 많은 사람보다 연구 시점부터 9년 안에 사망할 확률이 두 배에서 세 배나 높다는 사실을 발견했다. 사회적 관계가 거의 없는 사람은 뇌허혈성 심장병, 뇌혈관 및 순환계 질환, 암, 그리고 호흡기와 위장 등을 포함하는 넓은 부류의 질병으로 사망할 확률이 높았다.[3]

1988년 과학 전문지 《사이언스》에 그 후속 연구 결과가 실렸다. 메타 분석(meta-analysis, 단일 주제를 조사한 많은 연구를 통계적으로 통합하고 종합하는 문헌 연구의 한 방법)을 통해 사회적 고립이 질병과 조기 사망의 위험 요인으로 고혈압, 비만, 운동 부족, 흡연과 동등하다는 점을 보여 주었다.[4] 한동안 외로움의 이러한 영향은 '사회적 조절 가설(social control hypothesis)'로 설명되었다. 물리적 도움이나 긍정적인 영향을 주는 배우자나 친한 친구가 없으면 체중이 늘거나 과음을 하거나 운동을 하지 않을 가능성이 훨씬 크다는 가설이다. 이런 태만이 사회적 고립에 대한 연구에서 나타나는 건강상의 문제를 설명해 줄지 모른다는 논리였다.

일리 있는 이야기다. 예를 들어 몇 년 전 파리와 시카고에 무더위가 기승을 부렸을 때 노인들 다수가 사망했다. 노인들이 적절한 도움을 받을 수 있는 사람들과 떨어져 생활하고 있었기 때문에 무더위에 적응하는 데 문제가 있었던 것으로 밝혀졌다. 특히 파리의 노인 사망률이 지나치게 높았다. 가족들이 휴가를 떠나고 노인만 혼자 집에 남아 있던 8월에 열파가 덮쳤기 때문이었다.

그러나《사이언스》에 게재된 메타 분석 후에 실시된 역학 연구에서는 사회적 고립이 끼치는 건강상의 피해가 통계학적으로 너무 중요하게 나타났다. 그래서 건강 문제를 전적으로 개인 습관이나 행동의 차이 탓으로 돌릴 수 없다는 결론이 내려졌다. 얼마 후 심리학자 댄 러셀을 주축으로 하는 연구팀은 사회적 조절 가설의 한계를 재확인했다. 그들은 아이오와 주의 시골 마을 두 곳에 거주하는 예순다섯 살 이상의 노인 3097명의 건강 내력을 조사했다.[5] 외로움 측정에서 점수가 높은 노인은 향후 4년 안에 요양원에 입원할 확률이 더 높았다. 더구나 가끔씩 찾아와 도와줄 조카나 병원에 데려다 줄 이웃이 있는지 여부 같은 객관적 사회 지원의 수준은 건강 상태를 예측하는 데 외로움만큼 중요하지 않게 나타났다.

우리 연구팀은 중요한 문제는 사회적 교류의 건수도 아니요, 다른 사람이 실제적 도움을 주는 정도도 아니라고 직감했다. 중요한 점은 사회적 상호 작용이 대인 관계를 향한 개인의 특수하고 주관적인 욕구를 충족시켜 주는 정도라고 생각했다. 선행 연구에서 우리는 자원자들에게 매일 특정한 시간에 일기를 쓰도록 했다. 그 결과 다른 사람과 함께 지낸 시간이 얼마나 되는지, 얼마나 자주 상호 교류를 하는지와 같은 양적 수준은 외로움을 예측하는 데 큰 도움이 되지 않았다. 실제로 외로움을 예측하는 데 도움이 된 것은 질적 수준이었다. 다시 말해 다른 사람과의 만남이 의미가 있는지 없는지 주관적으로 어떻게 평가하느냐가 중요했다.[6] 하지만 그 정도로는 사회적 만남에서 의미를 찾지 못한다는 사실이 비만이나 운동 부족 또는 흡연만큼 해로울 가능성이 크다고 단정하기에 부족했다.

주관적 만족도가 중대한 역할을 한다는 가설을 시험할 목적으로 우리는 다시 오하이오 주립대학 학부생 자원자들을 동원했다. 이미 그들에게 실시한 여러 가지 심리 검사에다 추가로 심혈관 기능을 측정하고, 하루 중 여러 시간대에 혈액을 채취해 호르몬과 면역 검사를 실시했다. 또 그들을 대학 병원에서 하룻밤을 지내도록 하면서 수면 상태도 측정했다.[7] 그들을 집으로 돌려보낸 뒤에도 닷새 밤을 연속으로 수면 상태를 체크했다. 아울러 낮 동안의 지각 기능과 신체 반응을 추적하기 위해 그들에게 7일 동안 무선 호출기를 휴대케 했다. 우리는 하루에 아홉 차례 실험 대상을 호출해 기분과 활동, 생각, 느낌에 대한 간단한 질문을 했다. 이전의 연구자들은 일기 쓰기를 통해 데이터를 취합했지만 우리는 그런 주관적 반응을 객관적 생리 데이터와 연관 지으려 했다. 그래서 우리는 측정 첫째 날 각 자원자에게 소형 심혈관 기능 측정기를 허리에 차고, 바이오센서를 피부에 부착하고, 팔에는 혈압 측정기를 차도록 했다. 자원자들은 호출기가 울릴 때마다 자신의 기분과 활동을 기록하는 동시에 버튼을 눌러 심혈관 측정기를 가동시켰다.[8]

둘째 날에는 심혈관 측정기 대신 위생 용기에 거즈 롤을 담은 샐리베트를 휴대케 했다. 호출기가 울릴 때마다 자원자들은 자신의 느낌과 경험을 기록하면서 거즈를 씹어 타액을 채취한 뒤 다시 용기에 담았다. 이것으로 우리는 스트레스의 수준을 말해 주는 타액 코르티솔 수치를 그들의 외로움, 그리고 괴롭거나 즐거운 활동에 대한 주관적 지각과 상관 지을 수 있었다. 그다음 닷새 동안 계속 그들을 하루 아홉 차례 호출해 질문서에 답하게 했다.

### 불가피한 영향력

신체적 노화 현상을 이해하려는 연구자들은 대개 세포 활동에 국한해 연구한다. 학자에 따라 세포 활동을 가로막는 산화제라는 분자 폐기물을 연구하기도 하고, 세월이 흐름에 따라 세포 분열 횟수가 어떻게 변하는지, 세포가 DNA를 복제할 때 전사(轉寫)의 정확도가 얼마나 떨어지는지에 초점을 맞추기도 한다. 또 텔로미어(telomere)에만 연구를 집중하는 학자도 있다. 텔로미어는 노화가 진행되면서 점차 짧아지는 염색체 말단의 보호막을 말한다.[9]

그러나 우리 같은 과학자들은 사회적 요인의 효과를 조사한다. 그 효과는 세월의 흐름에 따라 커진다. 공무원들의 스트레스를 조사한 영국 정부의 유명한 화이트홀(Whitehall) 연구는 각급 공무원들이 바로 상위급 공무원들보다 건강이 더 나쁘고 사망률이 더 높다는 점을 보여 주었다.¹⁰ 이런 불평등은 중간급에서도 똑같이 나타났다. 따라서 지위가 높을수록 더 잘 먹거나 의료 혜택을 더 많이 받거나 자동차의 완충 장치가 더 낫기 때문만은 아니었다. 사회적 맥락이 미세한 차이를 만들어 낸 것이었다. 화이트홀의 경우에는 엄격한 계급 관료주의가 스트레스를 가중시켜 건강상의 문제로 이어졌다.

1970년대에는 극심한 스트레스가 심혈관에 미치는 효과에 많은 관심이 쏟아졌다. 경쟁적이고 일에 치열하게 매달리는 습관이 심장 마비를 일으킬 확률이 높다고 알려지면서 그런 습관을 A형 행동이라고 부르게 되었다. 후속 연구에서 A형에 속하는 하나의 요인인 '호전성'이 심장병에 걸릴 가능성이 높은 사람과 그렇지 않은 사람을 구별하는 가장 중요한 변수라는 사실이 밝혀졌다.¹¹ 이 사실은 우리 연구에 많은 도움을 주었다. 호전성은 외로움과 마찬가지로 오래 지속되는 속성이 있기 때문이다. 또 호전성은 외로움과 마찬가지로 불신과 냉소주의, 그리고 분노로 특징지어지며, 이러한 특징은 적대적이거나 공격적인 행동으로 이어진다.¹² 심혈관 촬영(불투명한 물감을 심장에 주입한 뒤 심장의 펌프 작용을 촬영하는 방법) 대상자를 실시한 조사에서도 과거의 분노를 상기하는 일만으로도 이미 병든 관상 동맥이 더욱 수축되었음이 밝혀졌다.¹³ 심혈관계 질병을 앓는 환자들에게 분노의 상기는 심실 기능의 심한 장애도 일으키는 것으로 나타났다.¹⁴

물론 호전적인 사람은 스트레스에 대한 심혈관 반응을 과도하게 높여 그런 반응 때문에 아테롬성(죽상) 동맥 경화나 심장 마비를 일으킬 수 있다. 하지만 사회적 맥락에서는 호전성이 사회 경제적 지위의 낮음과도 상관이 있다. 따라서 사회 경제적 지위가 낮을수록 호전적이며 그런 사람은 흡연 가능성이 높고 금연 가능성이 낮은 경향을 보여 심혈관계 질병에 취약할 수 있다.

영국의 공무원들이 직급이 낮다고 해서 호전성을 갖게 되었을까? 그런 감정이 사회적 고립감을 만들어 냈을까? 아니면 거대한 조직에서 일한다는 사실과 주관적인 외로움의 경험이 아첨과 좌절을 만들어 내는 생리적인 효과를 가져왔을까?

우리의 행동 대부분은 임의적이지 않고 주로 사회적 패턴으로 나타난다. 단일적이지 않고 서로 연관된다는 의미다. 폭음을 하는 사람은 흡연할 가능성도 크다. 건강식을 하는 사람은 운동도 많이 하는 경향이 있다. 개인은 자신이 속한 가족, 사회 네트워크, 조직, 공동체, 사회에 영향을 서로 주고받는다. 이런 현상이 2007년 여름 집중적으로 조명을 받았다. 당시 저명 의학 학술지 《뉴 잉글랜드 저널 오브 메디신》은 언론이 단순하게 표현한 '내 친구가 나를 살찌게 했다.'는 가설을 입증하는 논문을 게재했다. 32년이라는 긴 세월 동안 1만 2067명의 삶을 추적한 결과 비만이 사회적 집단별로 일어났다는 사실이 밝혀졌다.[15]

사회 계층은 건강에 독특한 영향을 끼친다. 경제적 사정이 어렵고 교육을 많이 받지 못한 사람들은 사회적 스트레스 요인에 더 많이 노출된다. 실업, 산업 재해, 주변 상황의 통제 불능 등을 말한다. 사회적 지원을 많이 받지 못하면 냉소적이고 숙명론적인 시각을 갖는 경향이 있다. 그런 사람들은 질병에 대한 예방 조치도, 의료 혜택도, 첨단 기술을 이용한 치료도 받기가 힘들다. 사회 경제적 척도에서 아래쪽에 위치하는 사람들은 흡연만이 아니라 다른 여러 위험한 행동을 할 가능성이 크며 건강에 보탬이 되는 행동을 멀리하는 경향을 보인다. 역학적으로 말

하면 그런 사람들은 질병에 취약하다.[16]

그렇지만 화이트홀 연구 결과에 따르면 사회 경제적 계층의 밑바닥에 있는 사람들만이 건강에 문제가 있는 것은 아니었다. 여러 단계의 계층에서 하나씩 내려갈 때마다 건강에 취약함을 보였다. 어떤 영향력이 그토록 미묘하게 작용할까? 결론적으로 말해 화이트홀 연구는 나이, 직급, 부정적 정서, 유전적인 심장 질환 위험을 감안하더라도 직장에서 자신의 노력과 보상, 그리고 통제력 미약의 불균형이 심장 마비를 일으키는 독립적인 인자로 작용한다는 사실을 보여 주었다.

### 조정의 필요성

사회적 스트레스가 건강에 미치는 부정적인 영향은 오랜 세월에 걸쳐 생리적 균형을 유지하는 데 드는 비용으로 설명할 수 있다. 외부 환경의 조건은 계속 변한다. 더위와 추위, 위기와 평화 등의 상황에서 우리의 몸은 상대적으로 안정된 환경을 유지할 필요가 있다. 신체 전체에서도 그렇고 각 세포에서도 마찬가지다.[17] 어느 정도의 안정을 유지하기 위해 우리는 자동적으로 조절하는 통제 시스템을 갖추고 있다. 예를 들어 외부 기온이 변해도 우리 몸은 체온을 약 섭씨 37도를 유지하도록 내부 조건을 조절한다. 하지만 한계가 있다. 외부 조건이 지나치게 극단적인 경우 우리 몸의 조절 능력이 따라가지 못해 열사병이나 저체온증으로 사망에 이른다. 다른 한편으로 우리 몸은 표준을 무시하고 체온이 정상 한계를 약간 벗어나도록 허용하기도 한다. 인간에게 질병을 일으키는 대다수의 미생물은 고온에서 견디지 못한다. 그래서 우리 몸은 병균을 막아 내려고 면역 반응의 일부로 체온을 섭씨 39도나 40도까지 올린다. 이를 흔히 신열이라고 한다.

엄격히 정해진 한계에 머무는 표준을 호메오스타시스(homeostasis, 항상성)라고 한다. 신체 내부의 체온과 화학적 성분 등이 평형을 유지, 조절하는 상태를 말한다. 반면 신체 전반의 포괄적인 필요성에 따라 그 한계를 조절하는 과정을 알로스타시스(allostasis)라고 한다.[18] 호메오스타시스는 오케스트라의 제1바이올린과 같다. 무엇보다 중요한 역할이지만 악보에 쓰여진 그대로 집착한다. 반면 알로스타시스는 지휘자와 같다. 오케스트라 전체를 책임지면서 음악을 해석하며, 좀 더 넓은 재량으로 속도나 음량 또는 다른 변수를 조절하는 역할을 맡는다.

호메오스타시스와 알로스타시스 둘 다 반드시 필요하고 바람직하다. 그러나 둘 중 어느 과정이든 우리 몸이 스트레스 요인에 반응할 때마다 실제로 조절을 하는 데는 생리적 비용이 따른다. 알로스타시스 조절이 복잡할수록 더 많은 신체 시스템이 거기에 매달려야 한다. 내분비계, 심혈관계, 면역 체계 등을 말한다. 신체 시스템이 동원되면 될수록 필요한 조절 과정이 더 많아진다. 이런 조절이 더 자주 필요할수록 몸을 정상으로 되돌리는 데 필요한 생리적 비용이 더 커진다. 이 모든 조절의 전체 비용을 '알로스타시스 부하'라고 한다.

스트레스 요인도 이로운 경우가 있다. 가지치기를 하면 장미나 과일나무는 생산량이 많아진다. 훈련소에서는 신병들이 실제 전투 조건에 대비하도록 의도적으로 스트레스를 많이 가한다. 체육관에서 역기를 들어 올리면 스트레스 수준이 점진적으로 높아지면서 근육이 발달하고 그 근육을 지탱하는 골격 부위에서 골밀도가 높아진다.

그러나 계급 사회의 틀 안에서 가진 미약한 힘 때문에 생기는 스트레스나 공동체, 학교 또는 결혼 생활의 소외감에서 생기는 스트레스는 건강에 도움이 되지 않는다. 사회적 스트레스가 계속되면 '부러진 부분이 더 강해진다.'라는 개념이 절대로 통하지 않는다. 오히려 시스템 전체의 마모를 가속화할 뿐이다. 모든 부분을 완벽하게 조절하는 동시에 계속 달라지는 외부 조건에 맞추는 일을 오랫동안 되풀이하면 지휘자도 완전히 지칠 수밖에 없다.[19]

변수도 다양하고 차원도 다양한 상태에서 문제를 보면 외로움이 어떻게 건강을 해치느냐는 질문에 간단히 한마디로 답하기는 불가능하다. 정확하게 말하자면 다섯 개의 교차하는 경로를 따라 진행되는 고통스러운 마모 과정이다. 이 다섯 가지의 경로는 우리가 지금까지 탐구한 생리적 데이터의 대부분을 아우른다.

### 외로움이 건강을 해치는 다섯 가지 경로

**제1경로: 건강한 생활습관**

보살펴 주는 친구나 가족이 없어서 사람들이 스스로 건전한 생활을 하지 못하고 건강을 해치게 된다는 것이 사회적 조절 가설이다. 그러나 우리의 연구에 따르면 외로운 젊은이의 생활습관은 사회적 유대감이 강한 젊은이보다 더 나쁘지는 않다. 예컨대 음주의 경우 외로운 젊은이들이 더욱 절제력 있고 건전했다. 우리가 조사한 나이 든 성인들의 경우에도 우울증, 만성 질환, 고혈압의 예측 요인은 객관적인 사회 지원

의 결여가 아니라 외로움의 주관적인 느낌이었다.[20]

그러나 우리의 연구 결과는 중년으로 갈수록 외로움을 느끼는 사람들의 생활습관이 비슷한 나이와 환경에서 사회적 유대감이 강한 사람들보다 더 나빠졌다는 사실을 보여 주었다.[21] 외로움을 타는 젊은이의 경우 운동을 하는 빈도와 운동에 할애하는 시간이 사회적 유대감이 강한 젊은이와 차이가 나지 않았지만 중년과 노년으로 갈수록 그림이 달라졌다. 사회적으로 만족하는 중년 이상은 외로운 사람보다 지난 2주 동안 왕성한 신체 활동을 할 가능성이 37퍼센트나 높았다. 그들은 외로운 사람들보다 평균적으로 하루 10분 정도의 시간을 운동하는 데 더 할애했다.

식습관도 마찬가지였다. 젊은이의 경우 외롭든 외롭지 않든 별 차이가 없었다. 그러나 중년이 넘어서면서 외로운 사람들은 하루에 지방에서 얻는 열량의 비율이 더 높아졌다.(그림 4 참조)[22]

외로운 사람이 왜 건강에 해로운 행동을 하게 될까? 부분적으로는 실행 기능의 손상과 그에 따른 자기 조절 능력의 상실로 설명할 수 있다. 단지 기분이 좋기보다는 실제로 건강에 이로운 행동을 하려면 훈련된 자기 조절이 필요하다. 조깅을 하고 나면 기분이 좋아지지만 대다수의 사람은 문밖을 나서는 데도 의지력이 필요하다. 외로움은 그런 행동에 필요한 실행 통제 능력을 손상시킨다. 또 외로움은 자긍심을 망가뜨린다. 다른 사람들이 자신을 쓸모없는 사람으로 여긴다는 사실을 인지하면 자멸적인 행동을 하기가 쉬우며 자신을 돌볼 여력이 그만큼 적어진다.

더구나 외로운 노인의 경우 외로움에 따르는 정서적 스트레스와 실

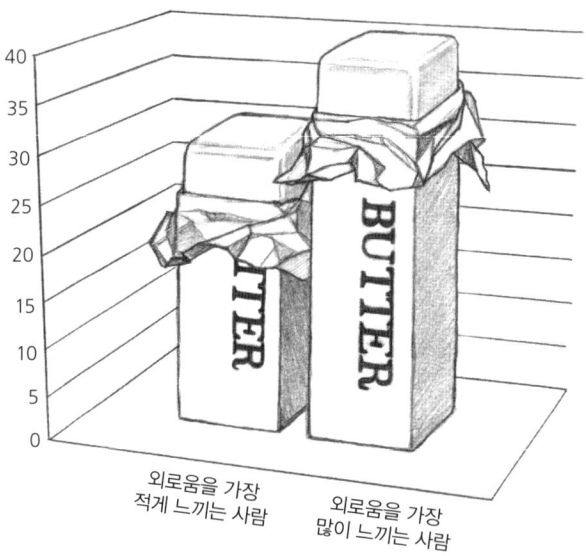

그림 4 미국 보건 복지부와 농무부는 전체 열량에서 지방 섭취의 비율이 20~35퍼센트가 되는 식단이 바람직하다고 권고했다. 우리 연구에 참여한 자원자들의 경우 전체 평균으로 볼 때 하루 전체 열량의 34퍼센트를 지방에서 섭취했다. 그러나 자원자 중 외로움을 가장 적게 느끼는 20퍼센트의 사람은 지방에서 얻는 열량이 29퍼센트인 반면 외로움을 가장 많이 느끼는 20퍼센트의 사람은 지방에서 얻는 열량이 39퍼센트에 이르렀다.

행 기능의 손상이 합쳐져 흡연, 폭음, 과식 또는 무절제한 성관계 등으로 기분을 조절하려 한다. 기분을 좋게 하려면 운동이 훨씬 나은 방법이지만 운동을 거르지 않으려면 실행 통제 능력이 필요하다. 함께 운동이나 요가를 즐기며 몸을 가꾸려는 의지를 더욱 강하게 해 주는 친구가 있다면 일주일에 세 번 정도 체육관이나 요가 강습소에 거르지 않고 꼬박꼬박 가기가 훨씬 수월하다.

따라서 사회적 환경이 매우 중요하다. 그런 환경이 표준을 설정하고, 사회적 조절의 패턴을 강화하며, 특정 행동을 할 기회를 제공하거나 제공하지 않고, 스트레스를 가하거나 해소해 줌으로써 우리의 행동에 영향을 준다.

제2경로: 스트레스 요인

오하이오 주립대학 학부생들을 대상으로 실시한 우리의 조사에 따르면 외로운 학생이나 외롭지 않은 학생 모두 거의 비슷하게 삶의 심각한 스트레스 요인에 노출되었다. 또 지난 12개월 동안 겪은 중대한 변화도 거의 마찬가지였다. 하루 중 다양한 시간에 호출기를 울려 생각과 경험을 일기로 기록하게 한 우리의 연구도 짜증 나거나 기분 좋은 순간의 빈도나 사소한 스트레스 요인에 노출된 경우가 거의 비슷하게 나타났다. 결론적으로 말해 적어도 청년들의 경우 외로움이 스트레스의 객관적 원인에 대한 노출도를 증가시킨다는 증거가 없었다.[23]

그러나 우리가 조사한 고령자들의 경우 외로움을 더 많이 타는 사람이 자신의 삶에서 객관적인 스트레스 요인이 더 많다고 응답했다. 오랜 시간이 지나면서 외로움과 결합된 자기 보호적 행동이 결혼 생활이나 이웃과의 관계에서 더 많은 갈등을 초래하는 것으로 나타났다. 전반적으로 사회적 문제가 많아진다는 뜻이다.[24] 사회적으로 만족하는 성인의 경우 만성적 스트레스 요인이 평균 4.8가지인 반면 외로움을 느끼는 성인은 평균 6가지로 나타났다. 이 25퍼센트의 차이가 평생을 살아가면서 더욱 깊어지게 된다.

그와 마찬가지로 외로운 사람들의 삶에 가해지는 많은 스트레스는 좌절을 주는 직업에서 벗어나지 못하게 되면서 더욱 심해진다. 앞서 예로 든 영국의 중간 직급 공무원들처럼 말이다. 외로움을 떨치지 못하는 사람은 높은 자리로 승진할 가능성이 줄어든다. 자신이 가진 문제 있는 사회적 반응 때문이다. 대개 만성적으로 외로운 사람들이 밀려나 차지하게 되는 중간 직급은 심리적으로나 지적으로 매우 힘든 경우가 많다. 그런데도 그 일을 하는 사람의 결정권은 제한된다. 그 결과 직장에서 받는 스트레스가 과중되어 결국 건강을 해치게 된다.[25] 노력에 따른 적절한 보상이 이루어지지 않고 자신의 환경을 조절할 능력이 제한된다는 점에서는 중간 직급의 공무원들이나 사회적 고립감을 지속적으로 느끼는 외로운 사람들이나 똑같다.

### 제3경로: 스트레스 인지와 대응

외로운 사람의 경우 객관적인 스트레스 요인이 많을 뿐 아니라 스스로 무력함과 위협을 더 많이 느낀다. 우리가 실시한 연구에서 객관적 스트레스 요인이 기본적으로 똑같은 상황인 데도 나이를 불문하고 외로운 사람은 그렇지 않은 사람보다 일상적인 삶에서 오는 혼란과 스트레스를 훨씬 심각하게 받아들였다. 설상가상으로 외로운 사람들은 일상적인 대인 관계에서 오는 사소한 기쁨이나 즐거움을 잘 느끼지 못하며 달가워하지도 않는다.[26] 이런 부류의 사람들은 자신의 삶에 다른 사람이 존재하고 서로 교류한다고 해서 스트레스 요인의 강도가 낮아진다고 생각하지 않는다. 외로운 사람들은 행복한 표정을 짓는 얼굴 사진을 보고 변칙적인 반응을 보인다는 우리의 fMRI 연구 결과와 맞아떨어진다. 보통의 경우 그러한 사진을 보면 뇌의 보상 부분이 활성화되지만 외로움은 그 반응을 억제한다. 그에 대한 연구 결과는 9장에서 좀 더 자세히 알아보기로 하자.

우리가 겪은 일을 스트레스로 인식하느냐 아니면 유익한 경험으로 인식하느냐가 오랜 시간에 걸쳐 우리의 건강에 큰 영향을 끼치고 있다. 하지만 마찬가지로 우리가 어떻게 반응하느냐도 건강에 중대한 영향을 끼치고 있다. 앞서 이야기했듯이 적절한 한도 내에서 관리가 가능한 스트레스는 우리를 더 강하게 만들고 의욕을 북돋우며 더욱 민첩해지도록 자극을 가한다. 그러나 외로움을 느끼는 사람은 자신에게 가해지는 스트레스를 기운 나게 하는 도전으로 여기지 않는다. 외로운 사람은 스트레스를 받으면 현실을 인정하고 낙관적으로 받아들이며 적극적으로 대응하기보다는 비관적으로 생각하고 회피하려 든다. 상황을 바꾸려는 노력을 하지 않고 그냥 버티는 식으로 소극적 대응을 한다는 이야기다. 속으로는 부글부글 끓지만 겉으로는 쓴웃음을 지으며 감내하면 아주 중대한 결과를 가져올 수 있다.[27]

우리의 연구에서 젊은이의 경우 외로움이 깊을수록 스트레스를 받을 때 더욱더 소극적으로 대응했다. 마찬가지로 외로움이 깊을수록 다른 사람들로부터 정서적이거나 실질적인 도움을 받으려 하지 않을 가능성이 컸다.[28] 아울러 중년층과 장년층의 경우에도 외로운 사람이 스트레스에 수동적으로 대처하고 다른 사람에게서 정서적 도움을 구하려 들지 않았다.

**제4경로: 스트레스가 일으키는 생리적 반응**

자율신경계는 의식 차원 아래서 작동하며 혈압 조절 같은 생리적 반응을 관장하는 시스템이다(그림 5 참조). 생물학에서 말하는 전진-후퇴 (approach-withdraw) 메커니즘의 또다른 형태다. 여기서 전진 기어는 교감 신경계를, 후진 기어는 부교감 신경계를 말한다. 스트레스 요인이 발생하면 교감 신경계는 엔진(심장, 폐 등)을 가속시킨다. 그러면 즉각적인 행동, 다시 말해 투쟁-도주 반응을 위한 준비가 갖추어진다. 그 반응이 목표를 달성하고 나면 부교감 신경계가 엔진의 속도를 늦추어 후진하게 만든다.

현대 사회에서는 스트레스 요인의 대부분이 투쟁-도피 반응을 촉진하는 단기적인 생사의 문제가 아니다. 그 대신 위압적이고 무례한 직장 상사, 장거리 통근, 의료비와 퇴직에 대한 걱정, 사회적 고립감 등이 매시간, 매년 되풀이되는 상황이 주요 스트레스 요인이다. 게다가 우리는 이런 지속적인 스트레스를 예전의 인류가 받았던 수준을 훨씬 뛰어넘어 평생토록 받는다. 지금의 우리 환경은 과거의 진화적 적응 환경과는 완전히 다르다. 그러나 우리의 자율신경계 반응은 하나도 변하지 않았다. 현대 생활에서 나타나는 스트레스 요인은 만성적이고 그 수준이 낮지만 우리 몸은 그 스트레스가 마치 생사가 걸린 문제처럼 생리적으로 반응한다. 그러면서 일흔 살이 되어서도 하고 싶은 골프와 테니스, 여든 살이 되어서도 하고 싶은 산책을 할 힘을 남겨 두지 않고 소모해 버린다. 그런 극단적인 반응은 우리가 직면하는 낮은 수준의 만성적 스트레스 요인을 처리하는 데 필요한 신진대사를 훨씬 넘어선다. 이렇게 불필요하게 고속 기어로 옮겨 갈 때마다 보정을 위한 저속 기어로의 변환이 필요하다. 이러한 급작스러운 변화가 자주 반복되어 수년 동안 누적되면, 다시 말해 스트레스가 독성을 지니게 되는 지점인 알로스타시

스 부하에 이르면, 이득은 없고 대가만 크게 치르게 된다.[29]

우리가 실시한 연구에 따르면 외로움을 느끼는 고령자의 경우 아침 소변에서 스트레스 호르몬인 에피네프린의 수치가 높게 나왔다.[30] 다른 연구들은 외로움의 알로스타시스 부하가 신체의 면역과 심혈관 기능에도 영향을 준다는 사실을 보여 주었다. 오래전 의과 대학생을 대상으로 한 연구에 따르면 학과 시험의 스트레스가 면역 반응을 억제한 것으로 나타났다. 그래서 학생들이 감염에 취약했다. 외로움을 느끼는 학생들이 사회적 유대감을 갖는 학생들보다 부정적인 영향을 훨씬 많이 받는다는 사실을 보여 주는 연구도 있다.[31]

면역 반응의 자연적인 부분은 염증이다. 부상이나 감염에서 나타나는 적열 상태를 말한다. 불편하고 괴로운 반응이지만 면역 세포를 동원해 침입하는 박테리아를 막아 내고 상처의 치료를 촉진하는 데 도움을 준다. 그러나 염증이 너무 오래가거나 너무 늦게 발생하면 오히려 치유 과정을 늦추어 붓고 아프며 관절 기능에 손상을 가져온다.[32] 염증이 만성화되면 심혈관계 질환을 촉진한다.

또 우리는 타액 검사를 통해 아침에 코르티솔 수치의 증가를 측정할 수 있었다. 부신 피질에서 생기는 이 스테로이드 호르몬은 스트레스 요인이 나타났을 때 신체의 신진대사와 근육에 작용한다. 신체적 위협이 있을 경우 빨리 달리고 강하게 싸우게 만들어 주는 호르몬이다. 코르티솔은 우리를 더욱 기민하게 만드는 동시에 염증과 알레르기 반응을 조절해 우리 몸이 부상 위험에 대비하도록 해 준다.

우리의 연구 결과는 외로움을 심하게 느낀 다음 날 아침 코르티솔 수치가 높았음을 보여 주었다. 아울러 고령자들의 혈액을 채취해 백혈

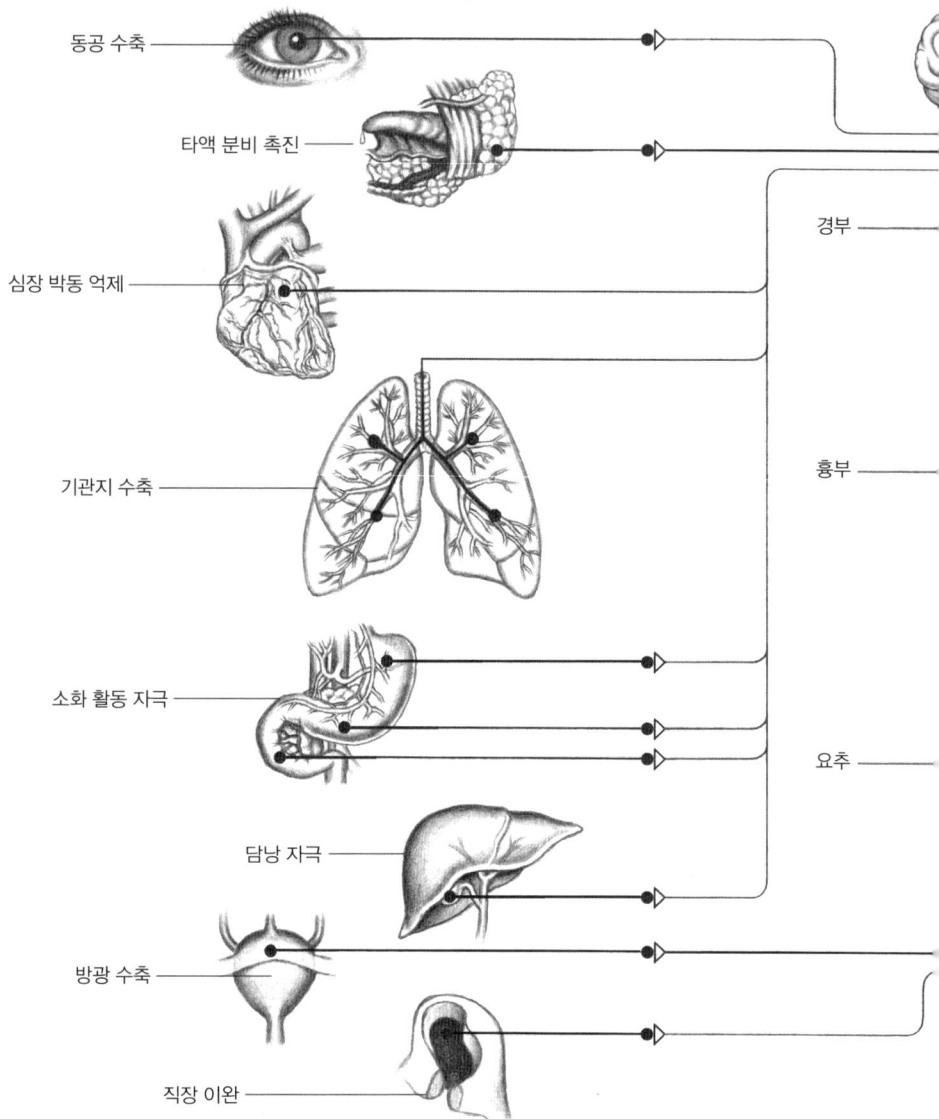

그림 5 자율신경계는 호흡과 소화 등 의식적인 조절 없이 일어나는 신체 기관의 모든 활동을 지시한다. 부교감 신경계(그림 왼쪽)와 교감 신경계(그림 오른쪽)로 나눠진다. 부교감 신경계는 생리적 활동을 줄여 에너지를 보존하게 해 준다. 교감 신경계는 생리적 활동을 증가시킨다.

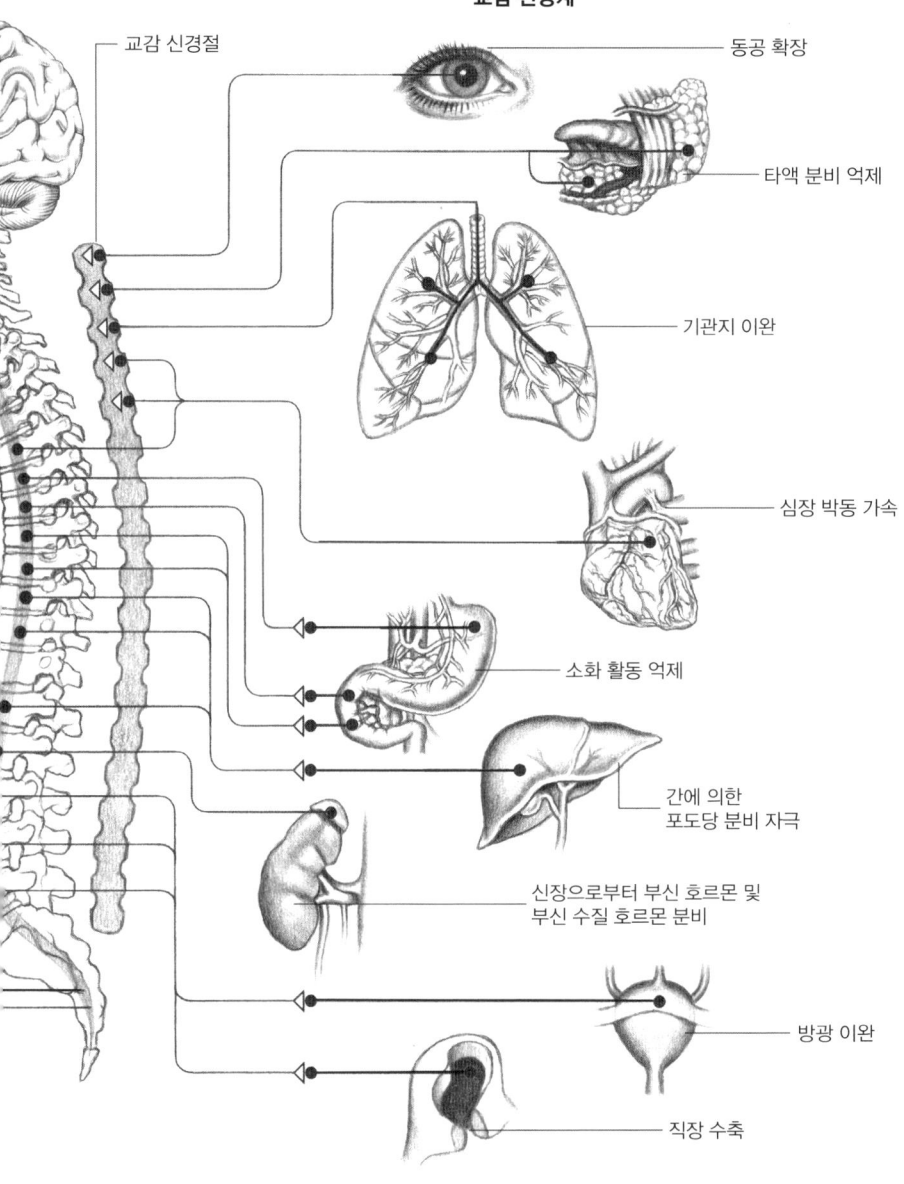

6 외로움이 심신을 마모시킨다

구를 분석했을 때 외로움이 세포 깊숙이 영향을 끼쳐 유전자 발현 방식까지 바꿔 놓는다는 사실을 알아냈다. 외로움은 DNA가 RNA에 복사되는 전사 과정을 바꾸고, 그 결과 세포가 코르티솔에 덜 민감해져 염증 반응을 억제하는 능력을 떨어뜨렸다.[33]

외로움은 심혈관계를 손상시키기도 한다. 스트레스를 받기 때문에도 그렇지만 스트레스 요인에 대한 수동적 대응을 촉진하기 때문에도 그렇다. 정원에 물을 줄 때 물이 호스에 압력을 가하는 것과 똑같은 식으로 혈액은 우리의 순환계 내부에 압력을 가한다. 한정된 공간에 많은 양의 액체를 쏟아붓거나 내부 지름을 좁히면 절대 압력(psi)이 올라간다. 심장이 1분 동안 박출하는 혈액량을 심박출량(cardiac output, CO)이라고 한다. 작은 동맥의 수축 정도는 총 말초 저항(total peripheral resistance, TPR)이라고 한다. '고뇌의 바다에 대항하는' 적극적 대응은 심박출량(CO)을 늘려 혈압을 올린다. 반면 외로움을 느낄 때 소극적으로 대응하면 작은 동맥들이 수축되면서 생기는 총 말초 저항(TPR) 때문에 혈압이 올라간다.[34] TPR이 높으면 똑같은 양의 혈액을 혈관에 전달하기 위해 심장 근육은 더 심하게 운동해야 한다. 아울러 동맥의 지름이 줄어들어 압력이 높아지면 혈관이 손상될 가능성도 크다.

오하이오 주립대학 학부생들을 대상으로 한 연구에서 외로움을 심하게 느낄수록 TPR이 높게 나타났다. 전체적인 혈압이 정상인 경우에도 그랬다. 학생 자원자들에게 선 채로 여러 사람에게 말하도록 요구해 스트레스를 가했을 때도 TPR이 올라갔다. 그들이 정상적인 일상생활을 하는 동안 호출기로 신호를 보냈을 경우도 마찬가지였다. 이런 상황에서는 스트레스가 모든 사람의 혈압, CO, TPR을 전부 증가시켰다.

하지만 외로움을 많이 느끼는 그룹은 처음부터 TPR이 높았기 때문에 스트레스를 받으면 TPR이 더욱더 치솟았다.[35]

대학생들처럼 젊고 복원력이 강할 때는 높은 TPR로 인한 손상이 치료를 받을 만큼 심각한 증상으로 이어지지 않는다. 그러나 오랜 세월에 걸쳐 외로움이 지속되면 무해하게 높은 TPR이 치료가 필요한 악성 고혈압으로 이어진다.[36] 아울러 외로움을 느끼는 사람은 스트레스를 낮춰 주고 TPR을 내려 주는 혜택을 받아들이는 능력이 저하된다. 다른 사람들은 그런 혜택을 친밀한 대인 관계에서 얻는다.

**제5경로: 휴식과 회복**

리처드 르원틴은 『3중 나선』에서 지난 세기 우리의 수명이 연장된 이유가 흔히 생각하는 공중 보건과 위생, 그리고 의료의 개선 때문만은 아니라고 주장했다. 그는 우리가 오래 사는 것은 다른 요인도 분명히 있지만 그 못지않게 전반적인 생활 수준이 향상되면서 삶의 고통스러운 스트레스에서 더 빨리 더 효과적으로 회복하는 능력이 생겼기 때문이라고 말했다. "더 잘 먹고 더 잘 입을 뿐 아니라 힘든 노동에서 회복하는 데 필요한 휴식 시간을 더 많이 가지면서 우리의 몸이 더 심한 질병의 스트레스에서 더 잘 회복할 수 있게 되었다."[37] 또 더 나은 의약품의 개발만이 아니라 주 5일 근무제가 평균 수명을 연장시켰다. 그러나 지난 몇십 년 동안 우리의 '무엇이든 할 수 있다.(can do)'라는 문화가 친구나 가족과 함께 보내는 회복 시간 대신 경제 생산성을 중시하면서 여가 시간이 증가하는 추세를 역전시켰다. 우리 경제를 이끄는 재계와 정계 지도자들은 이런 '휴식은 죽고 나서 얼마든지 할 수 있다.'라는 태도가 생산성과 의료비의 손실로 이어져 오히려 경제에 악영향을 끼친다는 점을 고려하지 않는 듯하다.

사회적 소외감이 생리적인 복원력과 회복력에 미치는 두드러진 영향 중 하나는 회복을 위한 본질적인 행동인 수면에서 나타난다. 수면 박탈은 신진대사, 신경계, 호르몬 조절에 노화와 똑같은 영향을 끼친다.[38] 오하이오 주립대학 연구에서 우리는 학생 자원자들에게 나이트캡(night cap)이라는 장치를 착용하고 잠을 자도록 했다. 수면의 깊이와 질에서 나타나는 변화를 기록하는 장치다. 그 결과 전체 그룹에서 총 수면 시간은 별 차이가 나지 않았다. 그러나 외로움을 느끼는 학생들은 잠이 드는 데 더 오랜 시간이 걸리고 낮 동안 피곤함을 더 많이 호소했다.[39] 학생들보다 나이 든 성인을 대상으로 한 우리의 연구에서도 같은 결과가 나왔다. 종단적 분석에서 낮 동안의 피곤함 변화와 외로움이 깊은 연관성이 있음을 확인했다. 외로움을 느끼는 사람의 수면의 양이 외로움을 느끼지 않는 사람과 같다고 해도 외로움을 느끼는 사람의 수면의 질은 크게 저하되었다.[40]

### 떼려고 해도 뗄 수 없는 관계

의학에서도 사회적 맥락을 감안하지 않고 개인에게만 초점을 맞추면 전체 이야기의 일부만 보일 뿐이다. 지금까지 알아봤듯이 외로움은 다섯 가지 경로를 통해 우리의 건강을 해친다. 우리가 질병과 조기 사망의 주요 위험 인자 목록에서 외로움이 흡연, 비만, 운동 부족과 나란히 위치한다는 사실을 진지하게 받아들인다면 개인이나 집단으로서 사회적 만족감을 높이려고 노력할 수 있다.

그러나 좀 더 넓은 의미에서 생각하면 외로움이 그토록 위력이 크다는 사실, 뒤집어 말해 사회적 유대감이 그토록 큰 힘을 발휘한다는 사실은 인간의 본성을 극명하게 드러낸다. 너무도 자주 간과되지만 우리 인간의 특징인 '반드시 서로 어울려 지내야 한다.'는 점을 분명히 보여 주는 증거다. 우리 인간에게 사회성은 정체성의 근간이 된다. 외로움을 인간의 본성을 파악하는 하나의 기회로 활용하면 우리는 인간이 기본적으로 홉스가 말한 짐승에 불과한지 아니면 '천사보다 약간 낮은 지위의 존재'인지를 두고 추상적으로 벌이는, 그래서 별로 유익하지 않은 논쟁에서 벗어날 수 있다. 아울러 특정 종교나 문화를 초월하는 윤리 원칙의 근거가 될 수도 있다. 이런 구조에서는 일반적으로 좋은 것이 우리의 생리에 좋은 것, 궁극적으로는 우리 인간에게 좋은 것과 상당 부분 일치한다.

위에서 살펴본 다섯 가지 경로는 저절로 활성화되지는 않는다. 마찬가지로 우리의 정체성에 관한 가장 유용한 진실도 확실한 자연의 법칙에 근거한다. 우리를 만들어 낸 자연의 힘을 충분히 이해하려면 좀 더 깊숙이 파고들어가 외로움이든 사회적 만족감이든 사회적 맥락이 우리에게 그토록 심대한 영향을 끼치는 이유와 과정을 탐구해야 한다. 이제부터 우리 모두의 운명을 개선하려는 노력이 협력을 통해 이루어지도록 하는 신경적, 화학적 메커니즘을 알아보기로 하자.

# 2부

## 이기적 유전자에서 사회적 존재로

저는 한 번에 몇 주씩 전화를 받지 않고 나 홀로 세계에 스스로 갇혀 지내곤 해요. 하지만 그러고 나면 다시 사람들과 접촉하고 싶어져요. 이제는 저 스스로 그런 면을 좀 더 잘 인식하게 됐어요. 때로는 제가 먼저 다가가 심적 고통을 당하는 듯한 사람들의 팔이나 손을 잡아 주곤 해요. 지난해 저는 사람들과 좀 더 많이 눈을 마주치고 매일 낯선 사람들에게 인사하기로 결심했어요. 그들의 반응이 참으로 놀라워요. 그러면 기분이 아주 좋아져요. 제가 접촉하는 사람들도 기분이 좋아지면 좋겠어요.

플로리다 주에 사는
한 여성이 보낸 이메일에서

# 7

## 교감의 실

헨리 멜빌(흔히들 『모비딕(*Moby-Dick*)』의 저자 허먼 멜빌과 혼동하지만 그와는 다른 사람으로 19세기에 활동한 영국 국교회 목사였다.)은 이렇게 적었다. "우리는 우리 자신만을 위해 살 수는 없다. 천 개의 가닥이 우리를 우리 동료 인간과 연결해 준다. 교감의 실(sympathetic thread)인 이 가닥들을 따라 우리의 행동이 원인으로 전달되었다가 다시 결과가 되어 우리에게 되돌아온다."[1]

헨리 멜빌이 실과 가닥으로 든 비유는 우리 주변 사람들이 죄악으로 빠져드느냐, 아니면 의로운 삶을 사느냐를 좌우할 힘이 우리에게 있다는 의미였다. 종교는 내 전문 분야가 아니다. 하지만 우리의 과학적 증거도 그 비유가 인간이 다른 인간에게 하는 행동에 매 순간 수많은 방식으로 적용된다는 사실을 말해 준다.

앞 장에서 우리는 비만이 사회적 집단의 특징이라는 사실을 이야기했다.[2] 우리가 아는 모든 사람의 체중이 불어난다면 우리 자신의 비만을 쉽게 받아들일 수 있다. 주변의 모든 사람이 뚱뚱하다면 거울에 비친 나의 육중한 몸집도 별로 고민스럽지 않을 것이다. 또 이런 '뚱보' 집단이 나를 '왕따'시키지도 않을 것이다.

그러나 사회적 조절 가설로 건강의 악화를 완전히 설명하지 못한다는 사실은 그런 사회적 효과에 순전히 사회적 영향력 외에 다른 요인도 작용한다는 점을 시사한다. 또래 압력이나 집단 내부의 동료에 의해 수정된 인지보다 더 깊고 더 직접적인 무엇인가가 일어난다는 뜻이다.

'교감의 실'이라는 표현은 막연히 신비로운 느낌을 준다. 실제로 종교에는 그 비슷한 개념이 깊이 배어 있다. 어떤 사람들은 샤머니즘의 힘을 믿는다. 또 어떤 사람들은 부두교의 마법을 신봉한다. 중국의 점성학은 사람의 운명이 사주(四柱)에 의해 결정된다고 말한다. 서양인들은 미신으로 일축하겠지만 그렇게 믿는 사람들 사이에서는 그런 믿음이 생리적인 효과를 낼 수 있다. 한 대규모 연구에서 사주가 좋지 않고 병에 걸린 중국계 미국인들은 나이와 건강 상태를 비롯해 생활 방식이 비슷한 백인들보다 일찍 사망할 확률이 높았다. 자신의 사주가 나쁘다는 사실을 철저히 믿으면 믿을수록 수명은 더 짧았다.[3]

따라서 교감의 실이라는 개념 또는 '우리의 행동이 원인으로 작용해서 다시 결과로 되돌아온다.'라는 믿음을 전적으로 요술로 묵살할 수는 없다. 고도로 논리적인 물리학에서도 '멀리서 영향을 미치는 일'이 가능하다. 가장 쉽게 떠올려지는 예가 자력(磁力)과 인력(引力)이다. 신문이나 잡지의 건강 관련 기사에서 '위약 효과(placebo effect)'라는 표현을 많이 접해 보았을 것이다. 의사들의 행동이 아무리 중립적이라 해도 환자들이 그 행동에 긍정적으로 반응하는 현상을 말한다. 임상 시험에서는 새로 개발된 약의 효과를 단지 환자에게 무엇인가 조치를 취하는 듯 보이는 것의 효과와 비교하기 위해 대조 집단에 위약을 복용하게 한다. 이런 현상을 때로는 '정신이 육체를 지배'한다는 증거로 설명하기도 하고 '허황된 생각일 뿐'이라고 폄하하기도 한다. 그러나 사실 정신 그 자체가 육체다. 그리고 뇌 부위에만 제한된 정신 활동은 거의 없다.[4]

물리학에서 자력과 인력의 원리가 확고히 뿌리내린 뒤 두 세기가 지난 시점에서 미국의 선구적 심리학자 윌리엄 제임스는 살아 있는 유기체(생명체) 사이에서 보이지 않게 작용하는 영향력을 연구했다.[5] 물론 당시는 '정신 영역'과의 교류 문제에 대중과 과학자의 관심이 컸다.

우리가 볼 수 없는 힘에 의해 우리 몸이 영향을 받는 것을 관찰하기 위해 반드시 연구실에서 실험을 하거나 강신술(降神術) 모임을 가질 필요는 없다. 예를 들어 대다수의 사람은 하루 세끼 식사를 한다. 시계나 문화에 의해 정해진 '식사 시간'이 있기 때문이다. 또 우리는 거래처 직원을 점심 식사에 초대하거나 친구와 함께 저녁 식사를 한다. 그리고 대다수의 사람은 내일의 활동을 위해 졸리든 그렇지 않든 저녁 9시에서 자정 사이에 불을 끄고 잠을 청한다. 그렇다면 먹고 자자는 가장 기본적인 과정도 각각 별도로 이루어지는 화학 작용이라고만 말할 수 없다. 그런 과정은 사회적 관습과 자극에 대한 반응이기도 하기 때문이다.[6]

그러나 이런 사회적 효과가 유기체 내부에서 어떤 결과를 가져오는지 확인하려면 실험실 연구가 필요하다. 신경 생물학자 수잰 헤이버와 사회학자 퍼트리샤 바르차스는 붉은털원숭이 수컷 집단에 중추 신경 흥분제 암페타민(amphetamine)을 투여했다. 그 약의 효과는 사회적 지위에 따라 크게 달리 나타났다. 사회적 지위가 높은 수컷의 경우는 동료들을 압도하려는 행동이 증가했고 지위가 낮은 수컷의 경우는 더욱더 순종적으로 변했다.7 다른 때 같으면 '순전히' 생리학적 반응으로 간주되는 결과가 사회적 맥락에 의해 결정된다는 의미였다.

17세기 철학자이자 수학자였던 르네 데카르트는 중세의 모호한 믿음에서 과학을 분리하려는 목적에서 정신과 육체를 엄격히 구분해야 한다고 설파했다. 그러나 데카르트도 정신과 육체의 교차점이 있다고 생각했다. 그는 뇌의 한가운데 위치한 완두콩만 한 솔방울샘(松果腺, pineal gland)에서 에너지의 전환을 통해 육체와 정신이 서로 영향을 준다고 생각했다. 물론 잘못된 가설이었다. 여러 문화권과 종교에서도 솔방울샘이 신비한 힘을 가졌다고 생각했다. 데카르트는 '영혼이 머무는 자리'라고 생각했다. 요가에서는 '제6의 차크라(인간 신체의 여러 곳에 있는 정신적 힘의 중심점)' 또는 '제3의 눈'이라고 말한다. 그러나 솔방울샘은 인간의 많은 생물학적 리듬의 타이밍을 관장하는 내분비샘이다. 데카르트가 주장한 정신과 육체의 구분, 그리고 솔방울샘의 기능은 이미 수십 년 전 현대적 연구의 결과 오류임이 밝혀졌다. 우리는 지난 15년 동안 '저 밖의 세계(주변 환경)'와 '이 안에 있는 세계(심신 내부)'를 엄격하게 분리하는 것이 아무런 실체가 없는 환상에 불과하다는 사실을 알게 되었다.

1980년대 들어 신경과학자들은 정령(精靈)에 관한 담론과는 상관없이 마음과 정신의 작동 방식을 설명하기 위해 컴퓨터의 개념적 틀을 도입했다. 그러나 인간의 지능은 두개골 내부에 갇혀 있는 폐쇄 회로를 바탕으로 작동하는 게 아니다. 인간의 두뇌처럼 다재다능한 뇌를 만들어 내고 싶다면 그 지능은 인간의 지능처럼 '통합적'이라야 한다. 이런 식의 정보 처리는 신체의 지각 입력을 통해 밑바닥에서부터 위로 이루어진다. 매사추세츠 공대(MIT) 인공 지능 연구소 소장인 로드니 브룩스는 기호 처리(symbolic processing)만으로 로봇을 더 똑똑하게 만들려는 생각을 포기했다. 기호 처리란 예를 들어 체스를 두거나 고급 수학 문제를 푸는 방식을 말한다. 그는 《뉴욕 타임스》와의 인터뷰에서 "기호 처리 방식으로 로봇의 지능을 높이는 일은 최고의 교육을 받은 남자 과학자들에게는 불가능하다."라고 말했다.[8] 제대로 된 로봇을 만들려면 어린아이들이 배워야 하는 능력을 부여해야 한다. 자신과 타인의 차이를 알고, 물리적 환경을 제어할 수 있고, 분필과 치즈를 구분할 수 있어야 한다는 뜻이다.

우리가 하나의 물체나 상황을 분석할 때는 육체와 정신 모두를 이용해 감정적, 인지적, 행동적, 신경생리학적 처리 과정을 통합한다. 이런 '통합된' 지능은 또 다른 사람의 인지와 행동을 일치시키고, 조정하고, 공동 조절하는 인지와 행동으로 연결된다. 우리의 뇌가 컴퓨터와 같다면 그 컴퓨터는 1980년대의 '데스크톱 박스'가 아니라 월드 와이드 웹에서 정보와 이미지를 공유하는 방대하게 상호 연결된 기계가 되어야 한다고 말할 수 있다. 하지만 그런 비유도 인간의 사회적 유대감을 형성하는 복합적 기능이나 인간의 지능 같은 생물학적 기능을 제대로 설명하지 못한다.

**댄스와 댄서**

정신과 육체의 발전이 긴밀하게 통합되고, 인간 체험의 핵심인 자아와 타인에 대한 인식이 발달하는 과정은 자궁 안에서 시작된다. 그다음에는 이런 직렬적인 발달이 우리 뇌의 해부학적, 생리학적 발달을 계속 이끄는 모방 댄스로 확장된다. 이것이 '교감의 실'을 자아내는 과정이다. 이 과정은 매우 정교하고 필수적인 안무로 어머니와 아기가 똑같이 참여한다. 그래서 나중에 사회적 유대감과 고립감에 대한 반응을 형성한다.

아기는 태어나 몇 시간만 지나도 자신을 돌보는 사람의 얼굴 표정 가운데 간단한 몇 가지를 흉내 낸다. 입을 벌리면 아기도 입을 벌린다. 혀를 내밀면 아기도 혀를 내민다. 침팬지 새끼도 똑같은 능력을 지니고 있다. 침팬지와 인간의 아기들은 거의 비슷하게 출생 후 두세 달이 지나면 표정 모방에 흥미를 잃는다.[9] 다음 단계의 상호 작용, 즉 자발적으로 목소리를 내고 미소를 짓는 능력을 갖출 준비가 되면서 이런 아주 친밀한 연결의 기회가 사라진다.

인간과 침팬지, 원숭이의 젖먹이는 개인에 따라 모방하는 몸짓이 다르다. 이런 차이는 타고난 기질과 일치한다. 감각 운동 시스템, 민감성, 반응성에서 유전적으로 서로 달리 프로그래밍되기 때문이다.[10] 또래 아기보다 미소를 더 많이 짓고, 또래 아기보다 더 쉽게 놀라는 아기도 있다. 그러나 모방 능력은 누구나 갖고 있다. 모방은 다른 사람과 행동을 맞추고 돌보는 사람의 관심을 끌고, 중요한 사람들에게서 모든 것을 배우기 위한 준비를 함으로써 생존 가능성을 높이려는 능력이기 때문이다.

출생 후 6주가 지나면 아기들은 그 전날 어른이 취한 제스처를 기억하고 모방할 수 있다. 자신의 생존에 중요한 특정 개인을 식별하기 위한 기술이다. 상호 작용의 중요성, 그리고 아기가 부모의 얼굴에 집중하는 현상은 돌보는 사람이 아무런 반응을 하지 않을 때 부리는 심통에서 잘 나타난다. 부모가 아기를 '무표정한' 얼굴로 대하면 아기가 불쾌함을 보이는 현상은 여러 실험을 통해 입증된 바 있다.[11]

사회적 유대감을 형성하는 교감의 실, 그리고 멀리서 끼치는 영향력은 너무도 강해 어른이 되어서도 다른 형태의 모방 심리를 유지한다. 예를 들어 두 사람이 서로 마주 보고 있을 때 한 사람이 팔짱을 끼면 나머지 사람도 팔짱을 낄 확률이 높다. 한 사람이 코를 문지르면 지켜보는 다른 사람도 코를 문지를 확률이 높다. 말투나 웃음 또는 하품도 마찬가지로 전염성이 강하다.[12] 심지어 우리는 전혀 낯설고 앞으로도 만나거나 교류할 가능성이 없는 사람의 행동이나 말투도 모방한다.

우리의 생리는 우리가 인식하지 못하는 사이 다른 사람들의 행동에 맞추려고 한다. 그러나 이러한 상호 연결이 우리에게는 너무도 중요하기 때문에 교감하려는 욕구가 좌절되면 크나큰 허탈감과 외로움에 빠지게 된다. 스포츠 경기를 관람할 때 우리가 잘 알고 응원하고 싶은 선수를 보면 우리는 자신도 모르게 그에게 몸을 기울이며 무의식적으로 그의 자세를 따라 하게 된다. 또 선수들은 동료들의 행동을 기대하며 서로 호흡을 맞춘다. 이러한 라포르(rapport, 친밀한 인간관계를 뜻하는 심리학 용어)는 상호 일치에 기여하며, 상호 일치가 다시 라포르에 기여한다. 경기장에서나 수술실, 비행기 조종실 또는 분주한 식당 주방에서 반드시 팀워크는 아니라고 해도 어느 정도의 융화가 중요한 이유가 바로 그것이다. 급우들이 서로의 행동을 따라 하는 학생 수가 많은 학급일수록 스스로 라포르가 잘 형성된 학급이라고 할 수 있다.[13] 우리 인간은 호감이 별로 가지 않는 사람들도 모방하는 경향이 있지만 일반적으로는 서로 라포르가 잘 형성된 사람끼리는 자세와 행동 면에서 가장 많이 일치하는 경향을 보인다.[14]

'모방은 가장 성실한 아첨이다.'라는 격언이 여기서도 그대로 적용된다. 자신의 행동이 모방당하는 사람들은 그런 사실을 의식하지 못한다고 해도 모방한 상대방을 좋게 평가한다.[15] 상담 전문가들은 자신이 내담자의 자세를 모방했을 때 더 높이 평가받는다는 사실을 잘 알고 있다. 그리고 일반적으로 상대방과 친분을 맺고 싶은 욕구가 강할 때 상대방의 행동을 더 많이 모방하는 경향을 보인다.[16]

3장에서 우리는 피실험자들이 앞으로 사고를 당할 가능성이 크다는 이야기를 들으면 실행 조절 능력을 잃기 쉽다는 점을 확인했다. 또 다른 연구에서 과학자들은 피실험자들에게 사회적인 소외감을 느끼도록 유도한 뒤 모방하는 행동을 측정했다. 초조하게 다리를 많이 떠는 사람 앞에 그들을 데려가자 그들 자신도 무의식적으로 다리를 많이 떨었다.[17]

다른 사람들에게 배척을 당하면, 특히 한 집단에서 따돌림을 당하면, 자긍심이 손상되어 자포자기하기 쉽다. 아울러 사회적 자극에 매우 예민하게 반응하게 된다. 사회적 자극이란 우리가 사회적 환경을 잘 헤쳐 가도록 해 주는 집단 역학의 사회적 정보를 말한다.[18] 그러나 따돌림을 당한다고 느끼는 사람은 다른 사람들의 표정이나 어조에 더욱 신경을 쓰면서도 그 해석을 제대로 하지 못한다. 인지를 위해 더 많은 정신적 에너지를 쏟지만 그런 노력이 방어적이고 자기 보호적인 태도에서 비롯되기 때문에 인지가 왜곡되는 경향이 있다.

아울러 집단에서 거부당한 사람들은 다른 사람들의 견해에 잘 동조하려고 애쓴다.[19] 그렇다면 미국의 극우 보수주의 라디오 토크 쇼 진행자 러시 림보나 그와 비슷한 허풍쟁이 논객들의 견해를 100퍼센트 지지한다고 스스로 말하는 사람들이 사회적 소외감으로 고통을 당하고 있을까? 그럴 가능성이 있다. 물론 긍정적 측면도 있다. 적어도 여성들의 경우 실험적인 상황 설정에서 집단으로 따돌린 사람은 단체에 주어진 과제를 해결하는 데 다른 사람보다 더 열심히 기여했다. 심지어 그런 기여가 개인적으로 인정받지 못하는 상황에서도 열성을 보였다.[20]

### 당근과 채찍

모든 생명체는 자신의 행동을 조절하는 생리적인 당근과 채찍 시스템을 타고난다. 아프리카의 포토 사파리(동물을 뒤쫓으며 사진을 찍는 여행)를 하던 중 나의 동료 한 명은 풀 뜯는 물소 떼를 암사자 여덟 마리가 조용히 서로 행동을 조율하며 포위하는 장면을 목격했다. 그 친구는 드넓은 초원을 가로질러 산개하는 사자들의 모습을 보며 자신이 얼마나 흥분했는지 나에게 설명했다. 사자들 사이에서 겉으로 드러나는 의사소통은 없었지만 각자는 자신의 역할을 충분히 인지하고 집단의 목표 달성을 위해 맡은 역할을 완벽하게 수행했다. 약간 더 허약하고 움직임이 느린 물소를 무리에서 떼어 내어 쓰러뜨린 다음 잡아먹는 것이 그들 집단의 목표였다.

　구석기 시대의 우리 선조들은 언어 능력을 갖춘 뒤에도 몸집이 큰 동물이나 토끼를 잡으려면 무언의 행동 조율이 필요했다. 수렵 채취 시대의 여성들은 멀티태스킹(multi-tasking, 여러 가지 일을 동시에 한다는 뜻)의 원조였다. 자녀를 돌보면서 부족의 음식을 확보하는 데 집단으로 기여했다. 그들도 집단의식을 가졌기 때문에 그 역할을 잘 해낼 수 있었다. 집단의식은 주어진 과제에 대한 인지적 이해와 사회 참여 욕구, 그리고 사회적 소외의 잠재의식적 두려움으로 구성된다. 일하는 동안 자신의 아이들이 어디 있는지 어떻게 파악할 수 있을까? 야영지에서 얼마나 멀리까지 나갈 수 있을까? 서로 얼마간의 거리를 두면 위험한 상황에 처하지 않고 맡은 역할을 잘 해낼 수 있을까? 어두워지기 전에 야영지에 도착하려면 언제쯤 발걸음을 돌려야 할까? 환경에서 오는 이런 스트레스 요인 때문에 서로 돌봐 주고 친해지려는 경향이 강해졌을 것이다.[21]

　그렇다면 힘들이지 않고 저절로 이루어지는 지식과 통찰력의 공유가 마찬가지로 무의식적으로 이루어지는 신체적 자극과 느낌에 어느 정도로 의존할까? 이 문제가 현재 우리의 초점이다.

　사회적 행동의 경우 유대감에서 느끼는 친밀함이 당근이다. 외로움으로 알려진 사회적 고립감의 고통은 채찍이다. 이러한 느낌을 가질 수 있는 우리의 능력은 우리 몸의 세포 안에 내재하며, 우리 DNA에 프로그래밍되어 있다. 그와 동시에 모든 단계에서 이런 생리적인 자극은 환경에 의해서도 조절된다. 우리의 문화적, 사회적 환경의 정보를 포함해 우리의 감각에 의해 전달된 환경 정보도 우리의 유전자가 발현되는 방식에 영향을 준다. 여기서는 자연선택이 득점 기록계다. 어떤 행동이 적응에 유리하고 어떤 행동이 불리한지 결정하기 때문이다. 그래서 후손들의 생식 성공률에 차이가 나타난다.

DNA는 막강한 영향력이 있지만 각 세포의 핵 속 깊이 묻혀 있기 때문에 우리 주변 세계와 직접적인 접촉은 하지 않는다. DNA는 드라마와 영화 「미녀 삼총사」에서 얼굴은 보여 주지 않고 목소리만 나오는 찰리와 비슷하다. 자신의 계획을 수행하려면 '부하들', 즉 미녀 삼총사를 동원해야 한다. DNA에게 '부하들'은 격투기에 뛰어난 미녀 삼총사가 아니라 생물 화학적, 생리적 기능의 네트워크다. 그 네트워크를 총괄적으로 '유기체'라고 한다. 이런 신체 시스템이 매개체로 작용해서 유전자가 의도하는 일을 수행한다. 그런 과정을 통해 특정 환경에서 개인의 행동을 유도하고 환경이 개인에게 보내는 피드백 신호를 이해한다. 그러나 「미녀 삼총사」에서 찰리의 계획이 환경의 변화에 따라 수정되듯이 우리의 유전자도 과거와 현재의 환경에 의해 다시 만들어진다. 우리의 복합적인 행동을 결정하는 데 DNA가 유일한 요인이 아닌 이유가 여기에 있다. 그렇기 때문에 유전자가 비록 사회적 유대감에 대한 욕구 강도를 결정하긴 하지만 외로움에 대한 우리의 느낌은 그 수준과 달리 나타나기도 한다.

갓난아기는 엄마의 피부와 접촉하면 평온함을 느낀다. 엄마와 자신이 실제로 하나의 몸이 아니라는 사실을 알려면 시간이 한참 지나야 한다. 자신과 다른 사람 사이의 이런 간극을 메우는 일이 우리 인간의 평생의 과제다. 독립하려는 욕구와 친밀한 유대감의 안락을 바라는 욕구 사이의 갈등을 말한다. 그 과제를 성공적으로 해내는 데는 자기 조절이 중요하다. 우리의 외로움 경험에서 핵심을 이루는 자신과 타인 사이의 균형 잡기와 조율은 우리 몸 안의 모든 세포에 반영되어 있다. 모든 세포가 우리 진화의 역사를 담고 있기 때문이다.

### 외로운 세포

자신과 타인, 소외와 유대라는 유기체의 경계를 넘나드는 밀고 당기기는 유기체가 처음 생겨났을 때부터 여러 가지 형태로 계속 진행되어 왔다.

50억 년 전 생명체가 처음 생겨났을 때 '유기체'라고 부를 만한 존재는 몇 개의 분자가 뭉쳐 현재 우리가 말하는 리보핵산(RNA)을 형성한 상태에 불과했다. 이 초보적인 유기체를 생명체라고 말하는 이유는 정보를 저장하고 생물 화학적 반응을 일으킬 수 있기 때문이다. 그다음 좀 더 정교한 형태의 화합물인 데옥시리보핵산(DNA)이 만들어졌다. DNA는 두 가닥의 정보 코드 형태를 취해 그 두 가닥 사이를 잇는 중간 부분이 떨어져 나갈 수 있었다. 그래서 각각의 가닥이 서로 다른 가닥과 재결합하는 일이 가능해졌다. 이런 짜 맞추기 능력 때문에 원래의 정보가 더욱 개선될 수 있었고, 그중 일부는 원래보다 환경에 적응하는 데 더 유리했다.

시간이 흐르면서 DNA는 단백질에게 세포막을 형성하도록 지시를 내리기 시작했다. 그 세포막이 자아와 비자아 사이의 경계를 만들었다. 그때부터 다양화와 짜 맞추기, 경쟁, 선택 등 진화의 무작위적 과정을 통해, 외부의 변하는 조건에 맞추어 자아 내부의 조건을 적응시킬 능력을 갖춘 유기체의 생존 가능성이 커졌다. 바로 이것이 우리 내부에 지금까지 남아 있는 자기 조절의 기본적인 형태다. 다시 말해 균형을 추구하려는 경향을 말한다. 유기체 내부에서 균형을 유지하려면 각각의 세포가 서로 조화를 이루어야 한다. 각각의 유기체도 다른 유기체와 조화를 이루어야 한다. 유기체의 집합도 마찬가지다. 그런 식으로 계속 사다리를 올라가면서 더욱 복잡한 사회가 형성되었다. 분자생물학자 네드 윈그린과 사이먼 레빈은 가장 간단한 원생동물인 아메바라고 해도 '단세포(single-cell)'라고 표현하는 것은 잘못이라고 주장했다. 치아를 덮고 있는 박테리아도 생물막(biofilm)을 형성해 스스로를 보호하면서 우리에게 혜택을 준다. 마찬가지로 토마토 뿌리에는 네 종류의 박테리아가 사는데, 그들이 서로 힘을 합쳐 질소를 고정시키고 성장 호르몬의 분비를 촉진하며 경쟁자들을 물리친다. 그들 사이에는 사회계약이 없다. 조절과 협력을 가능케 해 주는 지능도 없다. 그런데도 이런 유기체들은 사회적 유대감과 협력을 통해 생존에 유리한 개체가 되는 방법을 찾아냈다.

### 지각과 반응

사회가 점점 정교해지고 복잡해지면서 화학 물질을 사용해 서로 감지하고 반응하는 방식도 더욱더 정교해졌다. 이런 차원의 의사소통은 살모넬라 박테리아가 숙주를 공격하기 전에 '정족수 인식(quorum sensing)'이라는 생물 상호 간 정보 전달 체계에 의존한다는 사실에서 잘 드러난다. 먼저 살모넬라 박테리아는 공격을 하지 않고 '자가 유도 물질(autoinducer)'이라는 작은 신호 분자를 분비한다. 이 자가 유도 물질은 숙주를 공격할 적절한 시기를 판단할 수 있게 해 준다. 적절한 시기란 숙주의 방어망을 뚫을 수 있을 정도로 박테리아 개체 수가 늘어난 상태를 말한다. 이와 비슷한 사회적 공조 시스템은 바다에 서식하는 발광 플랑크톤 군체에서도 발견된다. 마치 경기장 관람석의 팬들이 순차적으로 자리를 박차고 일어나 손을 흔들며 '파도'를 일으키는 것처럼 플랑크톤도 서로 협력해서 기대하는 효과를 얻는다. 플랑크톤 군체는 포식자의 접근을 인식하면 전부가 동시에 활동을 시작해 집단 방어의 수단으로 바다 표면에 밝은 빛을 발한다. 그 빛으로 몸집이 큰 포식자를 유인하려는 의도다. 만약 그 작전이 성공하면 플랑크톤을 잡아먹으려는 작은 포식자는 더 큰 포식자의 먹이가 된다.[22]

인간처럼 복잡하고 세포 수가 많은 유기체로 진화하는 여정에서 의사소통과 이동 능력은 계속 발전해 왔다. 궁극적으로 자아와 비자아의 구분이 세포막으로 분리된 두 개 이상의 세포에 관한 문제가 더는 아닌 상황으로 발전했다. 자신과 타인은 외골격, 피부, 깃털, 털가죽, 비늘로 구분되는 두 종 이상의 복잡한 생물체가 되었다. 그러나 감지하고 반응하는 사회적 조화의 기본 요소는 예전 그대로 남아 있었다. 세포에서 조직, 기관, 몸 전체까지 이어지는 생리적 시스템도 그대로였다. 한편 이처럼 아주 복잡한 유기체 중 일부는 사회적 집단으로 조직화했다. 벌 떼, 물고기 떼, 새 떼, 가축 떼 등이 그 예다. 아울러 각 유기체의 경계 내부에서 벌어지는 일을 조절하는 능력도 더욱더 복잡해졌고, 하나의 유기체 내부에 존재하는 세포와 시스템이 다른 세포와 다른 시스템에 영향을 주는 능력도 더욱더 발전했다. 그런 사회적, 생리적 공동 규제와 조절을 통해 벌은 벌집을 따뜻하게 데우고, 철새는 보호 대형을 갖추어 남쪽으로 이동하며, 반딧불이는 우주에서 보일 정도로 교미를 하려고 밝은 빛을 집단으로 발할 수 있다.

사회적 조절 기능이 발달한 것은 그처럼 치밀하게 조절된 지각과 반응이 번식의 성공률을 높여 주었기 때문이다. 때로는 일치된 사회적 행동이 간단한 규칙을 따르는 데서 비롯되기도 한다. 예컨대 물고기의 경우 '한가운데로 헤엄쳐라.'는 규칙이 생존율을 높여 주었다. 마찬가지로 미국 서부 개척 당시 주요 이주 도로인 오리건 통로(Oregon Trail)를 다닐 때 '마차를 에워싸라.'는 규칙을 따르면 노상강도나 인디언들의 습격을 막아 낼 확률이 높았다. 무리의 한 중간에서 헤엄치는 물고기는 살아남아 번식에 성공할 확률이 가장 높기 때문에 이러한 유전적으로 프로그램된 행동이 후세로 전달되었다.

다른 사회적 생명체에서는 집단 행동의 열쇠가 페로몬(pheromone)이라고 하는 화학적 전달 물질이었다. 이들 종은 대기 중이나 '냄새길(odor trail)'에서 이러한 미량의 화학 물질을 탐지하는 화학 수용체 세포를 갖고 있다. 페로몬에 의한 행동의 제어 능력은 개밋둑이나 흰개미 집 같은 미로를 만들어 낼 수는 있었지만 런던이나 도쿄, 그리고 멕시코시티 같은 복잡한 대도시는 결코 만들어 낼 수 없었다. 화학 물질을 감지하려면 유기체는 서로 가까이 있어야 하기 때문에 국제 무역을 하거나 발리에 휴가를 가는 일은 당연히 불가능하다. 구체적으로 말하자면 화학적 시스템에서는 그런 엄격함이 필수이기 때문에 서로가 서로의 행동을 조절하는 각 개체가 똑같이 규칙과 지시를 따를 수밖에 없다. 개밋둑의 개미들은 모두 규칙을 정확히 따른다. 하지만 인간의 경우는 전혀 다르다. 대도시는 말할 것도 없고 작은 마을에서도 주민들이 모든 규칙을 정확히 따르지는 않는다.

### 임시변통의 능력

호모 사피엔스로 진화하는 과정에 있던 고등 동물은 사회적 교류가 더욱 정교하고 복잡해지면서 유전자에 프로그램되어 있거나 부모의 행동에 의해 각인된 상투적인 반응에 의존하는 상황을 넘어서게 되었다. 자연선택의 힘이 가해지는 일반적인 제약 속에서 즉흥적인 개인행동이 크게 늘어났다. 고양이와 개는 다른 자극을 무시하고 냄새길만 맹목적으로 따라가지는 않는다. 물론 동물에 따라 특징적 행동은 다르다. 그러나 각 개체는 주변의 모든 자극에 반응을 보이며 이곳저곳으로 마음대로 돌아다닌다.

척추동물의 경우 각 개체를 이어 주는 '교감의 실' 중 하나로 페로몬에 계속 의존했지만 자연선택은 그와 다른 의사 전달 수단을 활용하도록 허용했다. 바로 신경 시스템이다. 그에 따라 오랜 시간이 흐르면서 감각 기관은 훨씬 세부적인 정보를 받아 처리할 능력을 갖추게 되었다. 아울러 그런 감각 정보는 더욱 미묘하고 복잡한 반응을 가능케 해주었다. 이러한 새로운 '지각과 반응' 시스템은 척수와 그 꼭대기에 위치한 신경 세포 덩어리로 이루어졌다. 이 시스템이 의사 전달과 제어 과정을 더욱 긴밀히 조절하기 시작했다. 초기에는 행동의 범위가 여전히 '접근과 후퇴'라는 기본적인 선택에 국한되었다. 처리되는 일도 먹고, 짝짓고, 고통을 피하는 생물학적 핵심 사안에 한정되었다.

그다음 수백만 년에 걸쳐 척추동물의 뇌에서는 척수 끝에 위치한 신경 세포 덩어리에 더 많은 신경 세포가 모였다. 이것이 고등 동물의 '뇌간(brain stem)'을 형성했다. 이 부분은 파충류에서 처음 생겨났기 때문에 때로는 파충류뇌로 불린다.(그림 3 참조) 가장 바깥 층에 있으며 나중에 포유류의 더욱 정교한 뇌로 발전한 부분이 피질(cortex)이다. 때로 이 부위를 신포유류뇌라고 한다. 제일 나중에 '새로운' 피질이 발달했는데, 바로 고도로 발달한 전전두엽(prefrontal lobe)이다. 더욱 복잡한 메시지와 기호 메시지 또는 '음미되지 않은 삶은 살 가치가 없다.'라는 철학적 메시지를 체계화하고 해석할 수 있는 능력을 지닌 뇌 부위다.

그러나 연산 기술과 얕은 철학 지식을 가진 고등 생명체에서도 화학 물질이나 프로그램된 행동을 통한 원시적인 신호 전달이 완전히 사라지지 않았다. 단순히 예전보다 정교한 기능이 추가되었을 뿐이다. 두 가지 이상의 운영 체제가 동시에 작동한다는 뜻이다. 그래서 우리 인간의 자기 조절 문제가 훨씬 복잡해졌다. 여기에는 외로움이 유발하는 문제도 포함된다. 운영 체제가 복수이기 때문에 정반대의 메시지를 동시에 처리하게 될 가능성이 아주 크다. 앞에서 소개한 실험에서 침팬지 시바가 캔디 접시를 앞에 둔 상황과 마찬가지다. 예컨대 이런 식이다. "나는 저 레몬 머랭 파이를 한 접시 전부 다 먹고 싶다. 살이 쪄도 좋다. 하지만 동시에 나는 칸쿤 해변에서 수영복을 입은 모습도 예뻐 보이고 싶기도 하다."

인간이 출현하기 오래전, 대뇌 피질이 발달하기도 전에 뇌의 중간층인 구포유류뇌가 발달해 혼돈과 복잡성을 가중시켰다. 뇌간을 감싸고, 더 나중에 발달한 피질로 덮인 중뇌는 변연계 또는 '감성적 뇌

(emotional brain)'라고도 한다. 숫자나 언어를 처리할 능력은 없지만 행동의 융통성과 상황 제어 능력이 개선되어 적응력이 더 커졌다. 포유류로 거슬러 올라가는 동물적인 뇌간, 때때로 이성적인 피질, 그 중간의 감성적 뇌의 세 가지 사이에서 기이한 제휴가 형성되면 외로운 사람이 실제로는 사랑하는 사람에게 안기고 싶은 데도 까닭없이 그 사람에게 소리를 지르게 된다.

파충류는 감성을 관장하는 중뇌가 생겨나기 전에 등장했기 때문에 내부 세계와 외부 환경을 연결하는 전달 시스템이 있기는 하지만 그리 정교하지는 않다. 따라서 파충류에게는 이타적인 행위를 하거나 공감을 형성하거나, 새끼를 양육하는 기술이 거의 없다. 파충류보다 좀 더 진화한 종에서 변연계라고 불리는 구포유류뇌가 등장하고 나서야 개체 간의 사회적 유대감이 더욱 복잡하고 조화가 가능해지기 시작했다. 어미 쥐는 스트레스 요인이 생기면 새끼들을 자기 몸 아래로 끌어 모은다. 쥐를 대상으로, 쥐가 막대기를 누르면 먹을 것을 주는 동시에 곁에 있는 다른 쥐에게는 전기 충격을 가하는 실험을 했다. 몇 차례 실험이 반복되면서 쥐는 먹을 것을 얻기 위해 막대기를 누르면 동료 쥐가 고통을 받는다는 사실을 알고는 먹고 싶어도 더 이상 막대기를 누르지 않았다.[23] 그러나 쥐보다 진화한 원숭이의 경우 어미는 새끼를 적극적으로 보호하기는 하지만 새끼가 다른 동물에게 물렸을 때도 드러내 놓고 보듬어 주거나 위로하는 행동은 보이지 않았다.[24]

모든 영장류에서 파충류 시절에 존재했던 것과 똑같은 뇌간이 심장 박동이나 소화, 호흡 등 기본적인 생명 유지 기능을 계속 관장한다. 그러나 심지어 인간의 경우에도 뇌간의 주 관심사는 파충류에게 중요하다고 간주되는 메시지에 국한된다. 중뇌는 사랑과 후회 같은 좀 더 복잡한 문제를 처리하는 문제에서 필요하면 뇌간과 상호 조율한다. 아울러 피질의 가장 발달한 부분으로 정교한 문제를 해결하는 전두엽과도 함께 활동하면서 서로 조화를 이루기도 하고 상치되는 목적을 수행하기도 한다. 이런 인지와 반응의 복잡한 시스템과, 때로는 상충하는 여러 단계의 조절 때문에 사회적 유대감의 기쁨과 외로움의 고통이 나타나기 시작한다.

찰스 다윈은 "인간은 자신의 몸 안에 지워지지 않는 저급한 기원의 흔적을 지니고 있다."라고 말한 바 있다. 신경학자 안토니오 다마시오는 한걸음 더 나아가 "마음은 몸이 없으면 존재할 수 없다."라고 말했다.[25] 감정이 신체와 어떤 관계가 있는지 이해해야만 우리는 주관적인 행복감이나 우울함 등 '멀리서 영향을 끼치는' 일이 우리 몸에 중요한 생리적 효과를 가져올 수 있는 이유를 알 수 있다.

한 사람을 다른 사람과 연결하는 보이지 않는 힘을 더 깊이 들여다보면 심오한 그 무엇을 알 수 있다. 우리의 뇌와 몸은 제각기 독립적으로 행동하지 않고 집합적으로 기능하도록 만들어졌다는 사실이다. 인간처럼 혼자서는 살 수 없고 서로 어울리는 생활이 필수적인 종의 본질이다. 따라서 다른 사람과 함께 있어야 하는 필요성을 부인하면 인간이 만들어진 원래의 기본 원칙을 무시하는 처사다. 그 결과로 나타나는 건강상의 문제는 일종의 경고다. 컴퓨터 센서가 달린 요즘의 자동차에서 '엔진 점검'에 불이 들어오는 상황과 마찬가지다. 그러나 사회적 유대감은 과열이나 마모를 막아 주는 윤활유 역할에 그치지 않는다. 사회적 유대감은 인간의 운영 체제 그 자체의 필수적인 요소다.

# 8

## 홀로 살 수 없는 유기체

"아기들은 전부 나를 닮았어요." 크고 둥근 눈과 통통한 뺨을 가졌던 윈스턴 처칠의 말이다. 하지만 아기들이 전부 크고 둥근 눈과 통통한 뺨을 가진 것은 모두 같은 아버지에게서 태어났기 때문이 아니라 진화의 이치 때문이다. 자연선택은 모든 아기에게 우리가 '귀엽다.'라고 생각하는 얼굴과 목소리의 특징을 부여했다. '귀여움'이 사회적 유대감을 높여 주기 때문이다. 귀여움은 원시 시대의 어머니들이 자신의 아기와 함께 있고 싶은 욕구를 갖게 해 준 요인 중 하나다. 또 아버지와 조부모, 그리고 심지어 슈퍼마켓에서 지나가는 사람들이 아기들을 보면 말을 건네고 싶어 하고 재미있게 해 주고 싶어 하며 보호해 주고 싶어 하는 마음이 생기는 것도 그 때문이다. 요즘은 귀여움의 과학도 있다. 엔지니어들은 인간 아기처럼 껴안고 싶은 생각이 드는 로봇을 만들려고 한다.

유전자를 후대에 계속 전달하기 위해서는 아기의 생존이 필수적이다. 아기가 한밤중에 깨어나 울어 대는 이유도 너무도 허약한 존재이기에 부모에게 의존하지 않고는 생존이 불가능하기 때문이다. 그런 점을 고려하면 부모와 아기 사이의 유대는 필수적이다. 따라서 이런 가장 기초적인 인간관계에서는 까꿍 놀이, 애정 있게 참아 주기, 보호 욕구, 특정 소리나 표정에 대한 선호보다 훨씬 많은 그 무엇이 일어난다. 연구자들은 fMRI 검사 결과와 학술 논문을 통해 양육 과정의 일부인 동기 유발, 돌봄, 교감과 관련된 뇌 신경 회로와 신경 호르몬의 대부분을 찾아냈다.[1] 그러나 정신이나 감정은 신체 없이는 존재할 수 없다. 부모와 아기의 관계, 성적인 관계, 모든 사회적 관계에서 사람과 사람을 한데 묶어 주는 즐거움과 괴로움의 대부분은 우리의 신체 전반에서 일어난다.

1958년 위스콘신 대학의 심리학자 해리 할로는 전설적이면서도 악명 높은 실험을 했다. 그는 붉은털원숭이의 새끼를 어미에게서 떨어뜨려 놓고 새끼에게 하나는 철망으로 만들고, 다른 하나는 옷감으로 만든 가짜 어미를 제시했다.(그림 6 참조) 그 둘 다 젖병을 새끼에게 물릴 수 있도록 만들었다. 그러나 어느 쪽이 젖을 주든 간에 새끼는 옷감으로 만든 어미에게 달라붙어 대부분의 시간을 보냈고 놀라거나 불안할 때는 즉시 옷감으로 만든 어미 쪽으로 달려갔다. 철망으로 만든 어미에게는 젖을 먹을 때만 찾아갔고 젖을 먹고 나면 곧바로 외면했다.[2]

할로는 신체 접촉으로 위안을 받지 못하는 원숭이가 정신적으로나 정서적으로 발육이 상당히 더디다는 사실을 확인했다. 촉감으로 위안을 얻지 못하고 다른 원숭이들과 격리되어 성장한 원숭이는 행동에서

그림 6 해리 할로의 연구에서 어미에게서 강제로 떼어 낸 원숭이 새끼는 젖을 주는 철망으로 만든 대리 어미(오른쪽)보다 옷감으로 만든 대리 어미(왼쪽)를 더 좋아했다.

이상 증세를 보였고, 나중에도 그 증세를 극복하지 못했다. 무리와 다시 합류한 뒤에도 그들은 늘 혼자 앉아 있거나 앞뒤로 몸을 흔들어 댔다. 동료들에게 과도하게 공격적이고 나중에도 정상적인 애착 관계의 형성이 불가능했다. 그들은 사실상 사회적으로 부적격한 존재였다. 그런 결함은 가장 기본적인 생물학적 행동에까지 확대되었다. 사회성이 결여된 암컷의 경우 교미를 받아들일 상태가 되었을 때 정상적인 수컷이 접근하면 암컷은 성기 부분이 있는 엉덩이를 내밀지 않고 그냥 바닥에 웅크리고 앉았다. 격리되어 성장한 수컷이 교미를 받아들일 태세가 된 암컷에게 접근하면 수컷은 암컷의 엉덩이가 아니라 머리를 부여잡고 교미를 했다.

격리된 환경에서 성장한 암컷은 어미가 되어서도 새끼를 돌보는 데 서툴거나 폭력적이었다. 철장 속에서 동료들과 접촉은 하지 못했고 그들을 보고 냄새를 맡고 소리를 들을 수 있었던 원숭이도 신경과학자 메리 칼슨이 '자폐증 비슷한 증상'이라고 부른 행동을 했다. 과도하게 자신의 몸을 단장하거나 자신의 몸을 꽉 쥐거나 혼자 지내거나 앞뒤로 계속 흔들어 댔다. 칼슨은 한 기자에게 이렇게 설명했다. "서로 몸을 맞대고 지내는 원숭이 사회에서 성장하지 않으면 결코 진짜 원숭이가 될 수 없다."[3]

할로의 실험은 요즘이라면 과학 심의 위원회의 승인을 받지 못할 정도로 잔인했다. 너무도 비인도적인 실험이었다. 그런 잔혹한 실험을 사람의 아기에게 하려 했다면 1950년대에도 당연히 처벌을 받아 마땅했다. 그러나 불행하게도 요즘 우리 사회의 잘못된 정책은 철망으로 만든 어미처럼 감정이 결여된 '비인간적인 대리 어머니' 아래에서 격리된 채 극단적인 외로움을 강요당하며 성장한 어린이들이 과연 어떤 사람이 될지 잘 보여 준다.

가장 악명 높은 사례가 루마니아에서 발생했다. 공산주의 시절 독재자 니콜라에 차우셰스쿠는 비인간적인 기술의 진보를 맹신했다. 그는 권좌에서 쫓겨나 총살당하기 바로 전에, 전통적인 가옥으로 구성된 시골의 모든 마을을 허물어 삭막한 소련식 아파트 단지로 만들 계획을 세웠다. 그 극단적인 계획은 그가 처형되는 바람에 무산되었다. 그러나 그는 생전에 그보다 더욱 병적인 사회 비전을 실행에 옮겼다. 1966년 그는 피임과 낙태를 금지했고, 출산율을 높이려는 목적으로 포상 제도를 만들었다. 그러면서도 이미 너무도 가난해 원치 않는 자녀들을 양육할 여력이 없는 부모들에게 지원은 전혀 하지 않았다. 그래서 아기를 내다 버리는 일이 비일비재했고 갓난아기 수천 명이 고아원에 맡겨졌다. 그곳의 고아원은 사실상 정서적인 '굴라그(강제 수용소)'에 다름 아니었다. 직원 한 명이 어린이 스무 명까지 돌보았다. 안아 주는 일도, 웃음도, 미소도 지어 주지 않았다. 아이 얼굴을 보며 눈을 크게 뜬다든가 입을 벌린다든가 하는 표정을 가볍게 흉내 내는 일도 물론 없었다. 그런 행동은 부모와 아기가 서로 정을 붙이는 데 중요한 방식인데도 말이다.

1989년 차우셰스쿠 독재 정권이 무너지면서 그 고아원들이 만천하에 공개되었다. 서방의 보건 관계자들은 그곳에서 희한한 일을 목격했다. 세 살배기 아이들이 울지도 말도 하지 않았다. 그 아이들은 신체 성장 정도가 전체 분포에서 3~10퍼센트 사이였고, 운동과 정신 기능 발육이 크게 지체된 상태였다. 양팔로 자기 몸을 잡거나 아무 말 없이 앞뒤로 흔들었다. 할로의 연구에서 사회성을 박탈당한 원숭이의 행동을 그대로 따랐다. 1960년대 후반에서 1970년대 초 사이에 그러한 고아원에서 생활했던 청소년들도 나중에 성장해서 영구적인 애착 관계를 형성할 수 없었다. 그중 일부는 비밀경찰이 되었다. 다른 사람을 배려할 능력이 없다는 점을 정부가 이용한 것이다. 나머지는 거리를 배회하는 노숙자 신세가 되었다.

여기서 우리는 또다시 현대식 사고방식이 그토록 찬양하는 '실존적 카우보이(existential cowboy)'(유아독존식으로 살아가는 사람)로서는 인간이 제대로 살아갈 수 없는 이유를 알아냈다. "우리는 홀로 태어나 홀로 죽는다."라는 옛말이 문자 그대로는 사실일지 모른다. 그러나 서로 간의 긴밀한 관계가 진화론적으로 말해 지금의 우리를 만들어 주었다. 동시에 그런 관계가 개인으로서도 우리의 존재를 규정한다. 그 두 가지 측면 모두에서 사회적 유대감과 정신 및 생리적 건강, 그리고 참된 정서적 삶 모두 떼려야 뗄 수 없는 관계에 놓여 있다.

**건전한 애착 관계**

인간의 건강한 발육은 초기의 애착 관계, 다시 말해 아기와 아기를 보살피는 사람 사이의 유대 관계가 좌우한다. 또 지속적이고 건전한 애착 관계는 아기의 타고난 심리적 특성과 보살펴 주는 어른(때로는 손위 형제자매)의 특질이 좌우한다. 이러한 양육의 유대 관계가 질적으로 얼마나 좋으냐는, 유전적 편향성이 환경과 만나는 상황에서 아기의 유대감에 대한 주관적인 욕구가 충족되느냐 그렇지 않느냐를 말해 주는 최초의 경험이 된다. 양육자와 맺는 맨 처음의 상호 작용은 아기의 뇌가 발달하는 데 도움을 줄 뿐 아니라 사회적 요인을 포함해 모든 스트레스에 반응하는 방식을 대부분 결정한다. 바로 이 순간 아기는 외로움을 처음으로 느낄 수 있다.

정신 분석학자 존 볼비는 인간 각 개인의 발달에서 유대 관계가 어떤 작용을 하는지 연구하면서 약 반 세기 전 오스트리아의 동물 행동학자 콘라트 로렌츠가 실시한 연구에서 영감을 받았다. 로렌츠는 거위 새끼가 보통은 태어나서 처음 본 어미의 모습을 '각인(imprint)'하고 본능적으로 어미 뒤를 따르지만 인공 부화로 태어난 새끼는 부화시킨 사람의 모습을 각인하고 그의 뒤를 따른다는 사실을 보여 주었다.⁴ 로렌츠의 뒤를 줄지어 따르는 거위 새끼들의 사진은 세계적으로 유명하다. 볼비는 로렌츠의 연구 결과를 바탕으로 애착 이론을 발표했다. 부모와 자녀 사이에서 전달되는 본능적 신호가 그들 사이의 관계만이 아니라 자녀의 나중 성격까지 형성한다는 이론이다. 그러나 볼비가 제시한 이론의 주된 결함은 인간은 거위가 아니라는 사실이다.

볼비의 제자 메리 에인스워스는 스물여덟 명의 아기를 대상으로 '낯선 상황 실험'을 했다. 각각 여덟 차례씩 어머니와 짧은 시간 떨어졌다가 다시 만났을 때의 반응을 보는 실험이었다. 아기들의 반응을 기초로 에인스워스는 애착 관계를 세 가지로 분류했다. 첫째 유형은 어머니가 자리를 떴을 때 냉담하다가 어머니가 돌아오면 좋아했다. 둘째 유형은 어머니가 자리를 뜨면 아무런 반응도 없다가 돌아오면 어머니를 피했다. 셋째 유형은 혼자 있으면 매우 불안한 반응을 보이다가 어머니가 돌아오면 화를 내고 짜증을 부렸다.⁵ 에인스워스는 첫째 유형을 '안정된 애착 관계', 둘째 유형을 '불안정한 애착 관계', 셋째 유형을 '과도한 애착 관계'로 규정했다. 애착 이론은 학계에 상당한 영향력을 발휘했고, 소아과 의사 윌리엄 시어스의 양육에 관한 책을 계기로 대중적 인기를 끌었다. 그러나 연구자들은 에인스워스의 연구에 결함이 많다고 비판을 가했다. 실험 표본 규모가 작을뿐더러 주관적 평가라는 문제도 있었다.

이보다 최근의 연구는 성인의 애착 수준과 형태가 어린 시절의 경험을 그대로 따르지는 않으며, 애착 대상에 따라 달라진다는 사실을 보여 주었다. 어린 시절의 애착 관계가 전혀 중요하지 않다는 이야기가 아니라 다른 수많은 요인도 마찬가지로 중요하다는 의미다. 여기에는 외로움 인식의 자동 조절 장치를 설정하는 유전적 성향도 포함된다. 그 장치는 개개인이 사회적 유대감을 얼마나 갈망하느냐를 결정한다.

볼비의 애착 개념은 격리된 개인에게 초점을 맞추었다는 점에서도 미흡한 점이 있다. 인간관계는 반드시 한 사람 이상으로 형성되어 있기 때문에 각각의 관계가 고유한 상호 작용을 한다. 자기 조절과 공동 조절, 심지어 모방의 수많은 사례가 보여 주었듯이 하나의 관계에 포함된 각 개인은 무의식적으로 다른 사람에게 영향을 끼친다.

### 기질의 역할

발달 심리학자 제롬 케이건은 애착 이론을 무시하고 다른 방향을 연구했다. 그는 유전자에 크게 의존하는 아기의 기질이 주요인이라고 생각했다. 1986년 케이건은 동료들과 함께 종단적 연구를 시작했다. 아기 500명을 선정해 처음 보는 장난감이나 낯선 자극을 가했다. 그러자 20퍼센트는 울며 거세게 저항했다. 케이건은 그 부류를 '고반응성'으로 분류했다. 40퍼센트는 거의 반응을 보이지 않아 '저반응성'으로 분류했고, 나머지 40퍼센트는 그 중간이었다.

케이건은 아이들 중 다수를 정해진 간격을 두고 정기적으로 실험실에 불러들여 추적 조사를 실시했다. 열 살에서 열두 살이 되었을 때 그 아이들의 거의 절반은 뇌 단층 촬영을 포함해 광범위한 측정을 받았다. 장난감을 이용한 첫 조사처럼 낯선 자극을 주려고 케이건은 그들 중 일부에게 즉흥 연설을 해 보라고 요구했다. 대다수 사람들에게 그런 요구는 스트레스 요인이다. 아기 때 '고반응성'으로 분류된 아이들 중 20퍼센트는 여전히 상당한 스트레스를 받았다. 아기 때 '저반응성'으로 분류된 아이들 중 3분의 1은 아기 때처럼 침착하게 반응했다. 대다수는 그 중간에 속했고, 고반응성에서 저반응성 또는 저반응성에서 고반응성으로 기질이 바뀐 아이는 5퍼센트에 불과했다.[6]

오랜 시간에 걸쳐 반응도가 어느 정도 일관성을 유지한다는 사실은 인간의 성격을 결정하는 문제에서 유전자의 중요성을 말해 준다. 그러나 그 실험은 에드워드 윌슨이 말한 대로 DNA가 신축성 좋은 끈이라는 개념도 상기시킨다. 케이건의 연구 결과는 유전자의 영향이 강하게 작용한다는 사실을 입증하지만 거기서 나타난 변이성은 그 유전자와 상호 작용하는 환경의 역할도 중요하다는 점을 말해 준다.

오늘날의 지배적인 학설로 자리매김한 행동 생물학 이론은 결국 동물의 행동을 진화론적 맥락에서 연구한 로렌츠 같은 학자들의 연구로 되돌아간 셈이다. 발달 심리학자들은 현재 동물 행동학과 진화 심리학의 이론적 맥락 안에서 인간의 행동을 '적응성 가치'에 입각해 연구한다. 적응성 가치란 인간의 행동이 유전자 전파에 얼마나 기여하는지를 말해 준다. 우리가 외로움을 사회적 유대감을 얻으려는 자극으로 보는 것도 이런 측면에서 행동 생물학적이라고 말할 수 있다.

진화론의 맥락에서 볼 때 안정된 애착과 그것이 지원하는 모험적 기질은 부모가 아이들을 보살필 시간과 자원이 충분한 환경에서는 바람직한 전략이다. 신체적으로만이 아니라 정서적으로도 안정된 환경에서는 아이가 큰 위험 없이 주변을 탐색해 볼 수 있다는 의미다. 그러나 스트레스가 많은 환경, 예컨대 칼라하리 사막이나 파리의 빈민가 같은 곳에서는 생존이 부모의 관심을 압도한다. 그러한 상황에서는 아이를 바로 곁에 두려는 불안정한 애착이 선호된다. 그러나 아이의 기질이 부모의 상황을 바꿔 놓기도 한다.

온순하고 다루기가 쉬운 아이가 있는 반면 자기 잘못은 아니지만 태어날 때부터 심술이 많고 짜증을 부리고 다루기가 힘든 아이도 있다. 계속 까르르 웃어 대는 아이가 있는 반면 부모들이 너무하다고 생각할 정도로 계속 울어 대는 아이도 있다. 늘 같이 놀아 주고 관심을 가져 주기를 원하는 아이가 있는 반면 영유아 시절에는 그냥 침대에 누워 자기 발가락으로만 놀아도 만족하고 아장아장 걸을 때면 혼자서 조용히 새로운 사물과 상황을 탐색하는 아이도 있다. 보통 다른 사람들보다 부정적이고 우울한 사람도 있는데, 이는 일반적으로 '뇌의 어느 쪽이 더 활발한가'와 관련이 있어 보이는 유전적 편향 때문이다. 두려움과 혐오증 같은 부정적인 감정은 뇌의 전두 피질 중에서도 왼쪽보다 오른쪽을 더 많이 활성화시킨다.[7] 긍정적 감정을 일으키는 자극은 전두 피질의 오른쪽보다 왼쪽을 더 많이 활성화시킨다.[8] 기본적으로 전두 피질의 오른쪽이 더 많이 활성화된 사람은 내성적이거나 일상적으로 부정적인 감정을 표출할 가능성이 크다.[9] 친화력이 있는 아이는 전두 피질의 왼쪽 부위가 더 활발하다.[10]

아이마다 기질이 다르듯이 부모도 마찬가지다. 부모에 따라 아이의 미소나 찡그린 얼굴 표정 하나하나에 신경을 쓰는 부모도 있을 수 있고 별로 신경을 쓰지 않거나 아예 관심이 없거나 학대하기도 하는 부모도 있을 수 있다. 차분하고 쾌활한 성격을 타고난 부모가 있는 반면, 자신의 문제를 해결하기에도 버거워서 까다로운 아이는 말할 것도 없고

'온순한' 아이에게도 신경을 쓸 여유가 없는 부모도 있을 수 있다.

인간 특성의 다양한 요소가 복잡한 동력을 이루어 아이에 대한 어른의 반응을 나타낸다. 그 반응은 다시 아이의 자아상 형성에 중요한 역할을 한다. 그 동력은 외로움의 첫 경험에서도 상당한 역할을 한다. 부모와 아이 사이의 건전한 관계는 이 세상에서 무엇이든 할 수 있다는 자신감을 준다. 반면 서로 잘 맞지 않는 관계는 소외감을 초래한다. 1970년도 영화 「잃어버린 전주곡(Five Easy Pieces)」에서 잭 니콜슨이 연기한 젊은이는 샐리 스트루서스가 연기한 슬픈 여자와 술에 취한 상태에서 만난다. 그녀는 자신의 턱에 옴폭 들어간 곳을 가리키며 이렇게 말한다. "어머니가 말해 줬어요. 내가 조립 라인에서 만들어져 나올 때 하느님이 불량품이라고 밀어내 턱이 이렇게 생겼다고 말이에요." 누구라도 그와 같은 가혹한 말을 부모에게서 듣고 나면 자신이 흠이 있고 기본적으로 혼자라는 느낌을 갖고 성장하게 될 것이다.

### 마음과 몸의 유기적 관계

어떤 이론을 수용하든 사회적 유대감에 대한 욕구의 강도와, 그 욕구가 충족되지 않을 때 느끼는 고통과 혼란을 포함하는 개인의 사회적 성향은 가장 기본적인 차원에서 우리의 생리 기능과 밀접하게 연관되어 있다.

신경과학자 안토니오 다마시오는 『데카르트의 오류(Descartes' Error)』 서문에서 이런 사실의 정곡을 찌르는 세 가지 기본 개념을 제시했다.

첫째, 인간의 뇌와 신체의 나머지 부분은 분리할 수 없는 유기 조직체를 구성한다. 그 조직체는 내분비 체계, 면역 체계, 자율신경 체계를 포함해 상호 작용하는 생화학 회로와 신경 조절 회로로 통합되어 있다. 둘째, 그 유기 조직체는 전체가 하나로서 환경과 상호 작용한다. 뇌나 신체가 단독으로 환경과 상호 작용하지 않는다. 셋째, 우리가 마음(정신)이라고 부르는 생리적인 작용은 뇌에서만 이루어지는 게 아니라 뇌와 신체의 구조적, 기능적 일체에서 비롯된다. 정신적 현상은 특정한 환경에서 유기 조직체 내부의 상호 작용이라는 맥락 안에서만이 완전히 이해할 수 있다. 그 환경이 부분적으로는 유기 조직체의 활동 자체에서 비롯된 산물이라는 사실은 우리가 반드시 고려해야 하는 상호 작용의 복잡성을 잘 말해 준다.[11]

일찍이 심리학자 마사 매클린톡은 대학 시절 기숙사에서 함께 지내는 젊은 여성들의 내분비 시스템에 사회적 영향력이 작용한다는 증거를 발견했다. 학기가 시작된 지 한참 지나 함께 지내는 시간이 길어지자 기숙사 동료들의 월경 주기가 서로 거의 같아졌기 때문이다.

매클린톡은 한걸음 더 나아가 쥐 실험을 통해 한곳에 함께 수용된 사회적 동물이 임신의 적절한 시기를 표시하는 '의식적인' 신호에 반응한다는 사실을 보여 주었다. 각각의 쥐를 각 방에 따로 수용하되 같은 공기 공급기를 사용하도록 함으로써 매클린톡은 공동 조절의 근원이 페로몬이라는 사실을 입증했다. 공기를 통해 전달되는 화학적 신호인 페로몬은 냄새로 맡기에는 밀도가 낮으며, 여러 가지 원시적인 행동을 관장한다. 동기화된 생식 주기 동안 사회적으로 적절한 시간에 태어난 쥐의 생존율은 80~90퍼센트에 이르렀다. 반면 집단과 주기가 맞지 않게 태어난 쥐의 생존율은 30퍼센트에 불과했다. 이런 경우 사회적 유대감이 생사를 가르는 요인이라고 해도 과언이 아니다.

그와 유사한 사회적, 생화학적 효과는 누가 죽고 누가 사는지를 결정하지는 않지만 누가 생식을 하는지는 결정한다. 그러나 중요한 점은 생식이 진화에 좀 더 직접적인 영향을 끼친다는 사실이다. 실험용 흰쥐의 경우 수컷은 수컷 경쟁자들이 있는 상황에서 교미를 하면 더 많은 정자를 방출한다. 생식 경쟁이 나팔관을 타고 올라가 난자 표면에서도 치열하기 때문인 듯하다. 원숭이도 똑같은 이유로 고환의 크기가 수컷의 새끼 수에 비례한다. 침팬지의 경우 치열한 생식 경쟁을 벌여야 하기 때문에 수컷의 생식기는 놀라울 정도로 크다. 그러나 고릴라의 경우 수컷은 생식의 경쟁 없이 암컷 무리 속에서 혼자 살기 때문에 생식기가 볼품이 없다. 경쟁자가 없는 수컷은 새끼를 낳을 확률을 높이는 특별한 적응이 필요 없기 때문이다.

이처럼 사회적 요인과 생리적 요인은 마치 직사각형의 넓이에서 길이를 분리할 수 없듯이 떼려야 뗄 수 없는 관계에 놓여 있다.

### 유대감의 화학 작용

1906년 젊은 생리학자 헨리 데일은 모든 포유류의 수유 능력과 관련이 있는 단백질(펩티드)을 처음 분리해 냈다. 옥시토신이라는 그 물질은 뇌하수체에서 분비되며 젖 분비 외에 분만을 촉진하는 역할도 한다. 후속 연구에서 옥시토신은 사회적 유대감의 주된 화학 물질이라는 사실이 밝혀졌다. 로맨틱한 민간 설화에 나오는 '사랑의 묘약'에 가장 근접한 물질이라고 할 수 있다. 안아 주거나 등을 쓰다듬어 주는 행위 같은 육체적인 표현은 접촉되는 부위의 옥시토신 수치를 높여 준다.

새끼가 젖을 빨면 그 자극이 옥시토신 농도를 높여 젖 분비를 촉진시킨다. 시간이 지나면서 이 자극은 어미에게 조건 반사 반응으로 발전한다. 그래서 자신의 새끼를 눈으로 보기만 해도 젖이 분비된다.

암양에게 옥시토신을 주사하면 자기 새끼가 아닌 어린 양과도 어미-새끼 유대감을 형성한다. 암양의 분만 과정에서 옥시토신을 차단하는 물질을 주사하면 자기가 낳은 새끼와도 유대감을 형성하지 못한다. 미국 평원에 사는 프레리 들쥐의 경우 수컷 한 마리를 앞에 두고 암컷에게 옥시토신을 주사하면 주사를 맞은 뒤부터 그 수컷을 곧바로 알아보고 다른 수컷보다 더 좋아한다. 프레리 들쥐는 사회성이 아주 뛰어난 포유류로 짝과 지속적인 유대감을 형성한다. 반면 프레리 들쥐와 가까운 종으로 초원에 서식하는 메도 들쥐와 산에 서식하는 몬테인 들쥐는 지속적인 유대감을 형성하지 않고 대부분 고독하게 살아간다. 사회적 유대감에 대한 욕구에서 이처럼 차이가 나는 이유 중 하나가 옥시토신이다. 사회성이 높고 일자일웅(一雌一雄) 관계를 유지하는 프레리 들쥐에게는 뇌의 보상 중추에 밀집된 옥시토신을 받아들이는 수용체가 있다. 반면 고독을 즐기는 몬테인 들쥐와 메도 들쥐에게는 그러한 수용체가 없다.[12]

몸속에 있는 대다수 화학 물질이 그렇듯이 옥시토신에도 '길항 물질'이 있다. 상반되는 작용을 통한 조절 기능을 가진 화학 물질을 말한다. 우주선의 로켓이 분사와 제어를 반복해 항로를 조정하듯이 이 두

가지 물질이 화학적 상호 작용을 통해 동물의 행동을 조절한다. 옥시토신의 길항 물질은 바소프레신이다. 전반적으로 사회적 유대감에 기여하며 수컷의 경우 다른 수컷에 대한 공격성을 자극한다. 실험실 쥐에게 바소프레신을 주사하면 자기 새끼가 아닌 다른 어린 쥐를 포함해 모든 낯선 쥐를 두려워한다. 반면 옥시토신은 다른 쥐에게 접근하지 않으려는 일반적인 억압 감정을 짓눌러 버린다. 실험실 쥐의 암컷에게 옥시토신을 주사하면 새끼를 가져 본 적이 없어도 어미 같은 행동을 보이기 시작한다. 보금자리를 만들고 아무 연고도 없는 인근의 어린 쥐를 데려와 핥고 돌봐 준다. 이처럼 인위적으로 자극받은 쥐들은 젖을 분비하지 못한다. 그래도 젖을 주려는 듯 드러눕는다. 또 자신이 데려와 '입양'한 새끼들을 다른 쥐들에게서 보호하려 한다.

    옥시토신은 마음을 진정시킴으로써 사회적 조절을 돕는다. 원숭이들은 깨어 있는 시간의 10퍼센트를 서로의 털을 다듬어 주는 데 사용한다. 하지만 이런 행동은 반드시 청결이 목적이 아니다. 사회적 예의나 존중의 표시만도 아니다. 털 다듬기를 하면 리드미컬한 신체 접촉이 지속적으로 일어나면서 옥시토신 분비가 촉진되어 사회적 조화가 향상된다.[13] "이 세상에서 가장 필요한 것이 따뜻하게 꼭 껴안아 주는 행동"이라고 말하면 회의론자들은 비웃을지 모른다. 하지만 더 많이 안아 주고 체벌은 더 적게 하면 모든 종류의 반사회적 행동이 줄어든다는 데 이의를 제기할 사람은 없다.

    그러나 사회적 조절의 화학 작용은 반드시 신체적 접촉을 필요로 하지 않는다. 침팬지 수컷이 교미 경쟁자를 볼 때 머리카락이 곤두서고, 젊은 여성이 연모하는 남자를 볼 때 가슴이 두근거리는 것은 화학적 형태로 이루어진 '교감의 실' 때문이다. 이러한 신체적 접촉 없이 일어나는 반응은 시각적 자극이 뇌에 전달되어 뇌가 흥분 호르몬인 노르에피네프린을 분비하도록 지시하기 때문에 생긴다.

### 치유를 이끄는 평정심

6장에서 우리는 사회적 유대감이 건강을 증진시키는 '휴식과 회복'의 경로에 관해 알아보았다. 7장에서는 우리 삶을 총체적으로 통합해 주는 사회적 유대감의 영향을 설명하려고 컴퓨터 센서가 장착된 요즘 자동차를 예로 들었다. 옥시토신은 실제로 자동차의 바퀴와 도로 면이 만나는 곳에 더욱 가까이 작용한다. 자동차 후드 속에서 크랭크축과 캠축을 연결해 캠축을 회전시키는 역할을 하는 타이밍 벨트의 기능에 비유할 수 있다. 이런 기능적 차원에서 보면 옥시토신은 호르몬으로서 여러 신체 기관 사이에 신호를 전달할 뿐 아니라 다른 한 면으로는 신경 전달 물질로서 뇌와 자율신경계 내부에서 신호를 내보내는 역할을 한다.

이처럼 사회적 유대감과 조절의 주요 화학 물질로 작용하는 옥시토신은 아주 높은 수준의 조절 기능을 수행하기도 한다. 옥시토신 생산 세포 내에서 기능을 활성화하는 전기 자극은 한번에 하나씩이 아니라 집단으로 가해진다. 개인적으로 좋아하는 사람이 우리의 등을 쓰다듬어 주면 집단으로 일어나는 전기 활동이 옥시토신 생산 세포를 자극해 공동으로 활동하게 만든다. 목과 등의 그런 긍정적인 느낌은 다시 옥시토신의 생산량을 증가시키는 효과를 가져온다. 그러면 사회적 유대감

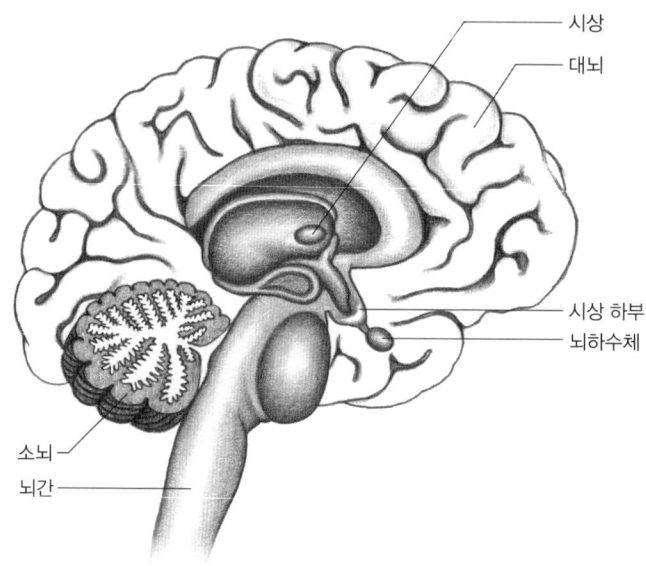

그림 7  시상 하부와 뇌하수체는 뇌의 한가운데 깊숙이 위치하며 서로 연결되어 있다.

이 더욱더 증진되고, 그 결과 더욱 기분이 고양되면서 더 많은 옥시토신이 분비되는 확대 재생산이 이루어진다.[14]

옥시토신의 영향을 받는 뇌 부위는 편도체와 시상 하부, 그리고 뇌간으로, 주로 혈압, 맥박, 민첩성, 움직임, 느낌 등을 관장한다. 뇌와 척수에서 자율신경계와 고통을 감지하는 부분은 같은 신경이 연결한다. 그 때문에 옥시토신 분비를 촉진하는 반응은 우리의 신체적 안전과 편안함만이 아니라 사고방식의 여러 면까지도 향상시킬 수 있다.

보통 호르몬은 혈류를 통해 온몸을 순환한다. 개별적인 신경은 제한된 부위에만 도달해 특정 국소 효과를 일으키는 신호 물질을 전달한다. 옥시토신의 경우, 호르몬의 역할을 할 때는 시상 하부의 신경 세포에서 합성된 뒤 뇌하수체를 통해 혈류로 분비된다. 그러나 신경 전달 물질의 역할을 할 때는 긴 신경 섬유를 통해 시상 하부에서 신경계로 직접 전달된다(그림 7 참조).

옥시토신에 의해 생긴 친밀함은 더 많은 옥시토신의 분비를 촉진해 집단의 결속력을 높여 준다. 운동으로 땀을 흘리면 옥시토신의 분비가 촉진된다. 따라서 체스 팀이 경기에서 승리하면 기뻐하긴 하지만 선수들이 서로 껴안거나 엉덩이를 쳐 주는 경우가 거의 없는 반면 하키 팀이 경기에서 승리하면 흥분한 선수들이 격렬하게 포옹하고 엉덩이를 때려 주는 경우가 많은 이유도 옥시토신 때문일 가능성이 크다.

외로움은 고통을 주고, 스트레스 수준을 높여 주며, 면역 기능을 방해하고, 인지 기능을 손상시킨다. 그와 대조적으로 옥시토신은 스트레스 반응을 줄여 주고(비행기가 착륙할 때 배우자가 손을 꼭 잡아 주면 옥시토신이 분비된다.), 고통을 누그러뜨리며(아이가 아플 때 그 부위에 엄마가 손으로 문질러 주면 금방 낫는다는 생각이 든다.), 주의 집중력을 높여 준다.(코치가 선수에게 전략을 지시하며 어깨를 꽉 잡아 준다.) 실험실에서는 옥시토신이 실험 쥐들에게 소음과 밝은 불빛에도 불구하고 어미 노릇에 집중하게 해 준다.[15]

앞서 우리는 외로움이 실행 조절 기능의 손상으로 이어지는 현상을 살펴보았다. 또 어린이집을 대상으로 한 연구는 정기적인 마사지를 받는 아이들이 더 평온하고 예의 바르다는 사실을 보여 준다. 마사지는 마사지를 해 주는 사람에게서도 옥시토신의 분비를 촉진시켜 주기 때문에 일반적으로 마사지사들은 직업군으로 대비해 볼 때 스트레스 호르몬의 수치가 낮을뿐더러 혈압도 정상 범위에 드는 경향을 보인다. 아울러 신체 접촉에서 느끼는 좋은 기분 때문에 마사지를 받는 사람들은 마사지사들이 믿을 만하다고 느낀다.[16]

최상의 친밀한 행위인 섹스를 할 때 오르가슴을 느끼면 옥시토신이 대량으로 혈류에 유입된다. 그래서 마음이 평온해지면서 심지어 졸리기도 한다. 그리고 아기에게 젖을 주는 어머니처럼 상대방에 관심을 집중하게 된다. 옥시토신이 혈압과 스트레스 호르몬 수치를 낮춰 주기 때문이다. 이러한 경험을 반복하면 배우자 사이의 유대감이 더욱 돈독해진다. 이것은 하나의 종으로 진화하는 데 필수적인 조건이다. 따라서 우리가 흔히 '사랑'이라고 부르는 장밋빛 감정보다 더 중요하다. 아울러 그런 경험은 적어도 일시적이지만 무의식적인 생리 고리를 만들어 내 서로 완전히 정반대의 생각으로 인해 갈등을 빚는 부분을 덮어 준다. "완전히 서로 다른 점이 서로를 이끌리게 하지만 그다음에는 서로를 밀쳐 낸다."라는 옛 속담이 하나도 틀리지 않았다. 사랑을 확신하지 못하는 사람과 하는 섹스가 바람직하지 않은 이유가 바로 이런 무의식적인 유대감 때문이지만 이런 사실은 흔히 간과되기 마련이다. 프레리들쥐의 경우처럼 옥시토신을 인위적으로 주입하면 평소 같으면 아무런 감정도 느끼지 못하는 상대에게도 성적으로 집착할 수 있다.

### 인간의 원자가

육체적 화학 작용 때문이든 홍콩 액션 영화를 좋아하는 취향이 같아서든 간에 젊은 연인들의 열정적인 상호 집착에는 유효 기간이 있다.

대개 3년에서 7년 사이다. 두 사람 사이에서 태어난 첫 아이가 부모에 대한 전적인 의존에서 벗어나는 데 걸리는 시간과 거의 일치한다.[17] 다행스럽게도 3년에서 7년이라는 세월은 초기의 열정과는 다른 형태로 평생 유지될 수 있는 애정이나 신뢰, 그리고 가족 유대감을 형성하기에 충분한 시간이다. 이러한 유대감은 평생을 간다. 그보다 더 다행스러운 점은 대다수 사람이 부부간의 친화성을 좀 더 깊은 심리적 차원을 근거로 판단한다는 사실이다. 그에 따라 결혼 생활이 오래 지속되고 만족스러워진다.

우리는 주로 외로움이라고 하면 '추운 바깥에 혼자 내버려진 상태'라고 말하고, 만족스러운 유대감에서 얻는 느낌을 '따스함'이라고 표현한다. 옥시토신은 두 생명체 사이에서 실제로 따뜻함을 만들어 낸다. 신체의 한쪽 부위에서 다른 부위로 온기를 옮겨 주기 때문이다. 모유를 먹는 아기는 손과 발에 혈류가 증가한다. 어머니의 체온이 높을수록 아기의 발이 따뜻해진다. 옥시토신은 인간의 다른 여러 가지 접촉에서도 그와 같은 온기의 이동을 만들어 낸다. 아기에게 젖을 먹이는 어머니나 아기들을 안아 주는 아버지 또는 섹스 후 서로 부둥켜안고 잠든 연인들은 모두 가슴이 따뜻하고 볼에 홍조를 띤다.

소화 기관의 내벽도 피부와 발육적인 뿌리가 같다. 따라서 음식물을 먹으면 소화 기관의 내벽에 마사지 효과를 가져와 옥시토신의 분비가 촉진된다. 따라서 어떤 음식이든 어느 정도는 우리의 기분을 좋게 해 준다. 특히 친밀한 관계에 있는 사람과 맛있는 음식을 함께 먹으면 스트레스 해소에 그만이다. 외로움을 느낄 때 과식할 가능성이 큰 이유는 부분적으로는 실행 조절 기능이 약화되기 때문이기도 하지만 음식물이 몸속에 들어오면 실제로 기분이 나아지기 때문이기도 하다. 음식을 먹는 일은 일종의 자위행위와 마찬가지로 지나치면 대가를 치르게 된다. 하지만 그 대가 때문에 당시의 먹는 즐거움이 반감되지는 않는다. 우리가 기분 좋을 정도로 포만감을 느끼면 일상의 괴로운 문제들이 좀 더 멀리 있다고 느껴지고 주변 사람들이 좀 더 가깝게 느껴진다. 마찬가지로 술도 적당히 마시면 혈액 속에 옥시토신 농도가 짙어져 다른 사람과 같이 어울리는 일이 유쾌하게 느껴지며 흥이 난다. 그러나 술의 양이 지나치면 반대 효과를 가져와 호전적이고 반사회적인 행동이 나타날 가능성이 있다.

아기가 젖을 빨면 어머니의 옥시토신 수치가 올라가듯이 젖을 빠는 입술의 만족감이 아기의 옥시토신 수치와 애착감을 높여 준다. 아기가 엄지손가락을 빨거나 아버지의 새끼손가락이나 공갈 젖꼭지를 빠는 이유도 이러한 위안을 주는 효과 때문이다. 성인의 경우 입으로 빠는 행위가 일으키는 옥시토신의 분비가 니코틴 중독에 기여하기도 한다. 흡연자들 사이에서 다른 공통점과 공감대는 없지만 오직 담배를 피운다는 사실 하나로 누군가 담배나 라이터를 원하면 언제라도 내주는 즉각적인 친밀 관계가 이루어지는 것도 바로 그 때문이다. 흡연의 매력 중 하나가 아무리 좋지 않은 습관이라 해도 연기를 내뿜을 때만큼은 흡연자들끼리 서로 이해해 주기 때문에 결코 외롭지 않다는 점을 들곤 한다.

외로움이 부당한 이유 중 하나는 그런 접촉과 그 접촉이 가져다주는 위안을 빼앗아 간다는 점이다. 하지만 이미 살펴봤듯이 물리적이든 정서적이든 정신적이든 간에 원치 않은 고립은 원래 사회적인 환경에서 활동하도록 만들어진 유기체에 심각한 손상을 입힌다.

앞서 우리는 인간은 서로 어울려 사는 조건이 필수적인 존재라는 사실을 알아보았다. 인간은 혼자서는 살 수 없다는 이야기였다. 가상의 동물원 관리자가 인간이라는 종을 수용하기에 적합한 공간을 만들 때 가장 먼저 고려해야 할 사안이 개인적인 격리는 절대 불가능하다는 지적이었다. 끔찍하지만 실제로 그런 실험이 약 100년 전에 실시된 적이 있었다.

1904년 선교사들이 콩고에 갔다가 '피그미'로 알려진 바트와족 젊은이 오토 벵가를 미국으로 데려와 세계 박람회에 전시한 적이 있었다. 박람회 동안 아프리카에서 피그미족이 완전히 멸족되었다는 소식이 전해졌다. 그래서 박람회가 끝난 뒤 벵가는 고아원에 머물다가 뉴욕으로 옮겨져 브롱크스 동물원의 원숭이관에 전시되었다. 그는 침팬지들과 함께 우리에 갇혀 있으면서 활과 화살을 만들어 혼자서 연습을 하고 해먹에서 잠을 잤다. 하루 4만 명 정도가 그를 구경했다. 아프리카계 미국인 성직자들이 항의하자 벵가는 우리에서 풀려나 동물원 구역 내를 마음대로 오가며 관람객들과 직접 교류할 수 있는 '쌍방향' 전시물이 되었다. 이미 문화적인 혼란과 충격에 시달리던 그가 이제는 구경꾼들의 놀림까지 당했다. 아니나 다를까. 그는 이상한 행동을 보이기 시작했다. 결국 그는 다른 고아원으로 보내졌다가 다시 버지니아 주 린치버그의 담배 공장에서 일하게 되었다. 기독교 단체들이 그에게 교육을 시키려 했다. 심지어 종족의 전통에 따라 날카롭게 깎아 세운 치아도 치과에 가서 덧씌웠다. 그런데도 그의 외로움은 갈수록 깊어져 비정상적 행동이 심해졌다. 관찰자들의 보고서에 따르면 그는 귀향을 생각할 수도 없다는 생각에 크게 낙담했다. 1916년 오토 벵가는 치아에 덧씌운 덮개를 빼내고 전통적 의식에 따라 모닥불을 피운 뒤 자신의 심장을 겨냥해 방아쇠를 당겼다.[18] 그로써 12년 동안의 본의 아닌 이국 생활과 굴욕을 끝냈다.

"사람은 같은 부류의 집단에 반드시 속해야 한다."라고 사회 생물학자 에드워드 윌슨이 말했다. "인간은 자신만이 아닌 좀 더 넓은 차원에서 목표를 갖고 싶어 한다." 사회적으로 고립되면 자신의 종족이나 소속 집단과 공유하는 유대감이나 목표 의식이 사라진다. 유대감과 목표 의식이 없으면 개인적으로나 집단(사회) 전체로도 끔찍한 결과로 이어질 수밖에 없다.

# 9

## 다른 사람들 사이에서 너 자신을 알라

약 200년 전 찰스 다윈은 갈라파고스 섬을 탐사했다. 그곳에서 다윈은 삶의 새로운 모습을 보았다. 남미 북서부 해안에서 멀리 떨어진 바위섬인 갈라파고스에서 그는 상상도 하지 못하던 다양한 생명체와 맞닥뜨렸다. 그 경험으로 인해 다윈은 다양성과 경쟁, 그리고 변화에 관해 깊이 생각하게 되었다. 그 결과 자연선택을 통한 진화라는 학설이 탄생했다. 다윈이 그런 탐험을 할 수 있었던 것은 영국 해군의 탐사선 HMS 비글호에 손님으로 초청받았기 때문이었다. 그리고 다윈이 그 배를 탄 것은 선장 로버트 피츠로이가 탐험을 함께할 친구를 원했기 때문이었다. 그래서 다윈은 선장과 함께 지낸다는 사실 때문에 그 배의 다른 선원들과 어울릴 수 없었다. 다시 말해 만약 선장의 외로움이라는 너무도 인간적인 문제가 없었더라면 다윈은 생명에 관한 과학적인 이해에서 그처럼 중요한 원칙인 진화론을 생각할 여유조차 없었을지 모른다는 뜻이다.

1839년 다윈은 『비글호 항해기(*The Voyage of the Beagle*)』로 알려진 갈라파고스 탐험기를 출판했다. 그다음 그는 진화론의 종교적, 문화적 파장을 수년 동안 고심한 끝에 1859년 자연선택에 관한 주요 논문인 『종의 기원(*The Origin of Species*)』을 펴냈다. 물론 앨프리드 러셀 월리스가 그 문제와 관련해 먼저 가설을 제시하려 했기 때문에 경쟁에서 뒤지지 않으려고 서둘러 출간한 면도 없지 않다. 그로부터 약 10여 년이 흐른 1872년 다윈은 그의 마지막 역작 『인간과 동물의 감정 표현(*The Expression of the Emotions in Man and Animals*)』에서 인간 심리 문제로 눈을 돌렸다. 그러나 그는 출판된 책이 아니라 잡기장에서 깊숙이 자리 잡은 의문을 제기했다. 가장 친밀하고 강력한 사회적 유대감 아래 깔려 있는 '원격 동인'을 이해하려는 노력을 뜻한다.

다윈은 이런 의문을 가졌다. "한 남자가 아내와 자녀에게 친절을 베풀면 그 자신에게는 아무런 이득이 없다고 해도 즐거움을 느끼는 이유가 뭘까?" 즐거움은 생리적 현상이다. 따라서 맛 좋은 스테이크나 피부에 와 닿는 햇살의 따뜻한 느낌 같은 육체적인 욕구의 만족을 의미한다. 다른 사람에게 베푸는 친절은 다른 사회적 행동처럼 추상적으로 비칠 수 있다. 세포나 신체 시스템 또는 영양소와는 전혀 상관이 없어 보인다. 그러나 앞에서 반복해서 살펴보았듯이 외로움의 고통과 유대감의 기쁨은 둘 다 철저히 생리적 현상이다. 그 두 가지 모두 지각적 반응과 화학적 반응 형태로 '교감의 실'과 상호 작용을 한다.

다윈이 품은 의문의 나머지 부분은 이렇게 고쳐 말할 수 있을 수 있다. 자녀를 대학에 보내느라 허리가 휘어지도록 일을 해야 하는 부모가 "얼마든지 다시 그럴 수 있어."라고 말하는 데서 기쁨을 느끼는 이유가 뭘까? 그러나 다른 각도에서 즐거움과 개인적 이익의 공식을 살펴보면 이런 의문이 든다. 가족과 떨어져 있을 때 그 떨어짐이 우리 자신의 이익에 부합하는 데도 정서적 고통을 주는 이유가 뭘까? 예를 들어 해외 출장을 가거나 자녀를 베이비시터에게 맡겨 두고 정말 오랜만에 부부 둘만의 외식을 하는 경우를 말한다. 더구나 이런 상반된 욕구에 직면했을 때 우리가 어떻게 결정을 내릴까? 신체적 욕구의 만족을 택할 것인가, 아니면 그런 욕구를 희생하고 의미 있는 목표를 달성하는 데서 오는 만족을 택할 것인가? 직업적인 성취에서 만족을 얻을 것인가, 아니면 친구와 가족에게서 즐거움을 느낄 것인가? 근사한 저녁 식사를 하고 영화를 볼 것인가, 아니면 집에서 자녀를 돌보고 잠자리까지 봐 줄 것인가?

우리가 느끼는 감정이 신체적인 지각이라고 해서 거기에 완전히 종속된다는 뜻은 아니다. 유럽산 항일성 식물은 변함없이 햇빛에 반응한다. 햇빛이 그 식물 표면에 닿으면 늘 그쪽으로 움직이며 잎이 열리기 때문에 '헬리오트로프(heliotrope)'라고 한다. 그처럼 하나의 자극에 변함없는 반응을 보이도록 유전적으로 정해진 반사 행동을 '트로피즘(tropism, 향성)'이라고 한다.

물론 인간도 반사적인 행동을 한다. 의사들은 그런 반응을 보려고 고무망치로 환자의 무릎 바로 아래를 친다. 하지만 인간은 향성적인 존재가 아니다. 인간의 특정 행동을 언제, 어떻게, 왜 할지에 상당한 재량권을 행사한다. 이런 재량권은 정서적 느낌이나 이성적 사고, 그리고 사회적 행동 사이에서 작용한다. 만약 우리가 반사적으로 늘 '올바른 일'을 하도록 되어 있다면 그것을 미덕이라고 부르지 않을지 모른다. 어쩌면 '미덕'이라는 철학적 개념이 필요 없을지도 모른다.

우리 인간은 지능에 상당한 자부심을 갖는다. 합리적 사고를 할 수 있는 능력이 지능이다. 우리는 바로 그런 능력이 자연의 나머지 생명체와 구별되는 점이라고 생각한다. 하지만 우리는 대개 개인의 미덕이나 '인간애'를 지능이 아니라 정서적 민감성으로 평가한다. 대다수 인간은 서로를 이해하고, 서로 '올바른 일'을 하려고 애쓰는 데 많은 에너지를 사용한다. 심지어 사기꾼이나 사리사욕을 채우는 정치인들도 말만으로라도 온정주의를 외쳐야 한다는 사실을 안다.

우리 인간은 적절한 감정적 반응을 보여야만 모나지 않은 사람으로 받아들여진다. 하지만 이 점에서도 인간이 전혀 독특한 존재가 아니다. 그 뿌리는 우리 세포의 생물학과 진화의 역사에 깊숙이 박혀 있다.

다윈은 사회적 신호 보내기라는 렌즈를 통해 즐거움과 고통에 대한 감정적 반응의 문제를 탐구했다. 그는 동물이 서로의 내면 상태를 공유하는 능력 때문에 자신들의 활동을 더 잘 예상하고, 준비하고, 조절할 수 있다고 생각했다. 사회적 신호가 일단 확립되고 난 뒤에는 그런 표현 능력이 기능적인 효용성을 뛰어넘어 절박한 생존의 문제를 초월해서 적용되기 시작했다는 가설이다.

### 사회적 신호

다윈은 『인간과 동물의 감정 표현』에서 한 동물원 관리자가 전해 준 침팬지 두 마리의 이야기를 다음과 같이 인용했다. "침팬지 두 마리가 서로 마주 보고 앉아 튀어나온 입술로 서로의 몸에 입을 맞췄고, 한 마리가 상대방의 어깨에 손을 얹었다. 그러더니 서로 꼭 끌어안았다. 그다음에 함께 일어서서 어깨동무를 하고는 하늘을 향해 머리를 쳐들고 입을 벌리면서 기쁨의 환호성을 올렸다."[1]

동물의 '내면적인 삶'에 대한 연구에서는 미국 조지아 주 애틀랜타에 있는 에머리 대학 영장류 연구소의 프란스 드 발 소장을 최고의 권위자로 여긴다. 그는 폭풍우 때문에 우리에 들어가지 못한 침팬지 두 마리에 관한 이야기를 전했는데, 그 침팬지들은 영장류 학자 볼프강 퀼러에 의해 발견되었단다. 퀼러는 비에 흠뻑 젖어 몸을 떠는 침팬지들을 보고는 문을 열어 주었다. 침팬지들은 그냥 뛰어들어 가지 않고 둘 다 퀼러를 힘차게 끌어안아 주었다.[2]

동물도 인간처럼 교제에서 기쁨을 경험할까? 동물도 인간처럼 서로 간의 접촉이 필요할까? 그렇다면 인간처럼 때때로 외로움의 고통도 느낄까?

드 발은 『내 안의 유인원(*Our Inner Ape*)』에서 '빈티 주아'라는 이름의 암컷 고릴라를 예로 들었다. 그 고릴라는 시카고 브룩필드 동물원의 영장류 전시실 속으로 떨어진 한 어린아이를 구출해 세계적인 명사가 되었다. 또 드 발은 침팬지와 인간 둘 다와 밀접한 종으로 영장목 성성이과 포유류인 보노보의 이야기도 전했다. '쿠니'라는 이름의 그 보노보는 영국의 한 동물원에서 찌르레기 한 마리가 자신의 우리에 설치된 유리창에 충돌하는 장면을 목격했다. 그 새가 잠시 기절하자 쿠니가 조심스럽게 일으켜 세워 주었다. 그래도 날지 못하자 쿠니는 그 새를 던져 버렸다. 하지만 찌르레기는 날개를 힘없이 퍼덕이다가 떨어졌다. 쿠니는 자신의 우리에 있는 가장 키 큰 나무에 올라가 새의 날개를 정성스럽게 편 뒤 마치 종이비행기를 날리듯 높이 던졌다. 찌르레기는 날지 못했지만 쿠니는 계속 그 새를 돌봤다. 쿠니가 찌르레기를 던지긴 했어도 절대로 다치게 하진 않았다. 날이 저물 때쯤 결국 그 새는 완전히 힘을 되찾아 하늘로 날아올랐다.

이외에도 드 발은 그 책에서 정서적 유대감이나 이타주의처럼 보이는 유인원의 행동을 많이 다루고 있다. 밀워키 카운티 동물원의 보노보 무리에 심장병을 앓는 '키도고'라는 이름의 늙은 수컷 한 마리가 합류했다. 미로처럼 설치된 터널이 있는 우리에 적응하지 못한 키도고는 동물원 관리자의 지시를 이해하지 못했다. 그러자 다른 보노보들이 키도고의 손을 잡고 관리자가 지시하는 곳으로 그를 데려갔다고 한다.

붉은털원숭이 집단 속에 발육 부진증을 앓고 있는 '아잘리아'라는 이름의 암컷 한 마리가 있었다. 붉은털원숭이들은 보통은 매우 엄격한 행동 규칙을 지킨다. 하지만 그들은 아잘리아의 상태를 이해하는 듯 아잘리아가 수컷 우두머리에게 대드는 등 평소에는 상상도 못할 행동을 해도 관대하게 대해 주었다.

역시 애틀랜타에 있는 조지아 주립대학의 언어 연구소에 있는 '칸지'라는 이름의 보노보는 사람들과 의사를 소통하는 기술로 유명세를 탔다. 한 연구자가 칸지의 여동생인 '타물리'에게 구두 지시에 반응을 보이도록 유도하려 했다. 타물리는 인간의 언어를 거의 모르는 상태였다. 사려 깊은 오빠인 칸지는 연구자가 말한 구두 지시의 의미를 몸짓으로 타물리에게 알려 주었다.

이들 사례를 통해 마침내 대다수의 과학자들도 동물 애호가들이 오래전부터 상식으로 간주해 온 개념을 인정하게 되었다. 이를 통해 영장류, 코끼리, 돌고래 등 비교적 지능이 높은 동물은 상대방의 내면적 상태에 매우 민감하게 반응한다는 사실을 알 수 있다. 개나 고양이를 기르는 사람들에게 물어보라. 그들은 애완동물이 주인의 기분에 민감하게 반응하며 주인이 우울할 때는 어떻게 위로해야 할지 잘 안다고 말한다. 마찬가지로 주인이 애완견을 오랫동안 혼자 내버려 두면 그 개는 주인 소파의 쿠션을 물어뜯어 불만을 표시한다.

## 마음 이론

상대방을 공격해 상처를 입혔지만 화해를 하고 싶어 하는 침팬지는 자신이 낸 상처를 자세히 들여다보고는 혀로 핥아 깨끗이 닦아 준다. 보노보의 경우 적어도 우리에 갇힌 상태에서는 자주 서로 마주 보고 교미하면서 교미 상대의 표정을 살피고 상대가 지르는 소리에 민감하게 반응한다.

독일어에는 상대방의 감정 상태를 정확하게 파악하여 표현하는 특별한 용어가 있다. 바로 '아인퓔룽(Einfühlung)'이다. '감정 이입'이라는 뜻이다. 그러나 보노보가 교미를 할 때 서로 간의 정서적 유대감을 형성한다고 말할 수 있을까? 쿠니가 찌르레기를 구하려고 애쓴 행동이 미덕의 표현이었을까? 심지어 동물의 감정 표현력에 대한 드 발의 견해에 공감하는 과학자들도 다른 종도 인간의 특성을 가졌다고 확언하려 들지는 않는다. 다시 말해 '의인관(擬人觀, anthropomorphism)'을 인정할 생각이 없다는 뜻이다.

그런 '미덕'에 관한 문제는 철학자들이 탐구해야 할 분야일지 모른다. 그러나 뇌 과학에서는 '감정'이라는 용어가 상당히 무미건조하게 사용된다. 하나의 자극에 대한 신경의 반응이나 내분비선의 반응이라고 정의하기 때문이다. 그 반응의 기능은 하나의 생명체가 외부 환경에 적응하도록 내면세계를 조절하는 것이다. 서던캘리포니아 대학 신경과학과 교수 안토니오 다마시오가 개발한 분류법에 따르면 감정은 신체적인 감각이다. '느낌'이란 감정을 가졌다는 사실을 인식하는 상태를 말한다. '의식'은 그런 느낌을 갖는 '자아'에 대한 인식을 가리킨다.

보노보인 칸지가 여동생을 도와주려는 충동과 셰익스피어가 소네트에서 표현한 정교하고 섬세한 감정이나 제임스 조이스의 『율리시스』에 나오는 몰리 블룸의 독백 사이에는 아주 넓은 간극이 존재한다. 그 두 가지 사이의 간극 어딘가에 인간의 외로움과 연관된 감정의 뿌리가 있다.

앞서 우리는 생리적으로 기분 좋은 감각이 사회 친화적인 행동을 유도한다는 사실을 살펴보았다. 그런 행동은 생존 가능성을 높여 주고 유전자의 계승에 기여한다. 또 외로움 같은 고통스러운 감각은 따돌림을 당할 만한 행동을 억제하게 만든다는 사실도 확인했다. 따돌림을 당할 만한 행동은 생존율을 낮추고 유전자 전파를 가로막는다. 아울러 우리는 쾌감이나 고통, 접근이나 후퇴 시스템의 다양한 구성 요소에 관해서도 알아보았다. 유전적 편향, 사회 집단의 보상과 처벌, 유전자와 행동을 서로 연결하는 메시지 전달 호르몬과 신경 전달 물질, 그리고 집단적 공동 조절의 피드백 루프 등이 그 예다.

그러나 새들은 날아다녀야 살고, 날기 위해서는 깃털과 가벼운 뼈가 필요하다는 사실을 아는 것이, 실제로 새들이 어떻게 하늘을 날 수 있는지를 이해하는 데 확실하게 유익한 정보가 되지는 않는다. 비행기를 만들려면 공기 역학을 알아야 한다. 마찬가지로 좀 더 만족스러운 사회적 유대감을 원한다면 기능적 의미에서 감정적 유대감이 어떻게 형성되는지 좀 더 자세히 알아야 한다. 인간의 뇌가 상대방의 생각과 느낌, 의도를 어떻게 파악하는지 이해해야 한다는 뜻이다. 그 외에도 그 시스템이 어떻게, 왜 고장이 나는지도 정확히 파악해야 한다.

다른 사람의 생각과 느낌, 의도를 파악하는 능력을 '마음 이론'이라고 한다. 그런 능력은 인간이 만 두 살 정도가 되면서 발달한다. 거울을 보고 자신을 인식하기 시작하는 시기와 일치한다. 따라서 자기 인식과 다른 사람의 느낌이나 의도를 이해하는 능력은 밀접한 관계에 있다. 심지어 생물학자 N. K. 험프리는 다른 사람의 감정 상태를 간파하는 능력이 인간 지능만이 아니라 인간 의식도 발달시켰을 가능성이 크다고 말했다.[3]

그러나 우리에게는 다른 사람이 겪는 내면 상태를 인식하고, 그에 대한 반응을 어느 정도 조절하는 능력만이 아니라 상대방의 내면적 경험을 자발적으로 함께 공유할 능력도 있다. 예를 들어 한 젊은 여배우가 단상에 올라 눈물을 흘리며 아카데미 회원들과 영화감독, 그리고 자신의 양극성 장애를 치료해 준 의사에게 감사를 표한다고 하자. 이때 태국의 방콕이나 영국의 버밍엄에서 TV를 통해 이 장면을 지켜본 사람들도 그녀의 감정에 공감하며 눈물을 흘릴 수 있다는 이야기다. 하지만 그 배우와 시청자 사이를 감정적으로 연결하는 선이나 관은 어디에 있을까? 그 에너지가 어떻게 전달될까?

여기서 우리는 다시 한 번 '원격 동인', 그리고 우리를 하나로 묶어주는 '교감의 실'이라는 문제에 부딪치게 된다.

### 거울 신경

우리가 자신의 반응을 마음대로 조절할 수 있다고는 하지만, 우리의 뇌는 다른 사람에게 자동적이고 무의식적인 반응을 보인다. 외로움의 고통을 겪든 최상의 행복을 느끼든 마찬가지다. 약 300년 전 애덤 스미스가 관찰했듯이, 다른 사람이 손가락을 다쳐도 마치 내가 다친 듯 움찔한다.[4] 다른 사람이 무엇인가를 피하려고 재빨리 몸을 수그리면 우리도 따라 한다. 우리는 다른 사람의 시선을 살피며 무의식적으로 따라 쳐다보고, 다른 사람이 말을 하다가 멈추면 우리도 말을 멈추고, 심지어 자세도 따라 한다. 우리는 냠냠거리는 표정을 지으며 아기가 음식을 먹도록 유도한다. 어린이집에서 한 아이가 울면 다른 아이들도 따라 운다. 다른 사람이 발을 흔들거리면 소외감을 느끼는 사람은 그 반응으로 자신의 발을 더욱 세게 흔들 가능성이 크다.

상대방의 마음을 읽는 능력은 우리에게 없지만, 마음 이론에 따르면 우리는 본능적으로 다른 사람이 어떻게 생각하고 느끼는지 끊임없이 상대방 입장에서 생각하고 느낀다. 이런 능력은 신경학적으로 우리가 다른 사람의 행동을 고도로 세련되면서도 무의식적으로 파악하고 해석하는 데서 기인한다.

우리는 다른 사람의 몸짓이 무엇을 의미하는지, 그 목적이 무엇인지, 다른 행동이나 사건과 어떻게 연관되는지 본능적으로 즉시 알아차린다. 이런 능력을 '행위 의미 구조(action semantics)'라고 한다. 우리 선조들은 원시 사회에서도 이런 능력을 통해 친구와 적의 의도를 재빨리 파악해 유용하게 활용했다. fMRI를 이용한 연구를 보면 뇌의 전운동 피질과 하전두 이랑이 우리가 관찰하는 행위를 실제로 흉내 낸다. 행동 표방(action representation)으로 일컬어지는 이런 흉내 내기는 뇌섬엽과 편도체 같은 감정 관장 부위를 활성화시킨다. 그 결과 상대방을 모방함으로써 그 사람과 일체감을 갖는다.[5] 초등학교 3학년 자녀의 학예회 연극을 보면서 부모가 대사를 따라 하는 것도 이것으로 설명할 수 있다.

우리가 정신적으로 다른 사람의 행동을 흉내 내지만 대부분은 우리 뇌의 회로가 실제 행동을 억제한다. 하지만 시간이 흐르면서 정신적인 흉내가 우리 뇌에 하나의 틀을 만든다. 아이들이 글쓰기와 신발 끈 묶는 법을 배우고, 신출내기 운동선수나 무용가, 음악가들이 대가들의 관찰을 통해 기량을 향상하는 것도 그로써 설명 가능하다. 수많은 사람이 TV로 골프를 구경하는 이유도 거기에 있다.

1980년대에 이탈리아의 신경생리학자 자코모 리졸라티는 짧은꼬리원숭이로 실험을 했다. 원숭이의 뇌에 전극을 이식하고 여러 가지 물체를 주고 쥐어 보도록 했다. 그 전극 회로는 매우 정교해 매 순간 활성화하는 특정 신경 세포의 확인이 가능했다.

원숭이들이 땅콩을 쥐는 것 같은 특정 행동을 할 때 F5라고 불리는 전운동 피질 부위의 활동이 증가했다.(그림 8 참조) 그러나 연구자들은 예상치 못한 점을 발견했다. 한 연구원이 원숭이에게 주려고 땅콩을 집어 들었을 때도 원숭이 뇌에서 같은 부위가 활성화했다. 원숭이 자신이

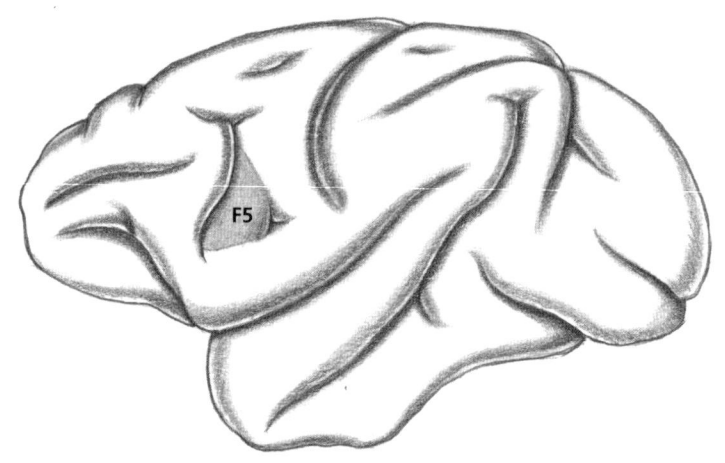

그림 8  자코모 리졸라티와 동료 연구원들이 '거울 신경 세포'가 들어 있다고 확인한 원숭이의 뇌 부위(F5).

땅콩을 집어 들 때와 똑같았다. 마찬가지로 원숭이 자신이 땅콩을 먹을 때 활성화하는 뇌 부위와, 연구원이 땅콩을 먹는 모습을 원숭이가 볼 때 활성화하는 뇌 부위가 일치했다. "우리가 관찰한 현상을 실제로 믿을 수 있을 때까지는 수년이 걸렸다."라고 리졸라티가 《뉴욕 타임스》 과학 전문 기자 샌드라 블레이크슬리에게 말했다.[6]

리졸라티는 이런 구조를 '거울 신경 세포(mirror neuron)'라고 불렀다. 그 부위는 행동의 핵심 부분이 다른 물체에 가려 잘 보이지 않을 때도 활성화했다. 예를 들어 원숭이가 거기에 땅콩이 있다는 사실을 알 경우 연구원이 땅콩을 집어 드는 손이 보이지 않을 때도 그 부위가 활성화했다. 땅콩 껍질이 부서지는 소리처럼 특정 행동에 따르는 소리가 들려도 같은 반응이 나왔다. 이 모든 경우 원숭이의 신경 반응에 비쳐

지는 것은 관찰되는 행동 그 자체보다는 그 행동의 목적이다.[7]

리졸라티는 신경과학자 루치아노 파디가와 함께 인간에게서도 그와 유사한 지각과 반응이 있는지 알아보려고 손 근육의 움직임을 조사했다. 그들은 한 연구원이 다양한 물체를 손에 쥐는 모습을 보는 실험 대상자들에게서 근육이 움직이려는 신호를 관찰했다. 그 결과 실험 대상자들이 관찰자일 때 기록되는 신호와 그 자신이 스스로 물체를 손에 쥘 때 기록되는 신호가 일치했다. 그리고 연구원의 목적이 물체를 손으로 잡으려는 것일 경우 실험 대상자들은 연구원의 손이 물체를 쥐는 것을 볼 수 있을 때나 없을 때나 같은 반응을 보였다.[8]

리졸라티가 이끄는 팀은 실험 대상자들이 인간, 원숭이, 개가 마치 무엇을 깨물 듯이 턱을 벌렸다 오므리는 동작을 보는 동안 그들의 뇌를 촬영했다. 그 결과를 통해 그들은 이런 정신 활동의 조절에는 목적이 중요하다는 사실을 확인했다. 그다음 그들은 실험 대상자들이 사람이 말을 하는 모습, 원숭이가 입술을 쪽쪽거리는 모습, 개가 짖는 모습을 지켜보면서 그들의 뇌를 촬영했다.[9] 실험 대상자들이 사람과 원숭이, 개의 턱이 움직이는 것을 볼 때 자신이 무엇을 깨물 때 활성화하는 바로 그 뇌 부위가 활발하게 움직였다. 인간이 할 수 있는 행위를 사람이 하든, 원숭이가 하든, 개가 하든 간에 그 행위의 관찰 자체가 인간의 뇌에서 거울 신경 세포 부위를 활성화한다는 의미다. 마찬가지로 실험 대상자들이 인간이 말하는 모습을 볼 때도 언어와 관련한 거울 신경 세포 부위가 활성화했다. 그러나 실험 대상자들이 개나 원숭이가 의사소통을 할 때 움직이는 입모습을 봤을 때는 언어와 관련한 거울 신경 세포 부위가 활성화하지 않았다. 원숭이가 입술을 쪽쪽거리고 개가 짖는 것은 인간이 사용하는 의사 전달 방식이 아니기 때문이다. 거울 신경 세포 시스템은 단순히 '보는 대로 따라 하는' 게 아니라 관찰되는 행동을 '개인적'으로 해석한 뒤 반응한다는 뜻이다. 이처럼 다른 사람의 행동을 '개인적'으로 이해하는 것이 다른 사람에 대한 이해와 공감을 높여 주는 듯하다. 그래서 우리는 다른 사람의 행동을 보는 것만으로도 공동 운명체라는 느낌을 갖기도 한다. 이런 신경학적인 동조 현상은 공포 영화를 보면서 영화 속 주인공에게 "안 돼! 그 유령의 집에 들어가지 마!"라고 외치고 싶은 이유를 설명해 준다. 자녀들이 즐거워하는 모습을 보면서 같이 즐거운 것도 바로 그 때문이다.

리졸라티 팀은 별도의 연구에서 fMRI를 이용해 자원자 열네 명이 유해한 물질의 고약한 냄새를 맡는 동안 그들의 뇌를 촬영했다. 그 물질 중 하나가 마치 토사물 같은 냄새가 나는 뷰티르산이었다. 그다음 그들이 비디오를 보는 동안 뇌를 촬영했다. 한 사람이 유리잔 속에 든 물질의 냄새를 맡고는 역겨워서 찡그리는 표정을 짓는 비디오였다. 연구팀은 뷰티르산 같은 역겨운 냄새를 실제로 맡는 것과 다른 사람의 표정에 나타난 역겨움을 보는 것이 똑같이 뇌의 전방부 뇌섬엽 부위를 활성화한다는 사실을 확인했다.[10] 죄의식이나 수치, 그리고 정욕 같은 감정이 이 부위의 활성화와 상관이 있다.

물론 우리의 마음은 몸을 가장 먼저 생각한다. 하지만 우리 뇌에서 일어나는 이런 임시변통적인 모방은 자발적으로 통제되지 않는다.[11] 아울러 이런 모방은 다른 반응보다 훨씬 빠르다. 우리가 의식하기 전에 이미 일어난다. 멋진 사람이 유혹의 추파를 던지면 반사적으로 똑같이 응답한다. 하지만 이런 자동 반응, 다시 말해 신체적 동조를 통해 우리는 상대방의 내적 경험을 인식한다. 우리가 상대방의 관심을 느끼며, 우리 자신이 관심을 표하는 제스처를 통해 상대방의 관심을 처음으로 의식하게 된다.

그런 인식이 정확할 경우 반사적으로 모방하는 행동이나 표정이 감정적 유대를 형성하는 발판이 된다. 특히 모방당하는 쪽이 모방하는 쪽에 대해 더 큰 친밀감을 느끼는 경우 상호 친밀감이 더 커진다.[12] 물론 정확하지 못한 해석은 어색함으로 이어지기 쉽다. 예를 들면 이런 식의 반응이 나온다. "별꼴이야. 난 당신이 아니라 당신 옆에 있는 남자에게 미소를 보냈거든."

모든 직관적 행동이 그렇듯이 집착이 강하면 문제가 생기기 마련이다. 생각이 너무 많으면 골프를 칠 때 공을 홀에 넣지 못하고, 테니스를 칠 때 쉬운 공도 네트에 걸린다. 반사적 시스템에 의식적 자각이 끼어들면 일을 망치게 된다는 뜻이다. 그런 자각은 종종 두려움 때문에 일어난다. 예를 들어 피아노를 칠 때 수없이 연습해서 손이 자동적으로 움직여야 하지만 두려움이 생기면 흔히 말하는 '근육 기억'이 연기처럼 사라져 버린다.

물론 외로움도 무엇보다 머리를 중심으로 하는 마음 상태다. 두려움이나 부정적 인지가 생기면 아주 자연스러운 사회적 유대감으로 이어져야 할 다양한 형태의 동조와 공감이 방해를 받는다.

### 감정 이입

흉내 내기나 동조, 그리고 운동성 모방 등 다양한 비언어적 의사 전달은 사회 인지와 사회적으로 공유하는 표현 방식의 근거가 된다. 아울러 개인 사이의 자동적 조율과 공동 조절의 기초이기도 하다. 동시에 더 깊은 사회적 유대의 기반이 될 수도 있다. 독일어 표현의 아인퓔룽, 즉 감정 이입이다.

fMRI 연구에 따르면 우리가 다른 사람을 생각할 때, 또는 사회적 관계를 이해하려고 할 때 뇌의 내측 전전두 피질, 후부 상측두 고랑, 측두정엽 부위가 활성화한다.(그림 9 참조)[13] 과학자들은 연구를 통해 후부 상측두 고랑의 활동이 증가할수록 이타적인 행동을 할 가능성이 크다는 점을 발견했다.[14] 뇌의 이 부위는 인간 능력의 인식에서 주된 역할을 하기 때문에 우리의 개인적 경험을 의미 있는 이야기로 통합시키는 능력이 있다. 따라서 이타주의는 다른 사람들과 함께하는 삶에 대해 생각하고 그것을 이해하려고 하는 데서 생겨난다고 볼 수 있다. 다시 말해 이타주의는 인간의 능력이나 책임에 관해 우리가 만들어 내는 이야기에서 비롯된다.

하지만 이처럼 자연스럽게 우리의 세계관 형성으로 이어지는 정보 처리 과정에는 뇌의 여러 다른 부위가 참여하기도 한다. 감정적 자극을 처리하는 부위, 사회적 관련이 없는 정보를 처리하는 부위, 주로 사회적 정보를 처리하는 부위 등을 말한다.[15] 이러한 신경 부위들은 뇌 전반에 걸쳐 넓게 분포되어 있으며, 상황에 따라 서로 다른 부위들이 활성화한다. 예를 들어 얼굴을 알아보는 능력은 측두엽 아래와 뒤쪽의 '얼굴 인식 영역(FFA, fusiform face area)'으로 알려진 부위가 맡는다.[16] 그러나 얼굴 표정이 전달하는 감정의 인식은 특정 감정 신호를 해석하는 다른 부위에 의존한다. 예를 들어 전방부 뇌섬엽 부위는 혐오감이나

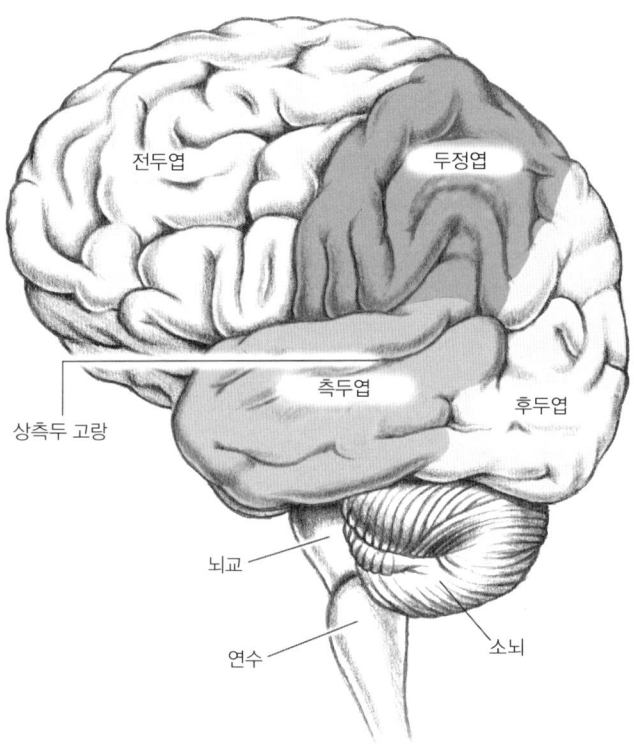

그림 9 **뇌의 구조**
좌우 전두엽: 사고, 계획, 문제 해결, 사회적 지능, 충동 조절 등의 실행 기능을 관장한다.
두정엽: 감각 정보를 통합하고 시공간 처리 같은 상관적이고 연합적인 기능을 관장한다.
후두엽: 시각 정보의 초기 처리에 관여한다.
측두엽: 기억, 청각 정보 처리, 의사 전달, 생물학적 움직임 인식(특히 상측두 고랑의 움직임), 고차원적 시각 정보 처리(얼굴 표정과 장면 등)에 관여한다.
뇌교: 소뇌와 뇌의 상측 부위 사이에 감각 정보를 전달하고, 깨어남과 흥분을 통제하며, 얼굴 표정 근육을 조절하고, 꿈을 꾸는 일에 관여한다.
연수: 호흡, 심장 박동, 혈압 같은 기본적인 무의식 기능을 제어한다.
소뇌: 감각과 운동 정보 처리를 통합해 운동 기능을 조절한다. 정확하게 움직이고, 균형을 잃지 않고 자연스럽게 걷도록 해 준다.

고통의 표현에 특히 민감하고, 편도체는 두려움을 표현하는 얼굴 표정에 특히 민감하게 반응한다(그림 10 참조).[17] 얼굴들이 너무 빨리 지나가 의식적으로 감지하지 못할 때도 이런 감정의 민감한 인식은 계속 이루어진다.[18]

지금까지 알아본 뇌 구조의 정보를 종합해 보면 우리 뇌는 인간의 생존에 가장 중요한 두 가지에 집중한다는 점을 보여 준다. 첫째는 감정적인 인식이다. 둘째는 혼자서는 살 수 없다는 점이다.[19]

전전두엽 피질의 중간이 위치한 상측두 고랑과 편도체는 주어진 상황의 감정적 면과 사회적 면에 똑같이 민감하게 반응한다.[20] 그러나 이들 뇌 부위는 행복하거나 슬픈 감정을 그 상황이 사람이 관계되든 물체가 관계되든 상관없이 처리한다. 따라서 기쁨이든 슬픔이든 상관없이, 또 사람을 묘사하는 자극이 일반적인 물체를 묘사하는 자극보다 더 활발하게 뇌 활동을 일으킨다.[21] 예를 들어 슬픈 표정의 광대를 볼 때가 음울한 숲을 볼 때보다는 뇌의 여러 부위가 더 많이 활성화된다는 이야기다.

이처럼 뇌가 편향적으로 자원을 할당하는 현상은 '사회적 뇌의 가설(social brain hypothesis)'과 일치한다. 사회적 삶이 복잡하기 때문에 인간 두뇌가 급속히 커졌다는 이론이다.[22] 거미원숭이의 뇌는 뱀을 밟지 않고 먹이를 충분히 찾는 데 적합하며, 사회 규칙이 엄격한 소규모 집단에서 살아가는 데 적합하게 발달했다. 그러나 거미원숭이보다 행동 반경이 훨씬 넓은 고등 동물의 경우 사회적으로 더욱 복잡하다. 동료들이 모두 고도의 속임수와 협상에 능할 때는 그들 중에서 적과 친구를 가려내려면 그만큼 머리를 잘 써야 한다. 복잡한 동기에 따라 적과 친

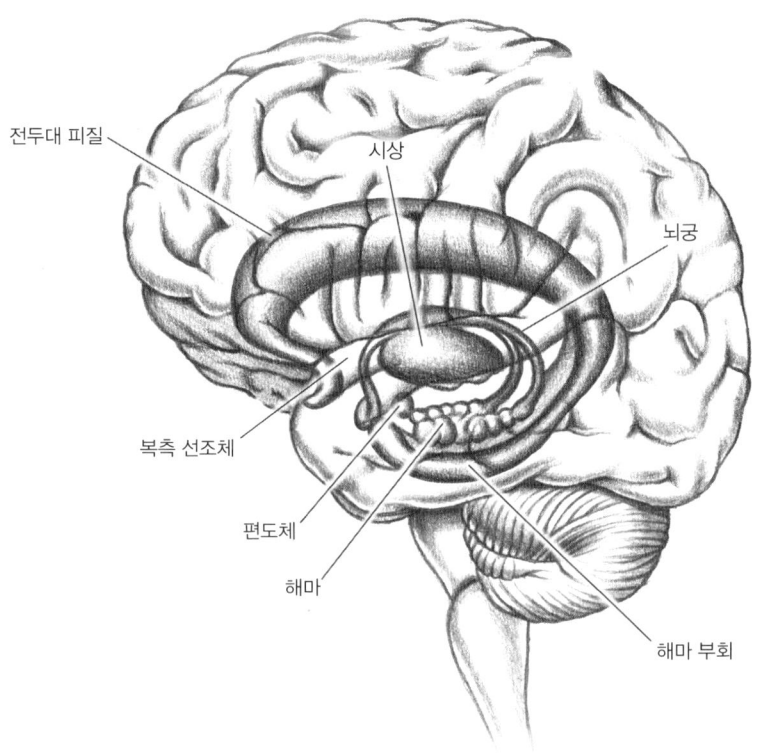

그림 10 **뇌의 내부 구조**
    전두대 피질: 오류 발견, 주의와 실행 조절 등에 관여한다.
    시상: 감각 정보를 전달하고, 전두엽과 연결된 부위를 통해 인식을 조절한다.
    편도체: 사회 인지, 감정 학습, 기억 고정에 관여하며 다른 사람이나 물체에 접근하거나 피하려는 의식에 기여한다.
    복측 선조체: 감정 보상, 동작의 계획과 조절, 새롭고 강렬한 자극 처리에 관여한다.
    해마: 공간 인식과 언어화할 수 있는 새로운 기억의 형성에 관여한다.
    해마 부회: 고차원의 시각 정보 처리와 기억에 관여한다.
    방추 상회: 그림에는 보이지 않지만, 해마 부회 아래에 위치한다. 얼굴을 볼 때 고차원적 시각 정보 처리에 관여한다.

구를 수시로 바꾸고, 의사를 소통하고 동료들을 조종하기 위해 언어를 사용하고, 암컷의 배란 주기에 얽매이지 않는 장기와 단기 교미 상대를 구하고, 끊임없이 변하는 문화적 진화에 적응해야 하기 때문이다.[23]

그중에서도 문화적 진화에 적응하는 문제가 인간의 정신적 발달 과정을 계속 이끌고 가속화한 추진제였다. 큰 두뇌는 단지 크다는 사실에 만족하지 않고 늘 새로운 것, 새로운 상황을 만들어 내며, 그것이 다시 더 큰 뇌를 만들어 낸다. 정확한 사회적 의미에 주의를 쏟지 않으면 곤경에 처할 수 있다. 사회적 신호를 잘못 읽어도 마찬가지다. 사회적 의미와 사회적 신호는 우리가 외로움에 빠지면 잘못 해석하기 쉬운 두 가지 위험 요인이다.

물론 물리적인 상해도 지각과 해석 능력을 손상시킬 수 있다. 편도체가 손상된 사람은 행복감이나 분노 같은 가장 기본적인 감정보다는 사랑이나 미움 같은 사회적 감정을 인지하기가 더 어렵다. 편도체 양측에 손상을 입으면 시선에 혼란이 생긴다. 공포는 눈에서 표현되기 때문에 편도체 양측에 손상을 입은 환자는 다른 사람의 두려움을 정확히 인식하지 못한다. 따라서 그들은 다른 사람의 신뢰성을 판단하기가 어렵다.[24] 물론 편도체에 손상을 입은 환자도 긍정적 자극과 부정적 자극을 식별할 수는 있다. 하지만 그들은 긍정적 자극(예를 들어 낄낄 웃음)의 경우 신경 쓸 가치가 있다고 판단하면서도 부정적 자극(예를 들어 화난 목소리)의 경우는 중립적인 의미를 갖는 소리와 별로 다르지 않다고 판단한다.[25] 그럼에도 불구하고 실험 대상자들에게 그림을 보여 주며 그 그림이 불쾌감을 주는지와 같은 비사회적인 사안에 집중하도록 요구해도 그들의 뇌는 그림 속에 사람이 있는지 여부에 계속 집중했다.[26]

이 모든 일은 자동적으로 일어난다. 인간의 뇌가 진화한 목적은 미술 작품을 감상하거나 2차 방정식을 푸는 게 아니기 때문이다. 우리의 뇌가 진화한 것은 복잡하고 역동적인 사회적 정보를 처리하고 관리하는 능력이 환경에 적응하는 데 유리했기 때문이다.

다른 사람에 대한 인상을 형성하는 우리의 능력은 앞에서 말한 것과는 다른 구조에서 비롯된다. 다른 사람의 시각을 수용하고 그들의 정신 상태와 의도를 받아들이는 능력도 거기에 포함된다. 그런 능력을 관장하는 뇌 부위는 내측 전전두 피질, 전두대 피질, 그리고 측두정엽이다.[27]

그러나 다른 사람의 정신 상태와 의도를 받아들이는 능력이 있다고 해서 반드시 그 상황을 정확히 인지한다는 뜻은 아니다. 다른 사람의 정신 상태를 인식하는 일은 공감의 경우와 마찬가지로 그 인식을 기초로 우리가 어떻게 해석하느냐에 좌우된다. 그런 해석은 우리의 실행 기능을 혼란시킬 정도로 심한 고통이 있을 경우 왜곡되기 쉽다. 바로 외로움을 말한다.

### 예의 주시

연구자들은 우리가 사회적 신호를 어떤 방식으로 파악하는지를 알아보려고 실험 대상자들에게 자신의 개인적 대인 관계나 집단적 사회 관계와 관련한 사실을 일기 형식으로 제시했다. 그러자 외로움을 타는 사람들이 그렇지 않은 사람들보다 그 정보를 더 많이 기억해 냈다. 배가 고프면 먹는 것에 신경이 쏠리듯이 외로움을 느끼면 사회적 신호에

더욱 민감해지기 때문이다.²⁸

　그다음 연구자들은 외로움을 느끼는 사람들이 언어로 표현되지 않는 얼굴 표정을 얼마나 잘 해석하는지 알아봤다. 연구자들은 실험 대상자들에게 분노, 두려움, 기쁨, 슬픔을 묘사하는 표정이 담긴 남녀 스물네 명의 사진을 보여 주었다. 한번은 감정이 강하게 표현된 표정을, 그다음은 감정이 약하게 표현된 표정을 보여 주었다. 각 사진을 1초씩만 보여 준 뒤 실험 대상자들에게 감정의 표현을 판단하게 했다. 그 결과 실험 대상자들의 외로움 정도가 심할수록 얼굴 표정의 해석이 부정확했다.²⁹

　다른 실험에서 연구자들은 실험 대상자들을 세 그룹으로 나눠 세 가지 경험 중 하나를 글로 써서 돌이켜 보도록 주문했다. 심한 고립감을 느낀 경험, 지적인 문제에서 크게 좌절한 경험, 그리고 마지막으로 학교에 걸어가거나 차를 몰고 간 경험 중에서 내키는 일을 골라 글로 적어 보라고 했다. 그다음 각 그룹을 대상으로 실제 말로 표현한 내용을 어느 정도로 섬세하게 인지하는지 테스트했다. 심한 고립감을 글로 상기한 사람들은 목소리 어조에 더 신경을 썼다. 하지만 그 말의 상세한 내용을 기억하는 데는 더 부정확했다.³⁰ 그런 실험 결과는 우리가 외로울 때 사회적 설정에서 느끼는 위협을 잘 설명해 준다. 외로움을 느끼는 사람은 파티장이나 교실 또는 회의실에 들어설 때 다른 사람이 자신을 부정적으로 평가할지 모른다고 두려워했다. "이 사람들이 나를 어떻게 생각할까?", "내가 오늘 이 옷을 입다니 미쳤나 봐!", "파티장에 아는 사람이 아무도 없어. 그들은 분명히 나를 '루저(실패자)'라고 생각할 거야."

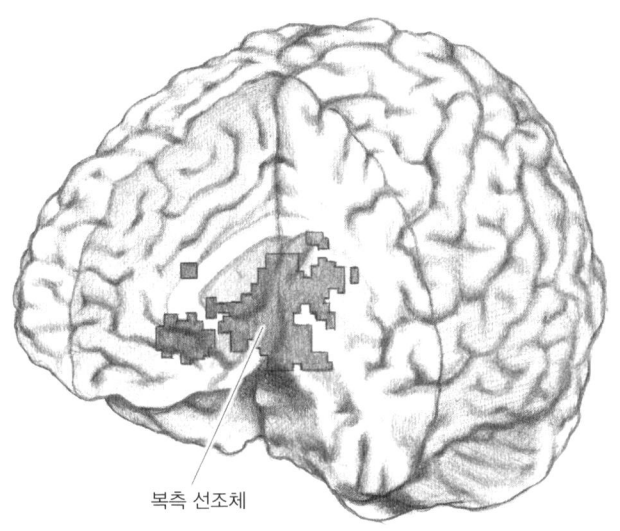

복측 선조체

그림 11 외로움을 느끼지 않는 사람들은 외로움을 느끼는 사람에 비해 기분 좋은 사람의 사진을 볼 때 똑같이 즐거움을 주는 사물의 사진을 볼 때보다 복측 선조체를 포함한 변연계의 넓은 부분에서 더 많은 활동을 보였다. 복측 선조체는 뇌에서 보상과 관련한 부위다.

사회적 신호에 대한 반응을 fMRI로 촬영하면 일반적으로 우리가 유대 관계에서 느낄 수 있는 즐거움을 외로운 사람들은 왜 느끼지 못하는지 알 수 있다. 시카고 대학의 뇌 촬영 센터에서 우리는 자원자들에게 사진을 보여 주면서 그들의 뇌를 fMRI로 촬영했다.[31] 보는 사람의 감정에 긍정적이거나 부정적 영향을 끼치는 사물이나 사람의 사진이었다. 그러면서 '매우 부정적'으로 분류된 사물의 사진(지저분한 변기)이 주는 충격이 '매우 부정적'으로 분류된 사람의 사진(구타당하고 피를 흘리는 사람)이 주는 영향과 느끼는 정도가 똑같도록 했다. 그런 다음 우리는 각 자원자들의 외로움 수준을 측정했다.

그림 11에서 보듯이 외로움을 느끼지 않는 사람들은 기분 좋은 사람의 사진(미소 짓는 농민)을 볼 때 즐거움을 주는 사물의 사진(꽃병)을 볼 때보다 복측 선조체의 활동이 더욱 활발했다. 복측 선조체는 뇌의 '보상 센터(reward center)'로 알려져 있다. 그들에게는 다른 사람의 긍정적 이미지가 특별한 의미가 있었다. 바로 이 기쁨을 관장하는 특정 뇌 부위의 활동이 활발해지면서 감정의 상승이 일어났다. 반면 외로운 사람들은 다른 사람의 긍정적 이미지를 봤을 때 그렇지 않았다. 행복한 사람의 얼굴을 봤을 때 그들의 복측 선조체 활동은 꽃 사진을 봤을 때보다 오히려 약간 미약했다. 이런 결과는 외로운 사람들이 긍정적 사고 활동에서 얻는 기쁨이 외롭지 않은 사람들보다 훨씬 적다고 스스로 인정한 사실과 일치한다.32

한편 실험 대상자들이 보는 사진이 부정적인 경우 뇌 활동의 패턴은 외로움에 관한 실험과 마찬가지로 많은 사실을 알려 준다.(그림 12 참조) 외로움을 느끼지 않는 사람들은 부정적인 사람과 사물의 이미지를 봤을 때 시각 피질에서 비슷한 반응을 나타냈다. 반면 외로움을 느끼는 사람들은 부정적인 사람의 이미지를 봤을 때 시각 피질에서 훨씬 강한 반응을 보였다.

그러나 측두정엽을 관찰했을 때는 활동의 패턴이 그와 반대였다. 측두정엽은 마음 이론과 관점 채택(다른 사람의 관점에서 상황을 보는 능력)에 관여하는 뇌 부위다. 외로움을 느끼는 사람은 그렇지 않은 사람에 비해 위험에 처한 사람의 사진을 봤을 때 일인칭 관점에서 반응을 보일 가능성이 더 컸다. 측두정엽의 활동이 미약했다는 점이 그런 사실을 말해 준다. 외로움을 느끼면 사회적인 위험 가능성에 신경을 곤두세

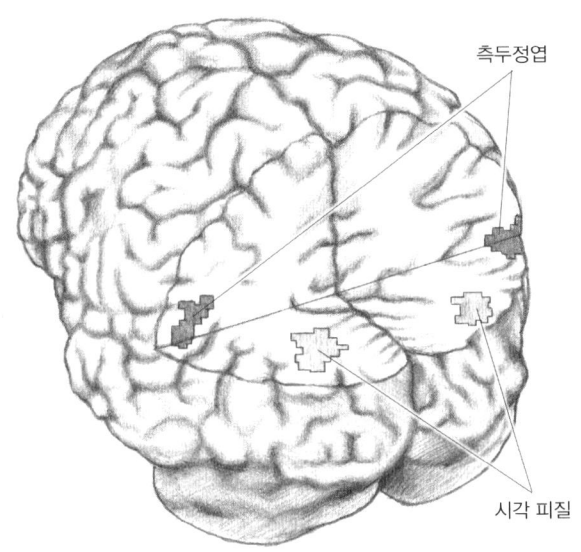

그림 12  외로움을 느끼는 사람들은 부정적인 사람의 이미지를 봤을 때 똑같이 부정적인 사물의 사진을 봤을 때보다 시각 피질의 활동이 증가한 반면 측두정엽의 활동은 미약했다.

우지만 다른 사람의 생각과 느낌에 대한 진정한 우려보다는 자신의 보호에 치중한다는 의미다.

긍정적인 사교 활동에서 얻는 기쁨이 적은 데다가 사회적 상황에서 실제이든 가상이든 위협에 지나치게 초점을 맞추는 편협한 시각이 더해지면 결과는 불행할 수밖에 없다. 사회적으로 미숙한 반응 때문에 외로움을 느끼는 사람의 고립감은 더욱 커지기 때문이다.

한번은 결혼식 피로연에 하객으로 참석한 적이 있었다. 모두가 신랑과 신부를 축복하며 기뻐하는 분위기였는데, 한 여성만이 예외였다. 이런 화기애애한 분위기를 낯설어했다. 그녀는 30대 후반으로 독신 생활에 지쳐 이제는 자신도 배필을 만나 아이를 갖고 싶다고 털어놓았다. 피로연 참석자는 전부 가족과 친구들이었다. 그런데도 자신만의 틀 속에 갇혀 주위 사람들과 어울리지 못했다. 그녀가 피로연에서 소외감을 느낄 만한 충분한 이유가 있었을지도 모른다. 몸이 좋지 않다든가 직장에서 문제가 있었다든가 우울증이 찾아왔을 수도 있다. 아무튼 그녀의 고립감은 너무도 확연했다. 다른 사람들이 그녀를 그렇게 대했기 때문이 아니었다. 그녀 자신이 그처럼 화기애애한 분위기에 섞이지 못했다. 어린 조카들을 처음 보는 드문 자리였지만 아이들에게도 별로 관심이 없었다. 그날 신은 새 구두가 잘 맞지 않아 발이 아파 그랬을지도 모른다. 하지만 그 자리의 단란한 분위기로 인해 그녀의 소외감이 더욱더 심해졌거나, 자신은 자녀를 영영 못 가지리라는 두려움이 커졌기 때문일지도 모른다. 자신의 외로움이 촉발한 주의력 산만과 조절력 상실 때문에 수많은 친구와 가족이 제공하는 유대감을 만끽하지 못하는 듯했다. 그래서 조카들에게 자신이 다정다감한 숙모임을 이해시키지 못했을지도 모른다. 그녀는 말이 짧았고 늘 긴장된 모습을 보였다. 결국 그녀는 일찍 그 자리를 떠났다.

특히 개인적 관계에서 스스로 소외감을 느끼는 사람이 긍정적인 면을 충분히 음미하지 못한다면 문제가 더 커질 수 있다. 긍정적인 경험 후 상대방에게서 받는 지원과 격려를 심리학자들은 '사회적 자본화(social capitalization)'라고 일컫는다. 연구 결과에 따르면 결혼 생활이나 다른 친밀한 관계에서 긍정적인 경험을 진정으로 즐기고 최대한 활용하는 편이 어려운 시기에 실제적인 도움을 주는 것보다 훨씬 바람직하다. 예를 들어 배우자나 애인의 승진을 함께 기뻐하며 진심으로 축하하는 일이 승진을 하지 못했을 때 위로해 주는 것보다 더 중요할지 모른다. 마찬가지로 부부 사이의 문제를 해결하는 일에서도 표현은 잘 못하지만 낙관적인 시각을 갖는 것이 올바른 행동이나 말은 하지만 비관적인 인상을 주는 것보다 훨씬 효과적이라는 점이 다른 연구에서 밝혀졌다.[33]

**외로움이 감정 이입을 방해할 때**

표정에서나 행동, 분위기에서 상대방이 괴로워한다는 표를 내면 누구나 그런 사실을 곧 알아차리고 상대방 스스로도 기분이 좋지 않을 수 있다. 하지만 엄밀히 말해 공감은 아니다. "왜 분위기를 망쳐 놓나. …… 내 기분도 엉망이 됐잖아."라고 자기도취형으로 생각할 수 있다. 아니면 친절하기는 하지만 무심하게 "애인에게 버림받아 가슴이 아프다고 했잖아."라고 그 상대가 한 마지막 말을 되뇌며 자신의 관심사에 몰두할 수도 있다.

만약 내가 집에 돌아가 직장에서 받은 스트레스와 교통 체증 또는 휘발유 가격 때문에 화를 내면 집안 전체의 분위기가 무거워진다. 아이도, 강아지도, 고양이도 그런 분위기를 느낀다. 마찬가지로 행동의 반응만 느껴도 '감정 전염'이 일어난다. 하지만 그 역시 공감과는 거리가 멀다. 이런 간접적인 스트레스나 감정의 분출을 피하는 방법은 간접흡연을 피하는 것보다 훨씬 복잡하다. 상대방의 고통을 외면하고 무감각해지는 것은 인간으로서는 결코 바람직하지 않다. 따라서 정서적 자기 조절력을 높여 적절히 반응하는 편이 바람직하다.

동료 진 디서티는 공감의 신경과학을 연구한다. 그는 이런 형태의 공감에서 네 가지 기본적인 요소를 발견했다. 첫째는 공동으로 갖는 감정, 둘째는 다른 사람이 자신과 별개라는 인식, 셋째는 그런데도 '다른 사람의 입장을 이해하려는' 정신적 적응성, 그리고 마지막으로 적절한 반응을 만들어 내는 데 필요한 정서적 자기 조절력이다.

디서티는 이 네 가지 요소가 뇌의 서로 다른 부위에서 나타난다는 사실을 알아냈다. 특히 공동으로 갖는 감정을 제외하고 나머지 세 가지 요소는 실행 기능을 필요로 한다는 점을 확인했다. 따라서 외로움이 엄습하면 고립감이 실행 기능과 자기 조절력을 방해하기 때문에 진정한 공감의 반응도에도 지장을 준다.

디서티는 실험 조건 아래서 자원자 예순네 명에게 사진 두 장을 보여 주었다. 한 장은 가지를 치는 가위를 든 손 등 평범한 상황을 묘사한 사진이었고, 다른 한 장은 그 가윗날에 집힌 손가락처럼 고통스러움을 전하는 사진이었다. 다른 예를 들면 한 장은 열리려는 찰나 맨발의 사진이었고, 다른 한 장은 그 문에 맨발이 낀 사진이었다. 실험 대상자들에게 처음에는 평범한 상황의 사진을 보여 주고 그다음 고통스러움을 표현하는 사진을 보여 주었다. 사진이 고통스러운 느낌으로 바뀌자 실험 대상자들의 전측 뇌섬엽과 전두대 피질의 활동이 활발해졌다. 배측 전두대 피질은 고통에 대한 반응으로 동기 유발과 정서를 조절하는 일에 관여한다. 부정적인 사건에 신중하고 적절히 반응하게 해 주는 실행 기능을 말한다. 디서티의 실험에서 사진이 전하는 고통스러운 느낌이 강할수록 뇌의 이 부위의 활동이 더욱더 활발해졌다.[34]

하지만 우리는 고통에 익숙해지고 싶지 않듯이 '공감의 과도한 자극'에 굴복하기를 원치 않는다. 친구가 다쳤거나 어린아이가 비명을

지를 때 우리 자신도 그들과 똑같이 고통과 괴로움을 느끼며 몸부림친다면 친구를 응급실에 데려가거나 아기를 달래 줄 수 없다. 디서티와 동료들이 확인한 바에 따르면 자발적인 행동과 다른 사람에 의해 촉발된 행동을 구분하는 문제와 관련한 뇌 부위는 내측 전전두 피질과 측두정엽, 그리고 배측 전두대 피질이다. 이들 부위는 감정을 조절하는 전두대 피질이나 외측 전전두 피질과 함께 우리가 고통에 시달리는 다른 사람을 볼 때 공감은 하되 적절히 계산된 반응을 하도록 해 준다.[35]

우리는 평범한 일상을 지내면서도 상당히 안정된 감정 상태를 유지하는 것이 필요하다. 감정적 자기 조절이 제대로 작동해야 한다는 뜻이다.[36] 특히 외로움은 우리에게 잘 조절된 감정의 균형을 넘어서게 만들거나 또는 아예 미치지 못하게 한다. 더구나 대다수 사람들은 행복한 상황에 처한 다른 사람을 보면서 자신도 비슷한 행복감에 빠지지만, 외로움을 느끼는 사람들은 그런 행복감마저 느끼지 못한다.

### 나와 다른 사람은 별개라는 오해

사회 신경과학은 몸과 마음 사이의 명확한 경계가 없을 뿐 아니라 우리와 다른 사람들 사이에 존재한다고 늘 간주해 온 경계도 결코 생각만큼 확실하지 않다는 점을 보여 준다.

사회 심리학자 권 세민은 '공동 인지(co-cognition)'의 존재를 이야기했다. 우리의 뇌는 하나의 현상을 두고 비슷한 생각을 형성한다. 두 명, 다섯 명 또는 쉰 명이 거의 같은 관점을 가질 수 있다는 뜻이다. 이런 인지의 공유는 재즈 음악을 듣거나 인기 밴드의 공연을 관람하거나 즉흥 코미디를 볼 때 더 많은 즐거움과 흥분을 가져다준다. 예를 들어 우리가 축구 경기를 보면서 상대 팀을 혼란시켜 골을 넣으려면 각 선수가 어떻게 해야 한다는 생각을 나름대로 하며 선수들이 공을 다루는 모습을 볼 때도 마찬가지다. 우리는 어느 정도는 다른 관중과 똑같은 경험을 하지만 동시에 선수들과도 어느 정도 똑같은 경험을 한다. 바로 이런 인지의 공유를 바탕으로 심장 수술 팀이나 월드컵 축구팀의 구성원들은 각자 서로의 바람과 필요성을 예상하고 개인으로서는 불가능한 속도로 문제를 해결하고 대응한다. 그럴 경우 우리는 강력한 화합력과 동기화 능력을 갖게 되기 때문에 의식적인 생각보다 훨씬 신속히 대처할 수 있다. 이 같은 인지 공유를 통해 우리는 자아의 경계를 일시적으로 초월한다.

스포츠 팀의 코치, 기업체 CEO, 동기 유발 강사들은 늘 "뜻이 있는 곳에 길이 있다."라며 모든 일은 마음먹기에 달렸다고 말한다. 기업이나 정부 또는 다른 대규모 조직이 구성원들에게 고도로 정제된 구체적인 '사명 선언문'에 정신적 에너지를 집중해서 같은 목표를 상상하도록 만들려고 애쓰는 이유도 바로 여기에 있다. 그와 정반대의 문화에서도 마찬가지다. 예를 들어 여러 형태의 신비주의에서도 똑같은 기본적인 생각을 중심으로 삼는다. 특히 그들은 '우리 모두는 하나'라는 진부한 슬로건을 내건다. 선사(禪師) 야스타니 로시는 이렇게 설명했다. "인간의 기본적인 착각은 나는 여기에 있고 다른 사람은 저 밖에 있다는 가정이다."[37]

다음 몇 장에서 자세히 살펴보겠지만 어쩌면 더 큰 그림을 보는 능력, 그리고 어떤 상황에서든 창의적이고 집단적으로 적응하는 능력이 인간의 가장 뛰어난 자질일지 모른다. 하지만 다른 사람과 비전을 공유하는 문제는 서로 똑같은 신경 구조를 갖고 있다고 해서 가능한 일이 결코 아니다. 우리 마음속에 일관된 '사명 선언문'을 갖는 일 자체가 너무도 어렵다. 소설가 윌리엄 포크너는 책으로 쓸 가치가 있는 유일한 문제는 "인간 내면의 갈등"이라고 말했다. 소포클레스의 『오이디푸스 왕』에서부터 메디컬 드라마 「ER」까지 인간 해부학과 생리학만이 아니라 인간 사회의 구조도 소설가와 대본 작가들에게 풍부한 소재를 제공했다. 물론 누구나 내면의 갈등으로 쇠약해질 수 있다. 하지만 외로움을 느낄 때는 감당할 만한 수준 이상의 고통을 겪을 가능성이 크다는 점이 문제다.

**10**

## 외로움에 대한 두려움이 주는 부작용

　성인으로 성숙하려면 고삐 풀린 망아지 같은 감정과 충동을 제어할 능력을 갖춰야 한다. 외로움은 그런 제어 능력을 약화시킨다. 게다가 부차적으로 적대감과 불안감 등 다른 부정적 감정까지 유발해 더 많은 문제를 일으킨다. 우리가 외로움을 느끼면 사람들은 우리를 보면서 냉담하다거나 사회적으로 둔감하고, 심지어 비열하다고 판단하는 경우가 많다. 실제로 우리 내면에서는 두려움 때문에 인지와 자기 조절 기능이 손상되고 있는데도 말이다. 다른 한편으로 우리가 사회적으로 아무리 만족한다고 해도 스스로 제어 불가능한 반응을 완전히 초월하기는 어렵다.
　저명한 신경학자 존 휼링스 잭슨은 성숙 과정의 개인적 발달은 '내려받기나 덮어쓰기'가 아니라 뇌 자체의 발달과 마찬가지로 기본 틀을 유지하면서 '계층화된 업그레이드' 방식을 거친다는 사실을 밝혀냈다. 인간은 성숙하면서 유아적이거나 동물적 충동을 내다 버리는 게 아니라 세련된 형태의 욕구 처리 방식을 그 위에 덧씌워 낮은 차원의 반응을 억제할 능력을 갖추게 된다는 뜻이다. 때로는 그런 자제력을 발휘하는 데는 상당한 노력이 필요하다. 더구나 우리의 뇌 신경 회로에는 즐거움이라는 좋은 감각과 고통이라는 나쁜 감각 둘 중 하나를 택하게 하는 단순한 이진법 스위치가 없기 때문에 문제는 더욱더 복잡해진다. 이런 즐거움과 고통의 느낌은 매우 다양한 방식으로 일어나며, 그런 느낌은 진화 과정에서 신경계의 여러 계층을 거치면서 독자적으로, 또는 동시에 당근과 채찍으로 작용한다.

유아적이거나 동물적 충동 같은 낮은 차원의 기능 위에 자제력 같은 높은 차원의 기능이 덧씌워지기 때문에 우리는 필요할 때 적시에 척수, 뇌간, 변연계의 자극-반응 메커니즘을 활용할 수 있다. 예를 들어 "아기가 떨어지니 빨리 붙잡아!"와 같은 본능적인 반사 반응이 그렇다. 하지만 동시에 우리에게는 더욱 정교하고 세련된 뇌 신경계 기능도 있다. 그래서 심사숙고를 하고, 정신적인 시간 여행을 하며, 미묘한 차이에 근거해 의사 결정을 내릴 수 있다.

이처럼 낮은 차원과 높은 차원을 모두 유지하는 데 따르는 이점이 크긴 하지만 때로는 그 때문에 번민하고 내면의 갈등을 겪게 된다. 앞에서 알아보았듯이 외로움은 그런 갈등을 심하게 부추긴다. 그래서 우리는 외로움을 느낄 때 따뜻함과 사랑을 추구하는 동시에 두려움 때문에 가까이 하고 싶은 사람을 가혹하고 무정하게 대한다.

### 충동을 제어하라

플라톤은 인간의 본성을 말 두 마리가 이끄는 전차를 모는 마차부에 비유했다. 말 한 마리는 인간의 세련되고 고매한 충동을 대표하고, 다른 한 마리는 제멋대로 하려는 동물적 충동을 상징한다. 마차부는 그 두 마리의 말을 제어하려고 애쓴다. 하지만 마차부의 그런 임무는 지금의 신경과학이 보여 주는 복잡성에 비하면 어린아이 장난에 불과할지 모른다. 우리 뇌의 다양한 신경 경로는 좋음과 나쁨, 고매함과 저급함, 합리와 충동 같은 단순한 이분법이 적용되지 않는다. 정해진 순위나 일관된 지휘 계통을 따르지도 않는다. 그 경로는 아주 복잡한 혼합체로 조직되기 때문에 신경과학자 게리 번트슨은 이를 '수평적 복합 조직(heterarchy)'이라고 불렀다.

실행 제어 같은 고차원적 기능을 수행하는 전두 피질과 달리 중간 뇌인 변연계는 정보와 조절의 처리소 역할을 한다. 감각 정보를 접수해 지휘 계통을 밟아 위로 전달한 뒤 우리의 의도가 결정되면 그 메시지를 아래로 전달하여 시행케 하는 역할이다. 하지만 우리가 지금까지 반복해서 알아보았듯이 고차원 경로나 저차원 경로 모두 사회적 맥락에 크게 좌우된다. 그 맥락 중에서도 주위 사람들과 유대감을 갖느냐, 외로움을 느끼느냐가 매우 중요하다.

합리적인 계획과 신중한 행동의 실행에서 핵심 역할을 하는 전전두 피질도 감정 조절에 깊이 관여한다. 뇌를 촬영한 영상을 보면 우리가 자신이나 다른 사람에 관해 생각할 때는 전전두 피질의 활동이 크게 증가한다.[1] 따라서 가장 늦게 발달하는 전전두 피질이 여러 개의 고삐를

쥔 전차 기수에 해당한다. 고차원적 제어(작업 기억, 주의 집중, 선택, 의사 결정 등)는 감정, 욕구, 동기 같은 저차원 경로에 명령을 내려야 한다. 예를 들어 우리는 입에 쓴 물질이 들어오면 반사적으로 내뱉으려 한다. 먼 옛날 자연 환경에서 마주친 독성 물질의 쓴맛을 경험해 보았기 때문에 그런 반사 반응이 생겨났다. 하지만 기침약도 맛이 쓰다. 따라서 바로 여기서 전전두 피질의 역할이 중요하다. 기침약을 먹이면 아기는 울며 구역질을 한다. 그러나 점점 나이를 먹어 감에 따라 우리는 그런 자연적 충동을 억제하는 법을 배워 쓴 약을 꾹 참고 삼킨다.

뇌의 이런 분산된 신경 처리 덕분에 우리는 행동의 유연성을 보일 수 있고 맥락에 맞는 제어가 가능하다. 하지만 이질적 생각을 걸러 내고, 정신을 집중하고, 깊이 자리 잡은 원시적 반응을 조절하기 위해서는 실행 능력을 가진 뇌가 필요하다. 여기서도 외로움이 장애물로 작용한다.

3장에서 설명한 이음이원 청각실험에서 우리는 자원자들에게 상충하는 청각 신호를 제공했다. 한편 1935년 심리학자 존 리들리 스트룹은 상충하는 인지 신호를 측정하는 방법을 개발했다. 이를 '스트룹 테스트(Stroop Test)'라고 한다. 실험 참여자들에게 각종 색깔의 이름을 적은 단어를 보여 주면서 함정을 만드는 기법이다. 예를 들어 '빨강'이라는 단어가 노랑이나 녹색으로, '노랑'이라는 단어가 청색이나 빨강으로 적혀 있다. 그런 뒤 실험 참여자들에게 무슨 단어를 보았는지 묻는다. 시각 정보(색상)와 언어 정보(적힌 단어)의 불일치가 방해 요인으로 작용하기 때문에 상충되는 자극을 이해하려고 애쓰면서 시간이 지연되어 참여자들은 곧바로 해당 단어를 말하기 어렵다.

우리는 스트룹 모델을 기초로 종이에 여러 색으로 다양한 단어를 인쇄해 인지력의 간섭 효과를 실험했다.[2] 예를 들어 '두려움'처럼 감정을 표현하는 단어와 '경쟁하다'와 같은 사회적 의미를 지닌 단어를 임의적으로 선택했다. 참여자들에게 그 단어들을 보여 준 뒤 각 단어의 색이 무엇인지 기억해 내도록 했다. 사회적 의미를 지닌 단어의 경우 외로움을 느끼는 참여자들은 그렇지 않은 사람에 비해 색을 기억하는 데 아주 짧지만 약간의 시간이 더 걸렸다. 간섭 효과 때문이었다. 그 지연되는 시간이 간섭 효과를 의미했다. 그 실험이 사회성 측정과 상관이 없을 때만이 아니라 그런 의도를 감춘 상황에서도 외로움을 느끼는 참여자들은 사회적 정보를 찾고 그 정보 때문에 주의가 산만해졌다. 특히 '고문'처럼 부정적 감정과 연관된 사회적 단어의 경우 그 효과는 더 컸다.

다이어트를 하는 사람이 아무리 외면하려고 애써도 음식에 눈이 가듯이 외로운 사람은 보거나 하는 모든 일에서 일반 사람보다 훨씬 강하게 사회적 유대감과 사회적 배제에 집착한다. 따라서 외로움이 깊은 사람은 아주 평범한 상황에서도 과도하게 반응한다. 3장에서 소개했듯이 셈하기에 밝은 침팬지 시바는 캔디 여섯 개가 담긴 접시와 세 개가 담긴 접시 중에서 선택하도록 했을 때 캔디를 여섯 개 가지려면 캔디가 세 개가 담긴 접시를 선택해야 했지만 번번이 그러지 못했다. 캔디가 더 많이 담긴 접시를 봤을 때 그것을 선택하려는 욕구를 억누르기가 쉽지 않기 때문이었다. 외로움을 느끼는 사람도 사회적 상황에서 그와 마찬가지로 행동하기 쉽다.

### 편향된 의미 창출의 양면성

농구를 좋아하는 내 친구 찰리는 출장을 가서도 길거리나 체육관의 즉석 경기에 곧잘 끼어들었다. 키가 크고 말랐기 때문에 농구에 잘 어울려 보였다. 실력도 나쁘지 않았다. 학창 시절에는 우승 팀에서 뛰기도 했다. 하지만 늘 리바운드 볼을 잡거나 도움을 주는 역할만 했지 골잡이가 아니었기 때문에 주력 선수는 되지 못했다. 그러던 찰리는 어느 날 자기 집에서 멀리 떨어진 도시의 낯선 체육관에 들어갔다. 다른 사람들은 그냥 키가 좀 큰 낯선 사람이 경기를 하고 싶어 한다고 생각했던 모양이었다. 그들은 곧 팀을 나눠 경기를 시작했다. 찰리가 처음 공을 잡았을 때 그는 우연히도 아무런 방해 없이 골대 바로 앞에 있었다. 그래서 슛을 날려 가볍게 성공시켰다. 팀 동료 한두 명이 고개를 끄덕였을 뿐 모두들 대수롭지 않다고 생각했다. 자기 팀이 두 번째로 공을 잡았을 때 찰리는 또다시 좋은 위치에서 공을 받았다. 그래서 다시 슛을 날렸다. 공은 멋진 곡선을 그리며 그물망 속으로 빨려 들어갔다. 이번에는 더 많은 팀원들이 고개를 끄덕였다. 두 명은 미소를 지으며 하이파이브를 했다. 하지만 찰리는 여전히 무심했다. 적어도 다른 선수들의 눈에는 그렇게 보였다. 그는 자신의 원래 실력이 그렇다는 듯이 보이려고 태연한 체했다. 사실 그는 20년 동안이나 '수행 불안증'을 겪어 왔다. 다른 사람의 높은 기대감이 주는 스트레스와 공포 때문에 슛을 했다가 실수하면 어떻게 하나 하는 생각에 그냥 다른 사람에게 공을 패스했다. 하지만 그 낯선 도시에서는 아무도 그의 그런 두려움을 몰랐다.

팀 동료들은 아주 기뻐했다. 그를 골잡이라고 생각했다. 다음 10분

동안 같은 상황이 이어졌다. 그들은 찰리에게 공을 패스했고 그는 계속 슛을 날려 성공시켰다. 8자형 드리블에다가 멋진 드라이브 슛까지 날렸다. 찰리의 팀이 완승했다. 찰리는 시합이 끝나자 곧바로 손을 흔들며 "고마워요. …… 이제 가 봐야 해요."라고 말한 뒤 탈의실로 뛰어들어 갔다. 사실 그 자리의 다른 사람들은 전혀 몰랐지만 찰리는 멋진 골잡이 흉내를 냈을 뿐이었고, 더 이상 계속하다가는 들통이 날지 모른다고 두려워했다. 그래서 박수 받을 때 빨리 떠나야 한다고 생각했다. 그 전에는 그렇게 슛을 날린 적이 없었다. 하지만 우연히 첫 슛이 성공하자 두 번째 슛에서도 자신감이 생겼고, 아무도 자신의 과거를 모른다는 생각이 더욱 자신감을 키웠다. 그 자리의 다른 사람들이 보기에 그는 거의 농구 천재였다. 그 짧은 시합 동안 찰리는 제2의 코비 브라이언트(LA 레이커스 소속의 농구 스타)였다.

이처럼 편향된 의미 창출은 매우 강한 힘으로 우리를 새로운 수준에 도달케 해 주기도 하고, 아침에 잠자리에서 벗어나지 못하게 만들기도 한다. 여러 다른 상황에서도 봤듯이 그런 효과는 결코 상상 차원에 머물지 않는다. 중요한 과제에서 실패할지 모른다고 두려워할 때는 이런 편향된 생각이 스스로 불리함을 자초한다. 그래서 극복이 불가능한 장애물을 스스로 만들어 낸다. 그러나 외로움과, 그 외로움이 만들어 내는 자기중심주의는 이런 자연적 경향을 정도가 심각하고 고질적인 상태로 몰아갈 수 있다. 인간적인 유대를 맺는 것이 중요한 과제일 때도 자신을 늘 위협에 처하고 배고픈 천성적인 외부자로 보는 태도는 최선의 노력마저 물거품으로 만든다. 하지만 뒤집어 보면 '독자적 현실의 설계자'가 될 수 있는 바로 이런 인간의 능력이 고독의 감옥에서 탈출하는 데 필요한 열쇠를 제공하기도 한다.

### 오해가 부르는 피해

우리 인간은 주변에서 일어나는 일의 의미를 이해하려고 애쓰지만 실제 자신의 느낌이나 행동의 원인을 파악하는 데는 별로 소질이 없다. 대개 우리는 자신의 강점을 과대평가하고 약점을 과소평가한다. 우리는 집단 활동에서 자신의 기여가 실제 이상으로 중요하다고 생각한다. 자신의 믿음이 곧 다수의 믿음이며, 자신이 바라는 대로 일이 이루어져야 한다고 생각한다.[3] 동시에 우리는 다른 사람의 기여도를 과소평가하며, 세상의 모든 위험 요소가 자신에게는 적용되지 않으리라고 생각한다. 뜻밖에 일어나는 일의 경우 우리는 논리에 근거해 추리하기보다는 합리화하는 경향이 강하다. 기억 자체도 일어난 사건의 정확한 회상이라기보다 사건의 편향된 재구성인 경우가 많다.[4] 법정의 목격자 증언도 예외가 아니다. 인간의 나약한 면을 약간만 시사해도 사람들은 피해자의 잘못이라고 생각하기 쉽다. 특히 성폭행 사건에서 피해자가 그런 폭행을 당하는 데 일조했다고 믿는 여성 배심원이 남성 배심원보다 많다. 여성 배심원은 이렇게 생각할지 모른다. "그녀가 행실이 나쁘지도 않았고, 어리석은 위험을 감수하지도 않았는 데도 성폭행을 당했다면 나도 그녀와 똑같은 피해자가 될 수도 있다. 그녀에게도 어느 정도 책임이 있어야 마땅하다. 그렇지 않다면 나도 결코 안전하지 않다." 또 우리는 특정 경험으로 우리가 얼마나 오랫동안 기분이 좋거나 나쁠지 판단하는 능력도 형편없다. 거의 모든 영역에서 우리는 우리가 이미 진실이라고 믿은 일이 일어난다고 생각한다. 우리는 "비슷한 사람들끼리 서로 끌린다."라고 단정적으로 말하면서도 동시에 "정반대의 기질을 가진 사람들이 서로 끌린다."라고 확신한다. 예를 들어 1950~60년대 미국 프로 야구팀 뉴욕 양키스에게 일곱 차례의 월드 시리즈 우승을 안겨 준 케이시 스텐겔 감독은 이렇게 말했다. "투수가 공을 잘 던지면 타자는 공을 치지 못한다. 하지만 타자가 공을 잘 치면 투수가 공을 잘 던지지 못한다."

침팬지 시바의 캔디 실험에서 살펴본 간섭 효과에다가 우리가 늘 행하는 기본적인 왜곡이 혼합된 와중에서 외로움은 우리를 더욱더 허약하고 부정적이며 자기비판적으로 만든다. 한 실험에서 참여자들은 간단한 과제를 수행한 뒤 평가를 받았다. 참여자의 외로움 수준이 높을수록 자신의 실패를 자신의 자질 탓으로 돌리고 성공을 주변 상황의 탓으로 돌리는 경향이 강했다.[5] 반면 일반적으로 외로움 수준이 낮은 사람은 실패를 운이 따르지 않은 탓으로 생각하고, 객관적으로 봤을 때 운이 따라서 성공한 상황이 분명한 경우에도 자신이 잘해서 이룬 성과라고 여긴다.[6]

만성적으로 외로움 수준이 높은 사람의 특징 중 하나는 스스로 외부 환경을 통제할 수 없기 때문에 사회생활에서 실패할 수밖에 없다는 인식이다. 그런 비관적인 생각에다 언제나 자신을 보호해야 한다는 느낌이 더해지면서 그들은 다른 사람과 어울리지 못하고 자기 내면으로 침잠한다. 아울러 스트레스에 수동적으로 대처하면서 총 말초 저항(혈류에 대한 말초 혈관의 저항으로 혈관이 수축되면서 저항도가 높아진다.)이 올라가 결국 혈압이 높아진다.[7] 외로움은 사회적 회피성이 높고 사회적 접근성이 낮은 전략을 유발한다. 이런 사고 전략은 외로움을 지속시킨다. 외로움이 유도한 냉소적인 세계관은 소외와 불신으로 이어져 실제로 사회적 배척을 만들어 낸다는 사실이 여러 실험을 통해 밝혀졌다. 그래서 외롭다는 느낌은 '자기 충족적 예언(실패하리라고 예상하면 실제로 실패하게 된다.)'을 만들어 낸다. 이처럼 주관적인 판단의 배척감을 오래 유지하면 실제로 주변으로부터 배척당하게 될 가능성이 크다.[8]

이 과정은 4장에서 소개한 것과 약간 다른 새로운 '죄수의 딜레마' 게임에서 입증되었다. 외로움을 느끼는 사람들과 그렇지 않은 사람들이 뒤섞인 자원자들은 전혀 모르는 한 사람을 상대로 게임을 했다.[9] 돈을 두고 벌이는 게임이었다. 참여자들은 게임 전에 상대방에게 충성심을 포상할지 배반을 벌할지 말했다. 하지만 그 상대방은 그들이 거짓말을 하는지 진실을 말하는지 몰랐다. 한 참여자가 게임 전에 선언한 대로 행하고 다른 참여자가 그러지 않는다면 사람을 믿는 쪽이 게임에서 진다. 하지만 이 게임은 과학 실험이기 때문에 상대는 연구진의 한 명이었다. 그는 다른 사람처럼 실험 자원 참여자로 가장하고 실제 참여자처럼 반응했다. 보복 전략을 사용했다는 뜻이다. 그 연구원은 늘 이전의 행동을 그대로 따랐기 때문에 실제 자원한 참여자들은 게임이 어떻게 진행될지 뻔하다고 생각했다. 처음 몇 게임에서는 외로움을 느끼는 사람과 그렇지 않은 사람들이 똑같이 협조적이었다. 그러나 시간이 지날수록 참여자가 배반하면 상대방도 따라서 배반하는 경우가 늘어나면서 외로움을 느끼는 사람들이 상대방을 불신하는 정도가 심해졌다. 배반과 악감정의 연속이었다. 반면 외로움을 느끼지 않는 사람들은 자신과 상대방의 배신에도 불구하고 일반적으로 계속 협조적이었다. 외로움을 느끼는 사람과 그렇지 않은 사람이 만들어 낸 서로 다른 사회적 현실은 다른 사람의 성격에 관한 자신들의 서로 다른 기본 기대감을 반영했다.

미국의 저명한 정신 분석학자 해리 스택 설리번은 외로움을 "정확한 기억을 사실상 왜곡할 정도로 끔찍한 경험"으로 규정했다. "특히 나이가 어릴수록 배척의 두려움은 자신에게 인간으로서 살아가는 방식을 보여 주는 모델로서 반드시 필요한 사람에 의해 거부당한다는 두려움으로 이어질 가능성이 크다."[10]

종합하면 결론은 이렇다. 외로움은 견디기 힘든 두려움을 유발한다. 특히 청소년은 또래 집단과 필사적으로 어울리기 위해 자신의 판단력과 정체성을 포기하는 경우가 많다. 나이가 적든 많든 배척당할지 모른다는 두려움은 자멸적인 어리석은 행동을 유발할 수 있다. 외로움을 느끼는 사람은 앞으로 겪게 될 실망과 좌절, 배척당할 고통에서 자신을 보호하기 위해 다른 사람에게 다가가려는 노력이 무의미하며 절대로 관계가 잘 풀리지 않으리라는 이유를 끊임없이 생각해 낸다. 우리가 외로움을 느끼면 사실이 아닌 데도 스스로 사교 기술이 부족하다고 여겨 자신을 해치게 되는 이유도 이것으로 설명 가능하다.

### 같은 경험도 보기 나름

영국의 시인 존 밀턴(1608~74)은 『실낙원(*Paradise Lost*)』에서 사탄의 입을 빌려 인간의 조건을 이렇게 요약했다.

마음은 때와 자리에 따라 달라지지 않으리……
마음은 그 자체가 자리이니
거기서 지옥이 천국으로, 천국이 지옥으로 될 수 있으리…….

한편 셰익스피어는 『햄릿(Hamlet)』에서 이렇게 풀었다.

원래 좋거나 나쁜 건 없다. 자신의 생각이 그렇게 만들 뿐이다……. [11]

인간은 의미를 만들어 내는 존재다. 외로운 사람만이 고도로 주관적인 렌즈를 통해 사회적 단서를 해석하지는 않는다. 인간의 뇌는 입력되는 수많은 이질적인 감각 신호의 조각을 취해 그 상황에 적합한 이론을 만들어 내야 한다. 시간과 공간, 원인과 결과의 해석을 말한다. 그래야 오늘을 살아가고 내일을 계획하며 과거를 이해할 수 있다. 이상적인 경우 그런 과정을 통해 만들어 내는 이론과 전략이 객관적 현실과 잘 맞아떨어진다. 그럴 경우 우리는 현실 세계에서 부닥치는 문제를 적절히 해결할 수 있다. 그러나 반드시 그렇게 된다는 확실한 보장은 없다. 사회성에 민감한 뇌는 삼각형의 점 세 개를 보고 반사적으로 인간의 얼굴을 떠올릴지 모르지만 때로는 그 점 세 개는 단지 점 세 개일 뿐이다.

심리학자 프리츠 하이더와 메리앤 짐멜은 1940년대에 작은 삼각형과 작은 원, 그리고 큰 삼각형이 큰 사각형 주변과 안을 돌아다니는 단편 애니메이션 영화를 제작했다. 빙빙 돌아가는 기하학적 형태에 불과했지만 그 영화를 본 사람들은 의도와 계획, 그리고 감정적 의미로 가득 찬 사회적 드라마라고 평가했다. 인간의 뇌가 가장 잘하는 일이 바로 그것이다. 우리의 뇌는 입력된 감각 신호가 무엇이든 이를 바탕으로 자신들이 생각하는 '현실'을 만들어 낸다.¹²

영화를 보면서 관객들이 움직이는 삼각형과 원, 그리고 사각형에서 하나의 이야기를 찾아내듯이, 마음 이론이 형성되지 않은 어린이는 주변의 다른 사람에 대해 나름대로의 생각과 경험을 마구잡이로 투사한다. 대다수 학자의 의견에 따르면 바로 이런 경향 때문에 인류 초기에 원시 종교가 생겨났다. 그 종교는 자연의 힘에 이름을 붙이고 개별적으로 복잡한 기원과 역사를 부여했다. 인간적인 속성을 부여했다는 것이다. 그런 속성이 최초의 신화와 전설의 원재료였다.

플라톤의 '전차 마차부' 비유에서부터 프로이트의 '고통당하는 잠재의식'에 이르기까지 철학자들은 인간성 내부에 합리적이고 바람직한 면과 어둡고 감정적인 면이 공존한다고 판단했다. 그러나 사회 신경과학은 좀 더 통합적인 시각을 지향한다. 인간의 자기 보존과 생존을 관장하는 감정 체계는 원시적인 환경과 단순하고 직접적인 위협에 맞게 구축되었기 때문에 극단적으로 순진한 경향을 보인다. 외부의 영향에 민감하며, 추상적인 데이터보다는 피상적이고 사회적이며 일화적인 정보를 선호한다. 그러나 우리를 격하시키는 바로 그 비이성적인 과정이 인간으로서 우리의 가장 훌륭한 자질의 기초가 되기도 한다.

희망은 불합리성을 수반한다. 배우자에게 갖는 긍정적 환상은 길고 행복한 결혼에 도움이 된다.¹³ 모험 사업을 시작하려는 사람들은 앞으로 닥칠 어려움을 낙관적으로 편향된 시각에서 평가한다. 그렇지 않고는 누가 모험을 감행하겠는가? 순전히 통계 자료만을 기준을 판단한다면 사업가가 새로운 사업으로 성공하리라 생각한다거나, 화가가 미술

품 수집가들이 구입할 만한 그림을 그릴 수 있다고 생각한다거나, 작가가 읽을 만한 책을 쓸 수 있다고 생각한다거나, 과학자가 과학에 중대한 기여를 할 수 있다고 생각한다거나, 결혼을 앞둔 사람이 평생 행복하게 살 수 있다고 생각하는 것은 비합리적이다.

편견은 인지적 지름길을 취하려는 단순한 필요성에서 비롯된다. 우리는 처리 가능한 양보다 많은 정보가 입력되면 정치, 문화, 종교 등 우리의 생존에 직결되지 않는 문제에는 생각을 절제하려는 경향이 있다. 때로는 내재된 이미지와 예견, 그리고 우리의 선호도를 좌우하는 편견을 전혀 인식하지 못한 채 선택하기도 한다.

하지만 우리 삶의 이야기는 대부분 이성적인 면과 감정적이고 비이성적인 면의 융합이 결정한다. 우리가 어떻게 보느냐에 따라 똑같은 경험이 해 볼 만한 도전이 될 수도 있고 악몽이 될 수도 있다. 같은 물잔을 두고 반이 비었다고 생각할 수도 있고, 반이나 찼다고 생각할 수도 있다는 뜻이다. 우리가 오랫동안 외로움에 빠져들었을 때는 이런 위협적인 감시 체계와 방어적이고 이기적인 관점으로 왜곡된 사회적 정보의 과민성에서 벗어나야 한다. 그러나 이런 부정적인 관점은 이러지도 저러지도 못하는 딜레마다. 그래서 사회적 유대감이 진심으로 필요한 사람이 오히려 그런 욕구를 억누르는 장애물을 만든다. 누구나 살아가면서 빠져들 수 있는 딜레마다.

고등학교에 갓 입학하여 파티에 처음 참석하는 10대, 아는 사람이 없는 새 직장에 첫 출근하는 20대, 남편과 사별한 지 얼마 안 되어 친구의 교회나 클럽에서 개최된 행사에 참석하는 나이 든 여성은 소외감으로 불안을 느끼기 마련이다. 우리가 불안을 느끼면 옛날 옛적 저 아프리카 평원의 수렵 채취인이 했던 행동을 그대로 하게 된다. 위협이 있는지 지평선을 자세히 살핀다는 뜻이다. 그러다가 마치 수렵 채취인이 숲에서 불길한 소리를 들었을 때처럼 외로운 사람은 대개 최악의 상황을 상정하고 바짝 긴장하면서 자신을 보호하려고 심리적으로 최대한 방어적이 된다.

가장 편안한 상황에서도 감정을 정확히 전달하기가 여간 어렵지 않다. 하물며 강렬한 위협 인지로 몸 전체가 스트레스 호르몬에 흥건히 적셔지고, 무엇이 식은땀을 흘리게 하고 숨이 가빠지게 하는지 의식적으로 모를 때는 더더욱 어렵다. 따라서 우리 대다수는 삶의 많은 부분을 태엽을 감아 움직이는 인형처럼 행동하면서 보낸다. 똑같은 벽에 계속 다가가 부딪히면서 왜 우리가 그런 작고 외로운 방에 갇혔는지 의아해 한다. 우리 자신이 무심코 그런 방을 만드는 데 거들었으면서도 말이다.

### 우리가 만들어 내는 현실

다행히도 바로 그런 인지 능력 덕분에 우리는 무엇이 우리를 구속하는지 깨닫고 활짝 열리는 방문과 창문을 만들 수도 있다. 하지만 마찬가지로 그런 긍정적 인지가 쉽게 생겨나지 않는다는 점이 여전히 문제다.

우리가 스스로 만들어 내는 '현실'은 다른 사람이 우리를 어떻게 보고 우리에게 어떻게 행동하는지를 대부분 결정한다. 그들은 우리가 만든 '현실'을 보고, 그것을 기초로 우리를 규정하고, 그 평가를 바탕으로 우리에게 반응한다. 따라서 외로움에서 벗어나려면 재교육과 자제력이 필요하다. 다른 사람이 알아보지 못하도록 현실을 비틀려는 우리 마음의 욕구는 일시적이지도 않고 피상적이지도 않기 때문이다.

우리는 외로움을 느낄 때는 사회적 욕구가 충족되지 않는다는 사실을 뼈저리게 인식한다. 동시에 그런 욕구를 충족시킬 능력이 자신에게는 아예 없다고 생각하려는 경향이 강하다.[14] 다른 사람의 편견이 이런 부정적인 피드백 고리에 언제나 영향을 끼친다. 예를 들어 새로 만나는 누군가가 재미있고 친절하기를 기대한다면 그의 즐겁고 재미있는 면을 유도하는 방식으로 그를 대할 것이다. 부모나 교사가 아이의 지능이 우수하기를 기대하고 실제로 그렇다고 생각하면 그 지능을 드러내 보이도록 유도하는 행동이나 말을 하게 된다.

한 실험에서 참여자에게 이성 파트너를 소개해 주면서 만나게 될 그 파트너가 외로운 사람이라거나 그렇지 않은 사람이라고 임의적으로 미리 말해 주었다. 파트너가 외로운 사람이라는 말을 사전에 듣고 편견을 갖게 된 참여자는 그 파트너를 사회성이 떨어진다고 평가했다. 참여자 자신도 파트너가 외로운 사람이라는 편견을 가졌을 때는 그 파트너를 쌀쌀맞게 대했다.[15]

우리가 어떤 사람에게 부정적인 기대를 가지면 그 사람에게서 실제로든 상상으로든 우리의 그런 기대를 확인해 주는 행동을 보게 된다. 그 경험으로 우리도 자신을 보호하려고 부정적인 행동이나 말을 하게 된다. 결국 꼬리에 꼬리를 물면서 소외감과 고립감은 더욱더 심해지게 된다.[16]

물론 유전적 기질에다 불운한 상황마저 겹쳐지면 누구나 외로움을 느낄 수 있다. 하지만 위에서 살펴보았듯이, 특히 우리는 자신과 다른 사람의 생각 때문에 계속 외로움에서 벗어나기 힘든 경우가 적지 않다. 외로움의 덫이 사회적 기대와 염원의 한 가지 기능으로 자리를 잡아 가면서 실제 현실의 중요성은 더욱 낮아진다.

흔히들 외로운 사람은 사회적 욕구를 충족시키기 위해 새로이 만나는 사람을 흔쾌히 받아들일 것이라고 기대한다. 마치 굶주린 사람이 설익었거나 좋아하지 않는 음식이라도 기꺼이 먹으려 하듯이 말이다. 하지만 실제는 다르다. 외로움을 느낄 때는 그렇지 않은 경우보다 새로운 사귐을 위해 사람에게 잘 다가가려고 하지 않는다.[17] 대학생을 대상으로 한 여러 연구 결과에 따르면 외로움을 느끼는 학생은 그렇지 않은 학생보다 같은 방을 쓰는 동료를 더 부정적으로 인식했다. 이러한 인식의 차이는 거리에 비례했다. 같은 방보다 같은 구역을 공유하는 동료의 경우 더 크고, 같은 층을 사용하는 동료의 경우 그보다 더 크며, 다른 층의 동료의 경우 그보다 더 크게 나타났다.[18]

이러한 부정적인 '현실'을 만드는 데는 시간도 영향을 끼친다. 한 연구에서 참여자들은 각자 한 친구와 대화를 한 뒤 곧바로 두 사람의 관계와 대화의 질을 평가했다. 그다음 그 대화 장면을 찍은 비디오를 보며 다시 평가했다. 몇 주 뒤 그 장면을 머리에 떠올리며 또다시 평가했다. 그리고는 다시 그 비디오를 본 뒤 또 평가했다. 참여자 중 외로움을 느끼는 사람들은 그렇지 않은 사람들보다 네 차례 모두 더 부정적으로 평가했다. 동시에 시간이 오래될수록 평가는 부정적이었다. 비디오를 본 뒤의 평가는 특히 더 부정적이었다.[19] 실제의 대화 직후 평가에서는 친구가 왜 그렇게 행동했는지 그 이유를 이해하기 때문에 사회적 인지의 부정성이 억제되었다. 그러나 시간이 지나면서 부정적 인지가 제어되지 않았다. 그 당시 친구의 행동 이면에 깔린 이유를 잊어버렸기 때문이다. 시간이 오래 지날수록 객관적 현실은 외로운 사람의 부정적 사회 인지가 만들어 낸 가짜 '현실'에 자리를 내주었다.

학생들에게 토론에 협조적으로 행동하도록 부탁했을 때도 외로움을 느끼는 학생들은 그렇지 않은 학생들보다 급우들에게 덜 협조적이었을 뿐 아니라 적절하고 효과적인 반응도 적게 보였다.[20] 이처럼 외로움이 유발하는 인지와 행동의 왜곡은 외부 환경이 개입하지 않아도 많은 문제를 일으킬 수 있다. 하지만 우리 세계는 반드시 인자하지 않다. 최근의 연구에 따르면 염색체 차원의 세계도 생존 경쟁이 치열한 정글이다. 특정 유전자의 의도는 그 유전자가 전달되는 개인의 계획과 반드시 일치하지는 않는다. 유전자와 염색체 조각, 그리고 유전 정보를 담지 않은 DNA 물질은 전부 자신의 이익에 따라 행동하면서 다른 유전적 요소에 해를 입히기도 한다. 일부는 회복 과정에서 자신의 복제를 위해 다른 염색체를 공격한다. 또 일부는 모든 다른 염색체의 세대 계승을 불가능하게 만든다. 자신만의 계승을 확실히 보장받으려는 의도다.[21]

이처럼 유전 정보가 없는 DNA에서부터 국가 간의 자유 무역 협정에 이르기까지 인간사의 모든 차원에서, 인간 조건의 일부로 치열한 경쟁이 존재한다. 그런 상황에서 외로움마저 우리의 사고와 행동에 부정적인 영향을 끼친다면 우리는 엄청난 불이익을 당하게 된다.

11

## 경쟁을 넘어 협동으로

거의 모든 사회적 상황에는 어느 정도의 혼란이 내재한다. 이 중 일부는 내부에서 일어난다. 이는 우리 뇌가 만들어진 방식에서 비롯되는 간섭 때문이다. 하지만 외부 세계에서는 모든 단계에서 사랑이나 연대의식이 분노나 미움, 경쟁과 뒤섞인다.

이론상 자식을 사랑하지 않는 부모는 없다. 또 적어도 이론상으로는 모든 자식을 똑같이 사랑한다. 부모는 자식들에게 서로 사랑하고 모든 것을 똑같이 나누라고 가르친다. 하지만 부모와 자식의 유전적 이익이 겹치는 부분은 50퍼센트에 불과하다. 자식 각각은 나름대로의 세대를 계승할 계획이 있다. 부모에게서 최대한의 사랑과 자원을 뽑아내는 것이 그 시작이다. 어머니와 아기는 젖을 빨리고 빠는 시간을 두고 다툰다. 한배에서 난 가축의 새끼들은 어미의 젖을 서로 차지하려고 다툰다. 몸집이 가장 작은 새끼가 맨 끝으로 밀려난다. 한 둥지에서 생활하는 병아리들은 자주 싸우며 약한 병아리가 둥지에서 밀려나기도 한다. 일부 새의 종에서는 새끼들이 서로 쪼아 죽여도 어미 새는 무덤덤하게 쳐다보기만 한다.

그런 세계에서 우리는 진실된 사랑과 속임수를 구별하고 그에 따라 자신을 보호하는 능력이 필요하다. 불행하게도 자기 조절 기능의 손상과 오류 때문에 우리가 외로움에 사로잡히면 이 능력이 저하된다.

진화 심리학의 창시자 로버트 트리버스는 '가르침(teaching)'과 '틀에 맞춰 만들어 내기(molding)'를 구분했다. 가르침은 자식을 위하는 행위이고, 틀에 맞춰 만들어 내기는 부모의 이익을 추구하는 행위다.[1] 우리는 놀이터나 백화점 탈의실에서 부모가 아이를 윽박지르는 모습을 흔히 목격한다. 집에서도 마찬가지다. 엄마는 자신만의 쉬는 시간을 위해 아기가 매일 오후 세 시에 낮잠을 자도록 강요한다. 아빠는 아들이 백수 삼촌처럼 색소폰 연주자가 아닌 자신과 같은 안과 의사를 만들려고 안간힘을 쓴다.

아이는 자신의 고유한 이익을 보호하려고 그런 압력에 맞서야 하지만, 외로움을 느끼는 아이는 그런 능력이 떨어지는 경우가 많다. 우리는 외로울 때는 합의된 견해를 더 잘 받아들이고, 다른 사람을 모방하려고 애쓰며, 고집을 부리려 하지 않는다. 또 삶의 어느 시기에도 늘 그렇듯이 외로울 때 우리는 사랑을 원한다. 하지만 그 욕구 자체가 구속이 될 수 있다. 스스로를 저버릴 수 있을 정도로 절실한 욕구다.

자연선택은 어떤 집단에서든 행동의 속성에서 어느 정도 변이를 유지한다. 같은 이유에서 자연선택은 우리 각자에게서 어느 정도 행동의 유연성을 선호한다. 따라서 심지어 사회적 기술에서 친절함과 관대함을 가장 선호하는 사람들도 내면적으로는 부정직과 이중성의 원천적 흔적을 지니고 있다. 자기주장을 하면서 부모를 속일 수 있는 영리한 아기는 부모나 또래보다 약간의 이득을 본다. 부모에게서 자원을 더 많이 얻어 낼 수 있다는 뜻이다. 또 속아 넘어가지 않는 영민함을 가진 부모의 경우도 이득을 본다. 자식들 모두에게 자원을 동등하게 나누어 줄 수 있다는 뜻이다. 이런 속임과 간파의 게임에서 어느 한쪽이 앞서면 경쟁이 치열해진다. 그런 게임에 필요한 신경 회로도 더 복잡해지고 정교해진다.

물론 사회적 유대감이 제공하는 보호막이라는 이점 때문에 자식은 부모의 조언과 지시를 어느 정도 따르는 게 유리하다. 하지만 성숙한 인간이 되기 위해서는 이런 영향력을 평가한 뒤 궁극적으로는 옳다고 판단되는 조언과 지시에 좀 더 치중하는 방법을 배워야 한다. 여기서도 외로움을 느끼는 아이는 상당히 불리하다. 자신의 욕구와 목표, 감정의 영향력, 외부의 압력 사이에 존재하는 미묘한 차이를 잘 헤아리려면 상당한 실행 제어 능력이 필요하다. 하지만 외로울 때면 고립된 느낌 때문에 자기 조절 기능이 크게 손상받을 수 있다.

침팬지 새끼도 속임수를 잘 쓴다. 성질을 부리다가 슬그머니 어미가 관심을 갖는지 살핀다. 침팬지의 경우도 자기 조절과 공동 조절은 무엇이 공정하고 무엇이 불공정한지 인식하는 능력에 의해 이루어진다. 이 말에 의심이 간다면 똑같은 일을 한 침팬지에게 보상으로 오이 조각을 주고 다른 침팬지에게는 포도를 준 뒤 반응을 살펴보라.

2006년 우리는 불공평한 대우에 따른 반응에 외로움이 어떤 영향을 끼치는지 실험한 적이 있다. 우리의 전략은 기존에 사용된 게임을 바탕으로 했다. 기존의 게임은 이렇게 진행되었다. 한 사람을 '제안자'로 지명하고 다른 사람을 '결정자'로 지명한 다음 제안자에게 10달러를 주고 게임을 하게 한다. 제안자는 그 돈을 결정자와 나눠 가져야 한다. 단 결정자가 수용하는 방식이어야 한다. 결정자가 제안을 거부하면 어느 쪽도 돈을 갖지 못한다. 제안자는 당연히 가능한 한 적은 돈을 떼어 주고 싶지만 동시에 결정자의 동의를 받아야 한다. 1달러만 준다고 해도 받아 줄까? 아니면 절반을 떼어 주어야 하나? 물론 1달러도 빈손보다는 낫다. 하지만 제안자가 독단적으로 9달러를 챙긴다면 1달러만 갖게 되는 결정자에게는 절대로 공평하지 않아 보인다. 어쩌면 결정자가 3달러면 만족할지 모른다. 결정은 협상에 달렸고 결정자가 받아들일 만한 공평한 수준이 어느 정도인지에 좌우되는 게임이다.

우리는 이 게임을 약간 변형했다. 게임을 스무 차례 반복하면서 매번 두 번째 사람이 결정자가 되도록 했다. 우리가 실험 목적에 맞게 거래를 조종할 수 있도록 제안자는 매번 우리 연구원이 맡았다. 제안자와 결정자를 서로 다른 방에 들어가게 했다. 그다음 스피커를 통해 제안자(실제는 실험 목적상 우리 연구원이 녹음한 목소리를 사용했다.)가 1달러에서 5달러의 범위 안에서 스무 차례 제안을 했다. 그중 열 차례는 5 대 5에 근접하도록 조정했고 나머지 열 차례는 3달러 이하를 제시해 확실히 불공평해 보이도록 했다.

대다수의 사람은 다른 사람이 자신을 공평하게 대하는지에 민감하게 반응하며 불공평한 제안보다 좀 더 공평한 제안을 수락하기 마련이다. 우리 실험처럼 제안을 거부하면 빈손이 되고 남는 것이라고는 자존심과 옳고 그름의 판단력뿐일 경우에도 사람들은 그렇게 한다. 우리 실험에서 외로움을 느끼는 사람들도 대체로 이런 패턴을 따랐다. 외로움을 느끼는 않는 사람들과 거의 비슷하게 공평한 제안을 수용했다. 그러나 외로움을 느끼는 사람들이 그렇지 않은 사람들에 비해 불공평한 제안을 수용한 경우가 좀 더 많았다. 참여자들이 공히 매우 불공평하다고 판단한 제안에서도 외로움을 느끼는 사람들은 그 제안을 더 많이 수용했다.

다른 사람이 자신을 부당하게 대한다는 인식이 명확한 데도 기꺼이 받아들인다면 장기적으로 만족스러운 사회적 유대감을 확보할 가능성이 줄어들게 마련이다. 아울러 사기를 당하거나 마음에 상처를 입을 가능성도 훨씬 크다. 시간이 흐르면서 좋지 않은 경험이 쌓이면 외로움을 느끼는 사람은 만사에 배신과 배제가 숨어 있다고 생각하게 된다. 그런 생각은 두려움과 적대감, '학습된 무력감'과 수동적 대처를 부추긴다.

원숭이에게도 공정성과 호혜성은 호의를 주고받는 일을 의미한다. 친밀한 관계에서는 서로 아무런 계산 없이 주고받는 듯하지만 그렇지 않은 관계에서는 털 다듬어 주기 등 선의의 행동을 먼저 받아야 돌려준다. 심지어 빚을 챙기는 지능도 있다. 영장류 학자 프란스 드 발은 『내 안의 유인원』에서 조지아라는 이름의 침팬지를 이렇게 묘사했다. "그녀는 너무도 깍쟁이라 집단에서 인기가 없었다. 나눠 먹어야 할 고기가 있으면 조지아는 나쁜 평판 때문에 다른 침팬지들보다 훨씬 오래 사정하고 구걸해야 했다."[2]

이처럼 자연선택은 자신이 받은 이타적 행동이나 호의 정도를 반영해서 그만큼의 고마움을 느끼도록 해 주는 유전자를 선호했다. 인간의 경우 침팬지보다 그런 경향이 훨씬 강하다. 응급 상황에서 낯선 사람에게 휴대 전화를 빌려 주는 일은 장기를 기증한다거나 헌혈을 한다거나 공영 라디오 방송에 100달러를 기부하는 일과는 전혀 다르다. 자연선택과 현대의 상업 문화는 그 차이를 아는 사람, 사회적 주고받기에서 적절한 식별이 가능한 사람을 선호한다. 자연선택은 결코 백지 수표를 내주지 않는다.

### 제재의 역할

독일 에르푸르트 대학과 영국 런던 정치경제대학(LSE)의 연구자들은 참여자 여든네 명을 두 개의 투자 그룹으로 나눠 실험을 실시했다. 세 단계로 구성된 게임을 서른 차례 반복하는 실험이었다. 1단계는 투자 기관 선택, 2단계는 기여, 3단계는 제재였다. 각 참여자는 자금 20단위를 지급받았다. 각자는 먼저 투자할 기관을 선택한 뒤 공동 기금에 자신이 가진 자금 중 0단위에서 20단위까지 출자금을 결정했다. 출자하지 않은 돈은 개인 계좌에 들어갔다. 공동 기금에 모인 돈은 이자가 붙어 가치가 높아졌다. 마지막에 그 돈은 개인이 출자를 얼마를 했든 그 기관을 선택한 모든 사람이 똑같이 나눠 갖도록 했다. 가장 적게 출자한 사람도 가진 전부를 출자한 사람과 똑같이 받도록 했다. 가장 기여도가 낮은 사람이 기여도가 높은 사람과 똑같은 보상을 받는 상황을 심리학자들은 '무임승차(free riding)'나 '사회적 태만(social loafing)'이라고 일컫는다.[3] 실험 목적에 따라 출자가 끝나면 각자가 얼마를 출자했는지 모든 사람이 알도록 공시했다. 동시에 매회마다 각자

의 개인 계좌 잔액도 모두 알 수 있도록 했다.⁴

두 기관은 3단계인 제재 단계에서 완전히 대조를 이루도록 설정되었다. A기관은 제재가 없었다. B기관에서는 각자에게 무임승차한 사람을 벌하고 후하게 출자한 사람에게 상을 주는 방식을 몇 가지 중에서 선택하도록 했다. 각자는 출자를 하지 않은 사람에게 3단위의 벌금을 부과할 수 있지만 그럴 경우 자신도 1단위를 내놓아야 했다. 반면 특히 관대한 출자자에게는 1단위로 포상할 수 있는데, 그 돈은 자신이 내야 했다.

실험 초기에는 참여자의 약 3분의 1만이 금전적 벌금(제재)을 부과하는 B기관을 선택했다. 그러나 10회째가 되자 참여자의 거의 90퍼센트가 B기관을 선택했다. 더구나 그 기관을 선택한 사람들은 전적으로 투자에 협조했다. 마지막 30회째가 되자 제재가 없는 A기관의 공동 기금은 완전히 바닥이 났다. B기관에 기금이 많이 모인 이유가 무엇일까? 공동의 부에 관대하게 기부한 기관(제재에 의해 보강된 규범을 가진 기관)이 회원들에게 최고의 수익을 가져다주었기 때문이다.

물론 제재가 없는 A기관에서 무임승차한 사람들은 첫 회에서는 최고의 수익을 얻었다. 하지만 그 후로는 수익이 크게 줄어들면서 궁극적으로 그들의 자유방임 체재가 완전히 무너졌다. 5회가 끝나자 B기관에서 기부를 많이 하는 사람들의 수익이 더 높다는 사실이 분명해졌다. 사람들이 혜택이 있다는 사실을 알고 B기관으로 몰리면서 수익은 눈덩이처럼 불어났다. 더 많은 사람이 가입해 더 많이 출자하면서 긍정적인 사회적 행동의 혜택은 더욱 커졌다.

그러나 제재가 있는 B기관의 회원 개인이 높은 수익을 올린 이유는 대부분 공평성을 확보하려는 의욕이 강한 사람들 때문이다. 자신의 수익을 상당 부분 희생해서라도 무임승차자를 벌한 사람들을 가리킨다. 처음 몇 회 동안은 다른 사람에게 벌금을 부과하는 행위가 자신에게 명확한 이득이 없었다. 그러나 횟수가 거듭될수록 이러한 규범을 집행함으로써 효율성이 크게 높아졌다. 점점 더 많은 사람이 많은 돈을 출자하면서 부정적 제재의 필요성마저 사라졌다.

실물 경제에서도 이와 똑같은 사회적 협력의 우월성이 나타난다. 엘리트가 경제를 마음대로 쥐락펴락하고 반체제 인사들을 철권으로 다스리는 나라에서는 지배층이나 투기꾼이 돈방석에 앉겠지만 장기적으로 보면 투자자들은 안정된 법치, 즉 제재가 지배하는 사회를 선호한다. 세상이 혼란스러워 보일 때는 스위스 은행에 돈을 넣어 두는 것이 바람직해 보이게 마련이다. 스칸디나비아 국가들처럼 너그러운 사회 민주주의 사회는 해가 갈수록 더 잘 사는 듯하다. 공동체 유대가 긴밀한 기독교 아미시파(문명사회에서 벗어나 현재도 엄격한 규율에 따라서 18세기 말경처럼 생활한다.)나 모르몬교도도 서로 보살펴 주는 행동을 통해 잘 살아간다.

그러나 다른 한편으로 공동 공간을 넓혀 갈수록 아미시파와 비슷한 수준의 합의와 동질성을 유지하기가 어려워진다. 배우자 집단에서 부족으로, 다시 국가로, 더 크게는 인류 전체로 범위를 확장하면 개개인의 차이가 더욱 벌어져 경제, 정치, 역사가 복잡해진다. 과거 고립되어 있던 공동체가 세계화하면 이슬람 율법 샤리아나 '음주와 가무 금지' 같은 미국 남부 침례교의 제약 등의 도덕적 절대 원칙은 유지되기 힘들다. 더 많은 다양성을 포용하면 좁게 정의되고 엄격히 시행되던 규범이 사라져 뇌의 실행 기능에는 더 큰 부담이 된다. 자기 조절을 이끄는 능력만이 아니라 적절한 반응을 판단하고 식별하며 조정하는 능력에도 부하가 걸린다. 이 문제에서 뇌의 신경 회로가 유연하게 발달할 수도 있지만 외로움이 유발하는 간섭 효과가 더 큰 부담을 만들어 내기도 한다.

투자 클럽 게임이나 4장에서 설명한 '죄수의 딜레마' 실험에서처럼 사회적 유대감에서 만족을 얻는 길은 맹목적이거나 순진한 이타주의가 결코 아니다. 가장 효과적인 전략은 고정된 패턴을 따르는 단순한 자극-반응 시스템보다는 인지 능력의 확대다. 실행 제어를 통해 신중하게 조절된 인지 능력은 환경에서 오는 신호를 적절히 해석하고 무엇이 다른 사람과 자신을 위해 더 나은 공동선을 증진하는지 판단한다.

런던의 악명 높은 브릭스턴 교도소나 소말리아 근해의 해적들 사이에서는 성인군자 같은 이타심이 가장 효과적인 생존 전략이 되지 못한다. 비교적 바람직한 환경에서도 승리 전략은 황금률(Golden Rule, "남에게 대접을 받고자 하는 대로 남을 대접하라.")처럼 그리 간단하지 않다. 그보다는 대접받는 만큼 남을 대접하고 도움을 받는 만큼 남을 돕는 동시에 착취와 학대를 피할 수 있는 대안이 있어야 한다.

### 모두가 똑같이 전달받지 못하는 메시지

리처드 도킨스는 『이기적 유전자』에서 '녹색 수염 효과(green beard effect)'를 통해 이타심의 진화를 탐구했다. 이타적 협동 체제는 사기꾼과 무임승차자에 의해 무너지기 쉽다. 그들이 아무런 대가를 치르지 않고 사회적 협력의 이득을 취하기 때문이다. 그 결과 그들은 자신의 순전히 이기적 유전자를 널리 퍼뜨릴 가능성이 크다.[5]

이런 문제를 우회하는 방법을 고안해 낼 목적으로 도킨스는 가상적인 종을 생각해 냈다. 턱 밑의 녹색 수염이 이타적 유전자의 표지가 되는 종이다. 이 유전자의 표지인 녹색 수염은 그들의 일원을 쉽게 식별케 해 주며 그 구성원들 사이의 협력적 행동을 높여 준다. 예를 들어 예일 대학의 학생 클럽 해골단(Skull and Bones)이나 프리메이슨 같은 비밀 단체처럼 움직이도록 만드는 유전자를 말한다.

실제로 많은 종이 이런 식으로 서로를 돕는다. 하지만 얼마 전까지만 해도 알려진 유일한 예는 개미와 점균류 같은 무척추동물이었다. 이들 종의 경우 공유하는 유전자, 즉 혈연 선택의 영향이 모든 행동을 엄격히 구속한다. 그러나 2006년 캘리포니아 대학(UC) 샌터크루즈 캠퍼스 연구팀은 혈연적 요인 없이 극도로 이타적 규칙에 따라 행동하는 도마뱀의 한 종을 발견했다. 이 도마뱀은 목이 오렌지색과 노란색, 그리고 푸른색으로 나눠진다. 색에 따라 수컷의 영역 활동이 다르다. 목이 오렌지색인 수컷은 군국주의자다. 남의 영역을 침범해 합병하는 호전적인 성향이 강하다. 목이 노란색인 수컷은 체제 전복주의자에 비유할 수 있다. 다른 수컷 영역에 은밀히 침투해 암컷과 교미한다. 목이 푸른색인 수컷은 도킨스가 말한 가상적인 녹색 수염의 실제 사례다. 두 마리의 수컷이 제휴 관계를 맺고 서로 협력하여 자신들의 영역을 지킨다.

캘리포니아 대학 샌터크루즈 캠퍼스 연구진은 이런 행동을 18세대 동안 추적한 결과 목이 푸른 도마뱀 수컷들이 환경의 변화를 의식하지 않고 무작정 그런 식으로 살아가지는 않는다는 사실을 발견했다. 그들은 환경의 변화에 따라 완전히 희생적인 이타주의와 좀 더 균형 잡힌 상호 부조주의 사이를 넘나들었다. 변수는 나쁜 수컷이었다. 지나치게 공격적인 목이 오렌지색인 수컷을 말한다. 이런 침입자들이 많아지면 목이 푸른색인 수컷은 제휴한 다른 수컷을 도와주느라 시간과 정력을 소진한 나머지 번식을 하지 못했다. 목이 오렌지색인 수컷이 큰 위협이 되지 않을 때는 목이 푸른색인 수컷 둘 다 새끼를 많이 낳았다. 이 시스템은 상호 부조가 수년에 걸쳐 진행되면서 장기적으로 얻는 이득이 크다는 점 때문에 계속 유지되었다.

그러나 목이 푸른색의 수컷들 전부가 상호 부조의 유전적 암호를 동등하게 보유하지는 않는다. 일부는 이타적 행동을 지시하는 DNA가 없기 때문에 다른 수컷과 제휴하지 않는다. 목이 오렌지색인 수컷이 많아 목이 푸른색인 수컷에게 희생적인 이타주의를 강요하는 시기에는 목이 푸른색인 수컷 중에서 그런 유전자가 없는 수컷이 자신을 희생하는 수컷보다 번식을 많이 했다. 하지만 다른 수컷의 보호받는 쪽보다는 번식률이 떨어졌다. 한편 목이 오렌지색인 수컷이 큰 위협이 되지 않고 제휴가 서로에게 이익이 될 수 있는 시기에는 '고독한' 도마뱀이 서로 돕는 도마뱀보다 번식력이 떨어졌다.[6]

그렇다면 궁극적으로 목이 푸른색인 수컷들에게는 협력적인 '녹색 수염' 행동이 가장 성공적인 적응이다. 로버트 액설로드의 '죄수의 딜레마' 컴퓨터 시뮬레이션, 제재 개념을 도입한 투자 클럽 게임, 안정되고 번창하는 공정한 사회 등이 주는 교훈과 다르지 않다. 그러나 심지어 목이 푸른색인 도마뱀이라고 해도 모두 협력 정신이 투철하다고 볼 수는 없다. 인간 사이의 상황은 그보다 훨씬 복잡하다. 잘 협력하는 사람이라고 해서 턱 밑의 녹색 수염으로 자신의 이타심을 표시하지 않기 때문이다. 따라서 사기꾼인지 좋은 사람인지, 신랑감이 바람을 피울 가능성이 있는 사람인지 아닌지 신속 정확하게 알아보는 사람이 유리하다.

우리는 낯선 사람과 집단 외부의 일원을 경계한다. 특이하거나 스트레스가 많은 상황에서는 그 정도가 심해진다. 경계심 수준이 최고조라고 할 수 있는 전쟁에서는 아군과 적군의 구별을 쉽게 하려고 군복을 입는다. 교전 규칙이나 제네바 협정 등이 이런 식별을 쉽게 해 준다. 아무리 말이 안 된다고 해도 군인은 지정된 전우들을 위해 죽고 지정된 적을 죽인다. 달가운 상황은 아니지만 일반적으로 판단하기는 어렵지 않다. 전투의 고뇌는 오갈 데 없는 민간인들을 사이에 두고 처러질 때 훨씬 심하다. 베트남과 이라크 전투 같은 모호한 군사 작전을 통해 우리 모두가 너무도 잘 아는 사실이다. 도로에 버려진 아기를 구해야 할까? 아니면 그 아기가 폭탄이 장치된 부비트랩일지 모르니 그냥 놔두어야 할까?

이와 비슷하게 일상생활에서 판독하기 가장 어려운 협동과 경쟁의 신호는 사회적 모호함 속에서 전달되고 전달받는 신호다. 이런 상황에서는 외로움을 느끼는 사람이 실행 기능의 손상으로 가장 큰 고통을 겪는다. 직장 동료가 미소를 짓고 선의를 보이지만 그녀가 '프라다를 입은 늑대'라면 어떻게 하나? 이 친절한 젊은이가 내게 판매하려고 애쓰는 보청기가 내가 과연 원하는 상품일까? 이웃이 진실을 말하는 것일까, 아니면 이 서류를 변호사에게 보여 주고 자문을 얻어야 할까?

식별하고, 참아 내고, 자신을 조절할 능력이 약화된 외로움을 느끼는 사람은 어린이든 어른이든 종종 극단으로 치닫는다. 때로는 그룹에 소속되려는 마음에서 불공평한 대우를 받아도 마다하지 않는다. 앞의 '제안자/결정자' 게임에서 봤듯이 외로움을 느끼는 사람은 불공평한 제안에 억울함을 느끼면서도 감수하고 받아들인다. 외로움을 느끼는 아이는 새로 산 자전거를 덩치 큰 아이가 빼앗아 타도 그냥 받아들인다. 때로는 두려움 때문에 피해망상적으로 자기 보호에 매달리기도 한다. 예를 들어 어느 누구도 자기 장난감에 손대지 못하게 한다. 나이가 들면서 외로움을 느끼는 사람은 부도덕한 외판원에게 속아 넘어가기 쉽다. 사회적 유대감을 원하는 마음이 굴뚝 같고 사회적 신호를 판별해서 속임수를 간파하는 능력이 줄어들기 때문이다. 나이가 적든 많든 간에 적절한 정도의 조심성 없이 무조건 모든 사람에게서 좋은 면을 보려는 사람이 특히 취약하다. 사회적 유대감을 느낄 때 갖는 공동 조절 충동에 반응하지 않거나 그런 충동을 드러내지 않는 사람들 때문이다.

### 구성원이 많을수록 강하다

2000년 전 율리우스 카이사르가 친구였던 브루투스와 카시우스의 가짜 미소를 꿰뚫어 볼 정도로 영민했더라면 예언된 암살의 날 3월 15일을 무사히 넘길 수 있었을지도 모른다. 그러나 위대한 로마 장군 카이사르는 친구가 곧바로 암살자가 될 수 있다는 사실을 너무 늦게 알았다. 사실 그런 운명을 가졌던 실력자는 그 외에도 많다. 피그미 침팬지의 우두머리든 대장이든 나약함을 약간만이라도 비쳤다가는 몰락하기 쉽다. 침팬지의 경우 젊은 수컷들은 호시탐탐 기회를 노린다. 서로 동맹을 맺어 권력 찬탈의 음모를 꾸미고 적절한 시기를 엿본다. 그래서 다친 우두머리는 엄포와 허풍으로 자신의 힘을 과시하려고 안간힘을 쓴다.

그러나 목이 푸른색인 도마뱀 중에서도 외톨이가 겪는 경험이 말해 주듯이 동맹과 연합의 이점이 너무나 많기 때문에 일반화된 의심으로 협력을 거부해서는 곤란하다. 바람직한 사회적 유대감을 형성하는 열쇠는 사회적 신호를 정확히 읽고 공감을 바탕으로 관계를 기술적으로 관리하는 데 있다.

오래전부터 늑대와 침팬지 같은 포식 동물은 사냥감을 한곳으로 몰아 잡으려는 협동 능력을 발달시켜 왔다. 침팬지는 집단 방어에 철두철미해 우리에 갇힌 상황에서도 흩어져 경계를 선다. 숲이 울창한 야생에서 시야를 가리는 지역을 이동할 때는 목소리로 서로를 확인하고 협력한다. 우리 인간도 그 비슷하게 집단 응집력에 의존한다. 군사 훈련은 병사 개인이 자신의 생존 본능을 억제하고 유전적으로 관련이 없는 전우 집단의 생존을 중시하도록 가르친다. 이러한 자기 조절을 통해 개인의 안전을 희생한 행위를 메달과 상장으로 포상하는 이유도 여기에 있다. 전우를 위해 자신의 모든 것을 바치려는 병사 개개인의 태도가 집단의 안락과 안전, 그리고 전략적 이점을 제공한다.

### 무엇보다 팀워크

1984년 로버트 액설로드의 '죄수의 딜레마' 게임은 독자적으로 행동하는 개인의 측면에서 사회적 협력의 진화를 탐구했다. 2004년 컴퓨터 과학자 그레이엄 켄들은 실제 사회와 아주 비슷한 '죄수의 딜레마' 경기를 20주년에 맞춰 다시 실시했다. 이번에는 충성심을 선호하는 단순한 편향을 새롭게 비틀었다.

켄들의 실험에서는 팀이 복수의 컴퓨터 프로그램으로 서로 경쟁하는 전략을 시도했다. 전체 223개의 프로그램이 등록되어, 각각의 프로그램이 리그전으로 진행되었다. 원래 게임에서는 두 죄수가 서로 자신의 의도를 알릴 수 없었다. 하지만 이번에는 사이버 죄수가 정보를 서로 공유할 수 있도록 했다. 비유하자면 독방에서 보일러 배관을 두드려 암호를 전하는 식이다. 물론 실제처럼 이러한 소통이 허용된다 해도 진실을 말하는지 확인할 도리가 없도록 규정했다.

이 실험에서 영국 사우샘프턴 대학의 컴퓨터 귀재들이 중요한 혁신을 이루어 냈다. 그들은 예순 개 프로그램을 제출했다. 플레이어가 서로를 알아보고 협력하도록 하는 전반적인 전략을 약간씩 달리한 프로그램이었다. 각각의 프로그램은 다섯 가지에서 열 가지의 방식으로 두 사우샘프턴 프로그램이 서로를 인식할 수 있도록 만들었다. 한 프로그램이 다른 플레이어가 사우샘프턴이 아니라고 인식하면 즉시 방해자 역할을 맡아 그를 배신하도록 설정되었다. 하지만 두 사우샘프턴 플레이어가 서로를 확인하면 한쪽이 즉시 지배자나 피지배자 역할을 맡아 어느 한쪽이 다른 한쪽을 위해 희생하도록 했다. 그 결과 여러 사우샘프턴 플레이어들이 패하긴 했지만 전체적으로 그들은 1위에서 3위를 석권했다.[7]

팀워크는 개인과 개인 사이의 관계라는 친밀한 영역에서도 정확하고 시의적절한 정보를 필요로 한다. 물론 전달되는 정보가 중요할수록 기만과 배반이 자주 나타난다. 동물의 경우 새로 우두머리가 된 수컷은 자신의 유전자를 널리 퍼뜨릴 목적으로 자신의 씨를 받지 않은 새끼들을 죽이는 종도 있다. 그에 대한 반응으로 임신한 암컷은 새로운 수컷이 우두머리가 되면 그를 유인해 교미를 한다. 이미 임신한 새끼가 자신의 씨라고 착각하게 만들려는 의도다. 우두머리 수컷은 자신의 유전자를 퍼뜨리려면 집단 내의 모든 암컷을 단속해야 한다. 그렇지 않으면 언제 몰래 빠져나가 우두머리보다 더 좋아하는 수컷과 교미할지 모르기 때문이다. 우리는 쿵족의 경우에서 인간의 진화 적응 환경에서도 성적인 정절을 깨뜨리는 일이 흔하다는 사실을 목격했다. 요즘 같은 탈공업화 사회에서도 친자를 확인할 목적으로 유전자 검사가 유망 사업으로 떠오른 이유도 여기서 찾아야 할지 모른다.

정상에 계속 머물려면 우두머리에게는 당연히 정확한 정보가 필요하다. 아울러 나이가 들면 힘이 빠지기 때문에 그 정보를 기술적으로 잘 활용하는 방법도 알아야 한다. 반면 우두머리 자리를 노리는 젊은 침팬지는 가식으로 정보를 조종하는 방법을 터득한다. 싸움에서 지면 꿍꿍이가 있는 녀석은 동정과 정치적 지지를 얻으려고 별 것 아닌 상처를 크게 과장하며 괴로워한다. 특히 인간 사이에서는 그런 조종에 극단적인 잔혹함이 포함될 수 있다. 예를 들어 독재자는 측근들에게 후한 보상을 내린 뒤 절대 꺾이지 않는 신과 같은 힘의 환상을 유지하고 강화하려고 그들에게 닥치는 대로 테러와 잔혹 행위를 가한다. 자신이 속한 사회의 복잡한 상황을 제대로 읽지 못하는 사람은 당연히 고통을 겪는다. 문예 부흥기의 궁중에서든 기업체 사무실에서든 개인적 영역에서든 정치적 영역에서든 마찬가지다.

이런 기만과 간파의 경쟁이 심해질수록 서로에 관한 정보를 더 많이 갈구하게 된다. 흔히 '가십'으로 알려진 전략적 정보를 말한다.[8] 『니사: 쿵족 여성의 삶과 언어』의 이야기가 말해 주듯이 험담은 우리 인간이 쿵족과 비슷하게 살던 옛 시절부터 인간 삶의 기본 속성이었던 듯하다. 요즘 《피플(People)》이나 《어스(Us)》 같은 잡지, 타블로이드판 신문, 「엔터테인먼트 투나잇」 같은 TV 프로그램을 보라. '사회적 정보'로 알려진 가십이 현대 미디어의 중심이다. 정보는 한쪽이 완전히 포기하지 않고 같이 공유할 수 있기 때문에 넘겨줘도 주는 쪽에 아무런 손해가 없다. 따라서 사회적 교류의 거의 무궁무진한 수단이 된다.

### 제재의 집행

우리는 다른 사람이 무엇을 하는지 알려는 충동에 더해 다른 사람이 하는 일에 우리의 의지를 부과하려는 충동도 어느 정도 갖고 있다. 따라서 선정적인 언론의 또 다른 주요 상품인 부정적인 사회적 감정을 자주 드러낸다. 살인이나 폭력이 아니라고 해도 부정적인 감정은 차고 넘친다. 유대감을 갖고 싶은 나머지 순진한 행동을 하면 불행을 겪게 되는 이유도 거기에 있다. 그래서 자연선택은 평화를 유지하고, 공동선을 추구하고, 한 개인의 힘이 너무 강해지지 않도록 하기 위해, 우리에게 자발적이며 공동 조절되는 행동을 취하게 한다. 하지만 따돌림을 당한다는 느낌이 들면 유대감을 형성하려는 채워지지 않는 강한 욕구 때문에 이 과정을 조절하는 센서가 망가질 수 있다.

공동 조절되고, '주는 만큼 받고 받는 만큼 주기'라는 상호 호혜적 협력도 반드시 일대일로 되갚아지지는 않는다. 그런데도 집단의 이익을 위해 자신을 희생할 때는, 예를 들어 위험한 사냥에서 우두머리로 있거나 아기 엄마가 일을 마칠 때까지 대신 그 아기를 봐줄 때는, 다음에 비슷한 상황이 생기면 다른 사람도 그 비슷한 수준의 희생을 해 주기를 기대한다. 이런 상호 호혜적 기대의 촘촘한 거미줄에서부터 한 사람이 전체를 위해 헌신하고 전체가 한 사람을 위해 돕는다는 생각이 생겨났다. 이런 구석기적인 '삼총사' 의식이 점차 민족과 종교, 그리고 국가의 강렬한 충성심으로 발전했다.[9]

군 복무를 했거나 팀 경기에서 뛰어 본 사람이라면 한 구성원이 실수를 했을 때 전체를 벌하는 것이 부주의한 개인에게 정신을 차리도록 압력을 가하는 최선의 방법이라는 사실을 잘 안다. 집단 단결의 결속력은 각자가 동료에게 폐를 끼치지 않고 자신도 치욕을 당하거나 반감을 사지 않으려는 욕구에서 비롯한다. 전쟁터에서만이 아니라 교실이나 사무실, 병영 막사에서도 마찬가지다. 그러나 기준과 제재의 부과가 반드시 지도자의 임무는 아니다. 앞서 설명한 투자 그룹 게임을 실험한 선임 연구원 베티나 로켄바흐는《뉴욕 타임스》와 가진 인터뷰에서 이렇게 말했다. "사람들이 기준을 공유하고, 그중 일부가 그 기준을 무시한 사람을 비공식적으로 제재할 도덕적 용기를 가질 수 있는 사회가 가장 이상적이다."[10]

투자 그룹 게임에서 살펴보았듯이 무임승차자에게 벌금을 부과하자 결과적으로 모두에게 더 높은 수익이 돌아갔다. 그러나 수익 증가가 뚜렷하지 않은 초기에는 제재 집행자의 행동이 '이타적 처벌'로 여겨졌다. 앞으로 좀 더 사회적으로 책임 있는 행동을 도모할 목적으로 나쁜 사람을 처벌한다는 뜻이다. 이타적인 처벌은 집행자에게 즉각적인 이득이 되지 않는다. 오히려 자신도 상당한 대가를 치러야 할 경우가 많다.[11] 하지만 심리적 보상이 크다.

뇌 촬영 영상을 보면 기분 좋은 정서적 반응을 기대하는 심리가 그런 규제와 사회적 제어를 촉구한다는 점을 알 수 있다. 이 영상 기술을 토대로 연구자들은 다른 사람에게 벌을 가하는 정도가 심할수록 뇌의 보상 센터 중 하나인 미상핵(caudate nucleus)의 활동이 증가한다는 사실을 발견했다.[12] 좋은 일을 하면 기분이 좋아지듯이, 내재된 사회적 계약을 위반한 사람을 벌주는 행위도 기쁨을 준다.

같은 맥락에서 자연선택은 우리가 부당한 대우를 받는다고 느끼면 강한 도덕적 분개와 응징을 선호한다. 똑같은 일을 했지만 한 원숭이에게는 포도를 주고 다른 원숭이에게는 오이 조각을 주면 오이 조각을 받은 원숭이는 오이를 내던진다. 그와 마찬가지로 우리의 법체계 기초도 유전자와 문화에 깊은 뿌리를 둔다. 명예의 개념도 다르지 않다. 특히 전통적인 사회에서는 명예 때문에 결투를 하고, 보복 살인이나 다른 폭력을 행사하기도 한다. 이런 행동은 외로움에 의해서든 다른 요인에 의해서든 부당한 대우를 허용하면 자신이 적응할 수 없다는 사실에서 비롯된다. 침팬지 사회에서도 그렇듯이 인간의 안정된 사회도 로버트 트리버스가 말한 "부정 행위가 밝혀졌을 때 강한 공격성의 표현"이 필요하다.[13]

더구나 분노는 공개적으로 드러냈을 때 강한 무기가 된다. 마피아나 갱 두목에게 물어보라. 분노를 극적으로, 또 공개적으로 표현할수록 앞으로 자신이 무시당할 가능성이 적어진다. 물론 다음 주에 피살되거나 여생을 감옥에서 지낼지는 모르지만 적어도 구성원들에게 무시당하지는 않는다. 조직 폭력단과 같은 폭력적인 문화에서는 사소한 규율 위반은, 예를 들어 엄지를 절단하는 방식으로 처벌되고, 심한 배신은 처형으로 되갚아진다. 심리학자 마고 윌슨과 마틴 데일리는 일반적으로 인간 사회에서는 남자가 자신이 아는 남자를 죽일 때는 대개 대중 앞에서 그런 행동을 한다고 지적했다.[14] 이런 무모한 행위는 설득력 있는 명분이 없지만 진화론적인 심리학 측면에서는 충분히 이해가 간다.

이런 사회적인 반감의 논리는 말로 불평을 늘어놓는 행위에도 적용된다. 자신을 부당하게 대하는 사람을 공개적으로 비난하는 행위에는 동료들에게 그에게 협력하지 말고 베풀지 말라는 촉구가 깔려 있다. 자신의 비난 자체가 나쁜 사람을 추방하는 것으로 이어지기를 바라기 때문이다. 추방이라는 강요된 고립은 바람직한 행동을 하도록 압력을 가한다. 하지만 이미 오래전에 사정이 더욱더 복잡해졌다. 정의로운 분노의 항의가 사기꾼들의 자연스러운 술책이 되었기 때문이다.

그렇다면 여러 이유에서 볼 때, 가장 이상적인 적응 전략은 기만이나 배반을 간파하는 능력과 자신의 반응을 신중하게 조절하는 능력을 갖추는 것이다. 외로움을 유발하는 조절 장애는 우리를 수동적으로 만들거나 아니면 과도하게 반응하도록 만든다. 침묵하며 고통을 참아도 좋지 않지만 탁자 맞은편에 앉아 있는 경쟁자에게 고함을 치는 것도 좋지 않다. 우리는 집단의 장점을 최대화하는 동시에 개성을 유지하는 방식으로 협력해야 적응을 잘할 수 있다. 쉬운 일이 아니다. 3부에서 이 문제를 고찰해 보자.

**3부**

**유대감의 의미**

언제부터인가 우리 동네 사람들이 서로 눈을 맞추지 않기 시작했어요. 인구 구성에서 큰 변화가 있었던 건 아니었어요. 그냥 사람들이 서로 교감하기를 포기한 듯 보였습니다. 이제 우리 동네는 지구상에서 가장 외로운 곳 중 하나가 되었어요. 사람들이 막연하게 피해망상에 젖어서 과민하게 반응하고, 모든 것을 자기 위주로 생각합니다. 소득 수준이 높고 물가도 엄청 비싸지만 사람들은 모두 빚을 내서라도 으리으리한 집에 살며 음식을 배달시켜 먹습니다. 이혼을 하면 남자가 집을 나가 자기 소유의 보트에서 생활하고 있답니다.

캘리포니아 주에 사는
한 남성이 보낸 이메일에서

## 12

## 외로움과 진화의 관계

　인간으로 산다는 것은 무엇을 의미할까? 철학이나 종교, 심지어 최근 현실화된 과학보다 더 중요한 의미가 무엇일까? 그 답은 누구나 안다. 사회적인 존재가 되는 것이다. 그러나 인간이 '반드시 서로 어울려 살아야 하는' 유일한 종은 결코 아니다. 현대 인간은 계보로 볼 때 인간과 닮은 유인원인 호미니드(hominid)에서 진화했다. 그 계보는 여러 갈래로 나뉘었다. 우리가 속하는 갈래는 500만 년에서 700만 년 전에 그 계보의 몸통에서 분리되어 나왔다. 기후 변화로 아프리카의 빽빽한 우림이 줄어들면서 새로운 서식지로 초원(사바나)이 등장했을 때였다. 화석에 기록된 정보에 따르면 그 비슷한 시기에 두 발로 걷는 유인원이 10여 종 이상 등장했다. 인류의 먼 사촌들이다. 그들도 우리와 함께 초원으로 이주했지만 그들의 적응력은 인간보다 떨어졌다. 지금 그 종들이 전부 소멸하고 없다는 사실이 그 증거다.¹ 인류는 계속 진화하고 적응했지만 그들은 멸종의 무덤에 묻혔다.

한편 우림에 남아 있던 두 종은 살아남았다. 바로 침팬지와 보노보다. 그중에서 침팬지가 우리에게 훨씬 익숙하다. 보노보는 서양 과학자들에 의해 1920년대에 와서야 발견되었다. 보노보가 침팬지와 다른 종이라는 사실은 1930년대 와서야 확인되었다. 보노보는 침팬지보다 팔다리가 길고 유연하며 머리가 작고 얼굴이 더 평평하고 넓다. 보노보는 '루시'라는 화석의 이름으로 유명한 오스트랄로피테쿠스라는 고대 원인을 예술적으로 묘사한 듯한 모습을 하고 있다.

인간과 침팬지, 그리고 보노보의 DNA는 98퍼센트 이상 일치한다. 하지만 인간은 밀림에 사는 침팬지와 보노보 중 어느 쪽의 후손도 아니다. 세 종 모두 각자의 계보 몸통에서 다르게 진화했다. 그래서 적응 방식과 생활 방식이 다르다. 세 종 모두 나름대로 살아남는 데 성공했다. 침팬지의 적응 방식과 보노보의 적응 방식, 그리고 '제3의 적응 방식'이 있다. 마지막 방식은 인간에 해당한다. 고도로 사회적인 삶을 영위하는 이 세 가지 방식은 모두 효율적이기 때문에 21세기까지 생존하고 있다. 그러나 그중에서도 '제3의 적응 방식'이 다른 두 방식보다 훨씬 우수하다.

다른 영장류에 비해 '호모 사피엔스 사피엔스(Homo sapiens sapiens)' (아주 똑똑하다는 뜻), 즉 인간은 하나의 종으로서 교감 능력과 협동심이 매우 뛰어나다. 물론 그렇다고 만사가 즐겁다는 뜻은 아니다. 하지만 이러한 능력으로 인해 인류 조상의 먼 사촌들이 밀림에 머무는 동안 인간은 지구의 모든 서식지를 개척했고 우주까지 넘보게 되었다. 그 과정에서 인간은 문화유산을 4만 년 동안 차곡차곡 쌓았다. 그 유산은 동굴 벽화에서부터 단일 클론성 항체에 이르기까지 헤아릴 수 없이 많다. 이들 진보의 대부분은 확장된 인지 능력, 더 강한 자웅 결합, 더 강하고 정교한 부모의 자식 양육 덕분이다.

신체적으로도 인간이 우세했다. 엄지손가락이 다른 네 손가락과 맞닿을 수 있어서 도구 사용에 적합했고, 직립 자세는 물건을 운반하는 데 유리했으며, 긴 다리로 장거리를 신속히 이동할 수 있었고, 튼튼한 어깨로 물건을 멀리 던질 수 있었다. 인지 능력과 함께 이러한 신체적 특성이 발전하면서 인간은 방대한 영역을 개척하고 새로운 자원을 최대한 활용할 능력을 갖추게 되었다. 움켜잡는 능력을 확장해 준 각종 도구, 닿을 수 있는 거리를 늘려 준 던지기, 시선을 높여 주는 직립 자세로 인간의 가시 범위는 어떤 종보다 넓어졌다. 몸의 털이 사라져 체열을 잘 식힐 수 있게 되면서 두 발 걷기가 달리기로, 또 장시간 달리기로 발전할 수 있었다. 동시에 정신적인 능력도 정교해지면서 시야에서 사라진 사냥감의 형상을 기억하고, 며칠 아니 몇 년 동안 한 가지 목표에 계속 집중할 능력도 발달했다. 달리기와 이들 능력이 더해져 인간은 초원의 죽은 동물을 찾아 먹는 '자연의 청소부'가 아니라 '유능한 사냥꾼'으로 진화했다.[2]

두뇌가 커지고 가시 범위가 넓어지면서 인간은 서식지 영역만이 아니라 관심사도 확대되었다. 바로 이런 확장이 '제3의 적응 방식'에서 핵심을 이룬다. 그로써 인간은 현재만이 아니라 미래와 과거의 존재도 될 수 있었다. 경험을 통해 학습하고, 실수에서 교훈을 얻고, 미래도 계획할 수 있었다. 만족감을 미루고 배반과 친절한 행위를 수세대, 심지어 수세기 동안 기억할 수 있었다. 고도로 정교하고 발달한 실행 제어 능력으로 인간은 무엇이 자신의 이익에 부합하는지 정확하게 가려내는 동시에 다양한 이익 공동체의 일원으로서 권리와 책임도 고려할 수 있었다. 그 영역은 전 세계와 후손들이 살 미래에까지 확장되었다. 따라서 인간에게는 수많은 이점이 있지만 그중에서도 가장 이로운 것은 우리 뇌의 신피질이 제공하는 자기 조절과 정교한 사회적 인지 능력이다. 제3의 적응 방식에서 주춧돌은 실행 제어 능력이다. 이것이 없으면 우리는 지능과 신체적 능력이 있다고 해도 변덕스럽고 산만하며 고립된 존재가 될 수밖에 없다. 앞에서 사례로 들었듯이, 사고로 쇠막대가 뇌를 꿰뚫었던 철도 근로자 피니어스 게이지의 경우를 보라.

침팬지와 보노보도 인지력과 직관력, 그리고 표현력이 발달했지만 일반적으로 과거와 미래를 모르고 현재만 아는 존재다. 그들은 직립 보행 능력을 발달시키지 못한 탓에 시선이 낮아 시야가 좁다. 따라서 그에 맞게 관심사도 제한되었다. 그들은 지능도 있고 남을 보살피거나 심지어 이타적 행동도 할 수 있지만 여전히 아프리카의 몇몇 고립된 지역에서 근근이 명맥을 이어 갈 뿐이다. 지금은 그곳조차도 인간의 침입으로 존립 자체가 위협받고 있다.

어쩌면 이런 인간의 위협 때문에 보노보는 인간의 눈에 띄지 않는 밀림 깊숙이 살고 있는지도 모른다. 그래서 우리는 그들의 야생적인 행동을 거의 모른다.(다행히도 콩고공화국은 얼마 전 미국 매사추세츠 주의 면적과 맞먹는 산쿠루 자연 보호 구역을 보노보의 서식지로 할당했다.) 보노보의 사회 구조에 관해 우리가 아는 지식의 대부분은 동물원이나 연구소 우리에 갇혀 있는 개체들의 관찰에서 비롯되었다. 그런 보고서를 근거로 보노보는 '히피 침팬지'라는 별명을 얻었다. 평화와 자유로운 사랑을 실현하는 히피의 원조라는 뜻이다.[3]

일부 영장류 학자들은 탄자니아에서 침팬지와 함께 생활한 제인 구달과 같은 방식으로 보노보를 연구하려고 한다. 그들은 그 구체적인 결과가 나오기 전까지는 보노보를 '히피 침팬지'라고 생각하지 않았다. 그러나 일반적으로 수용되는 인식에 따르면 침팬지와 보노보는 집단생활을 영위하는 방법에서 '화성에서 온 남자와 금성에서 온 여자'처럼 극과 극이다. 자기 조절과 공동 조절의 측면에서 침팬지는 '해병대'에 견줄 수 있는 반면 보노보는 '영농 조합'에 비유할 수 있다.

만약 야생의 보노보 사회가 우리에 갇힌 보노보에게서 우리가 관찰한 사회 구조와 일치한다면 그들이 즐기는 평화와 사랑은 침팬지의 좀 더 폭력적이고 경쟁적인 접근법만큼이나 생존에 효과적이지 않을 가능성이 크다. 침팬지의 경우 공격성과 경쟁심으로 단백질을 더 많이 섭취한다고 해도 그런 자질이 침팬지의 문화적 발달에 별로 기여하지 못했다. 인간은 유전자도 조작하고, 『리어왕』 같은 문학과 「브란덴부르크 협주곡」 같은 음악을 즐기는 수준까지 이르렀지만, 반면 유인원들은 지금도 쏟아지는 비를 그대로 맞으며 대책 없이 앉아 있고 막대기로 구멍을 쑤셔 대며 흰개미를 잡아먹는다.

## 너무도 협력 정신이 강한 인간

동아프리카의 밀림에서든 부자 동네인 뉴욕 맨해튼의 어퍼 이스트 사이드에서든 유인원의 사회 구조 안에서는 각자가 어느 정도는 다른 쪽의 욕구를 만족시켜야 하고, 어느 정도는 자신의 욕구를 만족시켜야 하며, 또 어느 정도는 다른 쪽의 욕구 만족을 억제해야 한다. 유인원 연구에서 얻어지는 단순한 교훈은 사회적 유대감에서 생겨난 상호 이타주의가 폭넓게 작용할수록 건강, 부, 행복을 가져온다는 것이다. 특히 인간은 이런 적응에서 다른 유인원을 훨씬 능가한다.

진화생물학자 마르틴 노바크는 사회적 협력의 다섯 가지 차원을 이렇게 정의했다.

- 혈연 선택(kin selection): "형제 두 명과 사촌 여덟 명을 구해야 한다면 강에 뛰어들겠다."
- 직접 호혜주의(direct reciprocity): "내 등을 긁어 주면 네 등을 긁어 주겠다."
- 간접 호혜주의(indirect reciprocity): "좋은 평판을 얻으려고 다른 사람을 도와주겠다. 그러면 다른 사람이 보답을 하게 된다."
- 네트워크 호혜주의(network reciprocity): "구성원들이 서로 돕는 협력 네트워크에서 배제되지 않으려고 다른 사람을 돕겠다."
- 집단 선택(group selection): 협력자들로 구성된 집단이 반대자들로 구성된 집단보다 성공할 가능성이 훨씬 크다.[4]

이 각각의 원칙은 인간만이 아니라 침팬지와 보노보에게도 적용된다. 인간의 우수한 '제3의 적응 방식'과 침팬지와 보노보의 적응 방식은 정도 차이만 날 뿐이다. 예를 들어 B안이 더 넓은 사회 집단에 혜택이 돌아가는 게 너무도 명백하지만 침팬지의 경우 절반 정도가 A안을 선택한다. 대조적으로 인간은 생후 15개월이 지나면 십중팔구 간단한 과제가 주어졌을 때 또래 친구들이 잘 해낼 수 있도록 도와준다. 보상을 바라지 않는 자발적인 행동이다.[5]

일상생활에서든 실험실의 연구에서든 개개인의 동기 유발은 이기적 유전자의 진화 목표에 영향을 받는다. 예를 들어 동물원의 어른 침팬지가 자기 새끼가 아닌 다른 어린 침팬지를 구하려고 목숨을 걸고 연못에 뛰어든다고 생각해 보자. 그 침팬지는 이러한 상황에서 혈연 선택, 직간접 호혜주의, 네트워크 호혜주의, 집단 선택의 힘을 정밀히 따져 볼 시간이나 계산 능력이 없다. 다만 자신의 유전자 청사진에 각인된 성향에 따라 그러한 행동을 할 뿐이다.

일부 연구자들은 침팬지의 경우 사회적 관용성이 없기 때문에 경쟁의 틀에서 헤어나지 못한다고 지적한다. 도와줄 상대를 고르는 데 아주 까다롭다는 뜻이다. 침팬지도 확실한 보상이 있을 때는 서로 힘을 합친다. 침팬지 두 마리가 각각 다른 로프를 당겨 서로 협력해야만 먹이를 먹을 수 있게 유도한 실험에서 그러한 점이 입증되었다.[6] 하지만 그들은 여전히 협력할 상대를 고르는 데 까다롭다. 사회적 신호가 또 다른 요인인 듯하다. 인간은 상대방의 의도를 파악하고 통합된 팀으로 협력하는 방법을 습득하는 데는 매우 뛰어나다. 개는 수천 년 동안 인간에 의해 선택적 번식을 거듭한 결과 먹이를 얻으려고 인간 주인의 제스처에 세심한 주의를 기울이고 주인의 의도를 쉽게 파악한다. 침팬지는 개보다 지능이 높지만 인간의 제스처와 의도를 제대로 파악하는 경우가 매우 드물다.[7]

그렇다고 침팬지가 표현력이 부족한 동물이라는 뜻은 아니다. 공격성도 있지만 귀엽고 장난기가 많은 측면도 있다. 이 두 가지 기질 모두 철저히 물리적으로 표현된다. 야생에서 사냥감을 죽인 뒤나 동물원에서 먹이가 배급될 때 침팬지는 경기에서 자신이 응원한 팀이 승리한 뒤처럼 함께 모여 서로 얼싸안고, 입을 맞추고, 서로 등을 쓰다듬어 주고, 펄쩍펄쩍 뛴다. 물론 이러한 신체 접촉은 그 후의 먹이 나눠 먹기처럼 사회적 조절의 수단이다. 신체적인 축하 제스처는 긴장을 완화하고 협동적인 분위기를 조성한다. ('사랑의 호르몬' 옥시토신을 기억하는가?) 야생에서 사냥을 하는 수컷에게는 고단백 고급 먹이를 나눠 주는 것이 교미를 목적으로 한 흥정의 수단이기도 하다.

침팬지의 동지애에도 불구하고 사회적 신호에서 미묘함을 파악하는 능력이나 협동이 필요한 일을 수행하는 기술은 인간의 수준에 한참 못 미친다. 이런 사실은 초기 인류에게 매우 유리한 점으로 작용했다. 인간의 경쟁적 우위는 신체적 힘을 바탕으로 하지 않았기 때문이다. 평균적으로 볼 때 침팬지 성인 수컷의 힘은 보통 성인 남자보다 다섯 배 정도는 강하다. 굵은 목과 넓은 어깨, 그리고 크고 날카로운 송곳니를 가진 수컷 침팬지는 성질까지 흉포하다. 허세를 부릴 줄도 안다. 공격할 때는 자기 몸이 실제보다 더 크게 보이도록 하려고 머리카락을 곤두세우고 덤벼든다.

보노보는 그와 달리 우악스럽지 않다. 하지만 그들 역시 긍정적 사회 분위기를 조성하는 방식에서 신체에 크게 의존한다. 그들 역시 먹이를 나누고, 식사 전에 '축하 제스처'를 취한다. 하지만 그들은 서로 얼싸안거나 입을 맞추지 않고 요란하게 소리를 지른 뒤 다름 아닌 성행위를 한다.

1960년대와 70년대에 히피들은 공동체의 '나쁜 분위기'를 개선해보려는 수단으로 섹스를 사용했다고 알려졌다. 하지만 보노보의 경우 적어도 동물원 우리 속에서는 섹스가 사회적 소속감을 갖는 데 필요한 일상적인 수단이다. 그들은 악수나 포옹, 그리고 손 흔들기 대신 섹스를 한다. 어디서나 어떤 상황에서나 암컷 보노보는 서로 만나면 처음 하는 일 중 하나가 음부를 서로 문지르는 행위다. 영장류 학자들은 이를 GG(genito-genital) 문지르기라고 일컫는다. 수컷과 암컷끼리, 수컷과 수컷끼리도 언제 어디서든 성행위를 한다. 어린 보노보는 그러한 장면을 잘 보기 위해 그들 위에 올라타기도 한다.

### 사회계약

신체적 위협에 의해서든 성적인 만족에 의해서든, 좀 더 세련된 사회적 특화에 의해서든 간에 이 세 가지 적응 방식은 각각 협력을 도모하고 비협조적인 구성원을 벌주고 자원을 나눠 쓰도록 강제하는 집단 조절의 수준에 도달해야 한다. 침팬지와 보노보는 비언어적 수단을 사용하여 번식, 부모로서의 투자, 복종과 지배를 관장한다. 동시에 인간 사회의 정치인들이 '풀뿌리에서 전해지는 피드백'이라고 부를 만한 것도 유지한다. 인간의 조상도 이런 과정을 통해 인간에게 가장 중요한 '당근과 채찍'을 얻었다. 사회적 유대감의 즐거움과 외로움의 고통이라는 생리적 지각을 말한다.

보노보 수컷도 침팬지 수컷처럼 송곳니가 날카롭고 평균적으로 암컷보다 몸무게가 15퍼센트 정도 많이 나간다. 그러나 적어도 지배적인 견해에 따르면 보노보 사회에서는 암컷이 식사를 먼저하고 음식 분배를 감독한다. 수컷 보노보는 수시로 성행위가 가능하기 때문에 암컷에게 접근하려고 애쓸 필요가 없다. 따라서 집단을 지배하려고 경쟁할 필요도 없다. 보노보는 이웃 집단의 구성원들과도 자유롭게 성행위를 즐기기 때문에 수컷의 영역 다툼이나 그 때문에 벌어지는 폭력도 거의 없다. 일반적으로 성행위가 너무도 쉽고 자유롭게 이뤄지기 때문에 구태여 수컷이 암컷을 확보하려고 목숨을 잃거나 팔다리가 잘리는 위험을 무릅쓰고 이웃 집단을 공격할 필요가 없다. 중세 왕족 사회의 근친결혼처럼 보노보의 경우도 자유로운 교미가 만들어 내는 밀접성으로 인해 집단 사이의 적대감이 줄어들었다.

침팬지 사회는 수컷의 사냥과 다른 집단의 수컷과 벌이는 싸움을 중심으로 이뤄지지만 그와 달리 보노보 '공동체'는 비교적 평온하고 대부분 암컷이 이끈다. 아울러 보노보 사회에서 규제와 사회적 응집을 목표로 하는 접근법은 인간 사회처럼 비용과 편익을 따지는 거래를 바탕으로 한다.

침팬지의 경우 수컷은 교미를 하려면 치열한 경쟁을 거쳐야 하고 암컷의 교미 상대를 고르기가 무척 까다롭기 때문에 자연스럽게 몸집이 크고 힘이 세며 잔인한 쪽으로 진화했다. 수컷의 '경쟁'과 암컷의 '선택'이라는 두 가지 사회적 요인은 간접적으로 수컷이 지배하는 사회를 만들었다. 이러한 구조가 자웅 선택과 자연선택의 상호 작용에도 영향을 주었다. 지배적인 수컷은 번식의 기회가 더 많고 번식의 질도 더 높다. 따라서 암컷은 가장 크고 강한 수컷과 교미를 해야 유전적으로 이득이 있다. 그 결과 그 암컷의 새끼도 몸집이 크고 힘이 셀 확률이 높다. 그 수컷들이 번식 기회가 더 많기 때문에 같은 패턴이 세대를 넘어 계속 이어진다.

자연은 투자 그룹과 달리, 어떤 사회적 전략이 가장 이로운지 알려주는 손익 보고서를 정기적으로 제공하지 않는다. 자연의 최종 결산은 후손의 생존율이다. 규칙이 반드시 명확하지도 않고 때로는 제재와 보상도 인지하기가 거의 불가능하다. 하지만 야생의 모든 사회 체제는 각 개체의 선택과 공동 조절을 통해 생존을 위한 자기 조절을 확립해야 한다.

그러나 인간은 더 높은 지능과 더 넓은 관점 덕분에 제재와 보상만이 아니라 다른 형태의 자연선택을 위한 새로운 영역도 개척했다. 따라서 '힘이 곧 정의'라는 식의 지배로는 턱없이 부족하다. 다양성, 경쟁, 선택, 적자생존 등은 신체적 특성이나 행동만이 아니라 문화적 가치에도 적용된다. 사회 생물학자 리처드 도킨스는 『이기적 유전자』에서 밈(meme)이라는 새로운 용어를 만들어 냈다. 유전적 방법이 아니라 모방을 통해 전해지는 문화 단위를 뜻한다.[8] 밈은 인간이 목적과 의미를 중시한다는 상징이다. 우리 인간은 후손이나 전우를 위해 자신을 기꺼이 희생하듯이, 우리에게 중요한 가치와 원칙, 그리고 아이디어를 보존하기 위해서도 기꺼이 자신을 희생한다. 하지만 같은 이유에서 자연선택은 하나의 체제 속에서 각 단위의 전파와 생존에 의해 성공이 평가되는 게임이다. 따라서 '고문을 포함한 전체주의적 행동'을 통해서는 '정의'라는 문화적 단위를 발전시킬 수는 없다. 밈을 전파하려면 그 속에 내재된 문화적 가치를 고수해야 한다. 결과가 수단을 정당화할 수 없듯이 결과가 밈을 정당화할 수 없다는 뜻이다.

**정상의 고독**

우리가 지배 체제를 이야기할 때 종종 지나치는 점이 있다. 사회 피라미드 정상에 오른 우두머리는 자기 조절과 공동 조절의 시행에서 자신의 능력에만 전적으로 매달리기가 힘들다는 사실이다. 침팬지 집단의 우두머리는 친구나 사촌, 형제의 도움을 받으면서 자리를 유지한다. 그 도움을 준 보상으로 그 도우미들은 우두머리의 정치적 비호를 받으며 교미에서 특권을 누린다. 따라서 우두머리 지위를 차지하고 유지하기 위해서는 분명히 유전적인 강인함이 필요하지만 동시에 실행 제어 능력의 유전적 자질에도 의존해야 한다. 앞서 살펴보았듯이 실행 제어 능력은 사회적으로 배제된 느낌에 의해 크게 손상받는다. 주의 집중, 자제, 충동 억제, 사회적 인식, 심지어 사회적 민감성도 포함된다.

우두머리 지위는 수컷 사이의 협력에 좌우된다. 따라서 침팬지 경우에도 우두머리가 되려면 통찰력과 신뢰 구축, 배반을 간파하는 능력과 호혜가 필요하다. 집단 구성원 모두에게 중요한 역할과 매력적인 이득을 보존해 주는 '최소한의 승리가 보장되는 연합'을 확립하고 유지하는 길은 그뿐이다. 침팬지도 쉽게 깨닫듯이 '승자 독식'에 기초한 사회 체제는 결코 오래가지 못한다.

침팬지는 끊임없는 전투를 통해 사회적 상호 작용을 조절하지만 거기에는 분명한 대가가 따른다. 수컷 한 마리가 독자적으로 사회 피라미드 정상에 오른다고 해서 자연선택을 이끄는 경쟁에서 해방되지는 않는다. '정상의 고독'일지 모르지만 실행 제어 능력을 유지해야 한다. 매

순간 긴장을 늦추지 않고 신경을 써야 한다. 자신을 과시하며 주의를 끌어야 하고, 등 뒤를 조심해야 하며, 경쟁자들의 도전을 따돌리기 위해 동맹도 유지해야 한다.

정상을 넘보는 자들도 그와 똑같은 사회적 자질을 갖추어야 한다. 아무리 유망주라고 해도 동맹과 배반, 정치적 계산을 관리하려면 우두머리와 비슷하게 시간과 정력을 바쳐야 하기 때문이다. 그 결과 침팬지 수컷은 물리적으로 엄청난 스트레스를 받는다. 연구자들은 두려움에 떨거나 괴성을 지르거나 설사에 시달리는 젊은 수컷을 자주 목격한다. 불안감이 그 원인이다. 따라서 침팬지 사회에서는 암수가 비슷한 비율로 태어나지만 성인이 되면 암컷의 수가 수컷의 수의 약 두 배에 이른다.[9] 이와 달리 보노보의 경우 수컷이 받는 사회적 스트레스는 훨씬 적다. 그 결과 성인이 되면 암수의 비율은 거의 비슷해진다. 하지만 보노보는 살벌한 외부 세계에 둘러싸여 생존을 위협받기 때문에 사회 조절에 최대한 관대한 접근법을 채택했을 가능성이 크다.

침팬지 사회에서 극도로 공격적인 우두머리는 자신의 지위에 존중을 표하지 않는 구성원들을 확실한 방법으로 징계한다. 우두머리는 바위를 굴린다거나 막대기를 휘두르며 지배력을 과시한 다음, 그 자리에 가만히 앉아 똘마니들이 주위에 몰려들기를 기다린다. 똘마니들은 존경의 표시로 연신 머리를 조아린다. 영장류 학자들은 이러한 행동을 '까닥거림(bobbing)'이라고 부른다. 하지만 비굴하다는 표현이 더 옳을지 모른다. 그런 다음 헐떡거리며 신음 소리를 낸다. 경선에서 승리한 후보를 축하하려고 정치인들이 몰려들어 아첨하는 행동과 크게 다르지 않다. 이 모든 행위는 사회계약의 일부분이다. 자기 조절을 겸한 공동 조절의 형태로 표현되는 지배력의 과시가, 질서를 유지하고 공동 조절을 겸한 자기 조절 형태로 표현되는 복종과 존경의 표시를 통해 화합을 도모한다는 뜻이다. 이 균형 잡기에서 자주 간과되는 부분이 존경의 표시다. 하지만 존경의 표시는 무의미한 싸움과 불필요한 부상을 막아 준다. 아울러 인간 사회의 정치판에서 돈의 형태로 이루어지든 열대 밀림에서 칼로리의 형태로 이루어지든 간에 정력의 낭비를 피하는 역할도 한다.

지배와 존중, 경쟁과 복종 사이에서 신중하게 조절되는 균형 때문에 우두머리는 경계심을 늦추지 않게 되고, 동시에 모든 구성원이 이득을 얻는다. 집단이 혼란에 빠져 해체되는 일을 막아 주는 일종의 '사회적 항상성'이 확립되기 때문이다. 이러한 복잡한 사회적 방정식을 통해 세 가지 사회적 적응 방식 모두 적어도 일시적으로나마 균형을 찾는다. 유엔 헌장이나 마그나 카르타 또는 정치 컨설턴트가 없어도 자연적으로 이루어진다. 이런 규칙과 그 규칙이 지켜지도록 해 주는 지혜는 유전자와 밈에 새겨져 있다.

**진정 효과**

침팬지와 보노보의 암컷 사이에서는 계급이 주로 개성과 나이에 따라 정해진다. 따라서 서로 다툴 여지가 없고 계급이 대부분 당연하게 받아들여진다. 하지만 자기 조절과 공동 조절의 압력은 여전히 강하다. 실험을 위해 침팬지 암컷을 실험실로 옮겨도 어느 한쪽이 상대방을 상사로 모신다. 자신의 지위가 낮다고 생각하는 암컷은 퍼즐 상자든, 컴퓨터든 실험용으로 주어진 모든 장비를 지위 높은 암컷보다 먼저 손대려 하지 않는다.[10]

보노보의 경우 지위 낮은 암컷이 지배적인 암컷의 새끼를 괴롭히거나, 나이 많은 암컷이 노리던 먹이에 손을 대거나, 지배적인 암컷이 수컷의 털을 다듬어 주려고 할 때 자리를 비켜 주지 않으면 그 지위 높은 암컷은 지위 낮은 암컷과 음식을 나눠 먹으려 하지 않고 털 다듬기조차 거부한다. 그러면 지위 낮은 암컷은 냉담하게 거부하는 지위 높은 암컷 앞에서 성질을 부린다. 그런 모욕이 주는 스트레스는 너무도 강해 신체적인 알레르기 반응까지 일으켜 그 앞에서 바로 토하기도 한다. 원숭이들도 인간만큼이나 사회적 거부를 견디지 못한다.

보노보 사회에서는 일상적인 상호 교류만이 아니라 공동 조절로 더 넓은 사회 구조를 제어하는 생리학적인 현상도 교미를 바탕으로 한다. 사춘기가 시작되면 암컷은 그들 문화의 대부분을 차지하는 성애적인 놀이에 관심을 잃는다. 그다음 그들은 소속 집단을 떠나 다른 집단으로 옮겨 간다. 근친 교배를 최소화하는 데 도움이 되는 행동이다. 난잡한 교미가 임신으로 이어지는 나이가 되면 형제자매와 헤어진다. 따라서 소속 집단을 떠나는 젊은 암컷에게 가장 중요한 요소는 새로운 집단에 받아들여질 수 있는 사회적 수완이다. 보노보도 침팬지나 인간과 마찬가지로 서로 어울려 사는 방식이 필수적이기 때문에 혼자서는 오래 생존하지 못한다. 따라서 암컷 보노보가 낯선 보노보를 만나면 즉시 나이 많은 암컷과 음부를 맞대고 문지른다. 그러면 지위 높은 암컷의 보호를 받게 되고 집단을 공동 조절하고 유지하는 암컷 사이의 사회적 동맹이 강화된다.

수컷이 지배하는 침팬지 사회에서도 암컷이 보이지 않는 영향력을 발휘함으로써 사회계약을 튼튼히 다진다. 지도력은 대부분 피지배자들의 동의를 바탕으로 한다. 따라서 건방진 수컷(인간의 예를 들면 야구 모자를 거꾸로 쓴 근육질 청년)이 새로 등장하면 암컷들이 뭉쳐 허용되는 '지배'의 한계를 분명히 알려 준다. 침팬지 사회처럼 불안정하고 계급이 엄격한 경우에도 곧바로 우두머리를 쓰러뜨리고 그 자리를 차지하면 후환이 따른다. 집단 전체가 반발하기 때문이다. 횡포가 심한 우두머리는 대개 오래 버티지 못한다. 그 우두머리나 반란 세력 모두에게 사회적 신호를 정확히 읽고 힘의 역학에 민감하게 반응하는 능력이 완력이나 젊음의 활기만큼이나 중요하기 때문이다. 외로움을 느끼는 사람이 좀 더 만족스러운 사회적 세계에 재진입하려고 애쓰듯이 사회적 동물도 살아남기 위해서는 정확하고 통찰력 있는 사회적 지각 능력이 필요하다.

새로 등장한 수컷이 분란을 일으켜 암컷 침팬지들이 마음에 들지 않는 사회적 불화를 감지하면 그중 일부가 '와우'라는 소리를 지르기 시작한다. 처음에는 분위기를 떠보는 식으로 자신 없이 소리를 지른다. 그러다 다른 암컷들이 합세하고, 암컷 우두머리의 지지까지 확보하면 귀가 먹먹할 정도로 외침이 커진다. 투표소나 투표용지 없이 새로운 수컷의 지배에 동의하는지 그렇지 않은지를 정하는 셈이다. 불만이 극에 달하면 전면적 반란이 일어난다. 새로운 수컷을 홀로 두고 무리 전체가 떠나거나 아예 그 수컷을 죽이기도 한다. 제인 구달이 오랫동안 연구한 침팬지 집단의 우두머리가 좋은 예다. '고블린'으로 알려진 그 악명 높

은 수컷 우두머리는 빈 석유통을 두드리며 거드름을 피우다가 두 번이나 죽임을 당할 뻔했다.[11]

기분이 틀어진 수컷 침팬지는 집단 전체에게 화풀이를 하는 경향이 있다. 따라서 암컷들은 합심해서 긴장을 누그러뜨리고 집단의 안정을 꾀하려 한다. 권력을 잡으려는 수컷은 우두머리를 공격하기 전에 최대 15분 정도 준비를 한다. 머리카락을 세우고 몸을 좌우로 흔들며 야유하듯이 소리를 지른다. 큰 막대기나 돌로 무장을 하기도 한다. 그러는 동안 대개 암컷 한 마리가 그 수컷에게 접근해 손에서 무기를 빼앗아 버린다.

유인원 종의 모든 암컷에게는 갈등 중재에 사용되는 사회적 기술이 발달해 있다. 모성의 필수적 요소다. 젖을 떼는 시기가 되면 어미가 가슴에서 새끼를 밀쳐 낸다. 하지만 비명을 지르며 반항하면 다시 젖을 물린다. 새끼가 나이가 들수록 거부와 수용 사이의 시간이 길어지고 갈등은 의지력의 한판 싸움으로 변한다. 새끼는 헐떡임과 훌쩍임으로 어미의 기를 꺾으려 한다. 다른 방법이 통하지 않으면 새끼는 울화통을 터뜨린다. 새끼 입장에서 어미의 마음을 잘 조종하면 당연히 유리하다. 어미 입장에서는 흔들리지 않고 확고하게 거부하는 방법을 터득하면 유리하다. 이러한 거부를 어미에게 당하면 새끼는 신체적으로도 견디지 못해 어미의 발에 젖을 토하기도 한다.

인간 사회의 경우처럼 집단 내부의 긴장을 완화하는 데 도움이 되는 공동 조절적인 행동은 주로 나이 많은 암컷의 몫이다. 수컷 두 마리가 계속 다투면 나이 많고 지위가 높은 암컷이 그중 한 수컷에게 다가가 잠시 털을 다듬어 준 뒤 다른 쪽 수컷에게도 천천히 걸어가 마찬가지로 털을 다듬어 준다. 그러면 대개 첫 번째 수컷은 상대를 쳐다보지 않고 암컷을 따라간다. 따라오지 않으면 암컷은 수컷의 팔을 잡아끌어 따라오게 만든다. 암컷은 두 번째 수컷 가까이에 앉는다. 그러면 두 마리의 수컷이 양쪽에서 암컷의 털을 다듬기 시작한다. 잠시 후 암컷은 그냥 다른 곳으로 가 버린다. 그러면 남은 수컷 두 마리가 서로의 털을 다듬어 준다. 그때쯤 입맛 다시는 소리가 크게 나면 두 앙숙이 서로의 털 다듬어 주기에 완전히 몰입했다는 표시다. 두 수컷 중 어느 쪽이 주도권을 잡을 필요도 없고 어느 쪽도 체면을 잃지 않으면서 집단이 균형을 되찾는다.[12] 인간 사회의 글로벌 리더들에게도 유용한 교훈일지 모른다.

　인간 사회에서도 집단 응집력과 조절력의 유지는 마찬가지로 신체가 동원되는 미묘한 일이다. 인간은 대화하는 두 사람 사이의 적절한 거리가 어느 정도인지 직감으로 안다. 물론 문화에 따라 다르다. 하지만 각 문화권 안에는 분명한 기준이 있다. 예를 들어 눈맞춤(eye contact)과 관련해 우리는 무언의 규칙을 따른다. 노려보는 행동은 무례할 뿐 아니라 때로는 위협적으로 여겨진다. 신체의 특정 부위를 쳐다보는 행위는 금기다. 도발적이거나 성적인 공격으로 여겨지기 때문이다. 하지만 우리는 누군가가 이 기준을 지키지 않을 때까지는 이 문제를 심각하게 생각하지 않는다. 그러다 실제로 누군가가 그 규칙을 지키지 않으면 불쾌감을 드러낸다.

　원숭이들은 깨어 있는 시간의 10퍼센트를 서로의 털을 다듬어 주는 데 쓴다. 하지만 인간은 상사의 재미없는 농담을 들으며 가식으로 웃고, 때로는 어린이나 나이 많은 어르신 또는 정신 장애가 있는 사람의 바보 같은 농담에도 웃어 주며 친절함을 보인다. 우리는 재력가나 사회적으로 유명한 인사들의 비위를 맞춘다. 하지만 진정 사회적으로 세심한 경우에는 자신의 말을 듣는 사람이 아무리 변변치 않다고 해도 그가 약간이라도 불쾌한 표정을 보이면 주제를 바꾼다. 비행기가 수직 기류에 부딪혀 급강하할 때 우리는 옆자리에 앉은 승객을 껴안기보다는 서로 농담을 주고받을 가능성이 크다. 집단 응집력을 유지하려는 무의식적이고 유전적으로 편향된 행동이다.

### 삼세번만의 행운

몇몇 화석 외에는 아무런 흔적을 남기지 않은 유인원 10여 종의 경우 사회적 행동을 평가하기란 불가능하다. 하지만 호모 사피엔스로 이어진 인간 계보의 경우 시회적 협동을 극대화해 국가까지 건설할 수 있었던 것은 순전히 더 멀리 보고 더 큰 그림을 읽을 수 있는 능력 때문이었다. 물론 인간은 특정 시기와 장소에서 다른 종보다 그러한 능력이 더 뛰어났다. 하지만 사회적 조화의 실패로 폭력 사태나 고통, 경제 위기 같은 어려움을 겪지 않았다면 이런 규칙의 절대적 필요성을 인식하지 못했을지 모른다. 인간은 '제3의 적응 방식'이 가진 더 넓은 사회적 시각을 포용해야만 편협한 자기 이익을 초월해 혁신적인 해결책에 도달할 수 있다. 사적인 이득을 목표로 하는 개인적 야심과 욕구에 정반대되는 관점을 말한다. 따라서 개인과 가족, 부족, 궁극적으로는 인류 전체에 이득이 되는 아이디어가 최우선이다.

지렛대와 바퀴, 그리고 불 등의 기술은 언제나 공공 영역에 속하는 공유재였다. 헤로도토스와 헤겔의 지혜는 누구나 무료로 사용할 수 있는 공유재다. 수십 년 동안 강탈을 일삼던 악덕 기업가도 나중에 깨달음을 얻어 그 막대한 재산으로 유익한 일을 하는 재단을 세우기도 한다. 테레사 수녀는 콜카타의 빈민을 돕는 데 일생을 바쳤지만 결코 노벨상을 바라고 한 행동은 아니었다. 영국의 컴퓨터 과학자 팀 버너스 리는 인류 전체의 소통을 위한 수단으로 월드 와이드 웹의 기본 구조를 만들었지만 상업적으로 이용할 생각은 추호도 없었다. 그러나 부족주의, 몰인정, 유혈 사태, 잔인성 등 '승자 독식'이나 '내 방식을 따르지 않으려면 떠나라.'와 같은 사고방식 때문에 인류에게 유익한 진보는 끊임없이 손상을 받아 왔다.

우리는 어리석음이나 무지, 탐욕, 불안, 해소되지 않은 분노 등 여러 요인 때문에 더 넓고 더 섬세하며, 좀 더 사회적으로 능숙하고 이로운 '제3의 적응 방식'을 최대한 사용하지 못하는 경우가 적지 않다. 이들 문제의 다수는 해결하기가 매우 어렵다. 하지만 그중에서 외로움은 비교적 간단한 방식으로 개선이 가능하다. 특히 외로움은 종신형 선고가 아니라 사회적 유대감을 바로잡으라는 경고일 뿐이라는 점을 올바로 인식하면 고치기가 쉽다.

외로움에 내포된 교훈은 바로 이것이다. 친절하고 너그러운 행동은 사회적 수용과 건전한 유대감으로 이어지지만 이기적인 반사회적 행동은 건강을 해치고 사회적 고립이라는 고통으로 이어진다는 사실이다. 물론 사회적 유대감을 한동안 갖지 못하다가 다시 갖기는 쉽지 않다. 그러나 우리의 생리가 일깨워 주듯이 유대감을 갖는 것이 정상적인 상황이다.

사회적 인식과 인지, 유대감, 협력의 수준이 하나의 종으로서 인간 정체성의 핵심을 이룬다. 다른 종과 그 수준에서 확연한 차이가 난다는 뜻이다. 아울러 우리가 서로에게 기대는 행위가 보살핌과 위안만이 아니라 생존 그 자체를 위한 일이라는 뜻이다. 사회화 과정은 각 문화권마다 다를지 모른다. 하지만 사람은 태어나면서부터 다른 사람의 말과 행동, 그리고 생각을 읽고, 다른 사람의 권리와 기분을 존중하는 법을 배우기 시작한다. 사회화는 어느 수준의 사회적 수용을 얻기 위해 자신을 맞춰 나가는 과정이다. 따라서 관련한 모든 사람의 상황을 개선하는 쪽으로 행동을 취하는 데서 사회화가 시작된다. 하지만 그렇다고 해서 아버지가 새로 사 준 자전거를 힘세고 덩치 큰 아이가 빼앗아 타도록 놔두어서는 안 된다.

우리는 외로움의 고통을 줄이고 싶어 하고 집단 소속감을 가지려고 애쓴다. 이러한 우리의 욕구를 충족시키는 일이 다른 어떤 목적보다 우위에 있다. 그래서 사람들은 더 보람 있고 더 넓은 장기적 결과를 위해 즉각적인 만족이나 사리를 포기한다. 그러나 앞의 여러 사례에서 봤듯이 사회적 배제가 넘을 수 없는 벽으로 인식되면 소외감이 생겨나 사회적 유대감을 맺으려는 의욕을 북돋우기보다는 아예 억눌러 자아의 기초마저 흔들리게 만든다. 사회적 고립을 경험하면 인간 사회를 통합시키는 요소 중 하나인 목적의식을 잃게 된다. 그 결과 사회적 수용을 얻는 대가로 자기 조절 같은 합의가 이루어지지 않는다. 그런 내재된 거래가 개인 정체성의 기초를 이루며, 인간 사회가 조직되는 기본적인 원칙 중 하나로 자리 잡는다. 바로 그런 이유에서 외로움은 자살로 이어지기 쉬운 위험 요인 중 하나다.[13]

다시 말하지만 외로움은 실행 제어와 자기 조절 기능을 손상시켜 충동적이고 이기적인 행동을 촉발하며, 목적의식을 갖고 능동적으로 반응하는 능력을 떨어뜨린다. 그 결과 수동적이고 부정적인 생각과 행동을 하게 되고 때로는 우울증도 앓게 된다. 쇠막대가 뇌를 관통하는 부상을 당한 뒤 피니어스 게이지가 보여 주었듯이, 우리의 반사적인 행동과 습관이 지속되면 복잡한 사고를 하는 능력이 떨어진다. 주의를 산만하게 하는 문화적 '소음'을 걸러 내고 진정으로 중요한 문제에 초점을 맞추는 능력이 외로움 때문에 저하된다.

이런 행동은 눈덩이 효과를 불러온다. 외로움은 자기 조절과 실행 제어 기능을 마비시켜 자제력과 인내력을 저하시킨다. 그렇게 되면 인지와 공감 능력이 떨어져 사회적 조절에 기여하는 다른 지각 능력도 타격을 받는다. 여기에는 사회적 동기화의 주고받음에 관한 인식, 적절하게 계산된 복종과 지배, 화해, 사회적 제재, 동맹 결성 등의 능력이 포함된다.

요컨대 이런 섬세한 능력이 하나의 구성원으로 집단에 자신을 맞추는 문제만이 아니라 집단 자체가 사회적 조화가 가능한 수준에 도달하는 데 필수적이라는 사실이다.

외로움은 우리가 다른 사람과 교류함으로써 얻는 보상을 감소시키는 동시에 중독과 관련된 뇌 부위가 관장하는 당혹스러운 반응으로 우리를 몰아간다. 다른 사람의 의도를 정확하게 읽지 못하면 말의 뜻을 이해할 수 없고 결국 더 나은 선을 목표로 하는 상생의 해결책을 찾지 못하게 된다. 나의 둔감함은 내가 호감 있는 파트너가 아니라는 인상을 준다. 나 자신의 반응과 내가 다른 사람에게 일으키는 반응에서 나는 사회적 교류에 불만을 갖게 된다. 다른 사람이 받는 보상의 느낌을 나는 얻지 못하기 때문이다. 소외된 개인으로서 내가 받는 손실이 깊이 뿌리를 내려 내가 속한 사회 전체에 퍼지게 된다.

일부 연구에 따르면 거부되거나 배제된다고 느끼면 더욱 공격적이고, 자멸적이며, 비협조적일뿐더러 명확한 사고를 하려고 애쓰지도 않는다.[14] 연인에게서 퇴짜를 맞아 본 사람이라면 너무도 잘 아는 사실이다. 사회적 차원에서도 똑같은 원칙이 적용된다. 우리가 매일 신문이나 TV에서 접하는 우울한 소식들이 그 예다.

### 건강과 재산, 그리고 행복

대다수의 사람들은 최고급 첨단 기기나 대형 자동차, 고급 요리처럼 단순한 욕구의 충족에서는 진정한 행복을 느낄 수 없다는 사실을 깨닫는 데 오랜 시간이 걸린다. 행복이란 반드시 고통이나 슬픔 또는 불편함의 반대가 아니다.[15] 또 진정한 행복은 단순히 일시적인 기분도 아니다.[16]

수년 전 실시된 바 있는 한 연구에 따르면 복권에 당첨된 사람과 사고로 사지가 마비된 사람이 느끼는 행복의 수준은 2년만 지나면 그런 행운과 불운이 닥치기 전의 수준으로 되돌아간다.[17] 우리가 미국 일리노이 주 동북부 쿡 카운티에 사는 고령자들을 대상으로 수년에 걸쳐 실시한 행복 수준의 변화에 관해 실시한 연구에서도 비슷한 결과가 나왔다. 결국 우리가 느끼는 행복의 수준은 우리 각자의 근본적인 기질과 관련이 있다는 점을 시사한다. 하지만 하나의 기질로서 느끼는 행복은 개인적 특성만으로 설명할 수 없다. 인간의 일원으로서 행복을 느끼려면 사회적 유대감이 필요하다.

쿡 카운티 실험에서 우리는 참여자들이 일상생활에서 제공하는 객관적 사실과 주관적 평가를 취합해 마치 혈액 검사를 하듯이 정밀하게 분석했다. 수년에 걸쳐 더 나은 삶으로 이어지는 요소를 확인하려는 의도였다.[18]

우리 연구에서 드러난 그림은 이러했다. 다른 사람의 실용적 도움을 구할 수 있는지 여부는 행복과 상관이 없었다. 하지만 외로움과 자존감의 수준은 분명 상관이 있었다. 물론 만성적 스트레스는 행복 수준에 당연히 부정적인 영향을 끼쳤다. 그러나 행복에 영향을 줄 만한 모든 변수를 포함시켜 분석했을 때는 만성적 스트레스와 행복 수준에는 직접적인 상관이 없었다. 마찬가지로 우울증과 적대감도 다른 변수를 포함했을 때는 행복 수준과 직접적인 상관이 없었다. 만성적 질병은 행복과 상관이 있지만 그 역시 미미한 수준이었다. (이러한 고통을 당하는 사람들은 시간이 흐르면서 적응하기 때문인 듯하다.) 흡연, 음주, 운동, 영양 등 생활 방식의 건전성 여부도 행복에 큰 영향을 끼치지 않았다. (만성주간 피로증은 일시적인 영향을 끼치는 것으로 나타났다.) 그러나 나이는 중요한 영향을 끼쳤지만 상당히 의외의 결과를 보였다. 나이가 많을수록 행복도가 높았다.

그다음 우리는 3년의 기간에 걸쳐 어떤 요인이 개인의 행복 수준 변화를 예측하는 잣대가 될 수 있는지 알아보기 위해 종단적 분석을 실시했다.[19] 발견된 요인은 다음 세 가지였다.

**1 사회적 유대감**

외로움의 수준이 낮을수록 나중에 행복 수준이 높아지며 행복 수준이 높을수록 나중에 외로움을 느낄 확률이 낮아진다.

**2 가계 소득**

우리의 횡단적 분석 데이터는 가계 소득이 행복과 관련이 있음을 보여 주었다. 그러나 가계 소득이 더 높아진다고 해서 나중의 행복 수준이 더 높아지지는 않았다. 다시 말해 높은 소득이 행복 수준을 높이는 데는 한계가 있다는 뜻이다. 우리는 소득과 행복 사이의 연관성을 발견했다. 하지만 순서가 반대였다. 행복 수준이 높을수록 나중의 소득이 더 높아졌다. 아울러 행복은 적어도 부분적으로는 외로움의 수준을 낮춰 나중에 더 높은 소득으로 이어졌다.

**3 나이**

나이가 많으면 불행하다는 일반적 인식과 달리, 우리 연구의 데이터와 심리학자 로라 카스텐슨의 자료에 따르면 사람은 나이가 들수록 더 행복해진다. 그 이유는 두 가지 요인으로 설명할 수 있다. 첫째, 감정 반응, 특히 부정적 반응을 관장하는 뇌 부위인 편도체가 시간이 갈수록 부정적 자극에 덜 민감해지는 듯하다.[20] 그 결과 일반적으로 나이 든 사람은 예전에 신경을 많이 쓰던 잠재적인 위험에 경계를 늦추게 된다. 둘째, 나이가 많을수록 쓸데없는 일에 낭비할 시간이 얼마 남지 않았다는 사실을 인식하기 때문에 정서적으로 가장 만족스러운 삶의 측면, 즉 인간관계에 초점을 맞추게 된다.[21] 앞 쪽의 '1 사회적 유대감'과 일치하는 부분이다.

이런 데이터를 개인이나 사회의 실제 행동에 적용하고 싶다면 '나이는 말 그대로 나이'라는 사실을 받아들여야 한다. 우리가 영원히 살 수 없다는 사실을 받아들이면 성가신 일을 대수롭지 않게 받아들일 수 있다. 하지만 그런 유유자적한 상태가 되려고 일부러 나이를 빨리 먹고 싶어 하는 사람은 없다. 나머지 두 요인의 경우 우리 데이터를 통해 밝혀진 인과 관계를 토대로 몇 가지 권장할 만한 사안이 있다.

우선 행복에 이르는 직접적인 경로로 소득 증가에 치중하는 방법은 바람직하지 않다. 뉴스를 보거나 책을 읽거나 영화를 보면 인정사정 볼 것 없이 부를 추구하는 사람의 이야기가 수없이 나온다. 그러나 우리 데이터는 실제로 행복을 돈으로 살 수 없다는 명백한 증거를 제시한다. 우리의 종단적 분석에 따르면 외로움의 수준이 낮고 소득이 높다는 요인이 높은 행복 수준과 상관은 있지만, 높은 소득이 높은 행복 수준에 기여하지는 않으며, 외로움을 더 많이 느끼는 데도 기여하지 않는다. 오히려 그 순서가 거꾸로다. 행복 수준이 높으면 사회적 유대감에 긍정적 영향을 끼쳐 높은 소득에 기여한다. 행복한 사람은 외로움을 덜 느끼며, 덜 외로운 사람은 더 많은 소득을 올리는 경향이 있다.

어떻게 그런 일이 가능할까? 우리 데이터로는 정확하게 그 이유를 설명할 수 없지만 이 정도는 알 수 있다. 더 행복하고 덜 외로운 사람은 좋은 관계를 형성한다. 직장에서도 마찬가지다. 행복 그 자체보다는 이러한 좋은 관계가 직장에서 업무 실적을 올리는 데 도움이 된다. 좋은 평가를 받으면 결국 승진할 기회가 많아지고 경력을 쌓을 수 있는 더 나은 네트워킹의 기회가 제공된다. 높은 행복 수준은 외로움의 수준을 낮춰 더욱 창의적인 의사 결정에도 도움을 준다.[22] 이 역시 더 큰 금전적 보상으로 이어질 수 있다.

그렇다면 우리가 마음에 새길 만한 교훈은 무엇일까? 인간의 독특한 적응력(제3의 적응 방식)을 감안할 때 우리 삶을 최대한 이용할 수 있는 최선의 행동 양식은 무엇일까?

고독한 순례자가 높은 산을 천신만고 끝에 올라가 정상에 앉아 있는 도사에게 "건강과 재산, 그리고 행복의 열쇠가 무엇입니까?"라고 묻는다고 가정해 보자. 우리의 데이터에 따르면 도사는 분명히 이렇게 대답할 듯하다. "인간은 기본적으로 사회적인 존재다. 따라서 당연히 열쇠는 당신 자신과 주변 사람들 모두에게 의미 있고 만족스러운 사회적 관계를 형성하는 것이다."

**13**

# 사회적 유대감을 회복하는 기술

시카고 대학은 시카고 시의 남쪽에 있다. 나와 아내는 시카고 북쪽에 산다. 다행히도 집에서 학교까지 가는 길은 미시간 호수의 기슭을 따라 이어진다. 따라서 날씨가 좋으면 자전거를 이용할 수 있다.

따뜻한 기온과 햇볕을 즐기는 시카고 시민은 나뿐이 아니다. 호숫가를 따라 조성된 넓은 포장도로는 늘 붐빈다. 한가하게 거니는 연인들, 롤러 블레이드를 타는 사람들, 스케이트보드를 즐기는 사람들, 유모차를 미는 엄마 아빠들, 조깅하는 사람들, 자전거를 타는 사람들로 말이다.

이들 인파 속을 헤치며 페달을 밟으면 기분이 그만이다. 사람들은 모두 날씨만이 아니라 멋진 풍경에 밝은 표정을 짓는다. 하지만 위험도 따른다. 이들 사람 각자 또는 무리가 아무런 규칙 없이 임의적으로 움직인다. 속도도 각각 다르다. 때로는 아무런 이유 없이 갑자기 멈춰 선다. 때로는 전혀 예측이 불가능하게 좌우 지그재그로 달린다. 수업 시간에 맞추어 빨리 가야 할 때는 내가 가는 길이 다른 사람이 가는 길과 부딪치지 않도록 신경을 곤두세워야 한다.

자전거를 타는 사람은 모두가 자신에게 비켜 주기를 기대하고 그냥 쏜살같이 중앙을 질주하기도 한다. 이런 상황에 지레 겁을 먹고 너무 느리고 자신 없이 자전거를 타는 사람들은 오히려 길을 더 위험하게 만든다. 하지만 기분 좋은 날이면 다른 사람들의 이동 경로에 맞춰 상대방의 행동을 예측하고, 자신의 움직임을 조절하며, 서로 반응을 보이면서 편안한 속도로 자전거를 탈 수 있다. 같은 속도로 자전거를 타는 사람을 만나면 자발적으로 서로 공감대를 형성한다. 말 한마디 주고받지 않고도 한번은 내가 앞서고 다음은 그 사람이 앞서면서 신나게 페달을 밟는다. 한 사람이 목적지에 도달해서 살짝 손을 흔들면 그 공감대는 처음처럼 조용하고 신속하게 끝난다.

바로 이처럼 자발적이고 부담 없는 시너지 효과가 참된 사회적 삶이다. 사회적 유대 안에서 안전하다고 느끼면 편견이나 부당한 기대 없이 서로 잘 살아갈 수 있다. 긴장을 풀면서도 다른 사람을 배려하면 전체의 움직임에 쉽게 맞출 수 있다. 내가 배제당한다는 생각을 하지 않으면 원시적이고 방어적인 '투쟁-도피' 메커니즘이 쉽게 작동하지 않는다. 그런 불안감에서 해방되면 우리는 새로 시작하는 대인 관계가 바람직할지 아니면 불행으로의 초대인지 좀 더 자신 있게 판단할 수 있다. 그때그때의 상황에 좀 더 침착하게 대응하면 더 나은 선택이 가능해진다. 그런 상황이 반복되면 우리의 더 넓은 사회적 환경을 개선하는 데도 도움이 된다.

### 원인과 결과

내 동료 폴은 워싱턴에서 보스턴까지 앰트랙 기차로 여행하면서 중간에 뉴욕에서 정차하여 뉴저지 주에 사는 친구에게 들렀다. 헤어질 시간이 되자 그 친구가 근처의 통근 기차역까지 데려다 줄 형편이 되지 않아 택시를 불렀다. 하지만 그 택시 기사가 길을 잘못 드는 바람에 폴은 뉴욕으로 돌아갈 통근 기차를 놓쳐 버렸다. 그는 그 통근 기차를 타고 뉴욕에 가서 다시 앰트랙을 타고 보스턴으로 갈 계획이었다. "결국 내 일정이 완전히 엉망이 되었다."라고 폴이 내게 말했다. 그는 그다음 일어난 일을 이렇게 진술했다.

택시가 계속 빙글빙글 돌고 있다는 사실을 알았지만 이상하게도 화가 치밀지 않았다. 한 시간 반을 기다려야 다른 통근 기차가 있고, 그 기차를 타고 뉴욕에 간다고 해도 보스턴으로 가는 앰트랙이 언제 있는지 모르는 상황이었지만 말이다. 마음속으로 열까지 한두어 번 세어 본 뒤 어떻게 할지 생각했다. 근처에 버스 정류장은 없을까? 버스가 기차보다 더 자주 있지 않을까? 그래서 내 제안에 따라 기사는 버스 정류장이 있는 다음 도시로 이어지는 고속 도로를 다시 탔다. 택시 기사도 미안하고 당황한 듯 한참 고속 도로를 달린 뒤에야 이렇게 말했다. "그런데 말이죠. …… 뉴어크까지 모셔다 드릴 수 있는데 ……. 뉴욕에서 앰트랙을 타듯이 뉴어크에서도 앰트랙을 탈 수 있거든요." 그래서 우리는 흥정을 했다. 기사는 10달러만 더 받고 나를 뉴어크에 데려다 주기로 했다. 뉴저지 주의 절반을 가로지르는 길이었다. 원래 계획보다 더 빠르고 편안하게 앰트랙을 탈 수 있는 방법이었다.

그래서 느긋하게 의자에 기대어 드라이브를 즐기다가 우연히 야구 이야기를 하게 되었다. 우연히 그 택시 기사도 보스턴 출신이었고 나처럼 평생 레드삭스 팬이었다. 그는 전설적인 투수 사이 영과 1903년 월드 시리즈에 관해 내가 이전에 듣지 못했던 재미 있는 이야기를 들려주었다. 아주 즐거웠다. 길을 잃었다고 택시 기사에게 고함을 쳤다면 잘해봤자 우리가 찾던 기차역에 겨우 도착해서 다음 통근 기차가 올 때까지 한 시간 반을 그냥 거리에서 보낼 수밖에 없었을 것이다.

초기의 인류가 상대방의 협동적인 행동을 봤을 때 그들도 지금 우리가 '다정함'이나 '신뢰'라고 부르는 감정을 가졌을 것이다. 기만이나 배반을 당하면 그들도 지금 우리가 '적대감'이나 '불신' 또는 '분노'라고 부르는 감정을 가졌을 것이다. 이 책에서 수십 가지 사례를 통해 살펴보았듯이 우리가 외로움을 느끼면 궁지에 몰렸다는 느낌을 받는다. 그러면 그 소외감으로 인해 건강을 해치게 되고 삶의 재미도 없어지며 현명한 해결책을 찾는 데 필요한 협동 능력도 사라진다. 반면 사회적 관계가 만족스러울 때는 안전하다고 느낀다. 안전하다는 느낌이 들면 창의적인 사고가 가능하다. 아울러 긍정적인 감정을 기대하고 더 많이 경험하게 된다. 그런 감정은 장기적으로 우리의 생리에 도움이 될 뿐 아니라 즉각적이고 지속적인 심리적 만족감도 준다. 나의 기분이 좋아지면 상대방에게 하는 행동이 긍정적이 되고, 그 보답으로 상대방도 나에게 긍정적인 행동을 한다. 그 시너지 효과는 창의적인 협동이다. 이러한 인과 관계가 반복적으로 오가면 긍정적인 효과가 넓은 영역으로 퍼져 나간다.

친구 폴은 그 전날 워싱턴에서 기차 여행이 어떻게 시작되었는지도 이야기해 주었다. 역에서 기차를 기다리는 동안 그는 샌드위치를 주문했다. 샌드위치는 그가 필요한 양의 두 배나 되었다. 남은 샌드위치를 싸 들고 기차를 타기도 싫었지만 그렇다고 그냥 버리기도 아까웠다. 혹시 기분을 상하게 할지 몰라 다른 손님에게 먹겠느냐고 건넬 엄두도 나지 않았다. 그때 '이곳이 미국 대도시의 기차역이 아닌가?'라는 생각이 떠올랐다.

나는 넓은 대합실을 찬찬히 살폈다. 일 분도 채 안 되어 느릿느릿 걸어가는 꾀죄죄한 남자가 눈에 들어왔다. 얼굴도 지저분하고 옷도 누더기였다. 나는 뛰다시피 그의 뒤에 따라붙었다. 그가 낌새를 채고 뒤를 돌아봤다. 나는 앞으로 몸을 구부리며 샌드위치를 내밀었다. "이거 드실래요?" 그는 얼굴을 찌푸리며 의심스럽다는 눈길로 나를 쳐다봤다. 하지만 곧 그는 샌드위치를 넘겨받고는 고개를 살짝 끄덕였다. 무슨 뜻인지 알겠다는 듯한 표정이었다. 바로 그 순간 우리 두 사람의 마음이 서로 통한 듯했다. 그가 나의 편리를 봐주는 쪽이라는 사실을 나는 확실히 알고 있었다. 하지만 이 사소한 교류 때문에 나는 축복을 받았다는 느낌이 들었다. 다음 날 택시 기사가 길을 잘못 들었을 때도 내가 화를 내지 않은 것이 바로 이런 축복받은 느낌 때문이었다고 확신한다.

친구 폴의 이러한 생각이 옳다고 객관적으로 말할 사람은 없을 듯하다. 하지만 이 점은 분명하다. 하루 종일, 그리고 매일 다른 사람을 돌봐주는 사람은 마음이 평온하고 기쁨에 찬 사람들이라는 사실이다. 에이즈 환자에게 품위 있고 고통 없는 죽음을 맞도록 해 주는 호스피스 간호사가 한 예다. 이들 주변에는 늘 슬픔과 고통에 둘러싸여 있는 환자가 있지만 환자와의 유대감은 무엇보다 진정성이 있다. 호스피스 간호사처럼 선의와 친밀함, 보살핌을 베푼 결과로 갖게 되는 기분 좋은 느낌, 다시 말해 '축복'을 받는다는 느낌이 '헬퍼스 하이(helper's high, 봉사자의 희열)'다. 하지만 봉사하는 직업에 종사하는 사람에게 국한되는 이야기는 결코 아니다. 언제 어디서든 낯선 사람을 도울 때도 똑같은 행복감에 도취될 수 있다.

### 되먹임의 원리

사회 인지와 자기 조절, 그리고 공동 조절을 통해 우리 각자는 사회적 현실에 기여한다. 그 현실이 느낌을 만들어 내고 다른 사람들이 그 느낌을 우리에게 반영한다. 이런 느낌이 오랜 시일에 걸쳐 쌓이면서 우리를 건강하게 해 주거나 해치게 하기도 한다. 그 느낌은 우리의 당면한 사회적 환경도 만들어 준다. 특정 '밈'이나 문화적 가치의 주파수를 높이면 좀 더 넓은 범위의 사회적 현실을 형성하는 데도 기여한다.

부정적 감정을 가능한 한 줄이면 그런 피드백 고리에서 긍정적 추세가 강해진다. 거기다가 긍정적 감정을 일으키려고 약간만 노력하면 그 피드백이 더 빨라져 효과가 훨씬 커진다. 고속 도로 무인 톨게이트에 닿으면 바로 뒤따라오는 운전자를 위해 50센트나 1달러의 거스름돈을 톨에 남겨 두는 사람도 있는데, 이는 무작위로 베푸는 친절이다. 내가 아는 한 여성은 일진이 사나운 날이면 음료수 자판기에서 다음 사람이 찾도록 잔돈을 남겨 둔다. 하찮아 보일지 모르지만 연구(그 여성은 연구 심리학자.)에 따르면 이러한 사소한 행동의 수혜자가 그 직후 또 다른 사람을 도울 가능성이 크다.[1] 친구 폴의 경우 그런 사실을 알았기 때문에 본인의 기분도 좋아진 것이다. "우리의 행동은 원인으로 작용하고 결과로 되돌아온다."라는 헨리 멜빌의 말 그대로다.

복잡한 적응 시스템과 관련해서 과학자들은 곧잘 '나비 효과(Butterfly Effect)'를 언급한다. 아프리카에서 한 나비가 날갯짓으로 일으킨 공기의 흐름이 수많은 연쇄 반응을 일으켜 며칠 또는 몇 주 뒤 유럽의 날씨가 달라질 수 있다는 이론이다. 이 특정 사례는 과장일지 모르지만 반드시 은유에 불과한 것만은 아니다. 실제로 연구자들은 슈퍼컴퓨터를 이용해 단순한 원인이 상호 작용과 합성, 증폭을 거쳐 복잡하고 심오한 결과를 만들어 내는 세부 과정을 보여 준다. '나비 효과'의 좀 더 기술적인 표현은 '초기 조건에 대한 민감한 의존성'이다. 작은 사건이 큰 사건과 상호 작용하는 방식을 말한다. 소규모의 원인이 극적일수록 대규모 결과가 즉시적이고 쉽게 측정된다.

가족 중 한 명이 불의의 사고로 세상을 떠났을 때 그의 장기를 기증하는 지극히 이타적 행동으로 슬픔을 극복하는 사례가 적지 않다. 살해당한 아이의 부모가 그 살해범을 가혹하게 처벌하지 말아 달라고 탄원하는 사례도 생각보다 많다. 1993년 에이미 빌은 풀브라이트 장학생으로 인종 차별이 있는 남아프리카공화국에서 흑인 유권자들의 등록을 도왔다. 흑인 동료 세 명을 집에 데려다 주려고 차를 몰고 가는 도중 과격파 범아프리카회의(PAC) 소속의 폭도들에게 둘러싸였다. 그들은 에이미를 차에서 끌어내려 벽돌로 때린 다음 칼로 찔러 죽였다. 폭도 네 명이 유죄 판결을 받고 18년 징역형을 선고받았다. 그들이 남아프리카공화국의 진실 화해 위원회에 사면을 청구했을 때 에이미의 부모는 놀랍게도 그들을 지지하는 발언을 했다. 또 그들은 남아프리카공화국의 억압받는 다수를 돕기 위해 에이미의 이름으로 재단을 설립했다. 에이미 빌 재단이 지원하는 사업 중 하나는 빵집이다. 에이미 살해로 유죄 판결을 받은 젊은이 중 두 명이 그 빵집에 취직하여 일했다.

애지중지하던 자식을 살해한 살인범을 어떻게 부모가 증오하지 않고 그처럼 이타적으로 행동할 수 있을까? '복수는 달콤하다.'라는 격언이 있다. 하지만 제재가 아무리 필요하다 해도 '용서는 신의 몫'이라는 또 다른 격언이 있다. 사회적 결과만이 아니라 개인의 정신적 건강 측면에서도 용서를 신의 몫만이 아니라 인간의 몫으로도 만들면 큰 도움이 될 것이다.

인간은 특별한 상황에 처하면 삶에 의미를 주는 상호 의존성을 위해 자신의 희생을 마다하지 않는다. 2차 세계대전 중 미얀마 주둔 영국군 사령관이던 윌리엄 슬림 경은 전쟁터를 압도하는 가장 강한 느낌이 외로움이라고 말했다. 또 그는 승리의 유일한 열쇠는 사기이며 사기의 기초는 전우를 배반하기를 거부하는 병사 개개인의 마음가짐이라고 말했다.[2] 그가 말한 병사들처럼 우리 개개인은 다른 사람들을 위해 희생하고 봉사함으로써 외로움을 이겨 낸다.

시그프리드 서순은 영국군 장교로 제1차 세계 대전에 참전한 시인이다. 그는 전투에서 느끼는 외로움과 유대감을 좀 더 자애롭게 표현했다.

> 부하들을 쳐다본다. 그들은 담요로 몸을 감고 얼굴은 땅 쪽으로 묻거나 담요로 덮었다. 늘 그들 가까이 있는 죽음을 생각한다. 그들이 죽어 있는 모습을 어떻게 볼 수 있을까? 그들의 즐거운 표정이 사라진 모습을 말이다. 내가 짜증을 내던 그들의 떠드는 소리도 영원히 사라진다.…… 낙담과 불만이 쌓인다. 내가 그들을 구할 순 없다. 하지만 적어도 그들이 겪는 위험과 불편함은 나도 함께할 수 있다.[3]

『블랙 호크 다운(*Black Hawk Down*)』을 책으로 읽거나 영화로 봤다면 게리 고든 상사와 랜들 슈거트 중사를 기억할 것이다. 미 육군 특수부대원들인 그들은 소말리아에서 포위된 지상군을 지원하려고 갔다가 헬기가 추락하여 오도가도 못하고 고립된 대원들을 구하려고 모가디슈의 거리에 뛰어내리겠다고 우긴다. 고든과 슈거트는 헬기 추락 장소에 무장 반군 수백 명이 몰려든다는 사실을 알고 있었다. 자신들이 자원한 일이 자살 임무라는 점을 알았지만 그래도 그들은 마다하지 않았다. 결국 그들은 사살되었다. 그들의 시신은 반군에 의해 모가디슈 거리 이곳저곳으로 끌려 다녔다. (전 세계인을 격분케 한 그 사진을 기억하는가?) 하지만 그들의 희생으로 결국 추락한 헬기 조종사 마이클 듀랜트 선임 준위의 목숨을 구할 수 있었다.

분명히 죽음에 대한 동경과는 다른 무엇이 고든과 슈거트를 자기희생적인 '사회적 유대감'의 행동으로 이끌었을 것이다. 그런 영웅주의는 진정으로 이례적이다. 그래서 그들에게 사후에 최고의 무공 훈장인 의회 명예 훈장이 내려졌다. 하지만 2005년 여름 런던이 폭탄 테러를 당했을 때나 2001년 9월 11일 뉴욕과 워싱턴이 테러 공격을 당했을 때도 일반 시민 수백 명이 경찰과 소방관들과 함께 이타적인 희생으로 다른 사람을 도왔다. 세계 무역 센터가 무너졌을 때 생존자가 있을지 모르는 상황에서 너무 위험하니 철수하라는 명령을 피하려고 무전기를 꺼 버린 구조대원들이 적지 않았다. 그들 구조대원 중 다수가 생존자들을 구하려다가 목숨을 잃었다. 하지만 사무실에서 일하던 일반 직원 중에도 자기만 서둘러 탈출하기보다는 뒤에 남아서 다친 동료들을 부축해 수십 층을 계단으로 내려온 사람들이 더 많았다. 그 참혹한 날의 가장 가슴 아픈 장면은 직장 동료나 낯선 사람들이 탈출할 가망이 없다는 사실을 알았을 때 마치 서로 위로하듯 손을 잡고 좀 덜 고통스러운 죽음을 맞으려고 함께 그 높은 곳에서 뛰어내리던 모습이다.

물론 위기가 닥치면 사람들은 최선만이 아니라 최악의 면도 드러낸다. 2005년 허리케인 카트리나가 뉴올리언스를 덮쳤을 때 '서로 주고받는다.'라는 사회계약을 스스로 실행할 능력이 무너지는 모습을 우리는 보았다. 물론 '폭력을 다뤄야 잘 팔린다.'라는 암묵적인 규칙이 지배하는 저널리즘의 세계에서는 부정적인 기사가 많을 수밖에 없다. 그러나 카트리나 위기 때도 자선 행위는 많았다. 너무도 많아 알려지지 못했을 정도였다. 특이하고 눈길을 끄는 자선 행사만이 TV 뉴스의 마지막을 장식했다. 그러나 반드시 특수 부대원의 영웅주의 또는 카트리나 위기 때 적십자 자원봉사원들의 자기희생적인 행동에서만 우리가 사회적 유대감을 경험하지는 않는다. 일상생활에서 사회적 유대감의 경험은 전혀 극적이지 않다. 상을 주거나 훈장을 수여하거나 여왕이 작위를 내리지 않는 일상적인 일을 말한다.

**외로움의 치료제?**

외로움의 생리학적 기초를 밝힌 우리 연구를 처음 접하는 사람들은 때때로 제약 회사들이 외로움을 치료하는 약을 개발할 가능성이 없느냐고 문의한다. 하지만 우리 연구를 좀 더 깊이 이해하고 나면 대다수의 경우 외로움의 화학적인 치료제가 필요하지 않다는 사실을 깨닫게 된다. 물론 외로움과 부정적 감정의 악순환에 시달릴 때 사회 인식과 행동을 바꾸고 싶다면 먼저 우울증과 불안을 다스리는 약을 복용하면 도움이 된다. 다시 말하지만 외로움 자체는 병이 아니다. 때때로 외로움을 타는 것은 우리가 때때로 허기와 갈증을 느끼는 현상과 다르지 않다. 인간이면 당연히 그렇다. 다만 이런 신호가 올 때 장기적인 만족을 가져오는 방식으로 대처하는 일이 중요하다.

더구나 외로움을 치료하는 문제라면 인지와 행동의 변화만큼 좋은 약이 없다. 심지어 신체 화학적 차원에서도 처방약 없이 자연적으로 생성되는 호르몬이나 신경 전달 물질이 '헬퍼스 하이'를 비롯해 유대감의 기분 좋은 편안함을 제공한다. 관대한 행동으로 다른 사람에게 다가갈 때면 언제나 이러한 화학적인 상승효과가 일어난다. 자판기에 다른 사람을 위해 잔돈을 남기고 간다든지 노숙자에게 샌드위치의 절반을 나눠 주는 행위도 마찬가지 효과를 낸다. 갈증이 몸에 물이 필요하다는 신호이듯이 외로움은 인간이 서로에게 얼마나 많이 의지하는지 상기

시켜 주는 신호이자 그런 면이 부족하다는 경고다. 긍정적인 심리 조절이 우리의 유대감을 강하게 만들어 주고 행복감을 준다.

건강과 행복을 가져다주는 사회적 유대감을 확보하는 것은 우리 서로가 교류하는 일상적인 경험과 마찬가지로 다른 사람을 돕거나 서로 마음을 터놓는 일처럼 아주 간단하고 쉬우면서도 동시에 그만큼 어렵다. 학자들은 외로움의 수준이 낮은 사람을 두고 "사회적으로 재능이 있다."라고 말한다. 실제로도 그렇다. 하지만 이 재능은 다른 사람과 나눌수록 상승효과가 있다. 사회적 웰빙 수준이 높은 사람은 대개 결혼 생활이 행복하고 감정 지수가 높지만 그렇다고 그들이 반드시 지도자나 저명인사인 것은 아니다. 그들이 성장할 때는 외로움을 느끼는 사람보다 더 매력적이지도, 머리가 좋지도, 외향적이지도 않았을 것이다. 또늘 노숙자 급식 자원봉사를 하고 시각 장애자에게 책을 읽어 주는 것도 아니다. 외로움을 덜 타는 사람들의 가장 흔한 특징은 순간순간에 적합한 진정한 사회적 상호 작용이면 무엇이든 마다하지 않는다는 점이다. 그들은 '제3의 적응 방식'을 최대한 활용한다. 사회적 상황과 관계를 자유롭게 찾아내고 충분히 기여한다. 그들은 무슨 모임에 참석하든 마음의 앙금이나 불쾌한 행동으로 분위기를 망치지 않고 오히려 전체 분위기를 띄울 가능성이 크다. 하지만 반드시 말을 많이 하거나 앞에서 이끌지는 않는다. 그들은 앞에 나가서 발언을 하거나 이끌고 싶어 하는 사람을 뒤에서 조용히 밀어 주는 편에 속한다. 모호한 상황에서는 다른 사람의 행동이나 말을 선의로 해석하려 한다. '제3의 적응 방식'이 제공하는 신중한 판단력이 있기 때문에 다른 사람에게 이용당하지 않으면서 다른 사람에게 호의를 베풀고 다른 사람의 잘못을 용서해 준다.

그렇다고 그들이 별종은 아니다. 특별한 점은 없다는 뜻이다. 여기서 핵심은 우리 누구나 그들 중 한 명이 될 능력을 갖췄다는 사실이다.

사회적 재능이 있는 사람도 외로움의 수렁에서 빠져나오지 못하는 사람처럼 실제로는 지극히 내성적일 수 있다. 그중에는 유대감을 원하는 수준이 사회적 단절의 고통을 민감하게 느끼도록 설정된 사람도 있다.(여담이지만 그런 사람은 해외 지사 근무가 적절하지 않을지 모른다.) 그러나 다른 한편으로 볼 때 그런 성향이 반드시 고칠 수 없는 운명은 아니다. 뇌의 실행 제어 능력을 충분히 활용하면 자신의 안락함 수준을 평가하고 그런 유전적 성향에 맞춰 장기적 조절이 가능한 적절한 결정을 내릴 수 있다. 아울러 외로움의 기능을 정확히 아는 것이 도움이 된다.

### 사회적 재능 받아들이기

앞에서 말했듯이 외로움으로 고통받는 사람 중 일부는 우울증과 불안을 다스리는 약물 치료로 어느 정도 효과를 볼 수 있다. 마찬가지로 그중 일부는 외로움에 수반되고 고립감을 심화시키는 심리적 문제를 임상 심리학자나 정신과 의사의 도움으로 치료하면 효과를 볼 수 있을지 모른다. 그와 관련한 구체적인 사항은 우리의 연구 영역에서 벗어나며 솔직히 나의 전문 분야도 아니다. 하지만 만성적인 외로움이라 해도 물론 우울증으로 이어질 확률은 높지만, 흔히 말하는 '정신적인 장애'는 결코 아니다.[4] 사회적 고립감을 고통스럽게 느끼는 사람은 수없이 많다. 사회적 유대감은 인간의 정상적인 욕구이기 때문이다. 실제든 자신만의 생각이든 간에 사회적 단절이 부정적 반응을 일으키는 현상 역시 아주 정상적이다. 우리는 살면서 예기치 않는 일을 겪는다. 이런 일이 사회적 유대감을 손상시키고 그로 인해 위협받는 느낌이 강해지면 두려움이나 불안, 적대감 같은 부정적 정서가 발동한다. 그 결과 고립감이 지속적인 현실로 굳어진다. 그러나 감정은 우리가 마음대로 못해도 생각은 훈련으로 어느 정도 제어가 가능하다. 인지 기능을 재구성하면 삶이 달라질 수 있다.

인지와 행동의 습관을 바꾼다고 해서 수년 동안 우리 자신을 형성해 온 깊은 심리적 상처를 전부 치유할 필요는 없다. 하지만 인내와 연습이 필요하다. 외로움의 심한 고통을 겪는 사람은 자신의 존재에 커다란 구멍이 뚫린 듯한 느낌을 받을 것이다. 무엇인가를 먹어서 채워야 하는 '배고픔'에 비유할 만하다. 하지만 그런 사람이 가장 넘기 힘든 개념적 장애물은 그러한 배고픔이 '먹는 데'만 초점을 맞추어서는 결코 충족되지 않는다는 사실이다. 그보다는 우리 자신이 처한 상황이 주는 고통에서 충분한 시간 동안 물러나 다른 사람을 '느끼는 일'이 필요하다. 물론 그러한 일에 기차역에서 남은 샌드위치를 노숙자에게 건네는 것 같은 행동이 반드시 포함되지는 않는다.

자신의 고통에서 물러나 앉아 다른 사람에게 손을 뻗는 일은 상당히 어려운 요구처럼 들릴지 모른다. 하지만 성공으로 가는 길은 언제나 작은 발걸음과 겸허한 기대로 시작되지 않는가?

수전이라는 한 미국인 여성은 이탈리아 로마에 본부를 둔 국제기구에서 일했다. 그 국제기구는 직위를 중시하고 관료적이며 외부에서 새로 오는 사람을 환영하지 않는 배타적인 분위기로 유명했다. 수전은 원래 어울리기를 좋아하고 친구를 쉽게 사귀는 성격이지만 그곳에서는 소외당한다는 느낌을 떨치지 못하는 특이한 상황에 처했다. 기존의 직원들은 자신들이 형성한 영역 안으로 그녀를 받아들일 생각이 없다는 점을 분명히 드러내 보였다. 그래서 수전은 임시변통으로 대화할 상대를 찾아야 했다.

시장에 구두 수선공이 있었다. 그는 아주 친절했고 나는 너무 외로웠다. 한번은 수선할 필요도 없는 구두를 들고 그를 찾아갔다. 내 이탈리아어가 형편없어서 대화가 썩 잘 이뤄지지는 않았다. 하지만 우리 양쪽 다 호의를 보였다. 그도 외로움을 느꼈기 때문일지 모른다. 그는 열여덟 살쯤 되어 보이는 젊은이 다섯 명이 포즈를 취한 사진을 손에 쥐고 있었다. 2차 세계대전이 끝날 때쯤 나폴리에서 찍은 사진이었다. 모두 소매 없는 셔츠 차림이었다. 나는 그 사진이 마음에 든다고 말했다. 그러자 그가 "그래요, 이게 나예요."라고 말했다. 그다음 내가 그곳에 다시 들렀을 때 그는 다른 사진을 한 장 보여 주었다. 다섯 명이 같은 셔츠 차림으로 포즈를 취한 사진이었다. 다만 나이가 70대라는 점이 달랐다. 내가 이탈리아를 떠날 때 그는 그 사진의 복사본 한 장을 내게 건넸다. 별것 아니지만 큰 감동을 받았다. 서로 이야기를 나눈 시간이 전부 합해 20분 정도밖에 되지 않았지만 그처럼 마음이 통했다는 사실 때문이었다.

수전이 한 일은 아주 간단했다. 보답을 기대하지 않고 다른 사람에게 진정한 관심을 표했을 뿐이었다. 그런 간단한 행위로 의미 있는 유대감이 형성되었다. 짧긴 했지만 그런 유대감은 서로의 삶의 질을 높여 주었다. 수전이 그 구두 수선공을 찾아갔을 때 의도적으로 그에게 유대감을 충족시켜 주며 떠듬거리는 이탈리아어로 이야기를 하려고 했을까? 그렇지 않았다. 또 그에게서 무엇을 얻어 내려고 그의 사생활을 침범하지도 않았다. 다만 사진에 관해 물으며 운을 뗐을 뿐이다. 그는 친절한 반응을 보이며 계속 말을 주고받을 수도 있었고, 그게 싫다면 정중히 미소만 띤 채 자기 일에 계속 몰두할 수도 있었다. 수전은 그에게 필요한 일과 그의 영역을 존중해 주었다. 이런 존중과 함께 그녀의 따뜻함과 열린 마음을 보고 그도 자신이 가진 무엇을 함께 나누고 싶어 했다. 그 결과 단순하고 일시적인 유대감이 형성되면서 두 사람 모두에게 위안을 주었다. 좀 더 깊고 오래가는 우정을 맺을 상황이 주어졌다면 아마도 그들은 좋은 친구가 되었을 것이다. 바로 그런 과정이 사회적 유대감의 기초다.

외로움이 만성적인 문제로 발전한 사람에게는 수전의 그 '간단한' 행위가 전혀 간단하지 않아 보일 가능성이 크다. 우리 자신이 배가 고플 때 다른 사람에게 먹을 것을 양보해야 할 필요가 있다는 사실은 반직관적(counterintuitive)이다. 외로움을 느끼는 사람에게 "다른 사람이 무엇이 필요한지 알아보라."고 하면 그는 아우성을 치며 항의할지 모른다. "관심이 필요한 쪽은 나다! 이번에는 내 차례다. 내 비참한 어린 시절을 이제 보상받아야 한다." 또는 "내 비참한 첫 결혼을 이제 보상받아야 한다!"라고 말할지 모른다. 외로움에 시달리는 사람은 또 이렇게 말할지 모른다. "사무실에서 다른 모든 직원을 내가 다 돌봐준다. 이제 지쳤다. 이제 내 삶에서 나를 돌봐줄 사람이 필요하다!"

외로움의 고통이 유발하는 좁은 관점에서 보면 "나를 먼저 먹여 달라! 나를 보살펴 달라!"라는 쪽이 훨씬 이치에 맞다. 그러나 불행하게도 그런 방식은 효과가 없다. 자기 조절이 되지 않고 역효과를 내는 반응일 뿐이다. 캔디가 더 많이 담긴 접시를 원하는 침팬지 시바를 떠올려 보라. '나를 먼저 먹여 달라.'는 방식이 효과가 있다는 희망을 떨쳐 버리려면 시간과 노력이 필요하다. 약간의 긍정적인 강화와 약간의 '헬퍼스 하이'를 통해 저항을 극복하는 동시에 관점을 기꺼이 바꾸면 보상이 크다는 사실을 깨달을 때까지 노력해야 한다.

컬럼비아 대학의 린다 프리드 교수는 볼티모어 시에서 노인들이 공립 학교 학생들을 도와주면 소정의 수고비를 지급하는 프로그램을 계획했다. 예를 들어 노인 봉사자가 한 학생에게 읽기를 도와주는 등 교사를 보조하는 일이다. 그 결과 학생들은 노인 봉사자들의 개인 지도와 관심으로 많은 도움을 얻었다. 동시에 자원봉사를 한 노인들의 건강과 삶의 질도 높아졌다. 노인들은 자발적으로 남에게 도움을 줌으로써 삶의 목표와 의미, 만족도가 높아졌을 뿐 아니라 봉사 활동을 하는 동안 생리적으로도 매우 긍정적인 반응을 보였다. 즐거움 또는 '헬퍼스 하이' 같은 생리적 보상은 그런 봉사를 계속하고 더욱 확장하도록 동기를 유발하는 효과가 있다. 장기적으로 그런 기쁨은 평생 시달리는 정서적 고통을 보상해 주고 그 원천에서 멀어지도록 해 준다.[5]

### 변화 다지기

어릴 때부터 우리는 항상 다른 사람을 배려하고 자신이 대접받기를 원하는 만큼 남을 대접하라는 이야기를 들어 왔다. 어린이 주일 학교의 가르침처럼 너무 단순해 어른들의 현실 세계에는 어울리지 않는 행동처럼 여겨질지 모른다. 과학에 근거한 조언처럼 들리지도 않는다. 그래서 우리 삶을 인도하는 원칙이 되어야 마땅한 이런 지혜를 우리는 진부하다며 무시한다. 그 결과 우리는 문제에서 헤어나지 못하고 뒤틀어진 인식의 혼란에 빠져 현명하고 진실된 행동을 실천에 옮기지 못한다. '자신이 대접받기를 원하는 만큼 남을 대접하라.'는 간단한 진실을 실천하기가 너무도 어렵기 때문에 종교에서는 묵주를 굴리며 기도를 하고, 참선을 하고, 주문을 외우도록 한다. 예수는 "내 어린 양을 먹이라."고 직접 지시하기도 했다. 진정한 변화는 실천으로 시작된다. 우리가 매 순간, 매일 반드시 필요한 일을 올바로 하려면 우스꽝스러워 보이고 판에 박힌 듯한 일깨움이 필요하다.

우리는 최면을 통해 외로움의 감정을 조종하는 실험을 했다. 그 결과 사회적 고립감은 영원히 바꿀 수 없는 인식이 아니라는 사실이 드러났다. 주관적인 인식은 얼마든지 고칠 수 있다. 1장에서 소개한 외로움의 3대 구성 요소를 돌이켜 보자. 즉 유전적인 취약성과 자기 조절의 필요성, 그리고 사회 인지다. 유전적인 성향을 바꾸기는 불가능하다. 하지만 외로움이 자기 조절 능력을 손상한 경우라 해도 사회적 환경의 일부는 바꿀 수 있다. 우리의 사회 인지에서 비롯되는 잔물결부터 시작해야 한다.

그러나 외로움은 '학습된 무력감'이라는 또 다른 장애물도 만들어낸다. 수동적 대처의 근원이다. 그런 무력감을 극복하려면 때로는 충격 요법도 필요하다.

데이브는 젊은 아버지다. 그는 어렸을 때 다양한 형태의 무관심으로 고통을 받았고 결국 가족과 헤어졌다. 그는 20대에 우울증을 경험했고 극심한 외로움에 시달렸다. 이른 나이에 불행한 결혼까지 겹쳤다. 그는 지금도 왜 그런 결혼을 했는지 모르겠다고 말한다. 그러다 아들이 생겼지만 그렇다고 갑자기 문제가 해결되지는 않았다. 하지만 데이브는 "내게 아들이 있다는 사실이 내가 정서적으로 가망이 없거나 속수무책이 아니라는 점을 깨닫게 해 주었다."라고 말했다.

데이브는 아들이 태어난 날 그 아들을 안고 흔들의자에 앉아서 비로소 새로운 삶이 시작되는 느낌을 받았다고 말했다. 이제는 누가 누구를 돌봐야 할지 분명해졌다. 긴밀한 유대감의 생리적인 느낌이 마음을 열고, 다른 사람에게 헌신하며, 친절을 베푸는 강한 촉진제가 되었다. "하지만 진짜 대단한 일은 아들의 돌잔치였다."고 한다.

어린아이를 둔 부모 몇 명과 우리 친구들을 초대했다. 따라서 손님 대부분이 어른들이었다. 아들은 아장아장 걸어 다니며 가구를 붙잡으면서 한 살배기 아이에 적합한 방식으로 즐기는 듯했다. 아내가 주방에서 할 일이 있어서 내가 아들을 지켜봤다. 하지만 거의 1분 동안 아들에게는 내가 보이지 않는 게 분명했다. 아들은 걱정스러운 표정으로 커다란 어른들이 가득한 방을 훑어보며 나를 찾았다. 겁을 먹은 게 분명했다. 이런 불안한 상태가 조금이라도 더 지속되었다면 분명히 울기 시작했을 것이다. 그러던 중 나를 발견했다. 아들의 입이 갑자기 빙그레 벌어졌다. 막 솟아나기 시작한 치아 한두 개를 드러내며 웃었다. 아들은 두 손을 들고는 내 쪽으로 한걸음을 뗐다. 나는 아들을 번쩍 들어 올렸다. 나 자신이 눈물이 나올 정도로 감동적이었다. 아주 기이하지만 그때까지 살아오면서 누군가가 나를 전적으로 사랑하고 받아들이기는 처음이었다. 많은 사람에게 예쁘고 완벽한 아이가 둘러싸여 있었지만 그 아이는 아무나 원하지 않았다. 주변에 그 많은 사람 중에서 아들은 나와 유대감을 맺기로 결정했다. 나를 보고는 안심했고 나를 보고는 안아 달라고 했다.

물론 이런 유대감의 순간을 아들과 나눴다고 해서 데이브의 인생이 갑자기 활짝 펴지지는 않았다. 하지만 그런 경험은 그의 삶에서 무엇이 결여되었는지 본능적으로 느끼게 해 주었다. 아울러 전문가의 도움을 받고 싶다는 의욕도 생겼다.

데이브는 장기 심리 치료를 받기에는 경제적 사정이 그다지 좋지 않았다. 하지만 민간 건강보험을 들었기 때문에 10주에 걸쳐 열 차례의 심리 상담은 가능했다. 어린 시절의 어두운 비밀을 전부 파헤치기에 충분한 시간은 아니었다. 그래서 그의 심리 치료사들은 좀 더 실용적인 '인지 행동 요법(CBT, Cognitive Behavioral Therapy)'을 택했다.

CBT는 증거를 바탕으로 일상적인 생각과 행동을 변화시켜 감정을 조절하는 비용 효율적인 방법이다. 먼저 비현실적이거나 파멸적일지 모르는 생각의 습관을 테스트한다. 그다음 환자가 피하고 싶어 하는 행동을 피하지 말도록 유도해 새로운 행동 양식을 서서히 만들어 가도록 한다. 그 과정에서 오락을 이용해 환자가 긴장을 풀도록 하며 생각과 느낌을 글로 적도록 한다. 이 글쓰기를 통해 사회적으로 환영받지 못하며 늘 배척당한다는 비합리적인 생각이 언제 어떻게 머릿속으로 들어가 인식을 왜곡하는지 분석할 수 있다. 그 글쓰기는 세 칸으로 나눠 부정적인 생각을 일으키는 사건과 부정적인 믿음, 그리고 그 믿음이 가져온 결과를 자세히 적도록 한다.

예를 들어 "모두가 나를 미워해."라거나 "나는 뚱보 실패자이며 쓰레기에 불과해."라는 말을 되풀이해서 틀어 주는 녹음테이프가 머릿속에 있다면 정상적인 생활이 어렵다. 치료의 첫 단계는 부정적인 생각에 빠지면 문제가 심각하며 해롭다는 사실을 인식하는 것이다. 이런 식의 습관적인 생각은 자기 충족적인 예언이 될 수 있기 때문에 매우 위험하다.

치료의 그다음 단계로 그런 생각이나 믿음을 뒷받침하는 구체적인 증거를 찾아 분석한다. 내면에서 들려오는 부정적인 말을 실제로 심각하게 받아들여 그 말을 단순히 반복하기보다는 분석하게 만들려는 의도다. 예를 들면 "내가 실제로 쓰레기에 불과한가?"라고 되묻는 식이다. 머릿속에서 반복되는 말이 진실이 아니라 현실을 크게 왜곡한 생각이라는 사실을 깨달으면 당연히 그런 생각을 고치게 된다. 그다음 부정적인 생각이 떠오르는 시점을 정확히 알아 그 즉시 차단하는 방법을 배워야 한다. "모두가 나를 미워한다는 게 사실인가? 아니라면 내가 왜 계속 그런 생각을 하나? 그런 습관을 정확히 파악하고 그에 따르는 해로운 결과를 제대로 안다면 그런 생각을 버리자."

자기를 벌주는 식으로 지나치게 부정적인 생각을 의도적으로 하는 사람은 없다. 하지만 누구나 때로는 그런 생각에 빠져든다. 그럴 때는 인간의 발달된 지능이 제공하는 진화적인 이점을 기억해야 한다. 의식적으로 생각을 고칠 수 있는 능력을 말한다. "그렇다. 나는 내가 원하는 만큼 사교적이지는 않다. 하지만 모두가 나를 미워할 정도는 결코 아니다. 나를 좋아하는 사람도 있다. 어머니는 나를 너무도 사랑한다. 그러니 다른 사람과 교류하는 방식을 바꿀 수 있어야 한다."

그러나 사고 패턴을 바꾸는 것만으로 효과적인 변화를 기대하기는 어렵다. 행동 양식이 달라져야 한다. 이미 위협을 느끼는 외로운 사람들에게는 행동의 변화가 특히 두려운 일이다. 그래서 아기가 걸음마를 배울 때처럼 아주 서서히 변화에 친숙해져야 한다. 각 단계에서 긍정적인 강화를 극대화하는 방법을 말한다.

이제부터 이 방법과 관련해 몇 가지 제안을 하고자 한다. 이 제안은 우리의 연구 결과와 20세기 철학자 라인홀드 니부어의 통찰력을 바탕으로 한다. 니부어는 『도덕적 인간과 비도덕적 사회(Moral Man and Immoral Society)』에서 "인간은 이기적인 충동과 그렇지 않은 충동 모두를 타고나지만 인간의 이성이 자기 초월 능력을 부여한다."라고 말했다.[6] 자기 초월은 우리가 서로 유대감을 가지려고 노력하는 과정에서 각자가 추구하는 목표다. 그 목표로 다가가는 단계는 그처럼 거창한 표현을 사용하지 않아도 될 정도로 간단하다.

열쇠는 변화에 서서히 친숙해지는 것이다. 그래서 따라야 할 간단한 네 가지 단계를 기억하기 쉽도록 'EASE'라는 머리글자를 만들었다.

### 사회적 유대감을 갖는 간단한 방법 EASE

E (Extend Yourself: 다른 사람에게 손 내밀기)
외로움에 따르는 심리적 위축과 수동적 반응은 위협의 인식에서 비롯된다. 위험을 느끼지 않고 그와는 다른 행동 양식을 시험하려면 안전한 장소에서 작은 일부터 간소하게 시작해야 한다. 곧바로 꿈에 그리던 천생연분을 찾겠다거나 자신을 한꺼번에 완전히 변화시키려고 조급하게 생각하면 오히려 일을 그르치기 쉽다. 그냥 물에 발가락만 살짝 담가 보라. 긍정적 상호 교류에서 비롯되는 긍정적 감정을 조금씩 맛보겠다고 생각하라. 가장 간단한 유대감의 순간들, 특히 '다른 사람에게 베푸는' 일은 약을 복용하거나 운동으로 땀을 내거나 채소를 많이 먹을 필요도 없이 감정의 고양을 가져다준다. 다만 한꺼번에 너무 많은 것을 기대하지 않도록 주의하라.

식료품점이나 도서관에서 간단한 대화로 실험을 시작해 보자. 하지만 다른 사람에게 무조건 기대를 품어서는 안 된다. "오늘 날씨 참 좋죠?" 또는 "나도 그 책 좋아해요."라고 말하기만 해도 상대방이 친절한 반응을 보여 서로 기분이 좋아질 수 있다. 조그만 사회적 신호를 내보내면 누군가 그에 맞춰 반응을 보인다. 하지만 반응이 호의적이지 않거나 아예 아무런 반응이 없는 경우도 있다. 그럴 때는 상대방의 기분이 아주 좋지 않은 날일 가능성이 크다. 예를 들어 아이가 아파서 걱정이 되거나 은행에서 인출 한도 초과 통보를 받았을지 모른다. 당신과 아무런 상관이 없는 수만 가지 요인이 그 사람의 기분과 반응에 영향을 끼친다. 따라서 이런 새로운 행위를 연습할 때는 마음대로 추정하지 말고 목표와 기대치를 낮게 잡는 것이 중요하다. 당신이 마음을 열 때마다 반드시 인간적인 교감을 얻어야 한다고 생각해서도 안 된다. 또 그런 교감을 얻는다고 해서 반드시 절친한 친구를 얻었다는 생각도 버려야 한다. 예를 들어 희귀한 새를 발견한 철새 관찰자처럼 행동할 필요가 있다. 그냥 혼자 기쁨을 느끼고 마음 어디엔가 그 일을 기록해 두고 그냥 지나쳐야 한다.

긍정적 반응을 이끌어 낼 확률을 높이고 실망할 가능성을 줄이려면 좀 더 안전한 자선 활동으로 실험해야 할 필요가 있을지 모른다. 노숙자 쉼터나 호스피스 병동에서 자원봉사를 하거나, 노인들에게 컴퓨터 사용법을 가르치거나, 어린이에게 개인 지도를 하거나, 시각 장애자에게 책을 읽어 주거나, 어린이 스포츠 팀에 도움을 주는 일 등이 그 예다. 그런 일을 한다고 해서 반드시 칭찬을 받거나 고맙다는 소리를 듣는다는 보장도 없고 그런 게 목적도 아니다. 하지만 통렬한 사회적 징계를 받을 가능성은 전혀 없다. 물론 축구팀 주장이나 댄스파티 여왕으로 뽑히거나 갑자기 영화배우와 사귀는 황홀한 경험은 기대할 수 없다. 하지만 긍정적인 느낌을 갖기 시작하면서 변화의 욕구가 커지는 동시에 자신감이 생기고 자기 조절 능력이 강화된다. 스포츠나 날씨에 관한 '한담'도 기분 좋게 받아들여지면 공동 조절과 진정 효과를 불러오는 수단이 된다. 그것이 우리 몸의 화학 작용에 가져다주는 긍정적인 변화는 우리의 발목을 잡는 두려움을 극복할 수 있게 해 준다.

A (Action Plan: 구체적인 행동 계획)

자신의 진로를 스스로 정할 수 없는 유전적, 환경적 뗏목을 타고 표류한다고 생각하는 사람도 있다. 그러나 우리가 수동적 피해자가 아니며, 어느 정도 스스로 관리할 수 있고, 다른 사람에 대한 생각과 기대와 행동을 바꾸면 우리가 처한 상황을 바꿀 수 있다고 인식하기만 해도 놀라울 정도로 강한 힘이 생긴다. 특히 자기 조절 기능을 유지하려는 의식적인 노력에서 큰 효과를 낸다. 둘째, 자신의 사회적 에너지를 어디에 투자할지 결정하는 문제에서 스스로 재량권을 갖는다는 사실만 인식해도 조절력이 저절로 생긴다. '나비 효과'에서도 알아봤듯이 약간만 변화해도 진로와 목표가 크게 달라진다.

자선 활동은 거부당하거나 나쁜 목적에 이용될 위험이 비교적 낮다. 하지만 여기서도 신중함이 필요하다. 어린이 축구팀을 코치하려면 어느 정도 축구 경기에 관한 지식이 필요하다. 하지만 팀의 매니저나 부코치를 맡으면 늘 자리를 지키면서 음료수와 오렌지 조각을 나눠 주는 일만 해도 상관없다. 동네 극단의 연출에 도움을 주는 일은 실제 연기나 노래 재능이 없다면 상당히 곤란하다. 하지만 무대 뒤에서 도와주거나 매표소에서 일하겠다고 자원하면 극단은 당신을 대환영할 것이다. 사람들 앞에서는 숫기가 없지만 동물을 좋아한다면 동물 보호소에 자원봉사를 신청하라. 그 동물들이 당신을 즉시 환영할 것이다. 그곳에서 일하는 다른 사람들과 좀 더 친해질 준비가 됐다고 느낀다면 다른 봉사자들이 동물 복지에 관한 당신의 열정에 공감한다고 생각해도 좋다. 그런 관심이 대화의 기초가 되고 더 발전하면 유대감으로 연결된다.

우리가 사회적으로 통한다고 느끼면 대부분의 경우 실수는 그냥 실수일 뿐 자존심이나 중요성 또는 인간성을 공격하는 행위로 인식되지 않는다. 그런 피해 의식 없이 세상을 바라보면 더 느긋하고 열린 성격이 만들어져 갈등을 지속시키거나 심화시키기보다는 소멸시키는 데 도움이 된다. 우리가 모범으로 생각해야 하는 모델은 반드시 가장 아름답거나 가장 멋지거나 사회적으로 가장 우세한 사람이 결코 아니다. 사회적 유대감은 인기 경쟁이 아니다. 변화라는 목표는 예컨대 「아메리칸 아이돌」 같은 가수 등용 프로그램에서 우승하는 것과는 다르다. 그 목표는 우리가 진정으로 다른 사람에게 초점을 맞추고 그와 의미 있게 교류하는 능력과 의지를 갖추기 위해 우리 내면을 다지는 일이다.

아주 작은 집단의 따뜻함과 끈끈한 유대감을 원한다고 해도 좋다. 마찬가지로 우리가 가진 것보다 더 많은 사회적 유대감을 원할 때도 우리는 자신만의 공간과 시간을 원할 수 있다. 그 역시 아무런 문제가 없다. 단지 자신이 어느 정도의 유대감을 필요로 하는지 정확히 알고 우리 자신에게도, 교류하려는 다른 사람에게도 솔직한 것이 중요하다. 특히 평생을 같이할 배우자를 찾을 때는 원하는 유대감의 수준이 동등하고 그 수준에 편안해 하는 사람이 적격이다.

행동 계획에서 또 다른 중요한 요소는 다른 사람을 위해 봉사를 한다고 해서 그들이 당신을 이용하도록 허용해서는 안 된다는 점을 명심하는 일이다. 여기서는 무엇보다 뇌의 실행 기능이 제공하는 인식 능력이 중요하다.[7] 그래야 미묘한 차이를 파악할 수 있다. 당신의 행동 계획에는 당신의 두려움과 감정을 조종하려는 사람들을 경계하고 피하는 항목이 포함되어야 한다. 건전하고 지속 가능한 관계는 착취가 아닌 자발적인 주고받기에서 비롯된다. 따라서 새로 사귄 적극적인 친구가 갑자기 돈을 꿔 달라고 하거나, 차를 빌려 달라고 하거나, 몇 주 동안 거실 소파에서 신세를 지겠다고 하면 경계할 필요가 있다. 때로는 그 친구를 버리고 다른 친구를 찾아야 한다는 신호일지 모른다.

외로움을 느끼면 다른 사람들을 즐겁게 해 줌으로써 그들에게 받아들여지고 싶다는 강한 욕구 때문에 이용당할 가능성이 있다. 사회적 유대감을 갖는 데는 초인간적인 힘이 필요 없다. 유대감을 맺으려고 너무 많은 사람에게 너무 많은 일을 해 주려고 하면 오히려 혹사를 당하거나 진이 빠지거나 불안한 느낌을 가질 수 있다. 무엇보다 중요한 점은 그냥 인간이 되는 것이다. 인간에게 공통되는 결속을 있는 그대로 받아들이는 일을 말한다. 고통을 오래도록 견디며 성자가 되라고 말하는 사람은 없다. 가장 바람직한 적응 모델은 현실적인 기대, 경계심을 유발하는 조짐을 포함한 사회적 단서의 정확한 인식, 그리고 원하는 행동의 종류와 수에 관한 현실적 판단과 결합된 포용력이다. 상당히 어려운 일처럼 들릴지 모른다. 하지만 우리 뇌의 실행 기능이 고립감이나 위협에 의해 손상되지 않을 때는 충분히 감당할 만한 일이다.

### S (Selection: 선택)

외로움은 사회적 관계의 양이 아니라 질로 해결해야 한다. 인간관계는 관련 당사자 모두에게 의미 있고 만족스러워야 한다. 그 의미나 만족 수준은 외부의 시각에서 판단할 문제가 아니다. 인간관계는 반드시 상호적이라야 하며, 양측 모두에 비슷한 수준의 친밀도와 강도가 필요하다. 예를 들어 로마의 국제기구에서 일하던 수전과 구두 수선공의 대화처럼 가벼운 잡담도 양측 모두에게 무리가 되지 않는 편안한 속도로 이루어져야 한다. 상대방의 반응을 고려하지 않고 너무 강하게 접근하면 상대방은 곧바로 거부 반응을 보인다. 따라서 여기서 말하는 '선택'에는 예상되는 관계가 바람직한지, 어떤 방식이 잘못된 길로 빠질 가능성이 있는지 정확히 아는 것도 포함된다. 외로움을 느끼면 사회적 단서와 신호에 아주 민감해진다. 성공의 비결은 이러한 신호를 정확히 해석할 수 있도록 침착성을 유지하고 맥락을 정확히 파악하는 일이다.

나에게는 저혈당증이 있다. 때로는 갑자기 혈당이 떨어져 극심한 공복감에 시달린다. 그럴 때는 캔디 바나 빅맥이나 생버터나 무엇이든 먹고 싶고 또 먹어야 한다. 젊었을 때는 그 순간에 손에 닿는 무엇이든 먹어 치워 갑작스럽게 찾아온 시장기를 해결했다. 주로 캔디 바나 패스트푸드였다. 그러면 한순간에 기분이 좋아지고 혈당 수치가 올라갔다. 특히 캔디 바를 먹으면 그랬다. 하지만 혈당 수치는 곧 떨어졌다. 그러다가 나중에 자기 조절 방법을 익혔다. 사전에 계획을 미리 세워 놓으니 음식을 먹지 않아 머리가 어찔어찔한 상황을 피하게 되었다. 그 계획 중에는 음식을 먹은 뒤 곧바로 다시 혈당이 떨어지지 않도록 영양가 높은 음식을 섭취하는 일도 챙겨 넣었다. 자기 조절을 통한 신중한 선택이 핵심이었다.

같은 식으로 상대방의 외모나 지위에 이끌리면 깊이 있는 유대감을 형성하는 바람직한 기초가 되지 못한다는 사실을 깨달아야 한다. 공존 가능성과 지속 가능성은 유사한 사고방식과 비슷한 삶의 단계에 훨씬 더 많이 좌우된다. 연구에 따르면 데이트와 결혼 생활에는 서로 닮은꼴('유유상종')이 상보적 관계('정반대되는 사람들이 서로 끌린다.')보다 유리하다.

자신과 닮은꼴을 찾는 문제에서도 선택이 필수적이다. 말수가 적은 사람의 경우 말이 적은 동반자 관계에 편안해 하는 사람을 찾는 게 바람직할지 모른다. 책을 좋아하고 숫기가 없는 사람은 댄스 클럽에 가기보다는 서점의 저자 사인회나 독서 동아리 참여를 통해 교제할 사람을 찾으면 성공할 가능성이 훨씬 크다. 이처럼 사람을 만나는 방식은 어떤 사람과 교제하고 싶은지에 따라 달라진다.

성공한 온라인 중매 서비스 업체 중 하나인 이하모니(eHarmony)의 설립자 닐 클라크 워런 박사가 등장하는 광고를 본 적이 있을지 모르겠다. 그의 시스템(밝히자면 내가 과학적 자문을 해 줬다.)은 첫눈의 인상이나 성적인 매력이 아니라 가치관과 관심을 파악하는 436가지 항목의 설문서를 기반으로 만들어졌다. 그는 부부 5000쌍 이상을 집중 면담한 결과를 바탕으로 이 시스템을 개발했다. 무엇이 그 부부들을 결속시켜 주었는지 파악한 다음 공존 가능성의 스물아홉 가지 관점에 근거한 예측 모델을 만들었다. 그 관점에는 가치관, 성격, 지능, 유머 감각, 신앙, 열정, 자발성 등이 포함된다.

워런에 따르면 돈이나 지위, 능력 등 각자의 객관적 측면이나 각자가 원하는 면보다는 잠재적 파트너로서 두 사람 사이의 실제적인 조화에 초점을 맞춰야 성공한다. 한 팀으로서 이심전심으로 뜻이 통하는 관계를 말한다. 그가 개발한 시스템은 육체적 궁합을 무시한다는 비판도 받는다. 하지만 장기적으로 볼 때 성적인 친밀함을 느끼려면 심리적으로도 친밀하게 느껴야 한다. 따라서 시간이 좀 지나면 육체적 속성은 심리적 친밀감보다 훨씬 덜 중요해진다. 관계 유지에 필요한 성적인 흥분은 파트너의 몸이 멋진지 여부보다는 재미있는 코미디 영화를 보며 함께 폭소를 터뜨림으로써 더 자연스럽게 일어날지 모른다.

### E (Expect the Best: 최선을 기대하기)

사회적 만족을 느끼면 더 안정되고 관대해지며, 복원력이 강한 동시에 더욱 낙관적이 될 수 있다. '최선을 기대하는' 태도를 가지면 스스로 최선을 다하게 된다. 여기에 공동 조절의 논리를 적용하면 우리 스스로 사회적으로 만족할 때는 다른 사람들도 우리를 온정과 선의로 대할 가능성이 커진다. 그런 것이 호혜주의의 힘이다. 꾸준히 연습하면 우리는 이 세상에 우리의 좋은 면을 더 좋게 제공할 수 있다. 우리에게는 사고와 행동을 생각보다 더 많이 조절할 능력이 있다. 하지만 대인 관계에서는 그 아무도 전적인 통제권을 행사하지 못한다. 주변 사람들이 나를 보는 방식을 즉시, 완전히 바꿀 수 없기 때문이다. 우리 자신의 변화를 주변 세계가 인지할 때까지 기다리는 동안 두려움과 좌절 때문에 우리는 다시금 외로움이 유발하는 바람직하지 못한 행동으로 탈선하기 쉽다. 그럴 때 다른 사람들에게 도움을 주는 행동으로 작은 생리 화학적 보상을 얻기 위해 꾸준히 노력하면 다시 본궤도로 올라설 수 있다.

자신을 보호하려는 독단적인 행동을 포기하면 일시적으로 위험이 따를 수 있다. 사람들이 방어 기제에 집착하는 이유는 방어가 적어도 단기적으로는 도움이 되기 때문이다. 그러나 연구 결과에 따르면 방어적 행동으로 얻어지는 일시적 '보호'는 장기적으로 큰 대가를 치른다.

대인 관계에서 큰 행복을 얻기 시작한다고 해서 그러한 꾸준한 노력을 포기해서는 안 된다. 우리 자신이 아무리 완벽하다고 해도 우리가 만나는 다른 사람은 생각이 다를 수 있다. 실제로 불가피한 현상이다. 전통적인 결혼 서약을 보자. '기쁠 때나 슬플 때나 괴로울 때나 즐거울 때나 영원히 함께'하겠다고 다짐한다. 인간관계에는 마찰 가능성이 상존한다는 공개적인 선언에 다름 아니다. 절친한 친구나 금슬 좋은 부부도 가끔씩 반목과 갈등으로 서로에게 상처를 주곤 한다. 지나친 해석으로 갈등을 확대하지 않아야 이러한 현실을 극복할 힘이 생긴다.

때로는 다른 사람을 긍정적으로 생각하고 그에게 베풀려고 애쓰다가 완전히 지치게 된다. 어려운 상황을 겪으면서 우울증에 빠진 친구나 배우자와 교류하다 보면 자신도 우울해지는 경우가 많다. 그처럼 힘이 빠질 때는 당사자 모두 전문적인 도움을 받을 필요가 있다는 신호다. 받기보다 베풀려고만 하다가는 지쳐 나가떨어진다. 그럴 때면 완전히 탈진하기 전에 호혜와 균형의 원칙으로 초점을 되돌릴 길을 찾아야 한다.

사회적 관계는 늘 얽히고설켜 복잡하다. 그러나 그런 복잡함을 헤쳐 나가려는 노력 덕분에 우리 뇌가 지금처럼 진화했다. '내일을 걱정하지 말고 그날그날을 충실히 살자.'라는 지혜를 기억하자. 알코올 중독 갱생 모임에서는 '회복으로 통하는 길은 늘 공사 중'이라고 되뇐다. 건전한 사회적 유대감으로 통하는 길 역시 마찬가지다.

소중한 관계를 유지하려고 노력하는 과정에서 다음 세 가지를 명심하면 큰 도움이 된다.

- 외로움은 더 많은 요구를 부른다. 대개 두 사람 관계에서는 서로 적어도 자기 몫은 다한다고 생각한다. 우리는 관계 유지를 위해 자신이 하거나 하지 않는 일은 잘 알지만 다른 사람이 하거나 하지 않는 일에는 큰 관심이 없다. 가장 바람직한 부부 사이에서는 자신이 할 만큼 한다는 생각이 편파적이라는 사실을 서로가 안다. 그래서 좋은 관계를 유지하려고 자신의 몫 이상을 하려고 애쓴다. 이런 부부 관계는 말다툼 후에도 일단 서로의 말을 먼저 듣

고 믿어 주려 한다. 다툰 뒤에 서로 배려하여 사랑과 신뢰를 회복한다.[8] 갈등이 있을 때 부정적인 언행을 부정적으로 되갚지 않고 기준을 높여 긍정적인 말과 행동을 보인다. 협조적인 행동을 솔선수범해서 상대방에게서 더 많은 협조를 끌어낸다.

- 외로움은 남을 비난하게 만든다. 사회적 만족감이 높은 부부는 서로를 더 좋게 보려고 애쓴다. '긍정적 환상'을 유지하려는 의도다.[9] 13년에 걸친 결혼 생활의 연구에 따르면 배우자가 서로 상대방을 치켜세우면 관계의 유지만이 아니라 이혼할 확률도 줄어든다.[10] 그렇다고 기만이나 학대 같은 중대한 문제를 눈감아 주라는 뜻은 결코 아니다. 피부밑 지방이 뭉쳐 울룩불룩해진 피부나 벗어진 머리보다는 아름다운 미소에 초점을 맞추라는 뜻이다. 말만으로도 충분하지만 추운 아침에 차창에 서린 얼음을 떼어 내는 그이의 사랑 표현을 알아주라는 뜻이다. 실행 기능을 가진 뇌 덕분에 우리는 강조하고 싶은 사항을 선택할 능력이 생겼다. 다만 외로움이 유발하는 두려움과 혼란을 의연히 막아 내야만 그런 능력이 발휘된다는 사실을 명심하자.

- 외로움은 수동적인 행동과 위축을 부른다. 행복한 관계를 유지하는 사람들은 삶에서 일어나는 긍정적인 사건을 최대한 활용하려고 애쓴다.[11] 친구나 배우자에게 그날 일어난 유쾌한 일을 이야기하면 그 사건에서 이미 얻은 즐거움 외에도 그러한 경험의 공유로 인해 긍정적인 이득과 더 많은 행복감이 생긴다. 내 아내

나 남편이 나의 행운을 긍정적이고 건설적으로 받아 주면 친구가 나의 불행을 위로해 줄 때보다 행복한 결혼 생활을 누릴 가능성이 훨씬 높다는 점이 연구 결과로 입증되었다. 따라서 배우자가 긍정적이고 신선한 시각을 주려 할 때 거부하지 말아야 한다. 기쁨을 함께 나누려고 노력하면 두 사람 모두에게 많은 득이 된다.

다른 사람에게 긍정적인 감정을 갖거나 그들에게 긍정적으로 보이려 할 때 그 감정을 반드시 말로 표현할 필요는 없다. 대신 옥시토신의 위력을 최대한 활용하자. 언쟁은 냉담함과 분노를 일으킬 뿐이다. 이로써 더 큰 언쟁으로 이어지고 냉담과 분노는 더 커진다. 악순환이 반복되는 것이다. 말로 표현하기가 힘들 때도 말없이 손을 잡아 준다든가 아무리 유치하다고 해도 포옹을 해 주면 악순환의 고리가 저절로 끊어질 수 있다.

사적인 일이든 공적인 일이든, 사회적 고립감에 시달리는 사람을 돕고자 할 때는 다음 두 가지 사안을 추가적으로 명심하자.

- 이면의 현실을 직시하라. 친구나 배우자의 불쾌한 행동 대부분은 이 세상에서 안전하지 못하다는 느낌으로 일어나는 '투쟁-도피' 반응의 결과다. 논쟁으로 해결될 문제가 결코 아니다. 그 틀에서 벗어나 왜곡된 인지를 바로잡으려고 노력하는 편이 더 나은 결과를 가져다준다. 물론 쉽지 않은 일이다. 때로는 그 노력 자체가 더 큰 저항을 부른다. 가장 효과적인 방책은 낙담과 두려움 같은 상대방의 원초적 감정에 직접 다가서는 것이다. 종종 우

리 인간은 원초적인 감정과 이전의 기대를 합리화하려고 말이나 논리를 동원한다는 사실을 기억하자.

- 외로움을 느끼는 사람이 안전하게 느끼도록 최선을 다하라. 논리적으로 정당화될 수 없는 위협을 느낄 때도 마찬가지다. 안전하지 못하다는 느낌은 대부분 깊이 내재된 피해 의식에서 비롯된다. 따라서 무엇보다 먼저 안전한 울타리 안에 있다고 느끼도록 최선을 다해야 한다. 배우자나 자녀, 애인이 그런 위협을 느낀다면 먼저 나의 사랑이 확고하다는 점을 보여 줘야 한다. 노력하다 보면 물론 바로 지금의 전투에서 항복을 선언한다는 생각이 들지 모르지만 궁극적인 승리가 보장된다.

친구 사이의 우정이나 부부 사이의 애정이 완벽하기는 불가능하다. 그러나 우리 자신을 뛰어넘어 손을 내뻗으면 그 차선은 가능하다. 힘겨운 노력과 인내가 요구될지언정 풍요롭고 만족스러운 사회적 유대감을 맛볼 수 있다. 결론적으로 말하면 그 비결은 인간의 가장 독특한 특성을 이용해 당사자 모두에게 도움이 되는 해결책을 찾으려고 애쓰는 데 있다. 각자의 노력으로 기여하면 혼자서 성취 가능한 성과를 뛰어넘어 아무도 예기치 못한 해결책을 찾을 수 있다.

지금까지 우리는 개인의 삶을 개선하는 데 적용되는 원칙을 외로움의 연구 결과를 바탕으로 살펴보았다. 그 원칙의 대부분은 더 넓은 사회적 환경에도 그대로 적용 가능하다. 그 넓은 세계에서는 사회적 유대감의 힘이 변화의 원동력으로 작용한다.

# 14

## 사회적 유대감이 주는 놀라운 혜택

1985년 연구자들은 미국 사회의 표본을 대상으로 이런 질문을 던졌다. '자기 마음을 편하게 터놓을 만한 친구가 몇 명이나 있는가?' 당시 가장 많이 나온 답변이 '세 명'이었다. 연구자들은 2004년에도 똑같은 질문을 던졌다. 이번에 가장 많이 나온 답변은 '0명'이었다. 21세기 미국인의 4분의 1이 마음을 터놓고 친밀하게 대화를 나눌 상대가 아무도 없다고 응답했다.[1]

같은 해인 2004년에 실시된 세계보건기구(WHO)와 하버드 대학의 공동 조사에 따르면 미국인의 약 10퍼센트가 우울증이나 조울증에 시달렸다. 그와 함께 폭식과 폭음도 늘어났으며, 자녀가 우울증과 주의력 결핍 장애로 약을 복용하는 경우도 크게 늘었다.[2]

유엔 아동 기금(UNICEF)이 잘 사는 나라 21개국을 대상으로 조사한 바에 따르면 아동 복지 측면에서 미국은 꼴찌에서 두 번째, 영국은 맨 꼴찌였다. 미국은 유아 사망률에서 최악을 기록했다. 폭력과 협박, 가정 붕괴, 가족이나 친구와의 관계 단절에 노출된 미국 아동 수는 꼴찌에서 두 번째로 많았다. 또 가족이 함께 식사를 하는 경우가 거의 없다고 말했다. 어린이들은 부모와 거의 대화를 하지 않으며 대다수 또래 아이들이 도움을 주지도, 친절하게 대해 주지도 않는다고 말했다.[3]

물론 21세기 시민으로서 '과거의 관습'에 호감을 갖는 사람은 거의 없다. 지역 사회에 얽매이고, 부모가 선택한 사람과 결혼하고, 다른 모든 일을 성직자나 부모나 원로들이 지시하는 대로 따라 하는 관습을 말한다. 그러나 유엔 아동 기금의 조사 결과가 보여 준 암울한 현실은 미국 사회의 유아독존 강조가 지나치다는 점을 반증한다. 이제 미국인들은 그 대가를 톡톡히 치르고 있다. 몸과 마음의 건강이 나빠질 뿐 아니라 사회 응집력과 지속 가능한 경제 성장에도 악영향을 끼친다. '반드시 서로 어울려 살아야 하는' 인간의 특성에 따르는 필연적 결과가 상호 의존성이다. 저명한 생물학자 린 마굴리스는 이렇게 말했다. "독립성이란 과학적 용어가 아니라 정치적 표현이다."[4]

그런데도 상호 의존 없이는 문화가 결집되지 않는다. 미국인들은 언제나 신분의 '수직 상승'을 소중한 가치로 여겼다. 동시에 '수평 이동'은 사업 비용으로 받아들였다. 기회가 있는 곳으로 가야 하기 때문이다. 그러다 20세기 중반이 되자 독립을 추구하던 허세가 '뿌리 없음'을 의미하게 되었다. 기업체 임원들이 툭 하면 다른 회사로 자리를 옮겼다. 기업체 간부들이 새로운 종류의 이주 근로자로 전락했다. 모든 곳을 연결하는 고속 도로 건설과 판에 박힌 주택 및 상가 개발, 자동차의 보편화 등으로 언제든 교체 가능한 풍경이 만들어지기 시작했다. '지역 사회' 전체가 판매 가능한 상품으로 대량 생산에 들어갔다. 판매원이나 컨설턴트, 심지어 나 같은 학자도 항공 마일리지를 잔뜩 쌓아가는 '길 위의 전사(戰士)'로 등장했다.

### 외로움을 부추기는 환경

사회학자 로버트 웨이스는 1950년대에 생겨난 새로운 직장 환경과 생활 방식이 외로움에 미치는 효과를 연구했다. 그는 이렇게 지적했다. "인구 밀도가 낮아지고 현관이나 거리 또는 모퉁이 약국 또는 빨래터에서 일상적으로 나누던 자연적인 대화의 장이 사라지면서 경험을 나누고 문제를 해결하기가 더 어려워졌다."[5]

임시로 급조된 동네에 사는 사람은 친구나 이웃과 장기적인 관계를 갖지 못할뿐더러 부모와 가까이 사는 데서 얻던 혜택도 받지 못했다.

웨이스의 동료인 마크 프리드는 보스턴 웨스트엔드의 근로계층 주민이 도시 재개발 계획으로 동네가 사라지자 "집을 잃어버린 사실을 슬퍼하면서" 외로움을 느꼈다고 설명했다.[6] 웨스트엔드는 '우리 동네'와 '우리 주민'이라는 유대감이 매우 강한 곳이었다. 몇 년 전만 해도 보스턴의 노스엔드를 거닐다 보면 당시 웨스트엔드가 어떠했는지 느낌이 왔다. 마치 전체가 하나의 대가족을 이루는 듯 주민과 가족이 구분이 안 될 정도였다. 그러나 이제 노스엔드마저 재개발이 시작되면서 견고했던 유대감이 서서히 사라져 갔다.

뉴욕의 로버트 모지스 같은 현대화 기수들의 노력으로 대다수의 선진 공업국은 최근까지도 옛 동네를 밀어 버리고 도시 간 고속 도로를 건설했다. 도시 계획 책임자들은 빈민을 수용하려고 거대한 공공 주택 단지를 개발했다. 인종 차별 정책을 견지하던 남아프리카공화국 정권은 바로 그런 목적으로 케이프타운의 넓은 지역을 완전히 파괴했다. 다양한 인종이 섞여 살던 제6구를 말한다. 그들이 생각하는 '풍요로운 지역 사회'의 개념 때문이었다. 그 결과 흑인과 백인, 그리고 아시아인이 한데 어울려 살면서 형성된 화합 정신이 사라졌다. 집권 여당의 인종 분리 정책에 문제가 있음이 입증된 것이다.

1960년대 들어 사회 비평가이자 건축 비평가인 제인 제이컵스 같은 도시 계획 전문가들이 그런 추세에 반발하기 시작했다. 제이컵스의 『미국 대도시의 죽음과 삶(The Death and Life of Great American Cities)』은 자신이 만든 '빌리지'의 찬가였다. 뉴욕 시의 그리니치빌리지를 말한다. 그녀는 주민들이 같은 구역에서 살며 일하는, 규모가 작고 조밀한 동네의 활기찬 삶을 격찬했다. 주민 사이의 신뢰와 유대감이 형성되고, 그 결과 자연스럽게 유익하고 풍요로움 만남이 이루어진다고 설명했다. 나 자신의 경험으로도 그녀의 통찰력이 옳다는 생각이 절로 든다. 아내와 내가 바로 그런 도시 안의 '빌리지'에 산다. 19세기식 연립주택 단지로 이웃이 서로의 아이들과 애완동물을 잘 알고 현관 앞에 놓여 있는 화분의 상태까지 꿴다. 이 책을 나와 함께 쓴 패트릭도 작은 마을에 산다. 1630년대부터 서로 어깨를 부대끼며 지낸 가족들이 대를 이어 살며, 바닷가재를 잡는 어부와 변호사가 같은 파티에 참석한다. 우리 각자는 어렸을 때는 미국 남서부 여러 곳을 옮겨 다니며 살았다. 그래서 어른이 되어서는 우리 각자가 의도적으로 어디서 뿌리를 내릴지 선택했다. 우리는 운이 좋아 이웃끼리 잘 지내는 동네를 찾았지만 안타깝게도 다른 곳에서는 지역 사회의 규모와 주민의 결속력을 둘러싸고 다툼이 계속되고 있다.

### 나 홀로 볼링

정치학자 로버트 퍼트넘은 『나 홀로 볼링(Bowling Alone: The Collapse and Revival of American Community)』에서 미국의 개별화된 문화를 잃어버린 '사회적 자본(social capital)'의 측면에서 탐구했다. 그는 좀 더 넓은 공동체와 맺는 유대감에서 비롯되는 호혜주의와 협력, 그리고 집단적 선의를 '사회적 자본'이라고 규정했다. 퍼트넘은 근년 들어 미국에서는 모든 측면의 시민 참여가 크게 줄었다고 지적했다. 투표율도 낮고 카드놀이 사교 클럽도 시들해졌다. 자원봉사 소방관도 드물고 동네 악대 신청자도 줄었다. 동창회도 볼링 클럽도 활동이 부진하다.

퍼트넘은 이렇게 이야기했다. "시민의 덕목은 호혜적인 사회관계의 촘촘한 네트워크에 깊이 참여할 때 극대화된다. 고결하지만 고립된 개인으로 넘쳐 나는 사회는 사회적 자본이 부족하다." 그러나 요즘 미국의 부자 동네에는 간호사, 교사, 경찰관의 소득으로 비용을 감당할 만한 주택이 없다. 유대감 강한 공동체에 이들 역시 반드시 필요하지만 그 사회에 편입할 여지가 없다는 뜻이다. 자원봉사자로 구성되는 소방대처럼 중요한 사회 서비스가 전적으로 시민 의식에 의존하는 경우에는 문제가 더 심각하다. 투자 은행가들이 많이 산다면 세금이 많이 걷히기는 한다. 하지만 고소득자들은 대개 일이 너무 힘들고 바빠 이웃집

에 불이 났어도 자원봉사 소방관으로 달려가 불을 진압하려는 의지가 부족하다.[7]

시민 사회 참여 수준에서든 좀 더 친밀한 유대감의 문제에서든 미국 사회는 줄기차게 개별화로 치닫는다. 고립감은 우울증과 적대감을 낳고 자기 조절 기능을 망가뜨린다. 그런데도 정치인들은 지역 사회 건설의 예산을 줄여 더 큰 교도소를 지으려고 애쓴다. 그곳에 들어가는 범죄자들은 자기 조절 기능의 결여로 적대적이 되고 통제 불능이 된 사람인 데도 말이다. 연구에 따르면 외로움은 나이와 관련한 건강과 행복 수준의 하락을 가속화한다. 그런데도 의료비에 관해서는 논의가 뜨겁지만 외롭고, 고립되고, 고령화하는 인구 문제를 다루는 데 유대감을 높이려는 노력은 거의 논의되지 않는다.

물론 환경 문제는 상황이 다르다. 마침내 이제야 미국인들은 지구 온난화를 포함한 자연환경의 보호가 1960년대 히피족에서 비롯된 무모한 발상이 아니라는 사실에 눈을 떴다. 하지만 외로움 때문에 발생하는 사회적 부작용은 그 통계적 수치가 분명한 데도 계속 간과되고 있는 실정이다. 만약 그런 사회적 문제가 대기나 수질 오염에서 비롯되었다면 지금쯤 그 대책을 마련하느라 의회 청문회가 부산하게 열리고도 남았을 것이다. 어쩌면 사회적 유대감을 회복하는 것이 닥쳐올 의료 위기를 포함해 미국의 가장 심각한 사회 문제를 해결하는 데 비용 효과적이고 실용적인 방법이 될 수 있다는 과학적인 사실에 미국인들이 눈을 뜨게 될 날이 멀지 않았을지 모른다. 하지만 현재의 상황을 고려할 때 구체적으로 무엇을 어떻게 할 수 있을까?

**이제 더는 외롭지 않아!**

요즘 도시 지역의 열악한 동네에서는 현실에 불만 가득한 청소년들이 '나 홀로'의 위험에서 벗어나려고 갱단에 들어가는 사례가 있다. 일부 해변의 부자 동네에서는 시트콤「사인펠드」나「프렌즈」의 재방송에서 볼 수 있는 '대리 가족' 같은 형태를 자기네끼리 만들려고 한다. 자녀를 둔 부부는 가족들을 각자의 방으로, 아니면 적어도 사이버 공간의 각각 다른 곳으로 흩어지게 만드는 미디어의 원심력에 맞서려고 의식적으로 가족이 함께하는 시간을 가지려고 노력한다. 그러나 서로 도와주는 통합된 지역 사회나 공동 작업 같은 자연적 유대감이 없기 때문에 이런 노력은 억지로 강요된 느낌을 준다. '가족 제일주의'는 자녀 중심인 교외 지역에서 삶을 유지하는 면에서는 효과적이지만 성인들에게서는 폭넓은 사회적 유대감을 빼앗아 간다. 수년 전 웨이스가 지적했듯이 일을 찾아 특징 없는 교외 지역을 이곳저곳 옮겨 다니는 핵가족은 어쩔 수 없이 자기 가족만 생각하게 된다. 그 결과 가족 구성원이 서로를 위해 똘똘 뭉쳐야 한다는 정서적 요구가 매우 강해진다.『진화하는 결혼(Marriage: A History)』의 저자인 사회학자 스테파니 쿤츠는 요즘 부부 중에는 배우자를 유일한 동반자로 삼아 배우자에게만 기대는 사람이 늘어난다고 지적했다.[8] 그러니 마음을 터놓을 친구가 없는 사람이 20년 전보다 훨씬 많아진 것도 당연할지 모른다. 그렇다면 가장 고통스러운 개인적 문제가 배우자와 관련한 일이라면 과연 누구에게 속내를 털어놓을 수 있을까?

소설가 커트 보니것은 1976년 작품에서 소아과 의사로 '이제 더는 외롭지 않아.'라는 슬로건을 내걸고 미국 대통령에 출마해 당선된 윌버 스웨인의 이야기를 풀어놓았다. 그는 인공 가족을 만들어 모든 국민이 수만 명의 형제와 자매를 갖도록 하는 법을 제정한다.[9]

사회적 고립감을 해결하는 이런 허구적인 제안이 나오기 거의 20년 전에 로버트 H. 슐러 목사는 캘리포니아 주 오렌지 카운티에서 윌버 스웨인이 흐뭇하게 생각했을 법한 선교 활동을 시작했다. 처음에는 일요일 아침마다 옥외 영화관의 스낵 바 위에 올라가 설교를 했다. 당시 그곳에는 중서부에서 일자리를 찾아온 이주 근로자들이 많았다. 슐러 목사는 사회적으로 고립된 그들에게 초점을 맞춘 메시지를 전했다. 50여 년이 지난 지금 그는 수백만 달러를 들여 지은 거대한 '수정교회'에서 설교를 한다. 그의 설교는 TV 프로그램 「권능의 시간(The Hour of Power)」으로 전 세계에 방영된다.(요즘은 그의 아들 로버트 A. 슐러 목사가 대부분 설교를 맡는다.) 6만 702제곱미터 대지에 지어진 수정교회는 세계 각지에서 신자들이 찾아온다. 무엇이 그의 설교단을 먼지 날리던 옥외 영화관 스낵바에서 세계적인 미디어 제국으로 옮겨다 주었을까? 매 방송마다 반복되는 "하나님이 당신을 사랑하고 나도 당신을 사랑합니다.(God loves you and so do I.)"라는 메시지 덕분이다.[10]

좀 더 강한 사회적 유대감을 형성하려는 노력은 근년 들어 새로운 초대형 교회의 폭발적인 성장으로 이어졌다. 미국 캔자스 주에서 한국에 이르기까지 슐러의 모델을 본뜬 초대형 교회가 속속 생겨났다. 오렌지 카운티와 비슷한 현대의 준교외 지역에서는 수많은 사람이 공동체의식과 의미를 찾으려고 그 어느 때보다 더 애쓰는 모습을 보인다. 만약 종교가 더 큰 의미와 구원을 제공할 수 있다면 바람직한 일이다. 실제로 기독교는 신자들이 기독교인이라 불리기 오래전부터 유대감과 사회적 지원을 원하는 인간의 욕구에 초점을 맞췄다. 유교, 불교, 이슬람교, 유대교의 핵심 관심사도 근본은 그와 다르지 않다. 신자가 많은 모든 종교가 그렇다.

그리스도교 운동 초기의 신비주의와 인간의 내면을 추구한 그노시스 같은 분파들은 곧바로 쇠퇴의 길을 걸었다. 반면 기독교는 자긍심을 북돋우는 단순한 메시지("하나님의 나라는 너희 안에 있느니라.")를 근간으로 함께 식사하고 함께 살아가는 공동체에 초점을 맞춰 서양 세계의 기본을 이루었다. 기독교는 교리도 유대교의 복잡한 정화 의식을 버리고 악을 신비적인 의미보다는 한 사람이 다른 사람에게 하는 행동의 문제로 규정했다. 살아남아 번창한 기독교 교회는 강력한 사회적 지지대였던 히브리 전통의 기본 윤리를 개인의 내면적 삶으로 확장했다. 분노, 증오, 부적절한 욕정 등 사회적 유대감에 해로운 요소는 생각조차 못하도록 차단되었다. 예루살렘의 신전을 종교적 삶의 중심으로 삼는 관습에서 탈피하면서도 생식(결혼식), 출생(세례식), 질병(도유식), 죽음(장례식)이라는 일반적인 인간 존재의 기본 요소를 신성시하는 의식은 유지했다. 이러한 의식을 바탕으로 교회는 사람의 일생을 통해 사회적 유대감을 유지하는 지침을 제공했다. 이런 보편적인 기독교 교회는 자긍심을 북돋우고, 죽은 자를 장사 지내고, 가난한 자에게 베풀면서 사회 관습을 실천하는 장소로 자리 잡았다. 결혼과 가정 안의 관계에서부터 사업을 하고 이웃을 대하는 문제에 이르기까지 모든 사회적 거래를 공동체 안에서 조절했다. 유대교, 이슬람교, 유교, 불교도 그 기본은 마찬가지다.

초대형 교회를 이끄는 목회자 2세대 중 한 명인 조엘 오스틴은 점점 늘어나는 신도를 감당하지 못해 텍사스 주 휴스턴의 프로 농구 경기장 컴팩 센터를 사들여 개조했다. 캘리포니아 주 새들백 교회를 이끄는 릭 워런 목사는 『목적이 이끄는 삶(The Purpose Driven Life)』으로 수백만 명에게 사회적 유대감의 메시지를 전한다. 근년 들어 최고의 베스트셀러 중 하나인 이 책은 우리 각자가 부여받은 목적을 다섯 가지로 제시한다. 두 번째 목적은 이렇다. "우리는 하나님의 가족으로 태어났다. 따라서 우리의 두 번째 목표는 진정한 친교를 즐기는 것이다."

기독교 초대형 교회들이 너무도 크게 성공하자 '시너고그 3000'을 포함한 유대교 지도자들도 릭 워런의 새들백 교회에서 열리는 세미나에 대표단을 파견하는 등 그들의 방식을 철저히 연구했다.[11] 그러나 기독교 초대형 교회의 성공을 이끈 핵심 요소는 넓은 사무실 단지, 대형 쇼핑몰, 준교외에 개발된 대규모 주택 단지 속에서 함께 모여 교류하며 소속감을 갖고자 하는 인간의 기본 욕구를 충족시키려는 노력이었다. 그 과정에서 그들은 우연히도 외로움을 해결하는 데 도움을 받았다. 교육, 중매 서비스, 탁아, 심리 상담, 결혼 상담, 농구 경기를 통해 다양한 형태의 사회적 유대감을 교회라는 한곳에서 제공한다.[12]

초대형 교회의 성장은 그들이 우리의 한 가지 욕구를 충족시켜 준다는 점을 시사한다. 그러나 그들이 채택하는 방식은 이교도나 무신론자들에게 거부감을 불러일으킬 수 있다. 이들 교회는 독특한 세계관과 특정한 목적을 가진 공동체다. 기본적인 인류애를 바탕으로 모든 사람에게 유대감을 제공하지는 않는다. 그런데도 북미 여러 지역에서는 이들 교회를 제외하면 물리적으로, 그리고 정신적으로 생기는 고립감을 해결해 주는 기관이나 제도가 없다.

그 비슷하게 요즘의 젊은 세대는 '가상 세계'에서 유대감을 찾으려 한다. 즉 세컨드 라이프(Second Life), 데어(There), 액티브 월드(Active Worlds) 등 수많은 사람이 참여하는 온라인 공동체를 말한다. 이들 사이트는 사용자들에게 화면에서 자신을 시각적으로 표현하는 '아바타'를 제공한다. 그 아바타들이 사이버 공간에서 서로 어울리고, 부동산을 매입하고, 집을 꾸미고, 일상적인 삶을 살아간다. '메타유니버스(meta-universes)' 또는 '메타버스(metaverses)'로 불리는 이런 3차원 가상 세계는 엄밀히 말해 게임의 세계가 아니다. 참여자들이 특정 목표가 없기 때문에 '이기고 지는' 상황이 아니다. 이런 온라인 활동의 핵심 목표는 '간소화된 신학'을 표방하는 초대형 교회처럼 공동체 의식을 경험하는 것이다.

### 유대감 결여는 세계적 현상

미국은 사회적 유대감을 경시하고 상품을 중시하는 문화로 준교외 지역의 아노미(anomie, 사회적 무질서) 현상을 일으켰다. 그런데도 세계 도처의 오랜 전통을 지닌 사회에서 그런 미국식 상품 문화를 채택하려고 애쓴다.

중국의 경우 공동체를 중시한 공자 사상에 기초한 사회에서 급작스럽게도 자본주의를 근간으로 하는 공격적인 개인주의 사회로 치닫고 있다. 《뉴욕 타임스》는 중국 내륙 지방에서 '인스턴트' 도시들이 급성장한다고 보도했다. 애리조나 주 피닉스, 네바다 주 라스베이거스 등의 신흥 도시에서 일어난 변화가 굼떠 보일 정도로 변화의 속도가 빠르다. 닝샤후이족(寧夏回族) 자치구의 주도 인촨 시(銀川市)는 연간 10억 달러 이상을 들여 거대한 관공서 단지와 특급 호텔, 기업가들을 위한 주거 단지를 짓는다. 그런 기반 시설로 민간 부동산 개발을 유치하겠다는 의도다. 다른 여러 도시도 비슷한 포부가 있다. 농사짓던 마을 사람들을 하룻밤 사이에 글로벌 경제의 시민으로 탈바꿈시키려 한다. 중국 과학원의 도시 계획 전문가 루다다오(陸大道) 원사는 《뉴욕 타임스》의 짐 야들리 기자에게 이렇게 말했다. "그들은 단시일 내에 큰 변화를 원한다. 무리가 되지 않는 속도가 어느 정도인지 생각하지도 않고 모두들 도시화에 나서려 한다." 미국의 저명한 언론인이자 사회 비평가였던 월터 리프먼은 약 1세기 전에 "우리는 자신을 어떻게 바꿔야 할지 알아가는 속도보다 더 빨리 주변 환경을 바꿔 놓았다."라고 말했다.[13] 그렇게 되면 건강과 행복 측면에서 뜻하지 않은 좋지 않은 결과가 생긴다는 점을 과학이 입증한다.

사회적 유대감이 최우선이라는 제인 제이컵스의 경고를 미국에서는 진보적인 건축가와 도시 개발자들이 더욱 진지하게 받아들였다. 그들은 플로리다 주 셀레브레이션 같은 신도시에서 사회적 유대감을 맺기 쉽게 해 주는 소도시 생활의 물리적인 측면을 재현했다. 즉 옹기종기 모인 가옥이나 보도, 앉을 수 있는 현관 등을 말한다. 매사추세츠 주 이스트햄턴의 트리톱스 같은 동네는 두 세대 또는 세 세대가 한집에서 살도록 설계되었다. 영국에서는 찰스 왕세자가 현대 주택에 전통 영국 마을의 요소를 반영하는 운동에 앞장섰다. 그러나 불행하게도 이런 고매한 시도보다는 무분별한 개발이 판치는 세상이다. 세계화의 거센 바람을 타고 지구촌 곳곳에는 사회적 유대감을 외면하는 미국 도시의 모델이 표준은 아니라고 해도 심상찮을 정도로 흔해졌다.

그러나 전쟁은 아직 끝나지 않았다. 사회적 단절을 초래하는 풍경 때문에 기회가 있을 때마다 모든 일상적인 교류에서 더 강한 인간적 관계를 형성하려는 노력이 더 절실해졌다. 임의적으로 친절을 베풀고 소통하려는 노력도 더 소중해졌다. 따라서 친밀한 관계를 위협하는 요인이 무엇인지 확실하게 파악해야 할 필요성이 커졌다. 상품 문화는 '소비자' 사고방식을 키운다. 더 비싸고 좋은 상품을 사려고 애쓰는 사고방식이 연애에도 적용된다. 심리학자 일레인 햇필드는 한 언론 인터뷰에서 이렇게 말했다. "과거보다 사람들이 훨씬 많이 요구한다. 나쁘다는 뜻이 아니다. 다만 문제가 다르다. 옛날에는 개인적으로 행복을 누릴 자격이 있다는 개념이 없었다. 지금은 사람들이 잘생긴 외모와 돈, 지능, 지위 등 모든 것을 원한다."[14] 시카고의 한 광고판이 이런 사고방식의 절정을 보여 주는 듯했다. 아름다운 남녀의 몸통 사진 아래 이런 광고 문안이 적혀 있었다. "인생은 짧다. 그러니 이혼하라." 이혼 전문 법률 회사가 세운 이 광고판은 시민들의 항의가 쏟아지자 곧바로 철거되었다.

물론 이런 우둔함과 무신경의 극단으로 치닫는 사람은 소수다. 그러나 비현실적이고 피상적인 기대는 실망을 안겨다 준다. 햇필드는 "여성이 결국은 애완동물에 빠지고 남성은 컴퓨터에 빠지는 이유가 바로 그런 점일지 모른다."라고 말했다.[15]

**이가 없으면 잇몸으로**

우리가 인간적 접촉의 대안으로 애완동물과 컴퓨터에 빠져드는 현상을 일컬어 준사회적 관계(parasocial relationship)라고 한다. 우리는 드라마의 주인공이나 온라인에서 가상으로 만나는 사람 또는 애완견과 준사회적 관계를 맺을 수 있다. 그러나 준사회적 관계가 얼굴을 맞대는 대인 관계의 좌절에서 생기는 공백을 메우는 효과적인 방법이 될 수 있을까?

고대 그리스인, 특히 소크라테스 이전 시대의 철학자이자 시인인 크세노파네스는 '의인관'이라는 용어를 사용했다. 신 같은 비인간적 존재에 인간의 특성을 부여한다는 말이다. 애완동물과 컴퓨터에 인간의 특성을 부여하는 행위도 마찬가지다. 어쩌면 외로움과 이혼, 배우자의 사별 또는 독신의 삶을 극복하는 데는 의인관을 강화하는 노력이 유용한 전술이 될 수 있을지 모른다.[16] 애완동물 소유자는 그 동물 동반자에게 모든 인간적 특성을 투사한다. 애완동물을 키우는 노인은 스트레스 많은 일상사의 부정적인 영향에서 어느 정도 보호받을 수도 있다. 이들은 애완동물을 키우지 않는 노인들보다 병원을 덜 찾는다. 에이즈 진단을 받은 환자가 애완동물을 키우면 우울증에 걸릴 확률이 줄어든다. 많은 사람 앞에서 평가를 받는 곳에 자신이 키우는 애완동물을 데려가면 배우자를 데려갈 때보다 불안감과 스트레스 반응이 줄어들 수 있다.[17]

허리케인 카트리나가 미국 남동부를 덮쳤을 때 애완동물을 키우던 사람 중 다수는 대피 명령을 거부하고 애완동물을 돌보기 위해 목숨을 걸고 피해 지역에 남아 있으려 했다. 무엇이 그들의 애착을 그토록 강하게 만들었을까? 먼저 피신한 사람들에게 버림 받고 그곳에 혼자 남았다는 느낌이었을까? 연구에 따르면 다른 사람들에게 거부를 당하면 애완동물을 의인화하는 경향이 강해진다.[18] 어쩌면 경제적으로 궁핍한 사람 중 다수는 늘 거부당한다는 느낌을 가졌을지 모른다. 확실한 점은 원치 않게 강압적으로 대피한 사람이 너무 많다는 사실 때문에 새로운 동물 보호법 '애완동물 소개 수송 표준법(PETS)'이 통과되어 2006년 10월 발효되었다는 사실이다. 이 법에는 재난이 발생할 경우 지방과 주 당국이 주민 대피 계획에 가정의 애완동물과 봉사용 동물을 수용하는 대책이 포함되어 있다. 아울러 애완동물 친화적인 대피소의 설립을 위해 주 정부가 연방 정부의 재정 보조를 받을 수 있도록 한다.

영화「캐스트 어웨이」에서 톰 행크스가 연기한 주인공은 비행기 사고로 무인도에 홀로 남아 '윌슨'이라고 이름 붙인 배구공과 강한 애착 관계를 형성한다. 마찬가지로 내가 아는 은퇴한 여교수는 남편과 고양이를 미국에 남겨 두고 프랑스 파리에 가서 연구하느라 한 학기를 홀로 보내면서 외로움을 어떻게 이겨 냈는지 들려주었다. 그녀의 침실에서는 에펠탑이 보였다. 그녀는 남편과 주고받은 편지와 전화 통화에서 그 에펠탑을 자신의 '펫(pet, 애완동물이라는 뜻)'이라고 부르면서 매일 밤 전등을 끄면서 에펠탑에게 잘 자라고 인사말을 전했다고 한다.

사회적 고립감은 일시적인 경우에도 의인화된 초자연적 매개체를 향한 믿음을 강하게 만든다.[19] 배우자를 잃은 사람들은 그 빈자리를 메우려고 이미 저 세상으로 떠난 배우자와 가상으로 말을 주고받기도 한다. 그런 성향의 사람들은 악마와 천사의 존재를 잘 믿는다. 그런 현상은 준사회적 유대감이 긍정적인 이미지로 마음을 다스리고 부정적인 기분을 없애 버리려는 노력만이 아니라는 점을 시사한다.[20] 그러나 그 대상이 신이든, 악마든, 애완동물이든, 기계든, 에펠탑 같은 주요 지형지물이든, 버려진 배구공이든 간에 의인화된 존재는 사회적 대리인이 된다. 그 결과 우리가 다른 사람을 판단할 때 활성화하는 뇌 부위가 준사회적 관계의 대상을 평가할 때도 활성화한다.[21]

우리는 그 실험을 할 목적으로 허블 망원경으로 찍은 불가사리 성운 등 신비롭고 황홀한 천체 사진을 수집했다. 그 사진을 시카고의 호반이나 공원에 앉아 있는 사람들에게 보여 준 뒤 다양한 질문을 했다. 기능과 모습에 관한 간단한 질문도 했지만 인간의 속성을 파헤치는 심각한 질문도 던졌다. 이 성운이 우주에 떠다니는 가스 구름에 불과한가, 아니면 인간적인 특성을 갖고 있는가? 이런 우주의 물체가 예를 들어 여기서 거기까지 어떤 목적으로 움직였을까? 질문을 마친 뒤에는 그 응답자의 외로움 수준을 측정했다. 외로움의 수준을 불문하고 거의 비슷한 대답이 나왔다. 그러나 한 가지에서 차이가 났다. 외로움 수준이 높은 사람들은 우주 물체가 인간적인 특성을 갖는다고 보는 경향이 강했다. 그들은 그 물체가 과거의 경험에서 얻은 교훈을 바탕으로 행동한다고도 말했다. 아주 오래전 별자리에 이름을 붙이고 그들의 이야기를 지어낸 우리의 선조들처럼 우리가 조사한 외로움을 느끼는 사람들은 저 멀리 우주에 있는 물체를 보면서 의인화했다.

### 보이지 않는 동반자

준사회적 관계는 인간관계의 측면을 바탕으로 하는 특정한 패턴을 따른다. 평소 불안한 애착 관계를 가진 사람은 안정된 관계를 가진 사람보다 TV 드라마 주인공과 사회적 유대 관계를 형성하는 경향이 강하다. 아울러 주어진 시간 동안 특정 종교에 빠져들 가능성도 크다. 인생 후반에 갑작스럽게 다른 종교로 개종하기도 한다.[22]

《뉴스위크》의 미국인 신앙 조사에서 응답자의 40퍼센트는 혼자 기도할 때 신을 더 가까이 느낀다고 대답했다. 다른 사람들과 함께 기도할 때 신을 더 가까이 느낀다고 말한 사람은 2퍼센트에 불과했다.[23] 수녀, 수도사, 신비주의자는 신의 존재를 좀 더 강하게 느끼기 위해 일부러 주변 사람들과 떨어져 지내면서 고립감의 믿음 강화 효과를 긍정적으로 적용한다. 이처럼 고립감은 유대감을 갖고 싶은 충동을 일으킬 뿐 아니라 의인관도 강화한다.

신기술 옹호론자들은 현실 세계에서 공동체의 붕괴로 생긴 공백을 컴퓨터가 중재하는 사회적 만남으로 메울 수 있다고 자신한다. 그들은 라이온스 클럽이나 프리메이슨, 합창 동아리, 볼링 동아리는 사라져 가지만 모두가 서로 휴대 전화로 문자 메시지를 보내거나 온라인 대화방에서 소통을 하기 때문에 별문제 없다고 말한다. 그러나 이메일 같은 온라인 수단은 커뮤니케이션 전문가들이 말하는 '외가닥 소통'에 해당한다. 실제적 감촉이 없는 스크린 위의 단어라는 뜻이다. 연구에 따르면 소통 수단이 풍요로울수록, 다시 말해 실제적 감촉이 많을수록 사회적 응집력이 더 많이 조성된다. 전자적인 소통을 선택하는 사람들 사이에 '세컨드 라이프'처럼 수많은 사람이 한꺼번에 접속하는 사이트가 인기 있는 만남의 장소가 되는 이유도 바로 그 때문이다. 적어도 그런 가상 공동체 사이트에는 화면에서 자신을 물리적으로 상징하며 살아 움직이는 듯한 아바타가 있기 때문이다. 사용자들은 그 공간에 잘 꾸며진 만남의 장소까지도 직접 만들거나 웹 디자이너에게 의뢰해서 설치한다. 따라서 자택의 컴퓨터 화면 앞에 앉은 사람들이 가상 술집이나 클럽 하우스에서 '아바타 대 아바타'로 만나 동영상화된 제스처와 표정으로 서로에게 반응한다.

그러나 현실 세계에서 사람들이 직접 대면할 때는 그보다 훨씬 많은 무의식적 단서와 신호를 통해 서로 소통한다. 말과 제스처만이 아니라 신체의 화학적 반응, 보디랭귀지, 행위적 의미, 흉내 등 여러 신호가 동원된다. 유대감 형성에서는 몸이 먼저다. 몸을 배제하면 상호 관계의 만족도가 떨어진다.

면대면으로 만나기가 불가능할 때는 간단히 전화 통화를 하거나, 인스턴트 메시지를 보내거나, 사랑하는 사람의 사진을 바라봄으로써 갈망을 만족시키려 한다. 이러한 행위를 사회적 간식(social snacking)이라고 한다. 하지만 간식은 말 그대로 진정한 식사가 아니다.[24] 군인인 한 친구는 분쟁 지역에 위성 전화가 도입되면서 생긴 문제를 이야기해 주었다. 그와 동료들은 아프가니스탄과 이라크에 파병되었을 때 처음에는 고국의 가족과 위성 전화로 통화할 수 있다는 사실에 큰 기대를 걸었다. 그러나 막상 통화를 해 보고는 실망했다고 한다. 전쟁터와 평화로운 가정의 거실이라는 완전히 다른 두 세계가 갑자기 나란히 대비되었기 때문에 전쟁터에 나와 있는 군인이나 고국에 있는 가족 모두가 정서적인 혼란을 겪었다는 것이다. 그 친구는 한 전우가 멍하니 멀리 응시하면 방금 가족과 통화를 했다는 사실을 곧바로 알 수 있었다고 했다. 인터넷의 사용이 늘어날수록 사회적 고립감만이 아니라 우울증도 증가한다는 연구 결과가 있다. 만남의 물리적, 신체적 맥락이 없는 전자 통신의 추상적인 성격이 그 원인 중 하나로 여겨진다.[25]

결론적으로 말하면 애완동물이나 온라인 친구, 심지어 신과 유대감을 형성하려는 행동은 서로 어울려 살아가는 방식이 필수인 인간에게 그 강렬한 욕구를 채우려는 고매한 노력에 다름 아니다. 그러나 어디까지나 대리 만족일 뿐 실체의 부재를 완전히 채워 주지는 못한다. 서로가 단절된 문화에서는 일상생활에서 피상적으로 접촉하는 사람에게도 마음을 열어 함께 나누려는 노력이 그만큼 더 절실하다.

### 종교 의식

서로 어울려 살아가는 삶이 필수인 인간에게는 추상적 의미의 소속 감만이 아니라 서로 몸을 부대끼는 실제적인 모임도 반드시 필요하다. 종교 의식을 철저히 따르는 사람이 질병에 걸리거나 이른 나이에 사망할 확률이 낮다는 연구 결과도 있다. 그 상관관계에서 물리적 만남이 중요한 역할을 하는 듯하다. 사회학자 린다 H. 파월, 레일라 샤하비, 칼 E. 토레슨은 종교와 건강을 주제로 한 방대한 논문을 바탕으로 메타 분석을 실시했다. 종교가 건강에 도움이 된다는 가정 아래 그 이유에 관한 아홉 가지 가설을 검증했다. 신앙이 있는 사람이 더 오래 더 건강하게 산다는 것이 그 종교가 지향하는 보수적이고 건전한 생활 방식 때문일까? 아니면 기도의 힘일까? 아니면 영성 그 자체의 무엇이 우리 몸 세포의 차원에서 영향을 끼칠까?[26]

이를 세 명의 사회학자는 방대한 자료를 검토한 끝에 신앙의 깊이와 건강은 상호 연관성이 없다는 점을 확인했다. 그러나 종교 의식에 실제 몸으로 참석하는 사람의 사망률이 비교적 낮았다. 교회나 회당의 예배에 꼬박꼬박 참석하는 사람이 비슷한 환경에서 예배에 참석하지 않는 사람보다 더 오래 살았다는 뜻이다. 일부 연구 결과에서는 선량(線量) 효과(dose effect)도 나타났다. 예를 들어 일주일에 한 번 이상 교회에 간 사람은 일주일에 단 한 번 예배에 참석한 사람보다 더 건강했다. 전체적으로 볼 때 예배 참석과 관련되었으리라고 판단되는 사망률의 감소가 25퍼센트를 차지했다. 신앙이 있는 사람이 일반적으로 더 건전한 생활 방식을 따른다는 다른 효과를 제외하고도 그랬다. 역학 조사에서 그 정도 비율이라면 무시하기 힘들다.

적어도 일주일에 한 번 예배에 참석할 정도로 신앙심이 두터운 사람은 종교와 관련한 묵상이나 기도 또는 묵주 기도문 암송 등 마음을 편안하게 해 주는 방법을 실천할 가능성이 크기 때문에 그런 결과가 나왔을 수도 있다. 그러나 앞에서 말한 대로 사람들은 친구와 함께 영화를 볼 때는 실제 재미가 별로 없더라도 더 많이 웃고 반응을 보인다. 우리 모두가 알듯이 인간은 사회적 동물이다. 다른 조건이 모두 같을 때 동료와 함께 어울리면 기분이 더 좋아진다. 좋은 기분은 다른 긍정적 경험도 높여 준다.

교회나 사원이 아니라 로터리 클럽에 매주 참석해도 건강에 도움이 될지 모른다. 그러나 파월과 샤하비, 그리고 토레슨의 분석 결과에 따르면 종교 의식에 정기적으로 참석하는 행동에 무엇인가 특별한 의미가 있는 듯하다. 교회에 다니면 가족 간의 관계가 강화되고, 친구 간에도 신뢰 있는 교류가 이루어질 가능성이 있다. 아울러 종교는 도움을 받기보다 다른 사람을 돕는 일에 초점을 맞추는 경향이 있다. 이런 이타적 행동은 자존감과 자기 조절 능력을 높여 주는 동시에 우울한 기분을 줄여 준다. 종교 의식 참여는 사회적 모델을 제공하기도 한다. 예를 들어 이웃 돕기와 기도, 묵상에 전념하는 다른 사람을 보면 건전한 생활 방식 등 여러 긍정적인 요인이 강화된다. 공동체 의식, 좋은 친구들과 함께 보내는 시간, 가족 간의 친밀한 유대감 강화는 행복 수준을 높이는 데 도움이 된다. 그러나 종교에는 그보다 더 큰 도움이 되는 요인이 있을지 모른다.

동료 닉 에플리는 사람들이 자신과 상당히 비슷한 태도를 다른 사람들도 가졌다고 생각하는 한편, 신앙심이 두터운 사람은 신도 자신과 특별히 비슷한 태도를 가졌다고 생각한다는 점을 확인했다. 컨트리 가수 조시 터너가 작곡한 「나와 하나님(Me and God)」이 바로 이런 생각을 이야기한다. 자신과 하나님이 "한 콩깍지에 든 두 알의 콩"이라고 노래한다. 작가 앤 래모트는 그 생각을 이렇게 표현했다. "우리 같은 사람을 하나님이 싫어하는 데도 우리는 하나님이 우리와 같다고 확신한다."[27]

인지 과학의 관점에서 보면 신은 사람들이 자신의 믿음과 편견을 떠넘기는 독특한 심리적 투사로 파악할 수 있다. 그런 투사를 통해 사람들은 다른 준사회적 관계보다 더 강하고 확실하게 친밀감을 느끼고 그 속에서 자아, 적어도 이상화된 자아를 확인한다. 신은 특별한 방식으로 자아를 확인시켜 준다. 믿는 사람의 눈에는 신이 바로 '자기 자신'이기 때문이다.

인간은 유전자를 미래의 후손에게 물려주려는 본능을 가진 사회적 존재다. 따라서 서로 간의 물리적인 관계만이 아니라 그 의미에서도 자신을 뛰어넘어 멀리 보려는 의지가 강하다. '이기적 유전자'는 사회적 두뇌를 만들어 냈다. 그 사회적 두뇌는 외로움을 혐오하는 반응을 키웠고, 그런 반응이 사회적 유대감을 강화했다. 자신의 생존 가능성을 높여 유전자의 생존을 보장하려는 본능에서 비롯되었다. 그런 연쇄적인 반응을 통해 궁극적으로 자연선택을 형성하는 바로 그 힘이 '제3의 적응 방식'을 만들어 냈다. 자기 유전자의 장기적 생존을 보장할 목적으로 다른 사람과 협력하고 서로 주고받으며 의지하는 적응 방식을 말한다. 이런 의미를 추구함으로써 자신보다 더 좋은 무엇과 연결되려는 생물학적 욕구가 발달한 듯하다. 우리가 자기 생명의 유한함에 절망하지 않으려면 절대적 수준의 유대감을 가져야 한다. 우리는 우리의 생물학적 존재가 일시적이라는 사실을 알기 때문에 초월적인 체험을 갈망한다. 아폴로 14호를 타고 달에 다녀온 전 우주 비행사 에드거 미첼이 달에서 지구를 보면서 우주가 "지적이며, 사랑스럽고, 조화롭다."라고 느꼈다고 말했을 때 바로 그런 체험을 이야기한 듯하다.[28] 사회적 유대감을 찾는 것이 우리에게 도움이 되듯이 신앙이든 과학적인 믿음이든 간에 초월적인 무엇을 찾는 것 역시 우리에게 매우 유용한 듯하다. 물론 초월적인 느낌은 위험하기도 하다. 특히 내가 우주의 일부라는 생각이 우주가 나의 일부라는 생각으로 변질될 때가 그렇다. 인류 역사를 통해 자아를 투사한 강력한 준사회적 관계가 신에 대한 경외심을 없애 버리면 '신은 나의 편'이라는 생각이 '모두 내가 지시하는 대로 해야 한다.'라는 결론으로 이어진 경우가 많았다. 지금도 개인 신앙과 공적인 삶 사이에 확고한 구분이 없는 경우 그런 생각이 인류 고통의 근원으로 작용한다.

따라서 종교가 있든 없든 우리는 유대감을 원하는 우리의 심리적 욕구와 생리적 욕구를 만족시키는 일이 시급하다. 거기에는 초월적 의미를 추구하는 욕구도 포함된다. 매일 다른 사람과 접촉하고 그들에게 관심을 쏟으며, 마음을 열고 다른 사람을 받아들이고, 다른 사람에게 베푸는 노력이 필요하다.

### 어떤 미래를 선택할 것인가

이 책 전체를 통해 나는 우리의 사회적 현실 대부분을 우리가 어느 정도 조절할 수 있다고 강조했다. 우리의 제어 능력 밖에 있는 힘의 경우에도 우리가 그것을 해석하고, 그에 대처하고 반응하는 방식에 따라 우리의 미래는 크게 달라질 수 있다. 개인적 차원에서도 그렇고 사회적 차원에서도 그렇다. 개인이나 집단으로서 우리는 '제3의 적응 방식'을 최대한 활용하는 쪽을 선택하거나 아니면 자기 이익만 챙기는 쪽을 택할 수 있다. 개인이나 부족을 초월해 더 넓고 큰 공동선에 도움이 되는 행동을 통해 해결책을 찾을 수도 있고, 침팬지처럼 자기만 생각하는 편협한 시각에 머물 수도 있다.

나의 기대는 이렇다. 외로움의 생물학을 통해 더 큰 행복, 심지어 경제적인 풍요까지도 얻을 수 있는 비결이 윤리적이고 인도적인 행동이라는 교훈에서 얻기를 바란다. 명심할 가치가 있는 메시지다. 엄밀히 금전적으로 따져도 사회적 고립으로 우리가 치러야 할 대가가 엄청나기 때문이다.

6장에서 살펴봤듯이 외로움이 건강에 끼치는 직접적인 영향은 무시하기 힘들다. 그에 따르는 비용만 해도 엄청나다. 그러나 인구 고령화가 외로움에 끼치는 영향과 고령화의 속도를 고려하면 우리 사회는 무엇이 시급한지 다시 생각할 필요가 있다는 점이 분명히 드러난다.

미국은 1970년대 이래 부의 막대한 성장을 누렸다. 그러나 소득의 증가는 부유층에 편향되는 추세를 보였다. 중산층과 그 아래 계층에서는 경제적 조건이 별로 달라지지 않거나 심지어 더 나빠졌다. 특히 지난 수년 사이에 소득 격차가 크게 벌어졌다. 1990년에서 2004년 사이 미국인 중 90퍼센트는 소득이 겨우 2퍼센트 증가했다. 같은 기간에 미국인의 1퍼센트에 해당하는 최고 부유층의 소득은 57퍼센트 증가했다. 더구나 그 1퍼센트 중 10분의 1에 해당하는 초거부들의 소득은 85퍼센트나 늘었다.[29]

경제 성장은 세계 도처에서 가속화 추세에 있다. 특히 중국과 인도의 성장세가 두드러진다. 러시아도 지난 20년 동안 급속한 성장을 이루었다. 그러나 지금 러시아인의 평균 수명은 옛 소련 시절보다 짧아졌다. 1980년대 이래 러시아인의 평균 수명은 40퍼센트나 감소해 현재 방글라데시의 수준과 맞먹는다.[30] 경제 성장은 여러 가지 혜택을 가져다주지만 사회적, 경제적 격변으로 세분화되고 극단적 불균형으로 분리된 문화에서는 사회적 고립감 때문에 많은 사람이 희생양이 될 수도 있다.

**사회적 고립의 경제학**

돈은 사람들의 동기 유발에는 긍정적 역할을 하지만 그들이 다른 사람에게 하는 행동에는 부정적 영향을 끼친다. 연구에 따르면 돈을 가졌다는 생각만 해도 친사회적인 행동에서 벗어나기 쉽다. 심리학자 캐슬린 포스와 동료들은 참여자에게 돈을 생각하도록 하는 아홉 가지 실험을 한 적이 있다. 한 실험에서는 한 그룹에게 돈을 연상시키는 낱말을 주고 문장을 만들도록 주문했고, 그 대조 그룹에게는 일반적인 단어를 제시한 후 문장으로 만들라고 했다. 다른 실험에서는 한 그룹에게 몇 분 동안 컴퓨터를 사용하게 한 뒤 멈추게 하고 화면 보호기에 물속에서 반짝이는 붕어를 보여 주었고, 그 대조 그룹에게는 물속에서 반짝이는 지폐를 보여 주었다. 아홉 가지 실험 전부에서 돈을 연상시키는 이미지를 본 참여자들의 경우 다른 사람에게 도움을 청하거나 도움을 줄 생각이 줄어들었다. 예를 들어 실험실 보조원이 실수를 가장해 필통을 바닥에 떨어뜨렸을 때 돈을 생각하도록 유도된 참여자는 떨어진 연필을 주워 주는 횟수가 훨씬 적었다. 서류 작업을 도와 달라는 요청을 받았을 때 돈을 생각하도록 유도된 참여자가 그 일에 할애한 시간은, 돈을 떠올리지 않도록 유도된 참여자가 할애한 시간의 약 절반 정도에 불과했다. 여러 가지 활동을 적은 목록에서 하나를 선택하라는 주문에 돈을 생각하도록 유도된 참여자는 혼자서 일하고 노는 활동을 선택할 확률이 훨씬 높았다. 인터뷰를 하려고 의자를 배치하라는 주문에 돈을 생각하도록 유도된 참여자는 자신과 다른 사람 사이의 거리를 더 넓혔다.[31]

그와 비슷한 맥락에서 미국 50개 주 각각의 소득 불균형과 건강 통계치 사이에서 상관관계를 밝히려는 연구가 여러 차례 있었다.[32] 브루스 케네디와 동료들은 '로빈 후드 지수(Robin Hood Index)'를 만들었다. 이 지수는 평등한 소득 수준을 목표로 할 때 재분배되어야 할 재화의 양을 일컫는데, 1퍼센트 늘어나면 사망 건수가 10만 명당 21.7건 증가했다. 연구자들은 이 결과를 세 가지 요인으로 설명했다. 첫째는 상대적 박탈감이다. 예를 들어 부자들이 집을 세 채씩 소유한다면 부동산 전체 가격이 그만큼 올라간다는 뜻이다. 둘째는 인적 자본 투자의 결여다. 인구 전체를 위한 교육과 의료 투자가 줄어든다. 셋째는 사회적 응집력의 손상이다. 서로 믿지 못하며 사회적 고립감이 심화된다는 이야기다.

세 번째 요인의 중요성은 다른 연구에서도 입증되었다. 통합이 잘 된 사회는 범죄율과 사망률이 상대적으로 낮고 전반적인 삶의 질이 높게 나타났다.[33] 미국의 39개 주 주민을 대상으로 소속 단체를 조사한 결과 소속 단체 수가 평균으로 개인당 하나가 늘었을 때 사망 건수는 10만 명당 66.8건 줄었다. 신뢰 수준이 낮을수록 심혈관계 질병이나 암 등 모든 원인에서 사망률이 높아졌다. 사회적 단편화를 포함한 사회적 고립감은 사망을 부른다는 의미로 해석할 수 있다.

헨리 멜빌은 우리가 야기한 원인이 우리에게 결과로 되돌아온다고 설명했다. 복잡성의 과학 이론가들은 '나비 효과'를 말했다. '교감의 실' 개념으로 생각하든, 복잡한 시스템에서 작용하는 자율적 개체 개념으로 생각하든 간에 개인의 행동은 평화와 아름다움을 가져오기도 하고 부족 간의 분쟁을 야기하기도 한다. 물론 경제적, 정치적, 문화적 힘도 작용한다. 그러나 궁극적으로 인간은 개인의 반복되는 행동을 통해 환경을 이룬다. 그런 시스템의 독립적 개체로서 우리 각자는 어느 정도의 힘을 갖는다. 우리는 그 힘으로 개인 행동을 통해 사회적 환경을 약간 더 낫게 또는 약간 더 나쁘게 계속 조절해 나간다. 차를 몰고 출근할 때도 같은 상황에서 다른 운전자에게 양보의 미덕을 발휘할 수도 있고 아니면 분통을 터뜨리며 욕설을 할 수도 있다. 조만간 당신이나 배우자, 또는 자녀가 당신의 분통에 자극받은 사람에게 보복을 당할 수도 있고 당신의 선행에 감명받은 사람에게 관대한 행동을 되받을 수도 있다.

4장에서 살펴본 로버트 액설로드의 '죄수의 딜레마' 토너먼트를 돌이켜 보자. 우승한 컴퓨터 프로그램 '맞대응(Tit for Tat)'은 제재를 당할지언정 기본값으로 협력을 택해 이득을 얻었다. 액설로드는『협력의 진화(The Evolution of Cooperation)』에서 그와 유사하게 이득이 되는 사회적 계약이 현실 세계에서 자발적으로 이루어질 수 있는 사례를 제시했다. 제1차 세계 대전 당시 특정 지역 전선의 참호에서 오랫동안 서로 적으로 대치한 군인들은 즉흥적으로 '나도 살고 너도 사는' 방식을 택했다. 그들은 상관의 지시를 어기고 이런 취지로 말했다. "내가 너희 중 한 명을 사살하고, 너희가 그 복수로 나나 내 전우를 사살한다면 그게 도대체 무슨 의미가 있느냐?" 양측 모두 승패를 가를 결정적인 공격을 할 수 없는 상황이었다. 그래서 병사들은 자발적인 행동을 취했다. 먼저 저녁 식사 시간에만 비공식적 사격 중지에 합의했다. 그러다 결국은 하루 24시간 사격 중지로 확장되었다. 장교들의 화를 누그러뜨리는 데 필요한 만큼만 사격하면서 양측 모두 의도적으로 표적을 겨냥하지 않았다는 뜻이다. 한쪽의 저격수들이 멋진 사격 솜씨를 보이면서 상대편의 방호벽에 표시를 했다. '우리가 이만큼 양보하니 너희도 그렇게 하라.'는 표시였다. 다른 쪽도 그런 자제심을 이해하고 자신들도 자제했다. 지휘소 장교들은 이런 쌍방 간의 자발적인 호혜주의를 없애기 위해 전선의 병력을 계속 교대시켜야 했다.[34]

매 경기가 수백 가지 수로 구성되며 계속 경기를 반복한 '죄수의 딜레마' 토너먼트에서처럼 같은 사람을 계속 대할 때는 사회적으로 온화한 전략이 최선의 방법이다. 사실 한곳에 머물지 못하고 계속 옮겨 다니는 사람이라면 모르지만 대개는 오늘 우리가 대하는 친구, 동료, 이웃을 내일도, 그다음 날도 다시 대하게 된다. 지역 사회 차원에서도 그렇고 국가 공동체에서도 마찬가지다.

17세기 영국의 시인이자 국교회 성직자였던 존 던은 이렇게 적었다. "누구든 죽으면 내가 상처를 입는 것이니, 이는 내가 인류의 일부이기 때문이다." 찰스 다윈의 견해는 종교적 원칙과 정반대라는 오해를 자주 받는다. 관점은 아주 다르지만 그가 도달한 결론은 존 던의 생각과 거의 비슷하다.

문명이 발전하면서 작은 부족들이 뭉쳐 더 큰 공동체를 만들어 하나의 국가로 발전하면, 서로 모르는 사이라고 해도 각자는 국가의 모든 구성원에게 자신의 사회적 본능과 동정심을 베풀어야 한다는 사실을 간단한 추리만으로도 알게 된다. 일단 이런 상황에 도달하고 나면 각자가 세계 모든 국가와 인종의 구성원에게도 자신의 동정심을 베푸는 행위를 막는 것은 인위적인 장벽뿐이다.[35]

이처럼 두 사람의 사고가 비슷하다는 사실은 우리 각자가 아직 발견하지 못한 인간의 더 깊은 진실이 있다는 증거일지 모른다. 진화 심리학과 사회 신경과학이 융합되면서 황금률로 불리는 종교 윤리의 근본 원칙과 일치하는 과학적 발견이 점점 많아진다. '남에게 대접을 받고자 하는 대로 남을 대접하라.'는 황금률은 고대 중국의 도교에서부터 모세의 율법과 예수의 산상 수훈, 그리고 칸트의 냉철한 이성 철학에 이르기까지 다양한 믿음과 철학에 자주 등장한다. 그 계명이 어떤 면에서는 자연선택의 손에 의해 만들어졌기 때문이다.36

과학적 증거에 따르면 가장 효과적인 적응 방식은 사회적 협력이다. 그러나 우리가 주변에서 흔히 보듯이 사회적 협력은 여러 선택지 중 하나일 뿐이다. 이 점에서 우리는 우리의 행동을 훈계하는 간디의 가르침에 주목해야 한다. 개인적인 외로움에서 벗어나려 하든, 세계를 좀 더 향상시키려 애쓰든 간에 "변화를 보고 싶다면 자신이 먼저 변하라."

그러나 다시 강조하지만 따뜻한 포옹과 무조건적 사랑만으로는 사회적 유대감과 사회적 조화가 반드시 이루어지지는 않는다. 복잡성의 과학에 따르면 스스로 조직되는 시스템도 몇 가지 간단한 규칙이 필요하다. 모든 문명에는 적응력을 높이는 행동을 채택하도록 유도하는 공식적, 비공식적 규칙이 있다. 바로 금기, 표준, 도덕률, 법을 말한다. 이 과정에서 때로는 11장에서 살펴본 '이타적 처벌'도 필요하다. 자신의 희생을 감수하면서 다른 사람을 제재할 필요도 있다는 뜻이다. 작은 위반 행위도 경계해야 한다. 그것이 부정적인 분위기를 조성해 점점 더 부정적인 행동으로 발전하기 때문이다. 허용되지 않은 곳에 한 사람이 쓰레기를 버리면 대다수 사람이 따라 하기 마련이다. 모두가 소득을 속

여서 세금을 적게 낸다고 생각하면 우리도 실제로 그럴 가능성이 커진다. 모두가 공정한 대가를 치른다고 생각하면 우리도 공정한 대가를 치를 가능성이 커진다. 청소년 음주를 사회적으로 제재하지 않으면 술을 마시는 청소년이 늘어난다. 사회적 반감이라는 공동 조절의 기능이 없으면 예이츠의 말처럼 "모든 체제가 무너지고 중심이 사라진다."

로버트 퍼트넘은 사회적 자본을 사회적 선으로 설명했다. 우리는 사회적 자본을 개인과 집단의 필수품으로, 그리고 개인과 사회, 공중의 건강에 중요한 문제로 파악한다. 시민 참여는 물 위에 떠 있는 빙산의 일각이다. 그 아래는 개인의 고립감이라는 깊은 문제가 숨어 있다. 시민 참여가 외로움을 달래는 데 크게 기여한다면 그 참여는 산업 전시회에서 오가는 사람들을 사귀는 수준에 머물러서는 안 된다. 개인에게 필요한 것은 의미 있는 관계이지 피상적인 악수가 아니다.

개인으로서, 그리고 사회로서 우리의 성공 여부는 인간적 유대감의 욕구를 어떻게 해결하느냐에 달려 있다. 요즘은 이민의 새로운 패턴이 세계 도처의 기존 문화를 바꿔 나간다. 이런 상황에서는 민족주의를 초월해 공통 분모를 찾으려는 노력이 그 어느 때보다 중요하다. 외로움이 위협에 대한 민감성을 높이고 인지 능력을 손상시킨다는 점도 명심해야 하지만 더 중요한 점은 진정한 유대감이 우리 마음을 열어 당면한 도전에 초점을 맞출 수 있게 해 준다는 사실이다. 개인으로서나 사회로서 사회적 고립감은 우리의 창의성과 에너지를 빼앗아 간다. 유대감은 우리의 인간적 잠재력을 키우는 샘에 더 많은 물을 대준다.

영국의 대표적인 기독교 사상가이자 소설가인 C. S. 루이스는 존 던의 종교적 전통에 입각해 이렇게 적었다. "우리는 무력하게 태어났다.

우리는 의식이 완전히 생기자마자 외로움을 발견한다. 우리는 육체적으로, 정서적으로, 지적으로 다른 사람을 필요로 한다. 무엇이든 알려면, 심지어 우리 자신을 알려고 해도 우리에게는 다른 사람이 필요하다."

저명한 생물학자 E. O. 윌슨은 찰스 다윈의 과학적 사상을 바탕으로 이렇게 말했다. "우리는 인간 정신의 깊은 욕구에 의해 자신을 살아 있는 먼지 이상으로 만들어야 할 의무가 있다. 우리가 어디서 왔는지, 왜 여기에 왔는지 말해 줄 이야기가 있어야 한다."[37]

### 감사의 말

이 책은 저자 두 명의 공동 집필로 완성되었다.(공동 작업이란 사회적 유대감의 소중한 형태다!) 그러나 이 책의 기초가 된 과학 연구에 20년 이상 헌신하고 시간을 들인 사람은 한 사람뿐이므로 편의와 명료성을 위해 우리 저자들은 존 카치오포가 일인칭 화자로 이 글을 쓰는 것으로 결정했다. 여기 감사의 말에서도 그 형식을 그대로 따랐다.

그러나 '나' 존 카치오포가 수행한 연구도 결코 혼자만의 작업이 아니었다. 사회적 유대감에 관한 연구는 1990년대 초 내가 가르치던 오하이오 주립대학에서 시작되었다. 우리(나와 함께 연구에 참가한 동료)는 '인간의 유대가 가져오는 효과가 무엇인가?'라는 단순한 의문으로 연구를 시작했다. 그 해답을 찾기 위해 먼저 실험을 실시했다. 실험 자원자 각각에게 임의로 혼자 있거나 여러 부류(친구와 낯선 사람 포함)의 사람과 함께 있으면서 주어진 과제를 수행토록 했다. 그 실험에서 쉽게 확인된 사실은 사회적 상황을 개인이 어떻게 인식하느냐가 무엇보다 중요하다는 점이었다. 그다음 연구의 초점을 사회적 유대감과 지지에서 사회적 고립에 대한 개인의 인식, 즉 '외로움'으로 옮겼다. 사회적인 세계가 인간의 생리와 행동에 어떤 역할을 하는지 알아보기 위한 모델 시스템으로 삼기 위해서였다. 그에 따라 우리가 인간의 정신 세계를 생각하는 방식도 바뀌었다.

20세기 하반기 들어 과학자들은 인간의 두뇌를 컴퓨터에 비유했다. 정보 처리 능력이 뛰어난 독립적인 기계를 말한다. 그러나 우리는 외로움을 연구하면서 그러한 비유에 만족할 수 없었다. 요즘의 컴퓨터는 대규모로 상호 연결된 장치에 다름 아니다. 단독 컴퓨터에 상주하는 하드웨어와 소프트웨어의 용량을 훨씬 뛰어넘는다. 곧 우리는 인간 두뇌의 원격 수용체(눈, 귀)가 수천 년 동안 인간에게 무선 광대역 접속 서비스를 제공해 왔다는 사실을 알게 되었다. 그 결과 요즘의 컴퓨터는 단일 컴퓨터의 하드웨어를 훨씬 뛰어넘는 용량과 프로세스를 갖추고 있다. 마찬가지로 인간의 두뇌도 단독 두뇌를 훨씬 넘어서는 사회적, 문화적 능력과 프로세스를 도모하도록 진화했다. 인간의 능력을 완벽하게 이해하려면 두뇌의 기억력과 계산력만이 아니라 다른 사람을 느끼고, 묘사하고, 이해하고, 그들과 교류하는 능력도 이해할 필요가 있다. 다시 말해 우리 뇌가 의미를 창출하는 강력한 사회적 두뇌로 진화했다는 뜻이다.

인간이 본질적으로 사회적 동물이라는 개념은 논쟁의 여지가 없다. 그러나 그것이 인간의 삶과 사회에 정확히 무엇을 의미하는지는 아직 완전히 밝혀지지 않았다. 세계 각국의 정부는 경제 전문가들에게 의존하면서도 사회적 관계에 관한 과학적 연구는 노골적으로 무시한다. 과학 잡지《사이언티픽 아메리칸(Scientific American)》에서 편집자들은 이렇게 논평했다. "우리가 사회적 주제에 관한 기사를 실을 때마다 일부 독자는 '진정한' 과학을 왜 고수하지 않는지 항의한다." 그들 편집자는 다음과 같이 덧붙였다.

> 아이러니하게도 대다수 물리학자나 생물학자들은 우리 잡지에서 사회적 주제를 다룬 글을 보면서 그런 불평을 하지 않는다. 그들은 자연 세계가 아무리 복잡해도 인간보다 이해하기가 더 쉽다는 점을 먼저 지적한다. 사회 과학이 시시해 보인다면 대부분 주제가 너무 어렵기 때문이지 인간이 과학적 탐구의 대상이 될 가치가 없기 때문은 아니다.(2002년 4월 30일자《사이언티픽 아메리칸》, 「특이한 관습」 중에서)

외로움은 결코 기분 좋은 감정이 아니다. 성서 「창세기」에 따르면 아담과 하와는 하나님을 거역한 죄로 에덴동산에서 추방되는 벌을 받았다. 고대 로마 시인 오비디우스의 『변신 이야기』에는 이러한 이야기가 나온다. 제우스는 그리스에 홍수를 일으켜 청동기 시대의 인간을 파멸시키기로 결정했다. 데우칼리온은 방주를 만들어 아내 피라와 함께 파르나소스 산에 도착해 살아남았다. 데우칼리온은 다른 사람들과 함께 사는 것이 아무리 어렵거나 불가능하다 해도, 더 어렵고 더 불가능한 것은 그들 없이 완전히 홀로 사는 것이라는 사실을 깨달았다. 제우스가 소원을 들어주겠다고 하자 그는 같이 살아갈 다른 사람을 만들어 내는 소원을 택했다. 그러나 육체적 고통과 배고픔, 그리고 목마름이 그렇듯이 외로움도 인간에게 중요한 기능을 한다는 개념과, 그 기능을 알고 그것이 사회 인지에 끼치는 영향을 이해하는 것이 더 건강하고 더 풍요롭고 더 행복한 삶을 누리는 비결이라는 개념은 그다지 잘 알려져 있지 않다.

사회적 유대감에 관한 이 책에는 나의 훌륭한 동료, 친구, 학생, 직원의 기여가 오롯이 녹아 있다. 당연한 일이다. 외로움과 사회적 유대감의 원인과 속성, 그리고 결과에 관한 우리의 과학적 연구는 학문 분야와 기관, 국경을 뛰어넘었다. 이 연구는 유전학, 면역학, 내분비학, 자율신경학, 뇌 영상학, 행동학, 인지학, 감정학, 관상학, 사회 심리학, 인구학, 사회학적 분석을 아울렀다. 우리가 수행하려던 연구 범위는 나의 전문 분야를 초월했다. 따라서 다양한 분야의 과학자들이 시간과 전문 지식, 그리고 통찰력을 보태 주었다. 이러한 과학적 공동 작업은 우리 연구를 변화시키고 우리 앞에서 펼쳐진 과학적 이야기를 확대 증폭시키는 시너지 효과를 가져다주었다.

지난 20년 동안 이 연구에 참여한 모든 사람에게 감사를 표한다. 그들의 참여와 도움이 없었다면 이 연구는 불가능했을 것이고, 이 책도 나오지 못했을 것이다. 우리는 연구 결과가 대중이 더 실감나게 이해할 수 있도록 연구 대상이나 인터뷰이의 인생 이야기를 소개한다. 우리는 그들의 신상을 보호하기 위해 이름과 여러 불필요한 세부 사항을 삭제하거나 바꾸었다. 이 책에서 여러 차례 언급되는 케이티 비숍은 우리가 만들어 낸 합성 인물이다. 우리 연구에 참여한 개인의 비밀을 보장하기 위해서였다.

10년 이상 이 연구의 모든 측면에서 함께 작업한 루이스 호클리(시카고 대학)와 지난 20년 동안 함께 연구한 게리 번트슨(오하이오 주립대학)에게 특별히 감사를 표하고 싶다. 그 외에도 여러 대학에서 연구하는 많은 과학자가 우리 연구의 초기 단계에 참여해 특별히 기여를 해주었다.

　1990년대 초 나는 로버트 로즈가 이끄는 맥아서재단의 심신 통합 네트워크에 참여했다. 그는 외로움의 원인과 속성, 결과에 대한 우리의 관심과 흥미를 자극했다. 재단의 직원들도 시간과 전문 지식을 관대히 제공했다. 그들 모두의 제안과 도움, 지원에 감사한다.

　1999년 시카고 대학교로 옮겼을 때도 사회 과학과 생물학 분야에서 뛰어난 학자들의 도움을 받았다. 그들의 이름을 일일이 거론하지는 않겠지만 그들 모두에게 감사의 마음을 전한다. 또 수년 동안 우리와 함께 열심히 연구한 직원과 학생들에게도 심심한 감사를 표한다.

　이러한 대규모 장기간에 걸친 과학적 연구는 비용이 많이 든다. 우리는 미 국립 노화연구소, 국립과학재단, 국립 정신건강연구소, 맥아서재단, 존 템플턴 재단에서 수년에 걸쳐 보조금과 재정적 지원을 받았다. 이 책에 담긴 견해는 저자들의 것이지만 기초 과학 연구를 위한 재정적 지원이 없었다면 외로움과 사회적 유대감에 관해 우리가 할 수 있는 말이 상당히 줄었을 것이다.

　마지막으로 리자 애덤스에게 감사를 전한다. 그녀는 우리에게 이 책을 쓸 수 있다는 확신을 주었다. 또 노턴 출판사의 마리아 과나셀리에게도 감사한다. 그녀는 편집자로서 우리에게 모든 조언을 아끼지 않았다. 원고 편집자 카밀 스미스는 학자들의 글을 고치는 데 일가견이 있어서 우리에게도 큰 도움을 주었다. 무엇보다 우리 가족과 아내에게 감사한다. 그들은 우리에게 사회적 유대의 가치와 힘을 가르쳐 주었다.

이 책은 삶과 외로움, 사회적 유대의 힘에 관한 이야기다. 공교롭게도 이 책을 쓰는 동안 우리 저자들의 어머니들이 세상을 떠났다. 그들 각각은 행복한 삶을 살았고, 가족과 친구들에게 둘러싸여 평온하게 운명했다. 예상한 죽음이었지만 내가 태어나 다른 사람과의 첫 유대감을 가진 대상을 잃고 나니 감정이 북받쳤다. 그 상실감을 극복하면서 우리는 가족과 친구의 친절함과 관대함을 예전보다 더 깊이 느끼게 되었고, 사회적 유대감의 중요성을 더 확신하게 되었으며, 사회적 고립감을 느끼며 살아가는 사람들을 더욱더 잘 이해하게 되었다. 우리는 이 책을 저세상에 계신 우리 어머니들인 메리 캐서린 카치오포와 버니스 터너에게 바친다.

존 카치오포, 윌리엄 패트릭

# 주(註)

## 1 군중 속의 고독

1   E. Berscheid, "Interpersonal attraction," in G. Lindzey and E. Aronson, eds., *The Handbook of Social Psychology* (New York: Random House, 1985).

2   C. Rubenstein and P. Shaver, *In search of intimacy* (New York: Delacorte, 1982). D. E. Steffick, "Documentation on affective functioning measures in the Health and Retirement Study," Documentation Report no. DR-005 (Ann Arbor: University of Michigan, Survey Research Center, 2000), retrieved February 7, 2006, from *hrsonline.isr.umich.edu/docs/userg/dr-005.pdf.*

3   J. S. House, K. R. Landis, and D. Umberson, "Social relationships and health," *Science* 241 (1988): 540~545.

4   표 1의 각 질문에서 자신이 그렇게 느끼는 강도를 1과 4 사이의 숫자 중 하나로 정해 그 옆의 빈칸에 적는다. 주의할 사안은 여기 제시된 질문의 절반은 자신의 삶에서 결여된 느낌을 탐구하는 방식으로, 나머지 절반은 자신의 삶에서 존재하는

느낌을 탐구하는 방식으로 만들어졌다는 점이다. 그 두 가지 질문 유형 모두가 같은 느낌을 서로 반대의 방향에서 접근하기 때문에 질문의 절반은 높은 숫자가 '더 자주'를 의미하는 것으로, 나머지 절반은 높은 숫자가 '덜 자주'를 의미하는 것으로 간주해야 한다.

별표(*)가 붙은 질문의 경우 다음과 같은 순위로 자신의 느낌을 숫자로 표시한다.
1 = 항상 느낀다, 2 = 가끔 느낀다, 3 = 드물게 느낀다, 4 = 전혀 느끼지 않는다
별표(*)가 없는 질문의 경우 다음과 같은 순위로 자신의 느낌을 숫자로 표시한다.
1 = 전혀 느끼지 않는다, 2 = 드물게 느낀다, 3 = 가끔 느낀다, 4 = 항상 느낀다
그다음 각 질문 곁에 쓴 숫자를 합산해서 자신의 점수를 매긴다. 총점 44점 이상이면 외로움 수준이 높다고 할 수 있다. 28점 이하이면 외로움 수준이 낮다고 할 수 있다. 33~39점은 평균적인 외로움 수준에 해당한다.

5  J. Bowlby, "Affectional bonds: Their nature and origin," in R. S. Weiss, ed., *Loneliness: The experience of emotional and social isolation* (Cambridge, MA: MIT Press, 1973): 38~52.

6  P. L. Jackson, A. N. Meltzoff, and J. Decety, "How do we perceive the pain of others? A window into the neural processes involved in empathy," *NeuroImage* 24 (2005): 771~779.

7  C. J. Norris, E. E. Chen, D. C. Zhu, S. L. Small, and J. T. Cacioppo, "The interaction of social and emotional processes in the brain," *Journal of Cognitive Neuroscience* 16 (2004): 1818~29.

8  M. Gazzaniga, *The cognitive Neurosciences*, 3rd ed. (Cambridge, MA: MIT Press, 2004).

9  Bruskin Associates, "What are Americans afraid of?" *Bruskin Report* 53 (1973): 27.

10  K. D. Williams, *Ostracism: The power of silence* (New York: Guilford, 2001).

11  R. I. M. Dunbar and Suzanne Shultz, "Evolution and the social brain," *Science* 317 (September 7, 2007): 1344~47.

12  I. S. Bernstein, T. P. Gordon, and R. M. Rose, "The interaction of hormones, behavior, and social context in nonhuman primates," in B. B. Svare, ed., *Hormones and aggressive behavior* (New York: Plenum, 1983): 535~561.

13  Alexis M. Stranahan, David Khalil, and Elizabeth Gould, "Social isolation delays

the positive effects of running on adult neurogenesis," *Nature Neuroscience* 9, no. 4 (April, 2006).

14. R. S. Wilson, K. R. Krueger, S. E. Arnold, J. A. Schneider, J. F. Kelly, L. L. Barnes, Y. Tang, and D. A. Bennett, "Loneliness and risk of Alzheimer's disease," *Archives of General Psychiatry* 64 (2007): 234~240.

15. S. W. Cole, L. C. Hawkley, J. M. Arevalo, C. Y. Sung, R. M. Rose, and J. T. Cacioppo, "Social regulation of gene expression in human leukocytes," *Genome Biology* 8 (2007): R189.

16. J. T. Cacioppo, J. M. Ernst, M. H. Burleson, M. K. McClintock, W. B. Malarkey, L. C. Hawkley, R. B. Kowalewski, A. Paulsen, J. A. Hobson, K. Hugdahl, D. Spiegel, and G. G. Berntson, "Lonely traits and concomitant physiological processes: The MacArthur social neuroscience studies," *International Journal of Psychophysiology* 35 (2000): 143~154.

17. G. R. Semin and J. T. Cacioppo, "Groundings social cognition: Synchronization, coordination, and co-regulation," in G. R. Semin and E. R. Smith, eds., *Embodied grounding: Social, cognitive, affective, and neuroscientific approaches* (New York: Cambridge University Press, in press).

## 2 유전자 vs. 환경

1. D. Weston, *The political brain* (New York: Pubilc Affairs, 2006).

2. D. I. Boomsma, G. Willemsen, C. V. Dolan, L. C. Hawkley, and J. T. Cacioppo, "Genetic and environmental contributions to loneliness in adults: The Netherlands Twin Register Study," *Behavior Genetics* 35 (2005): 745~752.

3. J. T. Cacioppo, J. M. Ernst, M. H. Burleson, M. K. McClintock, W. B. Malarkey, L. C. Hawkley, R. B. Kowalewski, A. Paulsen, J. A. Hobson, K. Hugdahl, D. Spiegel, and G. G. Berntson, "Lonely traits and concomitant physiological processes: The MacArthur social neuroscience studies," *International Journal of Psychophysiology* 35 (2000): 143~154; J. T. Cacioppo and L. C. Hawkley, "Social

isolation and health, with an emphasis on underlying mechanisms," *Perspectives in Biology and Medicine* 46 (2003): S39~S52. L. C. Hawkley, R. A. Thisted, and J. T. Cacioppo, "Loneliness predicts reduced physical activity: Cross-sectional and longitudinal analyses," in a symposium entitled "Health behaviors: The relevance of social context and relationship features," Society for Personality and Social Psychology, New Orleans, LA, January 2005. I. Akerlind and J. O. Hornquist, "Loneliness and alcohol abuse: A review of evidence of an interplay," *Social Science and Medicine* 34 (1992): 405~414.

4   J. T. Cacioppo, L. C. Hawkley, G. G. Berntson, J. M. Ernst, A. C. Gibbs, R. Stickgold, and J. A. Hobson, "Lonely days invade the nights: Social modulation of sleep efficiency," *Psychological Science* 13 (2002): 384~387.

5   Cacioppo et al., "Lonely traits and concomitant physiological processes." L. C. Hawkley, C. M. Masi, J. D. Berry, and J. T. Cacioppo, "Loneliness is a unique predictor of age-related differences in systolic blood pressure," *Psychology and Aging* 21 (2006): 152~164. A. Steptoe, N. Owen, S. R. Kunz-Ebrecht, and L. Brydon, "Loneliness and neuroendocrine, cardiovascular, and inflammatory stress responses in middle-aged men and women," *Psychoneuroendocrinology* 29 (2004): 593~611.

6   E. Pennisi, "Why do humans have so few genes?" *Science* 309 (2005): 80.

7   Internal Human Genome Sequencing Consortium, "Finishing the euchromatic sequence of the human genome," *Nature* 431 (2004): 931~945.

8   P. T. Schoenemann, M. J. Sheehan, and D. Glotzer, "Prefrontal white marter volume is disproportionately larger in humans than in other primates," *Nature Neuroscience* 8 (2005): 242~252.

9   G. Roth and U. Dicke, "Evolution of the brain and intelligence," *Trends in Cognitive Sciences* 9 (2005): 250~257.

## 3 자기 조절력의 상실

1   J. T. Cacioppo, J. M. Ernst, M. H. Burleson, M. K. McClintock, W. B. Malarkey,

L. C. Hawkley, R. B. Kowalewski, A. Paulsen, J. A. Hobson, K. Hugdahl, D. Spiegel, and G. G. Berntson, "Lonely traits and concomitant physiological processes: The MacArthur social neuroscience studies," *International Journal of Psychophysiology* 35 (2000): 143~154.

2  I. Akerlind and J. O. Hornquist, "Loneliness and alcohol abuse: A review of evidence of an interplay," *Social Science and Medicine* 34 (1992): 405~414. A. W. Stacy, M. D. Newcomb, and P. M. Bentler, "Expectancy in mediational models of cocaine abuse," *Personality and Individual Differences* 19 (1995): 655~667. D. Coric and B. I. Murstein, "Bulimia nervosa: Prevalence and psychological correlates in a college community," *Eating Disorders: The Journal of Treatment and Prevention* 1 (1993): 39~51. S. K. Goldsmith, T. C. Pellmar, A. M. Kleinman, and W. E. Bunney, *Reducing suicide: A national imperative* (Washington, DC: National Academy Press, 2002).

3  J. M. Harlow, "Recovery from the passage of an iron bar through the head," *History of Psychiatry* 4 (1993): 271~281.

4  A. Damasio, *Descartes' Error: Emotion, Reason, and the Human Brain* (New York: Putnam, 1994).

5  R. F. Baumeister, J. M. Twenge, and C. K. Nuss, "Effects of social exclusion on cognitive processes: Anticipated aloneness reduces intelligent thought," *Journal of Personality and Social Psychology* 83, no. 4 (2002): 817~827.

6  W. K. Campbell, E. A. Krusemark, K. A. Dyckman, A. B. Brunell, J. E. McDowell, J. M. Twenge, and B. A. Clementz, "A magnetoencephalography investigation of neural correlates for social exclusion and self-control," *Social Neuroscience* 1 (2006): 124~134.

7  R. F. Baumeister, C. N. DeWall, N. J. Ciarocco, and J. M. Twenge, "Social exclusion impairs self-regulation," *Journal of Personality and Social Psychology* 88 (2005): 589~604.

8  R. S. Weiss, *Loneliness: The experience of emotional and social isolation* (Cambridge, MA: MIT Press, 1973).

9  J. K. Maner, C. N. DeWall, R. F. Baumeister, and M. Schaller, "Does social

exclusion motivate interpersonal reconnection? Resolving the 'porcupine problem,'" *Journal of Personality and Social Psychology* 92 (2007): 42~55.

10  J. M. Twenge, R. F. Baumeister, D. M. Tice, and T. S. Stucke, "If you can't join them, beat them: Effects of social exclusion on aggressive behavior," *Journal of personality and social psychology* 81 (2001): 1058~69. K. Rotenberg, "Loneliness and interpersonal trust," *Journal of Social and Clinical Psychology* 13 (1994): 152~173.

11  J. M. Twenge, R. F. Baumeister, C. N. DeWall, N. J. Ciarocco, and J. M. Bartels, "Social exclusion decreases prosocial behavior," *Journal of Personality and Social Psychology* 92 (2007): 56~66. J. M. Twenge, K. R. Catanese, and R. F. Baumeister, "Social exclusion causes self-defeating behavior," *Journal of Personality and Social Psychology* 83 (2002): 606~615.

12  L. C. Hawkley and J. T. Cacioppo, "Aging and loneliness: Downhill quickly?" *Current Directions in Psychological Science* 16 (2007): 187~191.

13  Baumeister, DeWall, Ciarocco, and Twenge, "Social exclusion impairs self-regulaton."

14  Weiss, *Loneliness*.

15  Ibid.

16  S. T. Boysen, G. G. Berntson, M. B. Hanna, and J. T. Cacioppo, "Quantity-based choices: Interference and symbolic representations in chimpanzees (Pan troglodytes)," *Journal of Experimental Psychology: Animal Behavior Processes* 22 (1996): 76~86.

17  J. Vitkus, and L. M. Horowitz, "Poor social performance of lonely people: Lacking a skill or adopting a role," *Journal of Personality and Social Psychology* 52 (1987): 1266~73.

## 4  이기적 유전자 vs. 사회적 동물

1  M. McPherson, L. Smith-Lovin, and M. T. Brashears, "Social isolation in

America: Changes in core discussion networks over two decades," *American Sociological Review* 71 (2006): 353~375.

2   F. Hobbs and N. Stoops, *Demographic trends in the 20th century*, U. S. Census Bureau, Census 2000 Special Reports, Series CENSR-4 (Washington, DC: U. S. Government Printing Office, 2002).

3   Thomas Hobbes, *Leviathan*, Everyman ed. (1651; New York: Dutton, 1975), introduction by K. R. Minogue.

4   Ibid.

5   Charles Darwin, *Autobiography* (1887), in F. Darwin, ed., *The life and letters of Charles Darwin* (Whitefish, MT: Kessinger, 2004).

6   G. Williams, *Adaptation and Natural Selection* (Princeton: Princeton University Press, 1966).

7   R. F. Baumeister and C. N. DeWall, "The inner dimensions of social exclusion: Intelligent thought and self-regulation among rejected persons," in K. D. Williams, J. P. Forgas, and W. von Hippel, eds., *The social outcast: Ostracism, social exclusion, rejection, and bullying* (New York: Psychology Press, 2005): 53~73.

8   칼라하리 사막에서 사용되는 언어는 흡착음(혀를 입천장이나 윗니 뒤에 붙였다 떼면서 내는 소리)과 목구멍 깊숙한 곳에서 나는 후두음이 주를 이룬다. 따라서 '!Kung'은 배수관에 물이 꿀떡꿀떡 흘러가는 소리와 비슷하게 'ㄱ' 발음이 강한 흡착음으로 경음화되기 때문에 '꿍' 또는 '쿵'으로 들린다.

9   Bruce Bowere, "Murder in good company," *Science News*, February 6, 1988.

10  M. Nowak, "Five rules for the evolution of cooperation," *Science* 314 (2006): 1560~63.

11  R. I. M. Dunbar and Suzanne Shultz, "Evolution and the social brain," *Science* 317 (September 7, 2007): 1344~47.

12  D. L. Cheney and R. M. Seyfarth, *Baboon metaphysics* (Chicago: University of Chicago Press, 2007).

13  Williams, *Adaptation and Natural Selection*.

14  R. L. Trivers, "Parental investment and sexual selection," in B. Campbell, ed., *Sexual selection and the descent of man, 1871-1971* (Chicago: Aldine,

1972): 136~179.
15 J. T. Cacioppo and L. C. Hawkley, "Loneliness," in M. R. Leary and R. H. Hoyle, eds., *Handbook of individual differences in social behavior* (New York: Guilford, in press); Dunbar and Shultz, "Evolution and the social brain."

## 5 보편성과 특수성

1  C. Tucker-Ladd, *Psychological self-help* (1996), retrieved June 19, 2007, from www.psychologicalselfhelp.org.
2  Marja Jylha, "Old Age and loneliness: Cross-sectional and longitudinal analyses in the Tampere Longitudinal Study on Aging," *Canadian Journal on Aging* 23, no. 2 (2004): 157~158.
3  M. B. Brewer and W. Gardner, "Who is this 'we'? Levels of collective identity and self representations," *Journal of Personality and Social Psychology* 71 (1996): 83~93.
4  Ibid.
5  L. C. Hawkley, M. W. Browne, and J. T. Cacioppo, "How can I connect with thee? Let me count the ways," *Psychological Science* 16 (2005): 798~804.
6  W. Mischel, Y. Shoda, and R. E. Smith, *Introduction to personality: Toward an integration*, 7th ed. (New York: Wiley, 2004).
7  임상 우울증은 진단을 내리기가 까다롭다. 환자가 다양한 특정 증상을 보여야 우울증으로 진단된다. 예를 들어 결정을 내리는 데 어려움을 겪는다든지, 수면 장애가 있다든지, 식욕을 잃었다든지 등의 증상을 말한다. 단순한 우울한 느낌은 짧은 시간이라도 그냥 울적한 기분을 포함한 좀 더 직감적이고 상식적 의미를 갖는다.
8  C. Segrin, "Interpersonal communication problems associated with depression and loneliness," in P. A. Andersen and L. K. Guerrero, eds., *Handbook of communication and emotion: Research, theory, applications, and contexts* (San Diego: Academic Press, 1988): 215~242.
9  L. S. Radloff, "The CES-D Scale: A self-report depression scale for research in

the general population," *Applied Psychological Measurement* 1 (1977): 385~401.

10. R. S. Weiss, ed., *Loneliness: The experience of emotional and social isolation* (Cambridge, MA: MIT Press, 1973); J. T. Cacioppo, L. C. Hawkley, J. M. Ernst, M. Burleson, G. G. Berntson, B. Nouriani, and D. Spiegel, "Loneliness within a nomological net: An evolutionary perspective, *Journal of Research in Personality* 40 (2006): 1054~85.

11. P. Watson and P. Andrews, "Toward a revised evolutionary adaptationist analysis of depression: The social navigation hypothesis," *Journal of Affective Disorders* 72 (2002): 1~14.

12. G. L. Engel, "The clinical application of the biopsychosocial model," *American Journal of Psychiatry* 137 (1980): 535~544.

13. J. S. Price, L. Sloman, R. Gardner, P. Gilbert, and P. Rhode, "The social competition hypothesis of depression," *British Journal of Psychiatry* 164 (1994): 309~315.

14. E. H. Hagan, "The function of postpartum depression," *Evolution and Human Behavior* 20 (1999): 325~359.

15. N. B. Allen and P. B. T. Badcock, "The social risk hypothesis of depressed mood: Evolutionary, psychosocial, and neurobiological perspectives," *Psychological Bulletin* 129 (2003): 887~913.

16. J. T. Cacioppo, J. M. Ernst, M. H. Burleson, M. K. McClintock, W. B. Malarkey, L. C. Hawkley, R. B. Kowalewski, A. Paulsen, J. A. Hobson, K. Hugdahl, D. Spiegel, and G. G. Berntson, "Lonely traits and concomitant physiological processes: The MacArthur Social Neuroscience Studies," *International Journal of Psychophysiology* 35 (2000): 143~154.

17. J. M. Ernst and J. T. Cacioppo, "Lonely hearts: Psychological perspectives on loneliness," *Applied and Preventive Psychology* 8 (1998): 1~22; M. R. Leary and R. F. Baumeister, "The nature and function of self-esteem: Sociometer theory," in M. P. Zanna, ed., *Advances in experimental social psychology*, vol. 32 (San Diego: Academic Press, 2000): 1~62; M. R. Leary, E. S. Tambor, S. K. Terdal, and D. L. Downs, "Self-esteem as an interpersonal monitor," *Journal of Personality*

and Social Psychology 68 (1995): 518~530.
18  Cacioppo et al., "Loneliness within a nomological net."
19  S. M. Kosslyn, W. L. Thompson, M. F. Costantini-Ferrando, N. M. Alpert, and D. Spiegel, "Hypnotic visual illusion alters color processing in the brain," *American Journal of Psychiatry* 157 (2000): 1279~84.
20  J. T. Cacioppo, M. E. Hughes, L. J. Waite, L. C. Hawkley, and R. A. Thisted, "Loneliness as a specific risk factor for depressive symptoms: Cross sectional and longitudinal analyses," *Psychology and Aging* 21 (2006): 140~151.
21  Ibid.

## 6 외로움이 심신을 마모시킨다

1  R. Lewontin, *The Triple Helix: Gene, organism, and environment* (Cambridge, MA: Harvard University Press, 2002). J. Irving, *The world according to Garp* (1978; New York: Ballantine, 1990): 618.
2  T. C. Pellmar, E. N. Brandt, and M. A. Baird, "Health and behavior: The interplay of biological, behavioral, and social influences: Summary of an Institute of Medicine report," *American Journal of Health Promotion* 16, no. 4 (2001): 206~219.
3  L. F. Berkman and S. L. Syme, "Social networks, host resistance and mortality: A nine-year follow-up study of Alameda County residents," *American Journal of Epidemiology* 109, no. 2 (1979): 186~204.
4  J. S. House, K. R. Landis, and D. Umbertson, "Social relationships and health," *Science* 241 (1988): 540~545.
5  D. Russell, E. Cutrona, A. De La Mora, and R. B. Wallace, "Loneliness and nursing home admission among rural older adults," *Psychology and Aging* 12 (1997): 574~589.
6  L. Wheeler, H. Reis, and J. B. Nezlek, "Loneliness, social interaction, and sex roles," *Journal of Personality and Social Psychology* 45 (1983): 943~953. L. C.

Hawkley, M. H. Burleson, G. G. Berntson, and J. T. Cacioppo, "Loneliness in everyday life: Cardiovascular activity, psychosocial context, and health behaviors," *Journal of Personality and Social Psychology* 85 (2003): 105~120.

7   J. T. Cacioppo, L. C. Hawkley, G. G. Berntson, J. M. Ernst, A. C. Gibbs, R. Stickgold, and J. A. Hobson, "Lonely days invade the nights: Social modulation of sleep efficiency," *Psychological Science* 13 (2002): 384~387. J. T. Cacioppo, L. C. Hawkley, L. E. Crawford, J. M. Ernst, M. H. Burleson, R. B. Kowalewski, W. B. Malarkey, E. Van Cauter, and G. G. Berntson, "Loneliness and health: Potential mechanisms," *Psychosomatic Medicine* 64 (2002): 407~417.

8   P. A. Nakonezny, R. B. Kowalewski, J. M. Ernst, L. C. Hawkley, D. L. Lozano, D. A. Litvack, G. G. Berntson, J. J. Sollers III, P. Kizakevich, J. T. Cacioppo, and W. R. Lovallo, "New ambulatory impedance cardiograph validated against the Minnesota impedance cardiograph," *Psychophysiology* 38 (2001): 465~474.

9   R. W. Frenck Jr., E. H. Blackburn, and K. M. Shannon, "The rate of telomere sequence loss in human leukocytes varies with age," *Proceedings of the National Academy of Sciences* 95 (1998): 5607~10.

10  M. Marmot, *The Status Syndrome* (New York: Times Books, 2004).

11  M. H. Hecker, M. A. Chesney, G. W. Black, and N. Frautschi, "Coronaryprone behaviors in the Western Collaborative Group Study," *Psychosomatic Medicine* 50 (1988): 153~164.

12  J. M. Ernst and J. T. Cacioppo, "Lonely hearts: Psychological perspectives on loneliness," *Applied and Preventive Psychology* 8 (1998): 1~22.

13  M. D. Boltwood, C. B. Taylor, M. B. Burke, H. Grogin, and J. Giacomini, "Anger report predicts coronary artery vasomotor response to mental stress in atherosclerotic segments," *American Journal of Cardiology* 72 (1993): 1361~65.

14  G. Ironson, C. B. Taylor, M. Boltwood, T. Bartzokis, C. Dennis, M. Chesney, S. Spitzer, and G. M. Segall, "Effects of anger of left ventricular ejection fraction in coronary artery disease," *American Journal of Cardiology* 70 (1992): 281~285.

15  N. A. Christakis and J. H. Fowler, "The spread of obesity in a large social network over 32 years," *New England Journal of Medicine* 357, no. 4 (July 26,

2007): 370~379.

16  N. E. Adler, M. A. Chesney, C. S. Folkman, R. L. Kahn, and S. L. Syme, "Socioeconomic status and health," *American Psychologist* 49, no. 1 (1994): 15~24. G. A. Kaplan and J. E. Keil, "Socioeconomic factors and cardiovascular disease: A review of the literature," *Circulation* 88 (1993): 141~142.

17  W. B. Cannon, "The role of emotions in disease," *Annals of Internal Medicine* 11 (1936): 1453~65.

18  G. G. Berntson and J. T. Cacioppo, "From homeostasis to allodynamic regulation," in J. T. Cacioppo, L. G. Tassinary, and G. G. Berntson, eds., *Handbook of psychophysiology*, 2nd ed. (Cambridge: Cambridge University Press, 2000): 459~481. P. Sterling and J. Eyer, "Allostasis: A new paradigm to explain arousal pathology," in S. Fisher and J. Reason, eds., *Handbook of life stress, cognition and health* (New York: Wiley, 1988): 629~649.

19  T. E. Seeman, B. S. McEwen, J. W. Rowe, and B. H. Singer, "Allostatic load as a marker of cumulative biological risk: MacArthur studies of successful aging," *Proceedings of the National Academy of Sciences* 98 (1997): 4770~75. B. S. McEwen, "Protective and damaging effects of stress mediators," *New England Journal of Medicine* 338 (1998): 171~179.

20  J. T. Cacioppo, M. E. Hughes, L. J. Waite, L. C. Hawkley, and R. A. Thisted, "Loneliness as a specific risk factor for depressive symptoms: Cross-sectional and longitudinal analyses," *Psychology and Aging* 21 (2006): 140~151. Loneliness predicts hypertension and cardiovascular disease in the English Longitudinal Study of Ageing; J. Smith, personal communication, October 2007. L. C. Hawkley, C. M. Masi, J. D. Berry, and J. T. Cacioppo, "Loneliness is a unique predictor of age-related differences in systolic blood pressure," *Psychology and Aging* 21 (2006): 152~164.

21  L. C. Hawkley and J. T. Cacioppo, "Aging and loneliness: Downhill quickly?" *Current Directions in Psychological Science* 16 (2007): 187~191.

22  Ibid.

23  Hawkley, Burleson, Berntson, and Cacioppo, "Loneliness in everyday life," J.

T. Cacioppo, J. M. Ernst, M. H. Burleson, M. K. McClintock, W. B. Malarkey, L. C. Hawkley, R. B. Kowalewski, A. Paulsen, J. A. Hobson, K. Hugdahl, D. Spiegel, and G. G. Berntson, "Lonely traits and concomitant physiological processes: The MacArthur social neuroscience studies," *International Journal of Psychophysiology* 35 (2000): 143~154.

24  Hawkley and Cacioppo, "Aging and loneliness: Downhill quickly?"

25  P. L. Schnall, P. A. Landsbergis, and D. Baker, "Job strain and cardiovascular disease," *Annual Review of Public Health* 15 (1994): 381~411.

26  Cacioppo et al., "Lonely traits and concomitant physiological processes." Hawkley et al., "Loneliness in everyday life."

27  Cacioppo et al., "Lonely traits and concomitant physiological processes."

28  Ibid.

29  J. T. Cacioppo and G. G. Berntson, "A bridge linking social psychology and the neurosciences," in Paul A. M. Van Lange, ed., *Bridging social psychology: The benefits of transdisciplinary approaches* (Hillsdale, NJ: Erlbaum, 2006).

30  Hawkley et al., "Loneliness is a unique predictor of age-related differences in systolic blood pressure."

31  R. Glaser, J. K. Kiecolt-Glaser, C. E. Speicher, and J. E. Holliday, "Stress, loneliness, and changes in herpes virus latency," *Journal of Behavioral Medicine* 8, no. 3 (September, 1985): 249~260. S. D. Pressman, S. Cohen, G. E. Miller, A. Barkin, B. S. Rabin, and J. J. Treanor, "Loneliness, social network size, and immune response to influenza vaccination in college freshmen," *Health Psychology* 24 (2005): 297~306.

32  L. C. Hawkley, J. A. Bosch, C. G. Engeland, P. T. Marucha, and J. T. Cacioppo, "Loneliness, dysphoria, stress and immunity: A role for cytokines," in N. P. Plotnikoff, R. E. Faith, and A. J. Murgo, eds., *Cytokines: Stress and immunity*, 2nd ed. (Boca Raton, FL: CRC Press, 2007): 67~86.

33  E. K. Adam, L. C. Hawkley, B. M. Kudielka, and J. T. Cacioppo, "Day-to-day dynamics of experience: Cortisol associations in a population-based sample of older adults," *Proceedings of the National Academy of Science* 103 (2006): 17058~63.

S. W. Cole, L. C. Hawkley, J. M. Arevalo, C. Y. Sung, R. M. Rose, and J. T. Cacioppo, "Social regulation of gene expression in human leukocytes," *Genome Biology* 8, no. 9 (2007): R189. Hawkley et al., "Loneliness, dysphoria, stress, and immunity."

34  A. Sherwood, C. A., Dolan, and K. C. Light, "Hemodynamics of blood pressure responses during active and passive coping," *Psychophysiology* 27 (1990): 656~668.

35  Cacioppo et al., "Loneliness and health: Potential mechanisms." Hawkley et al., "Loneliness in everyday life."

36  Hawkley et al., "Loneliness is a unique predictor of age-related differences in systolic blood pressure." Cacioppo et al., "Loneliness and health." Jim Smith, personal communication, 2007.

37  Lewontin, *The Triple Helix*, 104.

38  K. Spiegel, R. Leprout, and E. Van Cauter, "Impact of sleep debt on metabolic function," *Lancet* 354 (1999): 1435~39.

39  Cacioppo et al., "Lonely days invade the nights."

40  Hawkley and Cacioppo, "Aging and loneliness: Downhill quickly?"

## 7 교감의 실

1  Henry Melvill, *Best thoughts of best thinkers*, Penny Pulpit Sermons no. 2,365 (Cleveland, 1904).

2  Nicholas A. Christakis and James H. Fosler, "The spread of obesity in a large social network over 32 years," *New England Journal of Medicine* 357 (July 26, 2007): 370~379.

3  D. P. Phillips, T. E. Ruth, and L. M. Wagner, "Psychology and survival," *Lancet* 342 (1993): 1142~45.

4  Antonio Damasio, *Descartes' Error* (New York: Putnam, 1994); L. W. Barasalou, "Cognitive and neural contributions to understanding the conceptual system,"

*Current Directions in Psychological Science*, in press.

5   W. James, *The principles of psychology* (New York: Henry Holt, 1890).

6   C. E. Cornell, J. Rodin, and H. P. Weingarten, "Stimulus-induced eating when satiated," *Physiology and Behavior* 45 (1989): 695~704.

7   S. N. Haber and P. R. Barchas, "The regulatory effect of social rank on behavior after amphetamine administration," in P. R. Barchas, ed., *Social hierarchies: Essays toward a sociophysiological perspective* (Westport, CT: Greenwood, 1983): 119~132.

8   Robin Marantz Henig, "The real transformers," *New York Times Magazine*, July 29, 2007.

9   A. N. Meltzoff and M. K. Moore, "Imitation of facial and manual gestures by human neonates," *Science* 198 (1977): 75~78. M. Myowa-Yamakoski, M. Tomonaga, M. Tanaka, and T. Matsuzawa, "Imitation in neonatal chimpanzees," *Development Science* 7 (2004): 437~442.

10  Pier F. Ferrari, Elisabetta Visalberghi, Annika Paukner, Leonardo Fogassi, Angela Ruggiero, and Stephen J. Suomi, "Neonatal imitation in rhesus macaques," *PLOS Biology* 4, no. 9 (September, 2006): e302.

11  L. B. Adamson and J. E. Frick, "The still face: A history of a shared experimental paradigm," *Applied Psychology and Management* 4, no. 4 (2003): 451~473.

12  E. Hatfield, J. T. Cacioppo, and R. L. Rapson, *Emotional contagion* (New York: Cambridge University Press, 1944): 240.

13  M. La France and M. Broadbent, "Group rapport: Posture sharing as a nonverbal indicator," *Group and Organization Studies* 1 (1976): 328~333.

14  F. J. Bernieri, "Coordinated movement and rapport in teacher-student interactions," *Journal of Nonverbal Behavior* 12 (1988): 120~138.

15  D. Byrne, *The attraction paradigm* (New York: Academic Press, 1971).

16  R. E. Maurer and J. H. Tindall, "Effect of postural congruence on client's perception of counselor empathy," *Journal of Counseling Psychology* 30 (1983): 158~163. J. L. Lakin and T. L. Chartand, "Using nonconscious behavioral mimicry to create affiliation and rapport," *Psychological Science* 14 (2003): 334~339.

17  Lakin and Chartrand, "Using nonconscious behavioral mimicry to create affiliation and rapport."

18  M. R. Leary, C. A. Cottrell, and M. Phillips, "Deconfounding the effects of dominance and social acceptance on self-esteem," *Journal of Personality and Social Psychology* 81 (2001): 898~909. W. L. Gardner, "Social exclusion and selective memory: How the need to belong influences memory for social events," *Personality and Social Psychology Bulletin* 26 (2000): 486~496.

19  K. D. Williams, C. K. T. Cheung, and W. Choi, "Cyberostracism: Effects of being ignored over the Internet," *Journal of Personality and Social Psychology* 79 (2000): 748~762.

20  K. D. Williams and K. L. Sommer, "Social ostracism by coworkers: Does rejection lead to loafing or compensation?" *Personality and Social Psychology Bulletin* 23 (1997): 693~706.

21  S. E. Taylor, *The tendign instinct: How nurturing is essential to who we are and how we live* (New York: Time Books, 2002).

22  N. S. Wingreen and S. A. Levin, "Cooperation among microorganisms," *PLOS Biology*, 4, no. 9 (2006): 299.

23  C. E. Taylor and M. T. McGuire, "Reciprocal altruism: Fifteen years later," *Ethology and Sociobiology* 9 (1988): 67~72.

24  F. de Waal, *Our Inner Ape* (New York: Riverhead, 2006).

25  C. Darwin, *The descent of man and selection in relation to sex* (1874; Chicago: Rand McNally, 1974): 613. A. Damasio, *Descartes' Error* (New York: Putnam, 1994).

## 8 홀로 살 수 없는 유기체

1  J. E. Swain, J. P. Lorberbaum, S. Kose, and L. Strathhearn, "Brain basis of early parent-infant interactions: Psychology, physiology, and in vivo functional neuroimaging studies," *Journal of Child Psychology and Psychiatry* 48, nos. 3/4 (2007): 262~287.

2. H. F. Harlow and R. Zimmerman, "Affectional responses in the infant monkey," *Science* 130 (1959): 421~432.
3. University of Wisconsin, *The Why Files.org 087/mother/4.html*.
4. K. Z. Lorenz, "Der Kumpan in der Umwelt des Vogels" (1935), English translation in *Instinctive behavior: The development of a modern concept*, trans. and ed. Claire H. Schiller (New York: International Universities Press, 1957).
5. M. D. S. Ainsworth, M. C. Blehar, E. Waters, and S. Wall, *Patterns of attachment: A psychological study of the strange situation* (Hillsdale, NJ: Erlbaum, 1978).
6. J. Kagan and N. Snidman, *The long shadow of temperament* (Cambrige, MA: Harvard University Press, 2004).
7. P. Ekman and R. J. Davidson, *The nature of emotion: Fundamental questions* (New York: Oxford University Press, 1994): xiv, 496.
8. R. J. Davidson, P. Ekman, C. Saron, J. Senulis, and W. V. Friesen, "Emotional expression and brain physiology I: Approach/withdrawal and cerebral asymmetry," *Journal of Personality and Social Psychology* 58 (1990): 330~341.
9. N. A. Fox, K. H. Rubin, S. D. Calkins, T. R. Marshall, R. J. Coplan, S. W. Porges, J. M. Long, and S. Stewart, "Frontal activation asymmetry and social competence at four years of age," *Child Development* 66 (1995): 1770~84.
10. A. J. Tomarken, R. J. Davidson, R. E. Wheeler, and L. Kinney, "Psychometric properties of resting anterior EEG asymmetry: Temporal stability and internal consistency," *Psychophysiology* 29 (1992): 576~592. S. K. Sutton and R. J. Davidson, "Prefrontal brain asymmetry: A biological substrate of the behavioral approach and inhibition systems," *Psychological Science* 8, no. 3 (1997): 204~210.
11. A. Damasio, *Descartes' Error* (New York: Putnam, 1994): xvi~xvii.
12. T. R. Insel and L. E. Shapiro, "Oxytocin receptor distribution reflects social organization in monogamous and polygamous voles," *Proceedings of the National Academy of Sciences* 89 (1992): 5981~85. T. R. Insel, Z. Wang, and C. F. Ferris, "Patterns of brain vasopressin receptor distribution associated with social organization in microtine rodents," *Journal of Neuroscience* 14 (1994): 5381~92. M. M. Lim, Z. Wang, D. E. Olazábal, X. Ren, E. F. Terwilliger, and L. J. Young,

"Enhanced partner preference in promiscuous species by manipulating the expression of a single gene," *Nature* 429 (2004): 754~757.
13  K. Uvnas-Moberg, *The oxytocin factor* (Cambridge, MA: Da Capo, 2003).
14  K. Uvnas-Moberg, "Oxytocin may mediate the benefits of positive social interaction and emotions," *Psychoneuroendocrinology* 23, no. 8 (1998): 819~835.
15  Uvnas-Moberg, *The oxytocin factor*.
16  Ibid.
17  Sam Roberts, "The shelf life of bliss," *New York Times*, July 1, 2007.
18  P. V. Bradford, *Ota Benga: The Pygmy in the zoo* (New York: St. Martin's, 1992).

## 9 다른 사람들 사이에서 너 자신을 알라

1  C. Darwin, *The Expression of the Emotions in Men and Animals* (1872; Chicago: University of Chicago Press, 1965).
2  F. de Waal, *Our Inner Ape* (New York: Riverhead, 2006).
3  N. K. Humphrey, *A history of the mind: Evolution and the birth of consciousness* (New York: Simon and Schuster, 1992).
4  A. Smith, *The theory of moral sentiments* (1752; Cambridge: Cambridge University Press, 2002): 12.
5  L. Carr, M. Iacoboni, M. C. Dubeau, J. C. Mazziotta, and G. L. Lenzi, "Neural mechanisms of empathy in humans: A relay from neural systems for imitation to limbic areas," *Proceedings of the National Academy of Sciences* 100 (2003): 5497~5502.
6  G. Di Pellegrino, L. Fadiga, L. Fogassi, V. Gallese, and G. Rizzolatti, "Understanding motor events: A neurophysiological study," *Experimental Brain Research* 91, no. 1 (1992): 176~180. S. Blakeslee, "Cells that read minds," *New York Times*, January 10, 2006.
7  V. Gallese, L. Fadiga, L. Fogassi, and G. Rizzolatti, "Action recognition in the premotor cortex," *Brain* 119, no. 2, 593~609, cited in L. Winerman, "The mind's

mirror," *APA Online* 36, no. 9 (2005). M. A. Umilita, E. Kohler, V. Gallese, L. Fogassi, L. Fadiga, C. Keysers, and G. Rizzolatti, "I know what you are doing: A neurophysiological study," *Neuron* 31, no. 1 (2001): 155~165. G. R. Semin and J. T. Cacioppo, "Grounding social cognition: Synchronization, coordination, and co-regulation," in G. R. Semin and E. R. Smith, eds., *Embodied grounding: Social, cognitive, affective, and neuroscientific approaches* (New York: Cambridge University Press, in press).

8   G. Rizzolatti and L. Craighero, "The mirror-neuron system," *Annual Review of Neuroscience* 27 (2004): 169~192.

9   G. Buccino, F. Lui, N. Canessa, I. Patteri, G. Lagravinese, F. Benuzzi, C. A. Porro, and G. Rizzolatti, "Neural circuits involved in the recognition of actions performed by nonconspecifics: An fMRI study," *Journal of Cognitive Neuroscience* 16 (2004): 114~126.

10  B. Wicker, C. Keysers, J. Plailly, J. P. Royet, V. Gallese, and G. Rizzolatti, "The common neural basis of seeing and feeling disgust," *Neuron* 40, no. 3 (2003): 655~664, reported in L. Winerman, "The mind's mirror," *APA Online* 36, no. 9 (2005).

11  G. Buccino, F. Binkofski, G. R. Fink, L. Fadiga, L. Fogassi, V. Gallese, R. J. Seitz, K. Zilles, G. Rizzolatti, and H. J. Freund, "Action observation activates premotor and parietal areas in a somatotopic manner: An fMRI study," *European Journal of Neuroscience* 13 (2001): 400~404.

12  E. Hatfield, J. T. Cacioppo, and R. L. Rapson, *Emotional contagion* (New York: Cambridge University Press, 1994).

13  J. T. Cacioppo and G. G. Berntson, *Social neuroscience* (New York: Psychology Press, 2005). H. Fukui, T. Murai, J. Shinozaki, T. Aso, H. Fukuyama, T. Hayashi, and T. Hanakawa, "The neural basis of social tactics: An fMRI study," *NeuroImage* 32 (2006): 913~920.

14  D. Tankersley, C. J. Stowe, and S. A. Huettel, "Altruism is associated with an increased neural response to agency," *Nature Neuroscience* 10 (2007): 150~151.

15  G. G. Berntson, A. Bechara, H. Damasio, D. Tranel, and J. T. Cacioppo,

"Amygdala contribution to selective dimensions of emotion," *Social, Cognitive, and Affective Neuroscience* 2 (2007): 123~129.

16. K. Grill-Spector, N. Knouf, and N. Kanwisher, "The fusiform face area subserves face perception, not generic within-category identification," *Nature Neuroscience* 7, no. 5 (2004): 555~562. N. Kanwisher, J. McDermott, and M. M. Chun, "The fusiform face area: A module in human extrastriate cortex specialized for face perception," *Journal of Neuroscience* 17, no. 11 (1997): 4302~11.

17. M. L. Phillips et al., "A specific neural substrate for perceiving facial expressions of disgust," *Nature* 389, no. 6650 (1997): 495~498. J. Decety and C. Lamm, "The biological bases of empathy," in G. G. Berntson and J. T. Cacioppo, eds., *Handbook of neuroscience for the behavioral sciences* (New York: Wiley, in press). R. Adolphs, "Social cognition and the human brain," *Trends in Cognitive Sciences* 3, no. 12 (1999): 469~479. H. C. Breiter et al., "Response and habituation of the human amygdala during visual processing of facial expression," *Neuron* 17 (1996): 875~887.

18. J. S. Morris, A. Ohman, and R. J. Dolan, "Conscious and unconscious emotional learning in the human amygdala," *Nature* 393 (1998): 467~470. P. J. Whalen et al., "Masked presentations of emotional facial expressions modulate amygdala activity without explicit knowledge," *Journal of Neuroscience* 18 (1998): 411~418.

19. C. J. Norris and J. T. Cacioppo, "I Know how you feel: Social and emotional information processing in the brain," in E. Harmon-Jones and P. Winkielman, eds., *Social neuroscience* (New York: Guilford, 2007): 84~105.

20. C. J. Norris, E. E. Chen, D. C. Zhu, S. L. Small, and J. T. Cacioppo, "The interaction of social and emotional processes in the brain," *Journal of Cognitive Neuroscience* 16 (2004): 1818~29. J. C. Britton, K. L. Phan, S. F. Taylor, R. C. Welsh, K. C. Berridge, and I. Liberzon, "Neural correlates of social and nonsocial emotions: An fMRI study," *NeuroImage* 31 (2006): 397~409.

21. Norris and Cacioppo, "I know how you feel."

22. R. I. M. Dunbar and S. Shultz, "Evolution in the social brain," *Science* 317 (September 7, 2007): 1344~47.

23  D. M. Buss, *Handbook of evolutionary psychology* (New York: Wiley, 2005).
24  R. Adolphs and M. Spezio, "The neuroscience of social cognition," in Berntson and Cacioppo, eds., *Handbook of neuroscience for the behavioral sciences*.
25  Berntson et al., "Amygdala contribution to selective dimensions of emotion."
26  T. A. Ito and J. T. Cacioppo, "Electrophysiological evidence of implicit and explicit categorization processes," *Journal of Experimental Social Psychology* 36 (2000): 660~676.
27  H. L. Gallagher and C. D. Frith, "Functional imaging of theory of mind," *Trends in Cognitive Sciences* 7, no. 2 (2003): 77~83.
28  W. L. Gardner, C. L. Pickett, V. Jefferis, and M. Knowles, "On the outside looking in: Loneliness and social monitoring," *Personality and Social Psychology Bulletin* 31, no. 11 (2005): 1549~60.
29  C. L. Pickett and W. L. Gardner, "The social monitoring system: Enhanced sensitivity to social cues as an adaptive response to social exclusion," in K. D. Williams, J. P. Forgas, and W. von Hippel, eds., *The social outcast: Ostracism, social exclusion, rejection, and bullying* (New York: Psychology Press, 2005): 214~226.
30  Ibid.
31  J. T. Cacioppo, C. J. Norris, J. Decety, G. Monteleone, and H. C. Nusbaum, "In the eye of the beholder: Individual differences in loneliness predict neural responses to social stimuli," *Journal of Cognitive Neuroscience* (in press).
32  J. T. Cacioppo, J. M. Ernst, M. H. Burleson, M. K. McClintock, W. B. Malarkey, L. C. Hawkley, R. B. Kowalewski, A. Paulsen, J. A. Hobson, K. Hugdahl, D. Speigel, and G. G. Berntson, "Lonely traits and concomitant physiological processes: The MacArthur social neuroscience studies," *International Journal of Psychophysiology* 35 (2000): 143~154.
33  S. L. Gable, G. Gonzaga, and A. Strachman, "Will you be there for me when things go right? Social support for positive events," *Journal of Personality and Social Psychology* 91 (2006): 904~917. M. D. Johnson et al., "Problem-solving skills and affective expressions as predictors of change in marital satisfaction," *Journal of Consulting and Clinical Psychology* 73, no. 1 (2005): 15~27.

34  P. L. Jackson, A. N. Meltzoff, and J. Decety, "How do we perceive the pain of others? A window into the neural processes involved in empathy," *NeuroImage* 24 (2005): 771~779.

35  P. L. Jackson and J. Decety, "Motor cognition: A new paradigm to study self-other interactions," *Current Opinion in Neurobiology* 14, no. 2 (2004): 259~263.

36  J. Decety and C. Lamm, "The biological bases of empathy," in G. G. Berntson and J. T. Cacioppo, eds., *Handbook of neuroscience for the behavioral sciences* (New York: John Willey & Sons, in press).

37  D. Schiller, ed., *The little Zen companion* (New York: Workman, 1994).


## 10 외로움에 대한 두려움이 주는 부작용

1  C. N. Macrae, J. Moran, T. Heatherton, J. Banfield, and W. Kelley, "Medial prefrontal activity predicts memory for self," *Cerebral Cortex* 14 (2004): 647~654. K. N. Ochsner, K. Knierim, D. Ludlow, J. Hanelin, T. Ramachandran, and S. Mackey, "Reflecting upon feelings: An fMRI study of neural systems supporting the attribution of emotion to self and other," *Journal of Cognitive Neuroscience* 16, no. 10 (2004): 1746~72.

2  H. Shintel, J. T. Cacioppo, and H. Nusbaum, "Accentuate the negative, eliminate the positive? Individual differences in attentional bias to positive and negative information," presented at the 47th Annual Meeting of the Psychonomic Society, Houston, TX. November 2006.

3  J. Kruger and T. Gilovich, "Naïve cynicism' in everyday theories of responsibility assessment: On biased assumptions of bias," *Journal of Personality and Social Psychology* 76 (1999): 743~753. L. Ross, D. Greene, and P. House, "The false consensus effect: An egocentric bias in social perception and attributional processes," *Journal of Experimental Social Psychology* 13 (1977): 279~301. W J. McGuire, "The probabilogical model of cognitive structure and attitude change," in R. E. Petty, T. M. Ostrom, and T. C. Brock, eds., *Cognitive responses in*

*persuasion* (Hillsdale, NJ: Erlbaum, 1981): 291~307.

4   M. Ross and F. Sicoly, "Egocentric biases in availability and attribution," *Journal of Personality and Social Psychology* 37 (1979): 322~336. E. Vaughan, "Chronic exposure to an environmental hazard: Risk perceptions and self-protective behavior," *Health Psychology* 3 (1992): 431~457. E. F. Loftus, *Eyewitness testimony* (Cambridge, MA: Harvard University Press, 1996).

5   C. A. Anderson, R. S. Miller, A. L. Riger, J. C. Dill, and C. Sedikides, "Behavioral and characterological attributional styles as predictors of depression and loneliness: Review, refinement, and test," *Journal of Personality and Social Psychology* 66 (1994): 549~558.

6   S. E. Taylor, J. S. Lerner, D. K. Sherman, R. M. Sage, and N. K. McDowell, "Portrait of the self-enhancer: Well-adjusted and well-liked or malad-justed and friendless?" *Journal of Personality and Social Psychology* 84 (2003): 165~176.

7   L. C. Hawkley, C. M. Masi, J. D. Berry, and J. T. Cacioppo, "Loneliness is a unique predictor of age-related differences in systolic blood pressure," *Psychology and Aging* 21 (2006): 152~164.

8   J. E. Nurmi and K. Salmela-Aro, "Social strategies and loneliness: A prospective study," *Personality and Individual Differences* 23, no. 2 (1997): 205~211. D. Damsteegt, "Loneliness, social provisions and attitude," *College Student Journal* 26, no. 1 (1992): 135~139. C. S. Crandall and C. Cohen, "The personality of the stigmatizer: Cultural world view, conventionalism, and self-esteem," *Journal of Research in Personality* 28 (1994): 461~480.

9   K. Rotenberg, "Loneliness and interpersonal trust," *Journal of Social and Clinical Psychology* 13 (1994): 152~173.

10  H. S. Sullivan, *The interpersonal theory of psychiatry* (New York: Norton, 1953): 261, quoted in R. S. Weiss, ed., *Loneliness: The experience of emotional and social isolation* (Cambridge, MA: MIT Press, 1973): 147.

11  J. Milton, *Paradise Lost* (1667), in M. Y. Hughes, ed., *John Milton: Complete Poems and Major Prose* (Indianapolis: Bobbs-Merrill, 1957): 217. W. Shakespeare, *Hamlet* (1603): act 2, scene 2.

12 N. Epley, A. Waytz, and J. T. Cacioppo, "On seeing human: A three-factor theory of anthropomorphism," *Psychological Review* 114 (2007): 864~886.

13 S. L. Murray and J. G. Holmes, "The (mental) ties that bind: Cognitive structures that predict relationship resilience," *Journal of Personality and Social Psychology* 77 (1999): 1228~44.

14 C. H. Solano, "Loneliness and perceptions of control: General traits versus specific attributions," *Journal of Social Behavior and Personality* 2, no. 2 (1987): 201~214.

15 S. Lau and G. E. Gruen, "The social stigma of loneliness: Effect of target person's and perceiver's sex," *Personality and Social Psychology Bulletin* 18 (1992): 182~189. K. J. Rotenberg and J. Kmill, "Perception of lonely and mon-lonely persons as a function of individual differences in loneliness," *Journal of Social and Personal Relationships* 9 (1992): 325~330. K. J. Rotenberg, J. A. Gruman, and M. Ariganello, "Behavioral confirmation of the loneliness stereotype," *Basic and Applied Social Psychology* 24 (2002): 81~89.

16 S. L. Murray, G. M. Bellavia, P. Rose, and D. W. Griffin, "Once hurt, twice hurtful: How perceived regard regulates daily marital interactions," *Journal of Personality and Social Psychology* 84 (2003): 126~147.

17 Rotenberg and Kmill, "Perception of lonely and non-lonely persons as a function of individual differences in loneliness."

18 M. T. Wittenberg and H. T. Reis, "Loneliness, social skills, and social perception," *Personality and Social Psychology Bulletin* 12, no. 1 (1986): 121~130. J. T. Cacioppo and L. C. Hawkley, "People thinking about people: The vicious cycle of being a social outcast in one's own mind," in K. D. Williams, J. P. Forgas, and W. von Hippel, eds., *The social outcast: Ostracism, social exclusion, rejection, and bullying* (New York: Psychology Press, 2005): 91~108.

19 S. Duck, K. Pond, and G. Leatham, "Loneliness and the evaluation of relational events," *Journal of Social and Personal Relationships* 11 (1994): 253~276.

20 C. M. Anderson and M. M. Martin, "The effects of communication motives, interaction involvement, and loneliness on satisfaction," *Small Group Research* 26, no. 1 (1995): 118~137.

21　A. Burt and R. Trivers, *Genes in conflict* (Cambridge, MA: Harvard University Press, 2006).

## 11  경쟁을 넘어 협동으로

1　R. L. Trivers, "Parent-offspring conflict," *American Zoologist* 14 (1974): 249~264, 261.

2　F. de Waal, *Our Inner Ape* (New York: Riverhaed, 2006).

3　M. Doebeli, C. Hauert, and T. Killingback, "The evolutionary origin of cooperators and defectors," *Science* 306 (2004): 859~862.

4　O. Gurerk, B. Irlenbursch, and B. Rockenbach, "The competitive advantage of sanctioning institutions," *Science* 312 (April 7, 2006): 108~111.

5　Richard Dawkins, *The Selfish Gene* (New York: Oxford University Press, 1976).

6　B. Sinervo, A. Chaine, J. Clobert, R. Calsbeek, L. Hazard, L. Lancaster, A. G. McAdam, S. Alonzo, G. Corrigan, and M. E. Hochberg, "Self-recognition, color signals, and cycles of greenbeard mutualism and altruism," *Proceedings of the National Academy of Science* 103, no. 19 (2006): 7372~77.

7　W. Grossman, "New tack wins prisoner's dilemma," retrieved June 20, 2007, from www.wired.com/culture/lifestyle/news/2004/10/65317.

8　L. Cosimides and J. Tooby, "Evolutionary psychology and the generation of culture (part two)," *Ecology and Sociobiology* 10 (1989): 51~97.

9　M. A. Nowak, "Five rules for the evolution of cooperation," *Science* 314 (2006): 1560~63.

10　B. Carey, "Study links punishment to an ability to profit," *New York Times*, April 7, 2006.

11　E. Fehr and S. Gächter, "Altruistic punishment in humans," *Nature* 415 (2002): 137~140.

12　D. De Quervain, U. Fischbacher, V. Treyer, M. Schellhammer, U. Schnyder, A. Buck, and E. Fehr, "The neural basis of altruistic punishment," *Science*

305 (2004): 1254~58.

13　R. Trivers, "The evolution of reciprocal altruism," *Quarterly Review of Biology* 46, no. 1 (1971): 35~57.

14　M. Wilson and M. Daly, "The age-crime relationship and the false dichotomy of biological versus sociological explanations," paper presented at a meeting of the Human Behavior and Evolution Society, Los Angeles, 1990.

## 12　외로움과 진화의 관계

1　K. E. Reed, "Early hominid evolution and ecological change through the African Plio-Pleistocence," *Journal of Human Evolution* 32 (1997): 289~322. S. Begley, "Beyond stones and bones," *Newsweek*, March 19, 2007, 52~58.

2　B. Heinrich, *Racing the antelope: What animals can teach us about running and life* (New York: Ecco, 2001).

3　I. Parker, "Swingers," *New Yorker*, July 30, 2007, 48~61.

4　M. A. Nowak, "Five rules for the evolution of cooperation," *Science* 314 (2006): 1560~63.

5　J. Silk, "Who are the more helpful, humans of chimpanzees?" *Science* 311 (2006): 1248~49.

6　Ibid.

7　E. Pennisi, "Social animals prove their smarts," *Science* 312, no. 5781 (2006): 1734~38.

8　Richard Dawkins, *The Selfish Gene* (New York: Oxford University Press, 1976); E. O. Wilson and C. Lumsden, *Genes, mind, and culture: The coevolutionary process* (Cambridge, MA: Harvard University Press, 1981).

9　F. de Waal, *Our Inner Ape* (New York: Riverhead, 2006).

10　Ibid., 54.

11　J. Goodall, *The Chimpanzees of Gombe: Patterns of Behavior* (Cambridge, MA: Belknap, 1986), cited in de Waal, *Our Inner Ape*.

12  de Waal, *Our Inner Ape*, 158.

13  A. Stravynski and R. Boyer, "Loneliness in relation to suicide ideation and parasuicide: A population-wide study," *Suicide and Life-Threatening Behavior* 31 (2001): 32~40; A. R. Rich and R. L. Bonner, "Concurrent validity of a stress-vulnerability model of suicidal ideation and behavior: A follow-up study," *Suicide and Life-Threatening Behavior* 17 (1987): 265~270.

14  J. M. Twenge, R. F. Baumeister, D. M. Tice, and T. S. Stucke, "Social exclusion causes self-defeating behavior," *Journal of Personality and Social Psychology* 83 (2001): 606~615. J. M. Twenge, K. R. Catanese, and R. F. Baumeister, "If you can't join them, beat them: Effects of social exclusion on aggressive behavior," *Journal of Personality and Social Psychology* 81 (2002): 1058~59. J. M. Twenge, K. R. Catanese, and R. F. Baumeister, "Social exclusion and the deconstructed state: Time perception, meaninglessness, lethargy, lack of emotion, and self-awareness," *Journal of Personality and Social Psychology* 85 (2003): 409~423.

15  J. T. Cacioppo, W. L. Gardner, and G. G. Berntson, "The affect system has paralled and integrative processing components: Form follows function," *Journal of Personality and Social Psychology* 76 (1999): 839~855.

16  E. Suh, E. Diener, and F. Fujita, "Events and subjective well-being: Only recent events matter," *Journal of Personality and Social Psychology* 70 (1996): 1091~1102.

17  P. Brickman, D. Coates, and R. Janoff-Bulman, "Lottery winners and accident victims: Is happiness relative?" *Journal of Personality and Social Psychology* 36 (1978): 917~927.

18  J. T. Cacioppo, L. C. Hawkley, A. Kalil, M. E. Hughes, L. Waite, and R. A. Thisted, "Happiness and the invisible threads of social connection: The Chicago Health, Aging, and Social Relations Study," in M. Eid and R. Larsen, eds., *The science of well-being* (New York: Guilford, 2008): 195~219.

19  Ibid.

20  J. T. Cacioppo, G. G. Berntson, A. Bechara, D. Tranel, and L. C. Hawkley, "Could an aging brain contribute to subjective well-being? The value added by

a social neuroscience perspective," in A. Tadorov, S. T. Fiske, and D. Prentice, eds., *Social neuroscience: Toward understanding the underpinnings of the social mind* (New York: Oxford University Press, in press).

21 L. L. Carstensen, D. M. Isaacowitz, and S. T. Charles, "Taking time seriously: A theory of socioemotional selectivity," *American Psychologist* 54 (1999): 165~181.

22 A. M. Isen, "Positive affect and decision making," in M. Lewis and J. M. Haviland-Jones, eds., *Handbook of emotions*, 2nd ed. (New York: Guilford, 2000): 417~435.

## 13 사회적 유대감을 회복하는 기술

1 A. M. Isen, "Positive affect, cognitive processes, and social behavior," *Advances in Experimental Social Psychology*, 20 (1987): 203~253.

2 J. Masters, *The road past Mandalay: A personal narrative* (New York: Harper, 1961).

3 S. Sassoon, *Memoirs of an infantry officer* (London: Faber and Faber, 1930).

4 M. Wei, D. W. Russell, and R. A. Aakalik, "Adult attachment, social self-efficacy, self-disclosure, loneliness, and subsequent depression for freshman college students: A longitudinal study," *Journal of Counseling Psychology* 52 (2005): 602~614. J. T. Cacioppo, M. E. Hughes, L. J. Waite, L. C. Hawkley, and R. A. Thisted, "Loneliness as a specific risk factor for depressive symptoms: Cross sectional and longitudinal analyses," *Psychology and Aging* 21 (2006): 140~151.

5 I. L. Martinez, K. Frick, T. A. Glass, M. Carlson, E. Tanner, M. Ricks, and L. Fried, "Engaging older adults in high-impact volunteering that enhances health: Recruitment and retention in the Experience Corps Baltimore," *Journal of Urban Health* 83, no. 5 (2006): 941~953.

6 R. Niebuhr, *Moral Man and Immoral Society* (New York: Scribner, 1932).

7 W. B. Swann Jr., K. L. McClarty, and P. J. Rentfrow, "Shelter from the storm? Flawed reactions to stress in precarious couples," *Journal of Social and Personal*

*Relationships* (2007): 793~808.
8   S. L. Murray, G. Bellavia, P. Rose, and D. Griffin, "Once hurt, twice hurtful: How perceived regard regulates daily marital interaction," *Journal of Personality and Social Psychology* 84 (2003): 126~147.
9   J. M. Martz, J. Verette, X. B. Arriaga, L. F. Slovik, C. L. Cox, and C. E. Rusbult, "Positive illusion in close relationships," *Personal Relationships* 5 (1998): 159~181.
10  P. J. E. Miller, S. Niehuis, and T. L. Huston, "Positive illusions in marital relationships: A 13-year study," *Personality and Social Psychology Bulletin* 32, no. 12 (2006): 1579~94.
11  S. L. Gable, H. T. Reis, E. Impett, and E. R. Asher, "What do you do when things go right? The intrapersonal and interpersonal benefits of sharing positive events," *Journal of Personality and Social Psychology* 87 (2004): 228~245.


## 14 사회적 유대감이 주는 놀라운 혜택

1   M. McPherson, L. Smith-Lovin, and M. T. Brashears, "Social isolation in America: Changes in core discussion networks over two decades," *American Sociological Review* 71 (2006): 353~375.
2   WHO World Mental Health Survey Consortium, "Prevalence, severity, and unmet need for treatment of mental disorders in the World Health Organization World Mental Health Surveys," *Journal of the American Medical Association* 291 (2004): 2581~90.
3   UNICEF Innocenti Research Centre, Florence, *An overview of child well being in rich countries*, United Nations Children's Fund, February 13, 2007.
4   L. Margulis and D. Sagan, *What is life?* (New York: Simon and Schuster, 1995).
5   R. S. Weiss, ed., *Loneliness: The experience of emotional and social isolation* (Cambridge, MA: MIT Press, 1973).
6   Ibid.
7   R. Putnam, *Bowling Alone: The Collapse and Revival of American Community* (New

York: Simon and Schuster, 2000). J. Berger, "Homes too rich for firefighters who save them," *New York Times*, April 9, 2006.

8   S. Coontz, "Too close for comfort," *New York Times*, November 7, 2006.
9   K. Vonnegut, *Slapstick* (New York: Delacorte, 1976).
10  R. Schuller, *My journey: From an Iowa farm to a cathedral of dreams* (San Francisco: Harper, 2002).
11  Samuel G. Freedman, "An unlikely megachurch lesson," *New York Times*, November 3, 2007.
12  J. Mahler, "The soul of the new exurb," *New York Times Magazine*, March 27, 2005.
13  J. Yardley, "China's path to modernity, mirrored in a troubled river," *New York Times*, November 19, 2006. Lippmann quoted in Putnam, *Bowling Alone*, 379.
14  Nadime Kam, "Rosie," *Honolulu Star Bulletin*, October 13, 2000.
15  Ibid.
16  A. Rokach and H. Brock, "Coping with loneliness," *Journal of Psychology: Interdisciplinary and Applied* 192 (1998): 107~127. B. S. Cain, "Divorce among elderly women: A growing social phenomenon," *Social Casework — Journal of Contemporary Social Work* 69 (1988): 563~568. S. T. Michael, M. R. Crowther, B. Schmid, and R. S. Allen, "Widowhood and spirituality: Coping responses to bereavement," *Journal of Women and Aging* 15 (2003): 145~165. P. Granqvist and B. Hagekkull, "Religiosity, adult attachment, and why 'singles' are more religious," *International Journal for the Psychology of Religion* 10 (2000): 111~123.
17  J. M. Siegel, "Stressful life events and use of physician services among the elderly: The moderating role of pet ownership," *Journal of Personality and Social Psychology* 58 (1990): 1081~86. J. M. Siegel, F. J. Angulo, R. Detels, J. Wesch, and A. Mullen, "AIDS diagnosis and depression in the multicenter AIDS cohort study: The ameliorating impact of pet ownership," *AIDS Care* 11 (1999): 157~170. K. Allen, J. Blascovich, and W. B. Mendes, "Cardiovascular reactivity and the presence of pets, friends and spouses: The truth about cats and dogs," *Psychosomatic Medicine* 64 (2002): 727~739.

18  K. Allen, J. Blascovich, and W. B. Mendes, "Cardiovascular reactivity and the presence of pets, friends and spouses: The truth about cats and dogs," *Psychosomatic Medicine* 64 (2002): 727~739.

19  N. Epley, S. Akalis, A. Waytz, and J. T. Cacioppo, "Creating social connection through inferential reproduction: Loneliness and perceived agency in gadgets, gods, and greyhounds," *Psychological Science* 19 (2008): 114~120. N. Epley, A. Waytz, S. Akalis, and J. T. Cacioppo, "When we need a human: Motivational determinants of anthropomorphism," *Social Cognition* 26 (2008): 143~155. N. Epley and S. Akalis, "Detecting versus enhancing anthropomorphic agents: The divergent effects of fear and loneliness," paper presented at a meeting of the Society for Personality and Social Psychology, New Orleans, February 2005.

20  S. L. Brown, R. M. Nesse, J. S. House, and R. L. Utz, "Religion and emotional compensation: Results from a prospective study of widowhood," *Personality and Social Psychology Bulletin* 30 (2004): 1165~74.

21  F. Castelli, F. Happé, U. Frith, and C. D. Frith, "Movement and mind: A functional imaging study of perception and interpretation of complex intentional movement patterns," *NeuroImage* 12 (2000): 314~325.

22  A. Birgegard and P. Granqvist, "The correspondence between attachment to parents and God: Three experiments using subliminal separation cues," *Personality and Social Psychology Bulletin* 30 (2004): 1122~35. T. Cole and L. Leets, "Attachment styles and intimate television viewing: Insecurely forming relationships in a parasocial way," *Journal of Social and Personal Relationships* 16 (1999): 495~511. L. A. Kirkpatrick and P. R. Shaver, "Attachment theory and religion: Childhood attachments, religious beliefs, and conversion," *Journal for the Scientific Study of Religion* 29 (1990): 315~334.

23  J. Adler, "In search of the spiritual," *Newsweek*, August 29, 2005, 46~64.

24  W. L. Gardner, C. L. Pickett, V. Jefferis, and M. Knowles, "On the outside looking in: Loneliness and social monitoring," *Personality and Social Psychology Bulletin* 31, no. 11 (2005): 1549~60.

25  R. Kraut, M. Patterson, V. Lundmark, and S. Kiesler, "Internet paradox: A social

technology that reduces social involvement and psychological well-being?" *American Psychologist* 53 (1999): 1017~31.

26  L. H. Powell, L. Shahabi, and C. E. Thoresen, "Religion and spirituality: Linkages to physical health," *American Psychologist* 58 (2003): 36~52.

27  A. Lamott, *Bird by bird: Some instructions on writing and life* (New York: Anchor, 1994).

28  Mitchell quoted in K. Kelley, *The home planet* (Reading, MA.: Addison-Wesley, 1988): 138.

29  Center for Budget and Policy Priorities, quoted in E. Konigsberg, "A new class war: The haves vs. the have mores," *New York Times*, November 19, 2006.

30  D. Brooks, "Mourning Mother Russia," *New York Times*, April 28, 2005.

31  K. Vohs, N. Mead, and M. Goode, "The psychological consequences of money," *Science* 314, no. 5802 (2006): 1154.

32  G. A. Kaplan et al., "Inequality in income and mortality in the United States: Analysis of mortality and potential pathways," *British Medical Journal* 312, no. 7037 (1996): 999~1003. B. P. Kennedy, I. Kawachi, and D. Prothrow-Stith, "Income distribution and mortality: Cross-sectional ecological study of the Robin Hood index in the United States," *British Medical Journal* 312, no. 7037 (1996): 1004~07.

33  L. F. Berkman and I. Kawachi, *Social epidemiology* (Oxford: Oxford University Press, 2000): 164.

34  R. Axelrod, *The Evolution of Cooperation* (New York: Perseus, 2006).

35  J. Donne, *Devotions upon emergent occasions* (1624), in *John Donne: The Major Works* (New York: Oxford University Press, 2000): 333~351, 344. C. Darwin, *The descent of man and selection in relation to sex* (1874; Chicago: Rand McNally, 1974): 119.

36  M. A. Nowak, "Five rules for the evolution of cooperation," *Science* 314 (2006): 1560~63.

37  C. S. Lewis, *The Four Loves* (New York: Harcourt, 1960): 2. E. O. Wilson, *Consilience* (New York: Vintage, 1999): 6.

### 존 카치오포 John T. Cacioppo
카치오포 박사는 '사회신경과학'을 창시한 학자 중 한 명으로, 주로 인간 관계가 감정과 건강, 그리고 사회적 인지 능력에 어떤 영향을 끼치는지를 연구해 왔다. 노터데임 대학, 아이오와 대학, 오하이오 주립대학 등을 거쳐 시카고 대학교에서 교수로 재직 중이다. 미국심리학회(APA) 회장을 지냈고, 현재 미국과학진흥협회(AAAS) 심리학 분과 의장이며, 이 밖에 미국 보건복지부(HHS) 노화 분과 전문 자문위원 등으로 활동하고 있다.

### 윌리엄 패트릭 William Patrick
하버드 대학교, 헨리홀트, 에디슨웨슬리 출판사 등에서 편집자를 지냈고, 《저널 오브 라이프 사이언스》의 창간편집장이다. 과학 분야 협력작가로 활동하고 있으며 에드워드 윌슨, 제인 구달, 스티븐 제이 굴드 등 저명한 학자들의 저서를 편집하였다.

### 옮긴이 이원기
한국외국어대학교 영어과를 졸업했다. 국제 시사주간지 《뉴스위크》 한국판 창간 멤버이며, 뉴욕 주재원을 거쳐 현재 편집위원으로 있다. 옮긴 책으로 제러미 리프킨의 『유러피언 드림』, 에릭 홉스봄의 『폭력의 시대』, 로런스 레식의 『아이디어의 미래: 디지털 시대, 지적재산권의 운명』 등이 있다.

## 인간은 왜 외로움을 느끼는가

1판 1쇄 펴냄 2013년 7월 15일
1판 6쇄 펴냄 2023년 6월 19일

지은이  존 카치오포·윌리엄 패트릭
옮긴이  이원기
발행인  박근섭·박상준
펴낸곳  (주)민음사

출판등록  1966. 5. 19. 제16-490호
주소  서울특별시 강남구 도산대로1길 62(신사동)
      강남출판문화센터 5층 (우편번호 06027)
대표전화  02-515-2000 | 팩시밀리  02-515-2007
홈페이지  www.minumsa.com

한국어 판 © (주)민음사, 2013. Printed in Seoul, Korea

ISBN  978-89-374-8699-9  (03180)

* 잘못 만들어진 책은 구입처에서 교환해 드립니다.